アジアはいかに発展したか

アジア開発銀行がともに歩んだ50年

50 YEARS OF THE ASIAN DEVELOPMENT BANK (ADB)

ピーター・マッコーリー
Peter McCawley

浅沼信爾・小浜裕久 監訳
translation supervised by
Shinji Asanuma and Hirohisa Kohama

勁草書房

本書の原本はADBが2017年に英語で出版した Banking on the Future of Asia and the Pacific: 50 Years of the Asian Development Bank (second edition) © Asian Development Bank 2017 である.

日本語版への序文

アジア開発銀行（ADB）は，アジア各国の強い思い，日本のリーダーシップ，米国の支持など，多くの政府，人々の協力があって，1966年にマニラに創設されました．世界の中でも最も貧しい地域であったアジア太平洋諸国の，その後の発展には目覚ましいものがあります．

ADB は，貸し付けや無償資金，技術協力の提供に加え，各国での業務で獲得した経験やナレッジを共有し，また，適切なマクロ政策や構造改革，地域協力を促進するという役割を通じて，そうしたアジア太平洋地域の発展を助けてきました．

創設50年の節目に，ADB が果たしてきた役割やその背景になっているアジアの歴史について記録を残したいと考えました．本書のもとになっている英語版は，2017年 5 月に横浜で開催された第50回 ADB 年次総会において出版されました（英語版の全文は ADB のウェブサイトからも閲覧できます）．このたび，日本語版を出版する運びとなったことは大きな喜びです．

著者はオーストラリア出身で ADB の理事や ADB 研究所（東京）の所長を務めたピーター・マッコーリー氏ですが，2014年に始まったプロジェクトは 3 年がかりとなり，局長クラスの幹部も含めて各国出身の多くの ADB 職員が調査や執筆に協力しました．

私自身が構想段階からこだわったのは，⑴ ADB の歴史だけではなく，アジアの経済発展の歴史を，各国の状況，世界の動き，開発理論の変遷の中で位置づける，⑵アジアの各国がさまざまな問題をいかに克服して，開放的な貿易投資体制とマクロの安定などの基盤のうえに力強い成長を手に入れるようになったのかを描写する，⑶ ADB の創設の苦労，石油危機，アジア通貨危機，中国の加盟（1986年）などのイベントを客観的にかつ具体的に記録する，という点です．

日本のアジアの発展への貢献も，バランスよくきちんと記述したいと思いました．明治の近代化や戦後の高度成長による発展モデルの提供，1950年代から始まった東南アジアや南アジアへの技術や資金の援助，1965年の日韓基本条約，

1978年の日中平和友好条約の後の両国への支援，アジア諸国にとっての主たる輸出市場としての役割，プラザ合意以降の旺盛な直接投資などは，非常に重要な役割を果たしたと考えています．

結果的に，前史と創設後の10年ごとに，アジアの経済動向に関する章とADB 自体の役割，業務，組織などに関する章からなる構成となっています．技術的で，専門的な内容を含みますが，興味深いエピソードも入れて，できるだけ読みやすいものとなることを心がけました．図表などの資料の充実を図ったのも本書の特徴です．

日本語版の出版に当たっては，翻訳を株式会社コングレ・グローバルコミュニケーションズに依頼し，そのうえで，以前からよく途上国の開発問題などを議論してきた浅沼信爾・一橋大学国際・公共政策大学院客員教授，小浜裕久・静岡県立大学名誉教授に監訳をしていただきました．坂井和・ADB 元戦略局長にも最終稿のチェックをお願いしました．勁草書房の宮本詳三氏の粘り強い支援がなければ本書の出版はかないませんでした．お世話になった皆様に心よりお礼を申し上げます．ADB 駐日代表事務所の松尾隆駐日代表，田染潮次長，ADB 広報局（マニラ）の児玉治美主席広報官，ロバート・ヒュー・デービス主席広報官ほかのADB 職員も専門用語のチェックや関係者の調整に尽力しました．

本書が，日本語版読者の皆さんにとって，ADB の役割やアジアの経済発展への理解を深めるうえで，少しでもお役に立つことを願ってやみません．

2018年 8 月

アジア開発銀行総裁　中尾　武彦

監訳者まえがき

本書は，Peter McCawley, *Banking on the Future of Asia and the Pacific: 50 Years of the Asian Development Bank*, Second edition, 2017, Manila: Asian Development Bank の全訳である．

アジア開発銀行（ADB）や世界銀行等の国際開発機関も他の国際機関や政府機関や企業と同様に機関の歴史を作っている．しかし，機関が自己の組織について書いた歴史は，それが組織内部の手によろうとあるいは外部の著作家の手になろうと大抵はその組織の記録としては資料的な価値があっても内容的には退屈なものになる場合が多い．しかし，本書は例外だ．

本書，アジア開発銀行（ADB）の半世紀の歴史はピーター・マッコーリーの手になるが，ADB のような巨大で複雑な機関の半世紀にもわたる歴史を一人の人間が書くことは難しい．ピーター・マッコーリーは，オーストラリア国立大学のアーント・コーデン経済学部に属するインドネシア・プログラムのエコノミストで，インドネシア経済の研究者として国際的に知られているばかりでなく，オーストラリア政府代表の ADB 理事やアジア開発銀行研究所の所長を務めたことのある ADB のインサイダーだ[1)]．そのインサイダーをもってしてもこのような仕事は一人では無理だ．「本書の成り立ち」に詳しく書かれているように，いく人かの ADB 幹部・職員がチームを組んで本書の執筆に貢献した．

さらに本書を例外にしたのは，ADB の中尾武彦現総裁だ．これもまたピーター・マッコーリーの「本書の成り立ち」に紹介されているように，総裁自身が本書の執筆に大きく関わっている．それだけ彼の本書に懸ける思いが強かったのだろう．執筆チームとの頻繁な会合や原稿へのコメントだけでなく，もともとの本書の性格も彼が形作ったといっても過言ではない．当初から ADB の50年史は豊かな情報に満ちた，歴史的な資料として長く有益なだけでなく，ADB の発展と進化の物語（ナラティブ）を分析的に展開するものでなければならないという考えを執筆チームに強く推していた．その結果，2017年 5 月に

1）オーストラリア国立大学のインドネシア・プロジェクトについては，本書p.xxの訳者注を参照されたい．

横浜で開催されたADB第50回年次総会を機に完成・出版された本書にはこのような意見が強く反映されている．それがADBの50年史を例外的に面白くしているのだ．

ADBは，アジアのほとんどの国の政府と域外の先進国の政府が一緒になって作った協同組合のような国際機関で，そのミッションはアジアの諸国の経済発展を推進することだ．しかし，推進といっても，一つの国際機関がアジアの経済の発展を主導することなど不可能だ．できることは，アジア経済という主演俳優が舞台上で十分に演技力を発揮できるように傍らで彼女を支える助演俳優の役割を果たすことだ．したがって，ADBの発展と進化の原動力はアジア経済の発展と進化で，そのプロセスからADBの役割が生じてくる．また，アジア経済の発展自体が，世界経済の展開に大きく影響される．特に，ADBが発足して間もないころの世界経済に占めるアジア経済の比重は小さく，アジア経済の発展は常に世界経済に起こる変化に大きく左右された．今日ではアジア経済の世界経済に占める比重はGDP（市場レート）で3分の1程度，成長への貢献で半分程度にまで上がり，アジア地域発の変化がいわば自律的にアジア経済の変化を促すようになっているが，それでも世界経済全体の影響は無視できない．

とすると，ADBの発展・進化のダイナミズムはこうなる．まず世界経済の変貌があり，それがアジア経済の変化を促し，それらの変化から国際開発に関する国際的な思潮が生まれたり変貌を遂げたりする．簡略化して言うと，アジア経済の発展と国際的な開発思潮の変化が，ADBの発展と進化を動かす原動力となる．本書で扱われている半世紀の世界経済の変化の最もたるものはグローバリゼーションの展開だ．そのグローバリゼーションも，最初は財から始まって技術を含むサービスに，それから金融分野に進み，今ヒトの局面まで来ている．アジアの経済発展は，まず米国起源の「緑の革命」と称される農業生産性の飛躍的な増大から始まった．そして第二次世界大戦後に米国の主導で構築された開放的な国際経済体制の下で巨大化する米国の消費財市場からの輸入需要を梃に，日本をはじめ，続いて台湾（Taipei,China），韓国，香港（Hong Kong, China），シンガポールなどのいわゆるNIEs（新興工業経済地域）の工業化に成功した．そしてそれに続いて周辺のタイ，マレーシア，中国，ベトナム等々に産業拠点が創り上げられることによって，東アジアに巨大な生産ネットワークが生まれ，こうして成長のモメンタムはアジアに広がっていった．アジア諸国は，世界経済のグローバリゼーションという風に乗って，「雁行形態」をとって次々とめざましい経済成長を遂げてきた．そして，21世紀の最初の10年が終わるころには，アジアの貧困人口は東アジアと太平洋諸国で５％以下に，遅れている南アジアでも15％程度にまで低下した．半世紀にわたる経済成長が成し遂げた成果がいかに大きかったか．

しかし，アジア地域の経済成長は，地域を通じて均一であったわけではなく，また直線的に進んできたわけでもない．高度成長を成し遂げた国々がある一方，他方には政治・経済・社会の停滞に甘んじる国々があった．また，アジアの成長の軌跡はしばしば危機によって大きく揺れざるをえなかった．1970年代には国際通貨制度を揺り動かしたニクソン・ショックやオイル・ショックがあった．1980年代には，アジアへの影響は軽微だったとはいえ，世界中に途上国の対外債務破綻が広がった．1990年代に入ると社会主義圏の崩壊と旧社会主義国の市場経済への移行があった．さらに，アジア通貨危機が起こったのも1990年代だ．新しい世紀になってからのリーマン・ショックに端を発する世界大不況も記憶に新しい．これらの危機はすべて程度の差はあるにしてもアジア経済の成長モメンタムに影響を与えた．

ADB は，域内の開発途上国が推し進めるインフラ・プロジェクトに低利・長期の資金融資をするプロジェクト・ファイナンスの銀行として発足したが，時代を経るにしたがって，融資制度も多様化し，資金提供をする国際金融機関から知識や技術，そして政策技法の移転をも推進する多面的・多機能的な国際開発機関に発展してきた．その発展・展開・進化はすべてアジア経済の発展と進化そして危機に対する対応のプロセスから生まれた．本書では，ADB の50年を10年単位の５期に分けて跡付けているが，それぞれにまずアジア経済の変化・変貌・発展を記録・分析し，その後の章で ADB の発展と進化を叙述するという構成をとっている．まさに，ADB 変化のダイナミックなプロセスをよく捉えている．また，このような構成のおかげで，本書はまた簡単なアジア経済発展の半世紀の通史としても読めるようになっている．

世の中にいわゆる国際機関は数多くあるが，その一つ一つはそれぞれ違った「人格」を備えているようだ．そのような人格がどのようにして形成されるかは明らかではないが，その国際機関を創った創始者たちのビジョンやその後の機関の指導者たちの思想や行動様式や経営理念が影響を及ぼしているのは確かだ．ADB の創始者たちは，当初からこの国際機関に「アジア的性格」を付与しようと考えていたようだ．また，その後のADBの発展・進化を見ると，その原動力となったアジア経済の発展や危機に対するADBの対応は，アジア的なものだったと言える．もちろん，それは何がアジア的かという判断次第だが，それについて本書に書かれている引用は示唆的だ．初代渡辺武総裁への送別の会で，当時ベトナム代表のブー・ホアン理事代理は渡辺が（世界銀行が途上国にとって専門医を揃えた総合病院であるとすれば）「ADBは東洋医学のファミリー・ドクターのようでなければならない」と言っていたのに対して，「ADBは“eclectic, non-intellectualized and deeply pragmatic”な銀行だ」と言った（第5章ボックス5.1, p.72）．これはまさに至言だが，これではたぶん日本の読者に充分理解されないだろう．そこで，われわれは監訳者としてのポエティック・ライセンスを行使して（多少解釈を加えて）「主義や学派を超えて広く知識や知見を集め，理論構造や論理体系はひとまず脇に置いておいて，あくまで経験にもとづいて実践的な価値を求める」と訳した．市場主義や開放体制にしろ，あるいはまた政府の役割や構造改革の必要性や人道主義的な政策目標にしろ，政策の原理主義的追求は往々にして弊害を伴う．「大人の」現実主義的政策態度の方が成果を挙げる場合が多い．そのかわり，原理主義的な態度や行動に距離を置く「アジア的な志向」から出てくる態度や行動は，現在に至る歴史と現実のコンテキスト（文脈）に対する深い洞察に裏付けられなければならない．現実への過度の妥協を避けるためだ．その洞察も演繹的というよりは多分に帰納的にならざるをえない．過去半世紀にわたってのADBのアジア経済の展開に対する対応は，まさにそのような性格のものだったというのがわれわれの印象だ．

アジア経済が発展と進化を続ける限り，ADBもまた発展と進化を辿っていくだろう．21世紀がアジアの世紀になるとしても，アジア諸国の経済発展に問題がなくなったわけではない．南アジアなど成長が強くなりつつもあるが，高度成長の時代が過去のものになりつつある国もあり，成長のパターンも変わらざるをえない．急速な工業化と都市化現象は地球環境その他の問題を生じている．一方で貧困層が全く姿を消したわけではないし，社会の階層格差が新たな問題として現れてきた．このような問題を扱うためには全国民の福祉を考えた新しい国家制度や機構が必要になる場合もある．高度成長時代の制度・政策が硬直化すると，経済自体が「中進国の罠」に嵌ることも考えられる．これまでの半世紀にわたるADBの進化の足跡をたどると，今後もADBは発展・進化を続け，アジア諸国がこうした問題を解決するための支援を提供していくだろう．

本書に記録されたADBの過去半世紀の記録と物語は，アジア経済の発展と進化とそれを脇で支えるADBの発展と進化の明るい将来を示唆していように思える．ADBの時代に適応して進化する能力はこの半世紀に大きく育まれ，その成長は今後も継続すると期待できるからだ．

本書の訳出にあたっては，ADB駐日代表事務所が訳出し，それをベースに浅沼・小浜が監訳作業をした．出版企画から編集そして出版までの全プロセスを，いつものように手際よく仕切ってくれたのは勁草書房の宮本詳三氏である．また宮本氏は，一章，一章の監訳作業に参加してくれて，実質的な監訳チームの一員としての役割を担ってくれた．監訳者としてチームの全員に感謝の意を表したい．

訳出にあたっては，できる限り国際開発コミュニティや開発経済学で慣用されている訳語を使用するよう努めた．監訳者の判断で，若干情報をアップデイトした（例えば，表A2.6に今年のADB年次総会を追加）．本書には，原著者ピーター・マッコーリーの意図から外れた拡大解釈があるかもしれないが，すべて監訳者の責任である．

2018年9月

序　文

1966年にアジア開発銀行（ADB）が創設された当時，アジア太平洋地域は，貧困が際立つ地域でした．1人当たりの年間所得が100ドルほど（ラテンアメリカの4分の1以下，サハラ以南のアフリカを下回る水準）の，世界で最も貧しい地域だったのです．この地域における最も重要な課題の一つが，農業の生産性向上によって，膨張を続ける巨大な人口をいかに賄えるかということであり，ADBは設立当初，この課題の解決に取り組みました．

それから半世紀後，アジアは世界の躍動の中心として台頭することになりました．現在，アジアは世界全体のGDPの3分の1を占め，世界の経済成長の半分以上を担っています．過去数十年にわたる驚異的な発展により，生活水準は向上し，1990年以降，10億人を超える人々が極度の貧困状態から脱することができました．

アジアのこうした変革に，ADBは重要な役割を果たしてきました．50年前，アジア地域内外の国々の願いと協力を結集して，ADBは創設されました．50年にわたるADBの歴史を記した本書を通じて，私たちは，ADBがアジア太平洋地域全体の人々の心からの願いによって生まれたこと，そしてADBの創設が地域協力の精神の象徴であることを知ることができます．

ここで，ピーター・マッコーリー（Peter McCawley）氏の執筆による本書に取り上げられている，ADB草創期の興味深いエピソードをいくつかご紹介したいと思います．

1963年3月から，バンコク，マニラ，ウェリントンなどアジアの各都市で，ADB創設に向けた準備会合が数多く開かれ，多くの人々が，ADBの創設に多大な貢献を果たしました．初期の協議を主導したのは，ミャンマー出身でECAFE（国際連合アジア極東経済委員会，国際連合アジア太平洋経済社会委員会，ESCAPの前身）事務局長のウ・ニュン（U Nyun）氏でした．ADBの設立協定の起草には，フィリピン出身の弁護士フロレンティーノ・P・フェリシアーノ（Florentino P. Feliciano）氏が貢献しました．同氏は各国の多様な意見を取り入れるとともに，他の国際開発金融機関の事例を参考にして，設立協定の条文案の推敲を重ねました．元世界銀行総裁で投資銀行家であったユージン・ブラック（Eugene Black）氏は，資本市場からの資金調達をADBに勧めました．このような協力者の中には，日本の若き官僚であり，後にそれぞれADBの第4代と第7代総裁を務めることになる藤岡眞佐夫，千野忠男両氏の姿もありました．

そして，日本の大蔵省の元財務官であり，豊富な国際経験を持つ渡辺武氏は，ADB創設準備に中心的な役割を果たし，その後初代ADB総裁に就任しました．同氏を側近として支えたのが，後にそれぞれ初代副総裁と官房長を務めたインド出身のC・S・クリシュナ・ムルティ（C. S. Krishna Moorthi）氏とセイロン出身のダグラス・グネセカラ（Douglas Gunesekera）氏でした．ADBはアジア諸国の「ファミリー・ドクター」であり，「教える前にまず学ぶ」組織であれ，という渡辺総裁のモットーは，ADBの伝統の根幹として現在まで受け継がれています．

ADB本部の誘致にあたっては，マニラ，テヘラン，東京をはじめとするいくつかの都市が競争を繰り広げました．そして本部を置く都市を決定するため，1965年末にマニラで開かれた会合で，アジアの加盟予定国18カ国による投票が行われました．第1回目の投票では，東京が8票，テヘランが4票，マニラが3票をそれぞれ獲得しましたが，第3回目の決戦投票では，マニラが9票を獲得し，8票の東京をわずかに上回りました（棄権1）．テヘランが候補地として名乗りを上げたにもかかわらず，後にイランはADBに加盟申請をしませんでした．マニラに本部を置いたことは結果的に賢明な選択で，ADBが開発途上加盟国*にとってより身近な存在となっただけでなく，ADBはフィリピンの人々の温かい歓迎を受け，英語に堪能な人材にも恵まれました．

1966年12月19日に，マニラで開業式が行われ，ADBは小さな規模でスタートしました．現在は67の国・地域（域内48，域外19）を数えるADB加盟国ですが，創設当初の加盟国は31カ国（域内19，域外12）でした．また，当時の理事会のメンバーは20名（理事10名，理事代理10名）でしたが，職員はわずか40名でした．マニラ首都圏に属するマカティ市内のいくつかのビルに散らばった小さな事務所から始まったADBですが，今ではマニラを含め，31の国に事務所を構えています．

＊　開発途上国に分類される域内加盟国．2018年8月現在45か国・地域が該当する．

本書では，ADB 独自の地域的な視座から，過去50年間にわたって，アジアが抱える課題に対し，どのように取り組んできたか振り返っており，アジアの経済的発展，国際開発アジェンダの進展，そして ADB の沿革という３つの歴史的観点から構成されています．加盟国，業務，知的貢献活動，資金調達，組織，職員，戦略，そして歴代のリーダーに関して，ADB がどのような変遷を経てきたのかを知ることはきわめて有益です．同時に，本書のユニークな点は，ADB と各国との間の豊富な交流の経験に基づいて，アジアの経済史を開発という観点から，公平かつバランスのとれた形で振り返っているところです．

最近，私は英『エコノミスト』誌の取材で，ADB がこの50年間で成し遂げた功績は何かと聞かれました．ADB の功績は概ね３つの機能に集約されると思います．まず，ADB の有する資金と専門的知識を組み合わせて，インフラ・社会両セクターにおけるソブリン（政府向け政府保証付き貸付）およびノンソブリン（民間向け貸付）・プロジェクトを通じ，開発途上加盟国を支援すること．次に，ハイレベルでの対話，技術協力，能力構築，そして政策支援融資（各種改革のための財政支援）を通じた，良い政策の促進です．加盟国が危機に見舞われた際には緊急の財政支援も提供してきました．そして３番目が，地域レベルでの協力と友好関係を築く触媒の役割を果たしてきたことです．ADB は，中央アジア，南アジア，東南アジア，太平洋，メコン河流域圏におけるこうした取り組みを支援しています．

現在，アジアの膨大な開発ニーズに資金を供給するため，民間資金の活用が広く議論されています．ここで注目すべきなのは，ADB は，加盟国政府から出資された公的資金にレバレッジをかけて（出資された資金より大きな金額の）債券を発行し，世界の資本市場から民間資金を集める金融仲介機関として創設されたという点です．ADB は，開発機関であると同時に銀行でもあるのです．

ADB 創設当時，アジアでは資本が極端に不足していました．日本は1964年に OECD（経済協力開発機構）に加盟しますが，1960年代半ばまでは依然として経常収支の赤字が続いていました．債券発行体としての ADB の信用度を高めるためには，域外の先進国が ADB に加盟することが不可欠でした．渡辺総裁は健全な銀行運営という業務方針を徹底して貫き，最初の融資の承認までに１年以上を費やしました．ADB の設立協定においては，「経済的考慮（economic considerations）」の重要性が明記されており，個々のプロジェクトの経済的価値の分析は，設立当初からADBの業務の不可欠な要素の一つでした．ADBはその財務的健全性によって，1969年にドイツにおいて，1970年にはオーストリアと日本において，そして米国では1971年に（AAAの格付けで），債券を発行することができました．

ADBは，1986年に創立20周年を迎えた際に，その沿革をまとめた*A Bank for Half the World*（『世界の半分のための銀行』）と題する社史を編纂しましたが（1987年発刊），私は，創立50周年を記念して新たな書籍を刊行すべきだと考えました．1986年以来，アジアは大きな変貌を遂げてきました．ADBもまた然りです．この地域は，より市場志向を強めたアプローチ，開放的な貿易・投資体制，インフラと人的資本への投資，そしてとりわけ1997-1998年のアジア通貨危機後にとられた，より堅実なマクロ経済政策によって，成長の勢いを増し，貧困をさらに削減することに成功しました．また，過去には域内の多くの場所で紛争が起きましたが，全体としてアジアはより安定してきたといえます．

しかし，私たちはこれで満足することはできません．アジアには今なお多くの課題が残り，また新たな課題も生まれています．未だに3億3,000万もの人々が，1日1.90ドル未満という絶対的貧困状態の中で暮らしています．貧しい国のインフラ不足が，経済発展と人々の福祉の改善を阻んでいます．2015年9月に世界各国のリーダーが国連で採択した「持続可能な開発目標（SDGs）」，そしてパリの同年11月COP 21で合意された気候変動行動計画の実施は，アジア諸国全体にとって優先的な課題です．民間セクターの活動をさらに促進し，ジェンダーの平等もさらに推し進めなければなりません．アジアはまた，都市化，高齢化，格差の拡大といった課題にも直面しています．

これらの課題に対処するうえで，ADBは引き続き重要な役割を果たしていく必要があります．ADBは，こうした取り組みにおいて，ADB加盟国，二国間および国際開発援助機関，市民社会組織，民間セクター，ならびに学術関係者との間で過去50年にわたり培ってきた域内外のパートナーシップを活用していきます．

私たちが本書の執筆を依頼したピーター・マッコーリー氏は，キャンベラにあるオーストラリア国立大学に所属する研究者であり，元ADB理事，そしてアジア開発銀行研究所の元所長としてADBを内側からもよくご存じです．同氏の揺るぎない熱意がなければ，本書の発刊は実現しなかったでしょう．本書の執筆にあたっては，ADB内の各部署から集められた事務局職員が同氏を支援しました．さらに本書には，ADB の元職員をはじめ，多くの方々から提供されたコメントや情報が反映されています．ピーター・マッコーリー氏，事務局，そして協力してくださったすべての方々に感謝申し上げます．

私は，あらゆる機関，特に公的機関にとって，自らの歴史について，良質で，客観的かつ包括的な記録を，望むらくは読みやすい書物として残していくことが，義務であると強く信じています．本書がそうした目的にかない，ADB の重要な特質と文化についての理解を促すとともに，ADB が今後地域に貢献する最良の方法を考えるうえでの洞察をもたらしてくれることを願っています．

アジア開発銀行総裁・理事会議長
中尾　武彦

本書の成り立ち

本書は，アジア開発銀行（ADB）創立50周年を記念して刊行された．ADB の創立総会は1966年11月24日に東京で開催されたため，2016年11月24日をもって創立50周年の記念日を迎えたことになる．そして，第50回目の年次総会が2017年 5 月に横浜市で開催された．創立から20年間の歩みは，以前に刊行された書籍 *A Bank for Half the World*（『世界の半分のための銀行』）にまとめられている（Wilson 1987）．ADB が創立50周年を迎えるにあたり，これまでの軌跡をたどり，ADB がどのような変遷を遂げたのか，そして過去50年間におけるアジアのめざましい変化にどのように関わってきたのかを振り返る時が訪れた．

ADB のような国際機関の歴史を記述するには，さまざまな方法が考えられる．そして，選択された方法によって，記述が変わってくる．例えば機関そのものに関する論述は最低限にとどめ，主として ADB の業績に焦点を当てるという方法，特に功績を残した個人の話を基に，ADB 職員の活動に焦点を当てるという方法もある．本書作成にあたっては，これらの方法をはじめ複数の可能性を注意深く検討した．中尾武彦 ADB 総裁は，豊かな情報を含んでいること，物語性を持たすこと，後々のための記録を残すことを目標として挙げた．それらの目標をすべて満たすことは簡単ではなかった．

本書ではまず，ADB が時代とともにどのような変遷をたどってきたのかに焦点を当てつつ，機関そのものの歴史を記述することにした．ADB は，新設されたばかりの金融機関から成熟した国際開発金融機関へと大きく成長した．本書は，アジアの国際機関の変容と進化の物語である．また，同地域における経済外交の物語でもある．というのも ADB の加盟国はすべて，この組織の業務に関心を寄せていたからである．しかし本書の作成が進むにつれ，ADB の成長を左右した主な要因が銀行におけるリーダーシップであることがわかった．ADB の歴史を辿ることは，9 人の総裁が果たした役割を論ずることでもある．

また並行して，域内の経済的・社会的変化，開発に対する考え方の国際的な動向も述べることにした．その狙いは，ADB の成長と変遷が，組織内的，アジア地域的，そして国際的な出来事など多くの要因の影響を受けてきたことを示すことである．

本書における物語の展開と話の方向性を定めるうえで柱となるのが，ADBの国際開発金融機関としての性質，すなわち金融，開発活動，そして地域主義の支援の3つである．ADBはその名のとおり「銀行」であるため，融資が機関の業務の中心にある．しかし，借り入れ国に対して知識と情報を提供することに重きを置きながら，開発活動の幅を着々と広げてきたため，単なる一般的な銀行ではない．さらに，ADBは地域主義を提唱し，国際機関としての強みを生かしてアジア太平洋における地域協力を促進してきた．

中尾武彦総裁は，ADBの歴史に強い関心があり，ADBの活動が歴史の教訓を活かすことを重視している．2014年から17年にかけて，本書の制作チームは総裁と数多くの打ち合わせを行い，多岐にわたり詳細に協議を行った．中尾総裁からは，過去50年間にわたるADBならびにアジアの発展の歴史について，価値ある意見をいただいた．また，週末を利用して草稿全体に細かく目を通し，具体的なコメントをたくさん寄せてもらった．総裁の意向は，本書を単にADBの歴史の本にするのではなく，アジア諸国がさまざまな困難に直面しつつも，いかにして成長と発展を遂げてきたのか，そして国際情勢がアジアにどのような影響を与えてきたのかについても記された書籍とすることであった．

本書の制作には少数だが熱心なスタッフのチームがあたった．戦略政策局（SPD）の計画・政策専門官であるイディーナ・パイク（Edeena Pike）[1]は，2014年に初めてチームに参加し，本書に関する最初の調査を行った．彼女は，草稿の作成，レビューや編集の全工程を通し，制作にかかる調整と，多数の原稿の査読（ピア・レビュー）において重要な役割を果たした．ジェイド・トレンチーノ（Jade Tolentino）は，きわめて有能で常に陽気なリサーチャーで，すばらしい調査研究ペーパーを執筆し，本書の各所にある表やグラフ，参考資料を作成した．さらに，第2章から4章までの修正にも貢献した．太平洋局の主席エコノミストであるアナニヤ・バス（Ananya Basu）は，草稿の作成が大詰めとなった頃にチームに加わった．彼女は有能な熟練スタッフであり，第11章から14章に必要となる資料の作成にあたった．そして4人目のメンバーSPD戦略・政策・事業プロセス課長のヴァレリー・ヒル（Valerie Hill）は，このプ

1）執筆協力者の略歴は後述．

ロジェクト着手の年に欠かせない存在であった．彼女は，本書制作の初期段階において事務局を主導するとともに，注釈付き概要の作成と初期の草稿の見直しにおいて多大な貢献をした．

これら同僚たちを団結させているのは，アジアとADBの歴史への思いと強い関心である．本書制作のための資料の準備や調査の過程において，制作チームは，本書と並行する形で，ADBの50年の歴史を5巻の編年史にまとめた．この編年史には，組織的変化，業務，財務に関する詳細な情報が収められており，*ADB through the Decades* として刊行された（ADB 2016b）．また，財務局主導で行われた組織内での財務管理についての包括的調査の内容は，*A History of Financial Management at the Asian Development Bank* として入手可能である（Erquiaga 2016）．これらの刊行物はいずれもADBの豊かな歴史を伝えるもので，本書にとっても価値のある資料となっている．

今回の作業の指揮は太平洋局のシャンビン・ヤオ（Xianbin Yao）局長がとった．2014年以降，彼は週末を含む膨大な時間を費やし，各章の草稿に目を通した．国際開発全般に関する文献と，アジアにおけるADBの業務に関する彼の知識は特筆に値する．本書には，50年間にわたるアジアの発展に関する彼の深い知識が色濃く反映されている．

本書の制作に直接携わった中核となるチームの他にも，ADBの現在およびかつての職員，経営陣，理事会メンバーの多くから受けた惜しみない支えなしには，本書を完成せることはできなかったであろう．非常に多くの方から力添えをいただいたため，全員の名前を挙げることはできないが，特に力を注いでくれた人々を紹介したい．

坂井和は2015年にSPD局長を退任するまで，本書の制作に大変力を尽くしてくれた．彼は思慮深い多くのコメントをくれ，草稿の最終とりまとめの段階で，制作チームと数回にわたって協議してくれた．

東京とマニラに加え，2度のADB総会（2015年のバクーと2016年のフランクフルト）の開催期間中，合計で50回近くのも聞き取りが行われ，藤岡眞佐夫（第4代総裁，1981～1989年）元総裁や黒田東彦（第8代総裁，2005～2013年）元総裁にもご協力いただいた．さらに，ADBの歴代総裁の全員が，自身のADBでのさまざまな職務について記録を残しており，本書の制作にあたってはそれらを参考にした．渡辺武初代総裁は，自身の回顧録として *Towards a New Asia* を出版している（Watanabe 1977）．他の総裁も数多くのスピーチを残しており，それらは日々のさまざまな出来事に対する当時の彼らの見方を示す記録となっている．藤岡眞佐夫第4代総裁は『アジア開銀総裁日記ーマニラへの里帰り』を残しており，この著書から1980年代のアジア太平洋地域における ADB の役割をうかがい知ることができる（藤岡1986）．

正式な聞き取りの他にも，ADB の現職員，退職した職員が，意見を寄せてくれ，時には貴重な記録を提供してくれた．ラジャット・M・ナグ（Rajat M. Nag）元事務総長は制作チームと会って，初期段階の草稿について彼の見解を共有してくれた．元インフラ・エネルギー・金融セクター局長であるポール・ディッキー（Paul Dickie），元東南アジア局顧問（金融・ガバナンス）であるロバート・ボーンフリー（Robert Boumphrey），そして元東南アジア局長のカジャ・モイヌディン（Khaja Moinuddin）には，第10章に対する細かい意見を寄せてもらい，たいへん助かった．SPD 元副局長クリストファー・マコーマック（Christophpher MacCourmac）には，初期草稿を読んでもらい，元東アジア局長であるロバート・ウィートル（Robert Wihtol）とともに，アジアにおける ADB の役割についての多くの議論に参加してもらった．

広報局サティンダー・ビンドラ（Satinder Bindra）主任ディレクター，戦略政策局のインドゥ・ブシャン（Indu Bhushan）局長，官房長のウーチョン・ウム（Woochong Um），副チーフエコノミスト兼経済調査・地域協力局副局長のズジョン・チュアン（Juzhong Zhuang）ら上級職員からなる作業グループは数度の草稿レビューを行った．さらに，いくたびにもわたって部門間でレビューを行った際には，ADB のさまざまな部局，セクター別，テーマ別グループからもコメントをもらった．さらに，草稿作成過程において，総裁室のレイ・レイ・ソン（Lei Lei Song）からは多大な協力を受けた．本書内のデータの確認にあたり，SPD，財務局，会計局，予算・人事・経営システム局，経済調査・地域協力局，協調融資業務部のスタッフから詳細な情報が提供された．歴史的文書の入手に関しては，記録・資料部，図書館サービス，官房の各部局のスタッフたちがいつも迅速に対応してくれた．

また，ロウィーナ・アグリパ（Rowena Agripa）とロレーナ・カタップ（Lorena Catap）からは多大な事務的な協力を得た．ピーター・ストーカー（Peter Stalker）は2度にわたって編集を手伝ってくれ，体裁を整え，内容をより簡潔なものにしてくれた．広報局は，中でもロバート・デイビス（Robert Davis），エイプリル・ギャレガ（April Gallega），ロメル・マリラ（Rommel

Marilla）の協力により，本書の制作全般を統括した．

本書のような記述を行う際には，厳密な正確性か読みやすさか，どちらかを選択しなければならない時がある．大半の読者は，「アジア太平洋」という言葉を繰り返し目にすることを好まないだろう．より読みやすい文章にするために，主に「アジア」という言葉を使ったが，それがアジア太平洋地域全体のことを指しているとわかってもらえると願っている．同様に，ADBの通常資本財源（OCR），アジア開発基金（ADF），プログラム貸付，債務保証の取り決めといったさまざまな業務上の専門用語については，表現を簡素化するよう努めた．必要と思われる場合は，文章内に簡潔な説明を加えるよう心がけたが，詳細な情報が必要な場合には，ADBのウェブサイト（www.adb.org）にある非常に充実した資料を参照していただきたい．

本書に書かれた見解は著者自身のものであり，ADBの公的見解ではないことを最後に明記しておきたい．本書の制作チームは，献身的に作業にあたってくれたし，他のADB職員も，いろいろな形で制作を助けてくれた．しかし，もし記述や見解に誤りがあるとすれば，その責任は著者にある．

ピーター・マッコーリー

著者略歴

ピーター・マッコーリーは，オーストラリアのキャンベラにあるオーストラリア国立大学（ANU）アーント・コーデン経済学部（Arndt-Corden Department of Economics）に所属する経済学者．長年にわたってアジア太平洋地域の開発問題に携わっている．

ANUで博士号を取得（1972年）．1970年代前半にはジョグジャカルタのガジャマダ大学で教鞭を執り，その後ANUのインドネシア・プロジェクト*の責任者となる．1986年，オーストラリア国際開発庁（AusAID）の次長に就任．

アジア経済に関する研究業績の多くは，アジア開発銀行（ADB）在職中のものである．1992年から1996年までADB理事，2003年から2007年まで東京にあるアジア開発銀行研究所の所長を歴任した．

1999年から2008年にかけて行われた2度にわたるアジア開発基金増資のための加盟国政府との交渉では共同議長および議長を務めた．

アジア太平洋地域の開発問題に関する多くの著書や論文がある．

---

* （訳者注）オーストラリア国立大学クロフォード公共政策大学院のアーント＝コーデン経済学研究科内に設置されたインドネシア研究プログラムで，1965年に設立された．世界的な権威を誇るインドネシア研究の拠点で，過去に多くの著名なインドネシア研究者を輩出している．同プログラムが発行する季刊誌*Bulletin of Indonesian Economic Studies*はインドネシア経済・社会の研究で国際的な影響力を持つ学術誌．

本書の制作協力者

アナニヤ・バス（Ananya Basu）は，アジア開発銀行（ADB）太平洋局の主席エコノミスト．以前は戦略政策局や総裁室で，債務の持続可能性と業務調整を担当．また，世界銀行で，南アジア地域におけるプロジェクトの組成および実施に関して14年を超える経験を有する．経済学博士（ハーバード大学）．

イディーナ・パイク（Edeena Pike）は，ADBで，戦略政策局の計画・政策専門官として，過去８年間，ADBの業務戦略，方針の策定とその見直しに従事．2004年にADBに入行する前は，国連開発計画のフィリピン向け開発プロジェクトを管理．経済学が専門．開発行政修士（オーストラリア国立大学）．

ジェイド・トレンチーノ（Jade Tolentino）は，ADBの歴史をたどる本書のプロジェクト・リサーチャーである．もともと銀行業務と金融の専門家で，2011年に産業研究部門の責任者として，フィリピン大学経済学部に本拠を置く非営利研究機関である開発・計量経済分析研究所（IDEA）に入所，2013年にエグゼクティブ・ディレクターに就任．現在，同機関で開発経済学の修士号を取得中．経済学士，金融学修士（フィリピン大学）．

シャンビン・ヤオ（Xianbin Yao）は，ADB太平洋局長で，ADBに加盟する太平洋地域の14の小島嶼途上国に関する業務を統括する．前職は地域・持続的開発局長，中央・西アジア局次長．1991年にヤング・プロフェッショナル・プログラムでADBに入行．農業経済学博士（ミシガン州立大学）．

目　次

第３期（1987-1996年）

第４期（1997-2006年）

第５期（2007-2016年）

図，表，およびボックス目次

図

表

ボックス

略　　語

ADB	Asian Development Bank　アジア開発銀行
ADBI	Asian Development Bank Institute　アジア開発銀行研究所
ADF	Asian Development Fund　アジア開発基金
AFIC	Asian Finance and Investment Corporation　アジア金融投資会社
AIF	ASEAN Infrastructure Fund ASEAN　インフラ基金
AIIB	Asian Infrastructure Investment bank　アジアインフラ投資銀行
AITF	Afghanistan Infrastructure Trust Fund　アフガニスタン・インフラ信託基金
AMF	Asian Monetary Fund　アジア通貨基金
ARIC	Asia Regional Integration Center（formerly Asia Recovery Information Center）アジア地域統合センター（旧アジア復興情報センター）
ASEAN	Association of Southeast Asian Nations　東南アジア諸国連合
ASF	Agricultural Special Fund　農業特別基金
BIMSTEC	Bay of Bengal Initiative for Multi-Sectoral Technical and Economic Cooperation　ベンガル湾多分野技術経済協力イニシアティブ
CAR	Central Asian republic　中央アジア共和国
CAREC	Central Asia Regional Economic Cooperation　中央アジア地域経済協力
CMI	Chiang Mai Initiative　チェンマイ・イニシアティブ
CMIM	Chiang Mai Initiative Multilateralization　チェンマイ・イニシアティブのマルチ化
COP	Conference of the Parties　締約国会議
CSF	Countercyclical Support Facility　景気循環対策支援ファシリティ
DFI	development finance institution　開発金融機関
DMC	developing member country　開発途上加盟国
ECAFE	Economic Commission for Asia and the Far East　アジア極東経済委員会（現在のESCAP，アジア太平洋経済社会委員会の前身）
FDI	foreign direct investment　海外直接投資
GCI	general capital increase　一般資本増資

GDP	gross domestic product　国内総生産
GMS	Greater Mekong Subregion　メコン河流域圏
HIPC	Heavily Indebted Poor Countries　重債務貧困国
IAE	internal administrative expenses　内部管理費
ICT	information and communication technology　情報通信技術
IFCT	Industrial Finance Corporation of Thailand　タイ産業金融公社
IMF	International Monetary Fund　国際通貨基金
IMT-GT	Indonesia–Malaysia–Thailand Growth Triangle　インドネシア・マレーシア・タイ成長の三角地帯
IsDB	Islamic Development Bank　イスラム開発銀行
ISI	import substitution industrialization　輸入代替工業化
JFPR	Japan Fund for Poverty Reduction　貧困削減日本基金
LIBOR	London interbank offered rate　ロンドン銀行間取引金利
LCL	local currency lending　現地通貨建て融資
LTSF	Long-Term Strategic Framework　長期戦略枠組み
MDGs	Millennium Development Goals　ミレニアム開発目標
MfDR	Managing for Development Results　開発成果重視型マネジメント
MFF	multitranche financing facility　マルチトランシェ融資ファシリティ
MPSF	Multi-Purpose Special Fund　多目的特別基金
MTR	Midterm Review of Strategy 2020　「ストラテジー2020」中間見直し
MTS	medium-term strategy　中期戦略
NDB	New Development Bank　新開発銀行
NGO	nongovernment organization　非政府組織
NIEs	newly industrialized economy　新興工業経済地域
OCR	ordinary capital resources　通常資本財源
OECD	Organisation for Economic Co-operation and Development　経済協力開発機構
OPEC	Organization of the Petroleum Exporting Countries　石油輸出国機構
PPP	public–private partnership　官民連携
PRC	People's Republic of China　中国（中華人民共和国）
PRS	Poverty Reduction Strategy　貧困削減戦略
RBM	Resultz-Based Management　成果重視型マネジメント
REMU	Regional Economic Monitoring Unit　地域経済調査室
SARS	severe acute respiratory syndrome　重症急性呼吸器症候群
SASEC	South Asia Subregional Economic Cooperation　南アジア地域経済協力
SDGs	Sustainable Development Goals　持続可能な開発目標

SMEs	small and medium-sized enterprises　中小企業
TFP	Trade Finance Program　貿易金融プログラム
UN	United Nations　国際連合
UNFCCC	United Nations Framework Convention on Climate Change　国連気候変動枠組条約
WTO	World Trade Organization　世界貿易機関

ADB域内および域外加盟国・地域

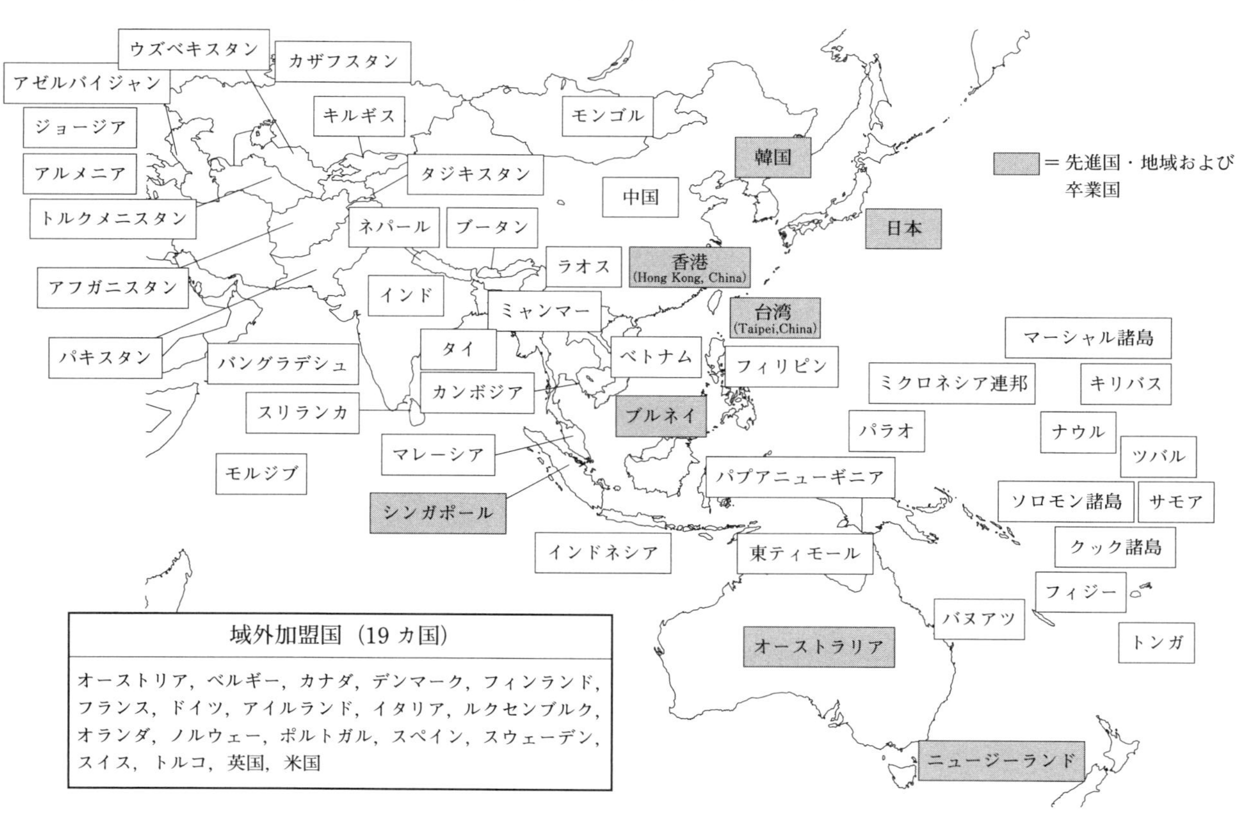

域外加盟国（19カ国）
オーストリア，ベルギー，カナダ，デンマーク，フィンランド，フランス，ドイツ，アイルランド，イタリア，ルクセンブルク，オランダ，ノルウェー，ポルトガル，スペイン，スウェーデン，スイス，トルコ，英国，米国

ADB年表

- 1960年代：アジアの「緑の革命」
- 1970年代：NIEsの台頭（「4匹の虎」）
- 1980年代：アジアの奇跡
- 1990年代：冷戦の終結
- 2000年代：インドの台頭と中国の発展
- 2010年代：世界の成長エンジンとしてのアジア

- 第一次オイルショック（1973）
- ベトナム戦争の終結（1975）
- 第二次オイルショック（1979）
- APEC創設（1989）
- アジア通貨危機（1997-1998）
- 世界金融危機（2008-2009）

1970 ― 1980 ― 1990 ― 2000 ― 2010

機構の出来事

渡辺武（1966-1972） → 井上四郎（1972-1976） → 吉田太郎一（1976-1981） → 藤岡眞佐夫（1981-1989） → 垂水公正（1989-1993） → 佐藤光夫（1993-1999） → 千野忠男（1999-2005） → 黒田東彦（2005-2013） → 中尾武彦（2013-現在）

- ADB設立（1966）
- 最初のADB本部ビル落成（1972）
- 初の現地事務所開所-ダッカ（1982）
- 中国のADB加盟（1986）
- CARsのADB加盟（1990年代）
- 包括的な目標としての貧困削減（1999）
- 「ストラテジー2020」（2008）
- MTR（2014）

加盟国・地域数31（1966）
職員40名（1966年末時点）
理事10名，理事代理10名（1966）
授権資本金10億ドル（1966）

→

加盟国・地域数67（2016）
職員3,082名（2016年末時点）
理事12名，理事代理12名（2016）
授権資本金1,430億ドル（2016）

業務上の出来事

- 最初の融資-タイ（1968）
- 年間の融資承認額が10億ドルに到達（1978）
- 最初のプログラムローン-バングラデシュ（1978）
- 最初の直接出資 韓国（1983）
- 最初のノンソブリン融資-パキスタン（1986）
- GMSプログラム（1992）
- アジア通貨危機 支援-78億ドル（1997-1999）
- アフガニスタンでの業務再開（2002）
- 最初のMFF案件-パキスタン（2005）
- アジア津波基金（2005）
- 景気循環対策支援ファシリティ（2009）
- ミャンマーへの支援再開（2012）
- 最初のRBL-スリランカ（2013）

融資の出来事

- 最初の起債（ドイツ）（1969）
- 初のアジアでの起債（日本）（1970）
- 米国での初の起債（1971）
- 初の中東での起債（クウェート）（1974）
- CGI I（1971）
- GCI II（1976）
- GCI III（1983）
- GCI IV（1994）
- GCI V（2009）
- OCRとADFの統合（2015）[a]

- ADF I（1973-1975）
- ADF I創設（1974）
- ADF II（1976-1978）
- ADF III（1979-1982）
- ADF IV（1983-1986）
- ADF V（1987-1990）
- ADF VI（1992-1995）
- ADF VII（1997-2000）
- ADF VIII（2001-2004）
- ADF IX（2005-2008）
- ADF X（2009-2012）
- ADF XI（2013-2016）
- ADF 12（2017-2020）

a　2015年承認，2017年1月発効.

ADB＝アジア開発銀行，ADF＝アジア開発基金，APEC＝アジア太平洋経済協力，CAR＝中央アジア共和国，GCI＝一般資本増資，MFF＝マルチトランシェ融資ファシリティ，MTR＝「ストラテジー2020」中間見直し，NIE＝新興工業経済地域，OCR＝通常資本財源.

出所：ADB Annual Reports; ADB (2016b); ADB website (www.adb.org).

アジアはいかに発展したか

アジア開発銀行がともに歩んだ50年

第1章　はじめに

「アジア開発銀行は，アジアおよび極東の地域における経済成長および経済協力を助長し，（中略）地域内の開発途上にある加盟国の共同的なまたは個別的な経済開発の促進に寄与することを目的とする.」

──ADB設立協定第1条，1966年

アジア開発銀行（ADB）が設立されたのは，今から50年前のことである. 1966年11月24日，東京の芝公園にある東京プリンスホテルにおいてADB創立総会が開かれた. 以来，11月24日がADBの創立記念日とされている. 創立50周年を機に出版される本書『アジアはいかに発展したか──アジア開発銀行がともに歩んだ50年』は，この国際開発金融機関の歴史を振り返り，この銀行がどのように各国政府や他の国際的なパートナーと協力し，地域全体の開発を推し進めてきたのか，その軌跡をたどるものである.

ADBは，1960年代半ばに，国際的な資金に支えられた地域協力が，アジアの発展を促進すると信じたアジアのリーダーたちの手によって創設された. いくつかのアイデアが銀行創設の後押しとなったが，まず地域の発展のためにはアジア諸国が団結しなければならないという考え方があった. 次に，開発を進めるには（ADB設立協定が定めるように）「地域内外から」の追加的資金が必要であるとの現実的な認識があった. そして3つ目に，地域のための強力で信頼性の高い銀行を創設すれば，目標の実現を支える有効な組織になるという考え方があった.

ADBの歩みは，アジア太平洋地域の発展と密接に結び付いている. そのため本書では，ADBの歴史と並行して，過去50年にわたる地域の経済的・社会的な発展を概観するとともに，国際的な開発哲学の変遷もたどっている. 過去

50年を10年ごとに区切り，それぞれの10年間における ADB の業績を論じているが，そこには2つの主な問いが反映されている．すなわち，ADB が応えなければならなかったアジアの経済発展における顕著な特性とは何か，そして，刻々と変化する環境の中で ADB はいかにして成長し，進化してきたのかという問いである．

国際機関としてのADB

本書では，ADB の国際開発金融機関としての特徴を明確に示している．そうした特徴，すなわち多国間協調主義，開発，そして ADB の銀行としての役割は，この組織の業務にとって不可欠な要素である．以下の各章で，10年ごとの各期間における活動を論じていくなかで，ADB がこれら3つの業務上の特徴を備えたうえで，その業務の範囲を着実に拡げてきたことを明らかにする．

ADB は，アジア太平洋全域，そして域外の国がメンバーになっているという意味において国際機関である．1960年代初頭に ADB の創設が話し合われていた際には，正式な加盟国はアジア諸国に限るべきだとの提案もあった．しかし，加盟国を北米や欧州にも広げたほうが国際的な認知――そして資金――を得やすい，との現実的な意見が大勢を占めることになった．1966年の創立当時，ADB の加盟国はアジア太平洋地域から19カ国・地域，域外から12カ国の計31カ国・地域であったが，2016年にはその数が67カ国・地域となり，域内48カ国・地域，域外19カ国がすべて法的に平等な立場で加盟している．しかし，組織内の重要な決議におけるアジアの影響力を守るため，ADB 設立協定には，域内の加盟国が常に資本の少なくとも60%を保持しなければならないと定められている．そのため域外加盟国は，授権資本の40%までしか保有できない．

また，ADB は多くの国際的なパートナーを有するという意味でも国際機関である．設立協定に定められている通り，ADB は「基本的性格においてアジア的」な機関である．しかしまた，その関係する範囲は国際的であり，さまざまなステークホルダーと協力している．ADB が常に連携しなければならない重要なグループは，加盟国政府の代表である．その他の重要なパートナーには，官民両セクターの各機関や会社のほか，ADB のプロジェクトの現場において直接的な利害関係を有する多くの市民社会組織が含まれる．3番目の主要グループには，ADB が開発問題について協議を行う地域やグローバルレベルの多くのステークホルダーが含まれる.

年月の経過とともに，ADBの連携の対象となるパートナーは劇的に増加した．2006年の時点で，世界には225の二国間援助機関と242の国際機関が存在し，そのうち40が国連機関であり，24が開発銀行であった（OECD 2011，p.35より推計）．これらの機関に加え，先進国と途上国を併せて何千という非政府組織やその他のコミュニティ組織があり，民間セクターのコンサルタント会社や請負業者も無数に存在する．こうした機関や会社，グループといった組織のすべてが，注目と影響力を求めて互いに競い合っているのである.

これら多くの機関とともに行うADBの活動は多岐にわたる．多くの場合，ADBは借り入れ国において，二国間あるいは国際機関とともに，関係諸機関と協力してプロジェクトを実施する．その他，戦略の検討や政策対話のための会議を開いたり，アジア地域の開発政策に関する議論の知識ベース強化のため，大学やシンクタンクから参加者を招いて数多くの会議やセミナーを開催している．また，ADBスタッフはドナーや国際金融コミュニティと会合を持ち，借り入れ国へのグラントや融資プログラムを支える資金を集めている．そのためADBのスタッフは，連絡と調整に多くの時間を費やさなければならない．開発パートナーの間には多くの分野にわたって幅広い合意が存在するものの，協議すべき課題の中には慎重な扱いを要するものや激しい論争になるものもある.

開発機関としてのADB

ADB設立協定には，ADBの主要な目的の一つがアジア太平洋地域の「経済発展を促進する」ことにあると定められている．この目的には，構造変化を促しつつそれに適応していく機関であるべきであるというADBに対する期待が暗に込められている．過去50年以上にわたって驚くべき変化を経験してきたこの地域にとって，これは特に難しい要求である．1950年代から1960年代初めにおいて，アジア太平洋地域の途上国にとって将来の見通しは明るいものではなかった．事実，1900年から50年の間，最も多くの人口を抱える3カ国，すなわち中国，インド，インドネシアの平均的な生活水準はほとんど向上しなかった．1966年のADB創立当時，アジア太平洋地域は主に貧困，不安定，不確実という言葉で語られる地域であった.

しかし，次の半世紀の間に，そうした状況は劇的に変化した．1970年代から

1980年代にかけて，多くの国では緑の革命と輸出指向の工業化によって経済成長が加速し，生活水準は経済成長の大きな波に乗って上昇した（図1.1）．こうした発展は，例えば1970年代後半から中国で，そしてその後インドにおいて見られたように，大きな経済改革によって支えられた．1997-1998年のアジア通貨危機，2008年の世界金融危機という2度の危機にもかかわらず，こうした動きは1990年代から2000年代を通じて継続した．

図1.1　中国，インド，インドネシア，および日本における国民1人当たりの国内総生産，1900-2010年

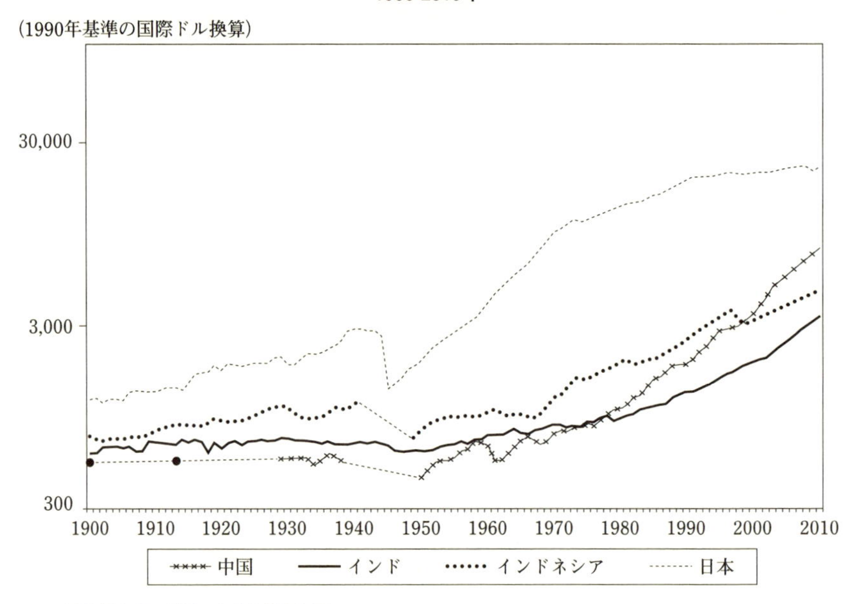

GDP＝国内総生産，中国＝中華人民共和国

注：1．1990年基準の国際ドルに換算した長期的不変価格によるGDP.

2．1942-1948年のインドネシアに関するデータは不在.

3．1901-1912年，1914-1928年，および1939-1949年の中国に関するデータは不在．1900年および1913年の単年度推定は「マディソン・プロジェクト」による.

出所：「マディソン・プロジェクト」(2013年)．マディソン・プロジェクト新規データベース．http://www.ggdc.net/maddison/maddison-project/home.htm（2017年2月14日にアクセス）.

人々の生活の質にも大きな進歩が見られた．1966年，アジアの途上国における平均余命はおよそ50歳であったが，1966年から2014年にかけて，平均余命は大きく伸びた．例えばブータンでは35歳から69歳に，香港（Hong Kong, China）では70歳から84歳に，東ティモールでは37歳から68歳にまでそれぞれ上昇した．

2014年末の時点で，域内で最も平均余命が低いのはアフガニスタンで，60歳である．域内全体の平均余命は71歳にまで伸びている．

以下の各章において歴史を紐解いていくなかで，域内の動向を映す3つの大きなテーマが浮かび上がってくる．第1のテーマは変貌である．過去50年におけるアジアの途上国の変貌は驚くべきものであった．アジアにおける最初の近代的発展の歴史は，1868年，日本の明治維新とともに始まった．しかし，域内の大部分で，発展に向けた力強い進歩が軌道に乗り始めたのは1950年代に入ってからであった．その後，1960年代以降の数十年間を通じて，変化を促進するという決意がアジアの途上国全体に広がり始めたのである．2016年の活力に溢れたアジア途上国の姿は，1960年代半ばの将来を悲観させる情景とは全く異なっている．

第2のテーマは，回復力（レジリエンス）の重要性である．過去50年の間に，さまざまなショックがアジアの途上国に混乱と苦悩をもたらしてきた．それにもかかわらず，そうした衝撃に見舞われた国々は驚くほどの回復力を示した．衝撃は経済的，財政的，あるいは人道に関するものなどさまざまであったが，アジアの途上国はそれらを克服してきた．この回復力は過去50年間におけるこの地域の第2の特徴といえる．

第3のテーマは安定に関連している．安定を示す要素の一つは，慎重な財政政策と金融政策の維持である．一方，もう一つの要素は，平和と協力の拡大であった．1960年代半ばには，多くのアジア途上国で地域的な紛争や政情不安の表面化が見られた．その後の数十年の間に，紛争を減らし，地域協力を推進する多くの措置が講じられ，成功を収めた．その結果，現在アジアの途上国では，国同士が協力して発展を促進する必要性と，地域の安定を強化するためのプログラムを支持することの便益が強く意識されている．

以下の各章では，こうした驚くべき変化の時代にADBがどう関わっていったのかをたどっていく．初期には，ADBの融資の対象は主に農業開発，道路，産業プログラム，金融機関などの公共セクターのプロジェクトであった．その後，ADBは他の分野へと対象を広げ，新たな形態の融資やその他の金融支援を導入した．近年では開発途上加盟国に対し，出資や銀行保証に加え，多様な形態の融資プログラムを提供しグラント（贈与）の利用機会を提供している．

こうした支援は，各国の経済発展の水準に合わせて提供されてきた．大規模で活気ある経済の国もあれば，太平洋諸国のように，規模が小さく，依然として困難な課題に直面している国もある．設立協定には，ADBが「地域内の小加盟国および低開発加盟国が必要とするところに特別の考慮を払う」ものとすると定められている．加盟国が増加し，より多様化していくなかにあっても，ADBの業務は引き続きこの原則に従っている．これらすべての活動には，政策対話と技術協力が含まれる．各国別のプログラム作成にあたり，ADBは全般的な経済運営について関係者と協議するとともに，セクターごとの課題やその他の支援について専門的な助言を行っている．

こうした業務の指針とするため，ADBは知識と情報に関する豊富なデータベースを保有している．1980年代初期，第4代総裁の藤岡眞佐夫はADBを「アジア太平洋地域の開発リソース・センター」にしようと計画した．ADBは，地域の経済動向や各セクターの重要課題についての定期的な調査報告を刊行している．これらの国際的公共財は，地域や世界規模の政策についてのアジアからの視点を構築するうえで有用な情報を提供し，その構築に貢献するものである．

ADBのもう一つの中心的な目的は，地域的な経済協力の促進である．この活動を支援するため，当初ADBは「アジア農業調査（Asian Agricultural Survey）」，「アジア交通調査（Asian Transport Survey）」，および「アジア・エネルギー調査（Asian Energy Survey）」といわれる一連の戦略的研究調査を実施し，域内各国が協力していけるような機会を示した．1990年代には，域内の複数国を対象とする地域協力プログラムに注力した．21世紀に入ると，域内協力に関し，インフラの連結性の支援，域内の通商および投資の拡大，財政政策および金融政策の調整，地域的公共財の提供という4つの柱からなる戦略が策定されている．

金融機関としてのADB

ADBの創設者たちは，財源を結集してアジアの大規模な開発ニーズに資金を供給できる銀行の設立を目指した．アジアは貧しく，資本が絶望的に不足しており，ADBは，加盟国から出資された（納税者によって提供された）資金をレバレッジして，米国や欧州をはじめとする世界の資本市場で債券を発行し，資金を調達する機関となることが期待された．国際的な市場からの借り入れに必要な確固たる信用力を持つためには，域外の先進国の関与が重要であった．

きわめて幅広く捉えれば，ADBが果たす主な銀行機能とは，資金を調達して借り入れ加盟国における開発プロジェクトやプログラムを支援するという金融仲介機関としての機能である．これまで，ADBは主に公共セクター（とりわけ「ソブリン」）の活動に対して融資その他の援助を提供してきたが，近年では「ノンソブリン」（民間セクターを含む）のパートナーとの業務も拡大している．

ADBの財務運営には，健全な銀行経営の原則が適用されている．初代総裁の渡辺武は融資に対して慎重な検討が重要であることを強調し，最初の融資が承認されるまでには1年以上の月日が費やされた．設立協定には，経済性と効率性を十分に考慮すべきことが明確に定められている．当初，業務局がプロジェクトの経済分析を担当した．その後，1969年に新設されたプロジェクト局がその役目を引き継ぐことになった．現在，こうした各プロジェクトに関する経済分析は，地域局と経済調査・地域協力局との協力によって行われている．開発銀行として，ADBは財務的利益だけでなく，そのプロジェクトのより広義の経済的便益や開発効果にも目を向けている．

資金を調達するため，ADBは資本市場において最新の技術に基づいた借り入れプログラムを継続的に実施している．また，それと並行して，二国間援助機関との協調融資や連携など，他の手段による財源の開拓にも努めている．資金の活用に当たっては，国際市場におけるトリプルA（AAA）の格付けと，バランスシート上に健全な資産を有する信頼性の高い銀行としての評判を維持できるよう，質の高いプロジェクトやプログラムを立案するよう配慮している（Erquiaga 2016）．

1968年に最初の融資が承認されて以来，ADBは長年にわたって，通常資本財源（OCR: ordinary capital resources）からの非譲許的融資（市場金利で据置期間なども民間と変わらない融資）と，（当初は特別基金から，後にアジア開発基金（ADF: Asian Development Fund）から拠出される）きわめて譲許的なソフト・ローンの双方をアジアの借り入れ国に提供してきた（ADFによるグラント業務は2005年に追加された）．OCR業務は，株主である加盟国からの授権資本によって支えられ，AAAの格付けを持つADB債券の発行によってレバレッジされている．授権資本には払込済資本と請求払資本の両方が含まれ，ADBの借り入れ人としての資本市場における信用を保証している．設立協定には，融資（ならびに出資と債務保証）の残高が授権資本と準備金（累積剰余金）の合計額を超えてはならないと定められている．最近では，自己資本（払込済資本とOCRの利益から生じた準備金との合計）の融資残高に対する比率が，最低25％に設定されていることが，OCR借り入れのAAA格付けを支えている．これとは別に，ドナー国の拠出した資金をADB自身の純利益からの資金で補う形で，ADFによる低金利・長期の融資やグラント（贈与）が提供されてきた．

1966年の創立当初のADBの授権資本は10億ドルであった．1967年の末までに，加盟国はこのうち9億7,000万ドルの応募を約定したが，その授権資本のうち，払込済みの資本は50％のみで，残りの半分は「請求払い」資本であった[1)2)]．アジアの途上国での投資を支えるための資金ニーズに比べると，この額はささやかなものであった．組織の拡大とともに，ADBにはより多くの資本が必要となり，ドナー国からの資金拠出に加え，応募済資本の増加により，ADBは融資の拡大が可能となった．2009年までに，加盟国は5度の一般資本増資（GCIs: general capital increases）に合意した．2016年末時点で，総授権資本は1,430億ドル，応募済資本は1,427億ドル（うち72億ドルが払込済資本）であった[3)]．これとは別に，12回にわたるADFの財源補充を通じて，34のドナーが350億ドルを拠出した（付属資料の表A2.15）．

初期の融資額は，年間およそ1億ドルであった．2005年に年間承認額は63億ドル（OCRからの融資47億ドル，ADFからの融資14億ドル，ADFからのグラント2億4,700万ドル）となり，2016年には175億ドル（OCRからの融資144億ドル，ADFからの融資26億ドルに加え，ADFからのグラント5億1,800万ドル）に達している[4)]．

以上のADBの融資業務のメカニズムについて理解すれば，アジア途上国への資金提供にADBが果たす役割が（国際社会による他のあらゆる公的援助と合わせても）限られたものだということがわかるだろう．実際，アジア途上国の投資の大部分は，それぞれの国内資金によって賄われている．しかし，資金

1）請求払資本は，ADBが差し迫った財務上の問題に直面した際にのみ加盟国へ求められる．
2）当初の授権資本は，1966年1月31日時点の比重と調整による米ドル建てで10億ドルであった．このうち5億ドルは払込済資本であり，残りの5億ドルは請求払資本であった．1966年11月，総務会は授権資本の1億ドルの増額を承認した．1967年12月31日時点で応募済資本は9億7,000万ドル，うち4億8,500万ドルは払込済みで残りは請求払資本であった．
3）ADBの資本が特別引出権（SDR）建てのため，資本の米ドルでの計上額は米ドルとSDRの為替レートの変化を反映して常に変動する．
4）ここでの「融資」には，融資，出資，債務保証の総承認額が含まれる．

図1.2　アジア途上国（中国を除く）の国内総生産に対するADBの業務総額の割合，1968-2015年

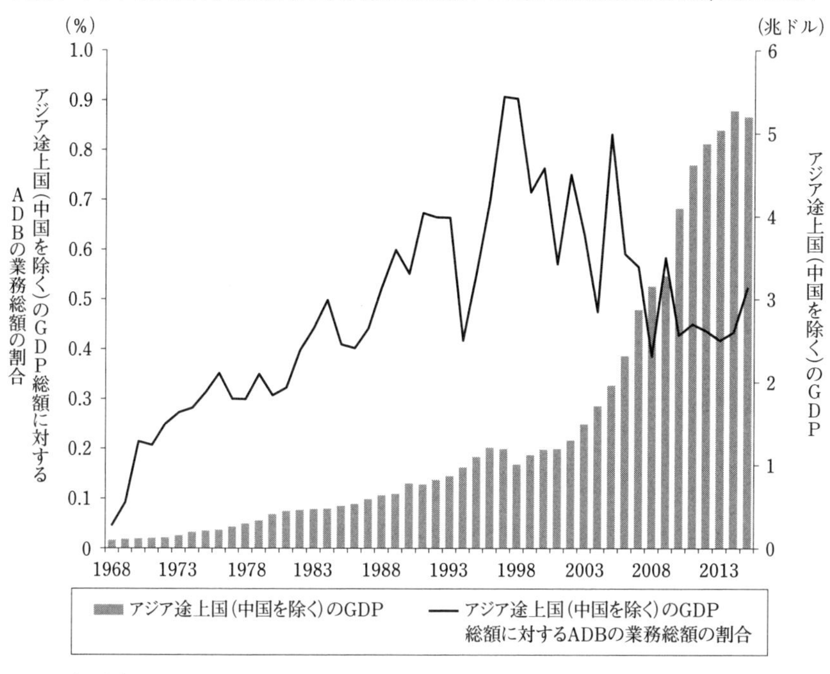

GDP＝国内総生産
出所：ADB（2016, p. 30）を基に作成.

のみならず知識面においても国内投資を補完するため，設立協定にはADBの当初の目的の一つとして，アジア途上国における投資がアジア以外の資金で賄われることが定められている．長期的に見ると，近年のADBの業務総額（融資およびグラントの年間承認額）は，中国を除く借り入れ国の国内総生産（GDP）のおよそ0.5％から0.8％で推移している（図1.2）．そのため，アジアへの投資の流入促進についてのADBの役割としては，借り入れ国に提供される資金の量だけでなく，知識供与を通じた域内の投資の質の強化にも注目する必要がある．

このアプローチが示すように，ADBは狭い意味での銀行業務だけでなく，資金提供と併せて，投資プログラムの質の向上を目的とする支援を提供してきた．また同時に，ADBは常に融資の健全性に留意している．渡辺武は折りに触れ，健全な銀行運営という基本業務方針を守ることの重要性を説いている．この方針には，借り入れ国でのプロジェクトの慎重な選定も含まれていた．そのためADBの職員には質の高い融資プログラムを策定できるよう，現地で多くの時間を割き，自分の目で見て，かつさまざまな意見に耳を傾けることによって開発の視点からの審査が期待された．

ADBは借り入れ国のニーズの進化に対応して，金融や融資プログラムに多くの変化を取り入れている．50年にわたるその歴史を通じて，提供する金融サービスの内容構成は絶えず見直されてきた．初期の融資プログラムは，プロジェクトへの外貨の融資であり，特定の公的プロジェクトへの資金援助を目的としたものであった．それからほどなくして，特定のプロジェクトに資金提供を行うものではないプログラム融資が導入され，その後プログラム融資の目的は借り入れ国の要請に応じて修正されてきた．プログラム融資は，農業関連資材の輸入のための外貨の供給を目的として，1978年に初めて承認された．1987年から1996年にかけて，幅広いセクターにおける政策改革を支援するためにプログラム融資が活用された．1999年には，アジア通貨危機という未曾有の危機に対処するためにプログラム融資が承認され，2011年には中期的財政支援プログラムにも活用された．

業務開始当初の10年間はソブリン融資（公共セクターへの融資）のみを提供したADBであったが，1980年代初期にノンソブリン融資へとその活動を拡大した．1983年には初めて民間セクターの投資に対するADBによる直接の出資が承認された．これは，韓国の企業への資金提供を目的としたものだった．さらに数年後の1986年，ADBは民間セクター企業への政府保証なしの直接融資を開始した．最初の融資は，パキスタンのナショナル・ディベロップメント・リーシング・コーポレーション（NDLC）に対するものであった．

譲許的な（民間融資より有利な）ソブリン融資も強化された．2005年には，ドナーである先進国の支援を得て，ADFによる初のグラント（無償資金）を供与した．

ADBはその他にも融資や金融プログラムについて，多くの変更を行ってきた．例えば2005年には，アジア通貨危機の教訓を踏まえ，現地通貨建てのソブリン融資を導入し，外貨の借り入れにより投資を行い，現地通貨でその利益を得ることで生じうる「二重のミスマッチ」に対処した．翌年には，ソブリンあるいは中央政府以外の公共セクター（国有企業や地方自治体など）向けに政府保証なしでの融資を開始した．

民間セクターに加え，他の国際機関および二国間機関との協調融資も増加した．2016年には，世界的に厳しい財務状況のなか，175億ドルの自己資金による融資を，前年比で31％増となる141億ドルの協調融資（信託基金を含む）で補完した．

保守的な金融機関とみなされることの多いADBだが，2013年にはきわめて革新的なバランスシートの再構築に向けて協議を始めることを決定した．一部の加盟国は当初この計画に懐疑的であったが，2015年には全会一致で承認され，2017年1月1日に発効した．この構造改革は，ADB，そしてその業務拡大の能力に，財務上大きな影響を及ぼした．この改革により，ADFの譲許的融資財源は非譲許的な通常資本財源に統合される．この驚くべき金融工学の結果，自己資本が172億ドルから480億ドル以上へと大幅に増加し，ADBは拡大する借り入れ国からの支援要請に対応できるようになった．

ADBはまた，費用対効果と効率性を高める必要があった．創立後の間もない頃，渡辺武は過剰な官僚主義に対して警鐘を鳴らした．「組織というものは，たとえごく単純な形で発足したとしても，往々にして非常に複雑になってしまうものです．（中略）ADBには最初から，コンパクトであることのメリットを活かしてもらいたい」と彼は語っている（Watanabe 1977, p. 27）．彼の後に続く歴代総裁は，組織と経費を厳密に管理してきたので，ADBは最も効率性の高い国際開発金融機関であり続けた．それでもなお，融資その他の活動が増大するにつれ，職員の増員が必要となった．1966年当時，マニラには国際職員と現地採用職員を合わせて，6つの加盟国出身の40名の職員がいた．2016年，ADBの職員数は3,100名近くを数え，出身国は60カ国に上る．この間，ADBの内部予算は300万ドル足らずからおよそ6億3,600万ドルにまで拡大した．

歴代総裁

以下の各章では，進化する機関としてのADBの歴史をたどっていく．歴史を10年ごとに時系列にまとめ，アジア太平洋地域の主な開発過程をめぐりつつ，ADBがそれにどのように対応してきたのかを明らかにする．

ここでは，歴代の総裁がもたらした影響に注目する．1966年の創立以来，ADBでは9人の総裁が指揮をとった．歴代の総裁がもたらしたそれぞれの異なるアプローチには，その継続性と変化の双方に明確なパターンが見られる．継続性は，それぞれの総裁が，設立協定に定められたADBの役割についての重要な思想を具体化する方法に映し出されている．各総裁はADBの国際金融機関としての性格を重視し，多くの時間を割いて域内の途上国を訪れ，政策決定者と会い，ADBプロジェクトの現場を視察した．同様に，新たに就任した総裁は，前任の総裁の優先事項を踏まえつつ，改革を進めた．しかし，変化を促していくにあたって，思いのままに自らの意思を行使できた総裁は一人もいなかった．なぜならADBは国際機関であるため，理事会，総務会など多くのステークホルダーと改革について交渉する必要があったうえに，時には加盟国の政府と直接交渉を行わなければならなかったからである．

しかし，重要な変化もまた生じている．各総裁は独自のスタイルを持ち込んだ．形式を重んじ定められた手順に忠実である総裁もいれば，より形式張らない手法を好む総裁もいた．過去50年間に，アジアにおけるADBにとっての多くの課題の性質が変化し，それとともに，必要とされる対応も変わった．さらに，改革が行われ，国際的な開発課題が進化していくなかでADB自体がより複雑な組織となった．その後，時間の経過とともに，急速な発展とグローバル化が進む地域でADBを指揮しながら，総裁たちはより幅広い役割を担うことを迫られた．

渡辺武（1966年から1972年までの6年間総裁を務めた）はしばしば「ADBの父」と称される．この特別な認識は，彼がADBの創設に果たした顕著な役割によるものである．1960年初頭，渡辺は東京において，ADB設立のアイデアを協議する会合に参加した（第3章参照）．その後，1963年から1965年にかけて，彼はADBの創設計画を積極的に推進した．初代総裁に就任した彼は，ADBの根本的な性格の形成に決定的な役割を果たした．

第2代総裁の井上四郎（1972～1976年在任）は，日本の中央銀行である日本銀行出身の銀行家で，ベトナムの和平への希望が見え始めた頃に総裁に就任した（第5章参照）．しかしその後すぐに，インドシナ半島の平和に向けられていた彼の関心は1973-1974年の第一次オイルショックに向けられることになる．井上は，このアジア太平洋地域全体を襲った初めての経済危機を乗り切るべく指導力を発揮することが求められた．

ADBの第2期の10年では，吉田太郎一（1976～1981年在任）が業務の拡大に着手した．1976年に総裁に就任したとき，アジアの途上国は未だに第一次オイルショックの結果生じた課題の解決に取り組んでいた．しかしその一方で，ADBに対してその役割の拡大を求める声が高まっていた．その後，1979年に第二次オイルショックが発生し，アジアの経済的展望は再び一変した．

こうした情勢に対応して，『1980年代のアジア開発銀行の優先課題と業務計画に関する研究（*Study of Operational Priorities and Plans of the Asian Development Bank for the 1980s*）』と題する報告書をとりまとめたことは吉田の功績である．

藤岡眞佐夫（1981～1989年在任）は，業務上の優先課題を考究したこの報告書に示されたプログラムを採用した．それらの提言は，1980年代におけるADBの制度改革のための「藤岡アジェンダ」となった（第7章参照）．彼は，ADBが銀行業務からその活動の幅を広げ，より幅広い意味での開発機関としての役割を果たせるよう特に情熱を傾けた．また，アジアの2つの大国であるインドと中国が借り入れ国となったのも藤岡総裁の時代である．彼はこうした変化をADBにとって重要なものと捉え，そのプロセスを完了させるため，さまざまな国との長期にわたる交渉に緊密に関わった．

1987年，さらなる変化についての議論を進めるため，藤岡は外部から5人の専門家グループを招き，ADBの業務に関する研究を行った．最終的にまとめられた文書『1990年代のアジア開発銀行の役割に関する専門委員会報告書（*Report of a Panel on the Role of the Asian Development Bank in the 1990s*）』（ADB 1989a）は，1989年の創立記念日11月24日に着任した次の総裁，垂水公正（1989～1993年在任）に改革課題を提供した．

垂水が総裁に就任したのは，ベルリンの壁が崩壊してからわずか数週間後のことだった．間もなく，国際的な問題に関する考え方は急速に変化し始めたため，彼は新たな開発課題に適応させるべくADBを導く必要があった．ADBに対する新興国からの要望も急速に増大した．垂水によって下された，1992年の戦略的計画作りのプロセス導入の決定により，1990年代を通じた継続的な組織改革の枠組みが固まった．

第6代総裁の佐藤光夫（1993～1999年在任）が着任したのは，ADBの貸し出し余力（すなわち，融資許容額の法的上限を超えることなく，あるいはAAAの格付けを失うことなく承認可能な融資額）が枯渇しようとするときだった．余力を増加させるための一般資本増資（GCI：general capital increase）についてはかねてから協議されていたものの，合意は遅れていた．佐藤はまずGCIについての合意を最優先課題に据え，1994年5月にGCIを承認させた（第9章参照）．5年間にわたる佐藤の総裁としての任期での第2の優先事項が，（彼がしばしば好んだ表現を用いれば)「開発機関としての名に恥じないすべての機能を備えた開発機関」としてのADBの強化であった.

しかし,おそらく総裁としての佐藤にとって最も困難な課題となったのは,1997年のアジア通貨危機の中で組織の指揮をとることであった(第10章および第11章参照).彼は危機の影響を深く懸念していた.危機に見舞われた国々への対応を指揮し,さらに将来同様の事態が発生することを防ぐためにアジアの金融システムを強化すべく考案されたADBのさまざまな新しいプログラムを拡充することを支持した.

千野忠男(1999～2005年在任)は,総裁として謙虚で控えめなスタイルを好んだ.就任後間もなく,彼はADBの業務の大規模な見直しに着手し,これが後に新たな貧困削減戦略の導入につながった(第12章参照).貧困削減は,ADBにとって「最重要の目標」となった.その後,貧困削減戦略の支援のため,新たな業務戦略,すなわち「15カ年長期戦略枠組み」と「5カ年中期戦略枠組み」が導入された.今に続く千野によるもう一つの貢献は,脆弱で紛争の影響を受ける国への関心であった.彼はまた,ADB内の上級職および専門職に就く女性の割合を増やすための対策を講じた.千野の総裁在任中の2003年,ADB初の女性副総裁が任命された.

千野の業績は増資への布石となった.次の総裁,黒田東彦(2005～2013年在任)は上記の諸計画を足掛かりに事業を進めた.日本国内および国際機関での豊富で幅広い経験を有する黒田は,経済問題に強い個人的関心を抱いており,世界の金融界にも広い人脈を持っていた.就任後の数年間,彼は域内におけるADBの活動の拡大を強く支持した.彼はまた,ADBの融資が年間50億ドルから60億ドルの水準に(彼の言葉で言えば)「停滞」しているという事実を周囲に対して強調し,自らが融資総額の拡大と業務の質の向上の両方をADBの優先課題と考えていることを明らかにした.

しかし,2007年から2008年にかけて,世界的な金融危機の影響が先進国全体に広がり始めた.佐藤が予期せぬ1997-1998年のアジア通貨危機の中でADBを指揮しなければならなかったのとちょうど同じように,黒田もまた,予期せぬ2007-2008年の世界金融危機の中でADBのかじ取り役を担うことになったのである.その対応として,黒田は加盟国にGCIを承認するよう迫り,危機が広がりを見せるという差し迫った状況の中で,GCIは速やかに承認された.彼はまた,組織としての新しい計画「ストラテジー2020」を2008年に策定した.

2013年2月，日本の安倍晋三首相は黒田を日本銀行の総裁に指名した．そして黒田が日銀総裁に就任した後，中尾武彦がADBの第9代総裁に指名された（第14章参照）．

中尾武彦（2013年～現在）もまた，国際金融分野において長期にわたる豊富な経験を有しており，アジアの開発問題に取り組む機会を得たことを歓迎する姿勢を表明した．彼は後に，直接陣頭指揮を執る経営スタイルで知られるようになる．ADBにはさらなる改革の取り組みが必要だと考えていた彼は，ADBが「より強く，より良く，より速い（stronger, better, faster）」組織となるよう求めた．彼は「ストラテジー2020」の中間見直しと改訂を行い，新たな「ストラテジー2030」の検討を開始した．2013年8月には革新的なADFとOCRの統合によるADBの財務改革に着手した．これにより，業務総額（融資およびグラント）を1.5倍と大幅に増やし，数年のうちに年間約200億ドルの水準まで引き上げることが可能となった．また，各セクターとテーマ別の職員のグループを強化し，「一つのADB」として経験を共有するとともに，2015年末にパリで開かれた国連気候変動枠組条約第21回締約国会議（COP 21）に先駆けて，気候変動関連支援額を倍増すると発表した．

開発という課題

開発，それはアジアの新興国が踏み出した継続的な道のり，変革のプロセスである．この開発の道のりの意義を正しく評価することは，アジア太平洋全域で生じている広範な変化のプロセスの理解に不可欠である．

遠くない過去においてこのプロセスに影響を与えた多くの要因は，今後の数十年間にわたってもその影響を及ぼし続けるであろう．その中で，新たな要素も出現するに違いない．全体としてアジア諸国は，単一のモデルに従うのではなく，それぞれの国が直面するさまざまな状況にふさわしいと思われる多様な方法で，変革的なプロセスを乗り越える決意と能力を示してきた．

ADBもまた，国際開発金融機関として変化への決意と能力を示し，開発途上加盟国の新たな優先課題を予測し，それらに対応してきた．

これから読者を，アジア太平洋地域の発展の道のりを振り返りつつ，50年前に始まったADBの歴史をたどる旅へと招待したい．

第2章　1960年代のアジア：騒乱と変革

「アジアは現在，第二次世界大戦後で最も困難な時代のさ中にあります．（中略）こうした状況の中で，世界の他の地域の国々による緊密な支援のもと，アジアの国々の尽力と協力の結果としてアジア開発銀行が設立されたことを嬉しく思います．」

――1966年11月24日，東京で開かれたADB創立総会に寄せられた
ウ・タント国連事務総長によるメッセージ

第二次世界大戦後の時代は混乱とともにあった．植民地の時代は急速にその終焉を迎え，アジア太平洋地域諸国は次々と独立を勝ち取った．インドネシアは1945年，インドは1947年，ビルマ（後のミャンマー）およびセイロン（後のスリランカ）は1948年にそれぞれ独立を果たしている．1949年には中華人民共和国の建国が宣言された．長年にわたる戦争を経て，アジアの途上国にはそれぞれ独自の希望が育まれた．それまで建国や国家建設に対する欲求は抑圧されていたため，独立獲得後，それぞれの国は徹底して深層にまで至る国家改造に着手した．アジアの国々は明るい将来への希望に満ちていたが，ほどなく経済的な開発と発展がきわめて厳しいものであることを悟った．

1世紀近く前，明治維新の間，日本の指導者たちはすでに近代的意味における開発を志向していた．しかし，アジアの他の地域では植民地主義や戦争，政治的不安定によって発展が阻害されていた．どの国も経済発展を強く望んでいたにもかかわらず，1950年代後期から1960年代初頭まで，アジアの途上国における持続的進歩の展望は依然として明るいものではなかった．本章では，1966年のアジア開発銀行（ADB）創設につながった近代化への希望，そして地域協力への誘因について論じる．

日本と雁行型経済発展

アジアの市場はすでに数世紀にわたって，欧州市場とつながっていた．16世紀や17世紀には，中国，インドその他各地からの商人に加え，欧州の列強がそれぞれアジアとの貿易関係を強化していた．しかし，このことは，アジアの経済発展をあまり刺激するものではなかった．18世紀から19世紀にかけての世界貿易の急速な発展も，アジアの大部分の人々にはほとんど恩恵をもたらすことなく，植民地化によって域内の発展は阻害された．こうした発展の停滞の例外が日本であった．1868年の明治維新の後に日本は急速な発展を遂げ，持続的な経済成長，そして欧州の宗主国からの独立が現実的な目標であることをアジア諸国に示した．

1960年代には，日本がたどった成功への道筋は，アジアの他の多くの国々を勇気付けるものとなっていた．アジアで生まれた最も有名な経済発展のモデルの一つに，「雁行型経済発展論」がある．赤松要（Akamatsu 1962）によって詳細に論じられたこの見方によれば，発展の初期段階にある国は先進工業国に「雁行形態」をなして続いていく[1)]．先導する国の背後にある国は，商品生産のための賃金コストの低さによる恩恵を受けるが，コストの上昇とともに，こうした種類の商品生産を後ろに続く国々へと順に譲り渡していく．アジアにおいてこの雁行形態を先導したのは，自国経済の工業化に成功したアジアで最初の国である日本であった．日本は労働賃金の上昇を経験した最初の国となり，香港（Hong Kong, China），韓国，シンガポール，台湾（Taipei,China）からなる新興工業経済地域（NIEs），さらにはインドネシア，マレーシア，タイなどの東南アジア諸国連合（ASEAN）加盟国がそれに続いた．他の研究者はより慎重な予測をしたが，いくつかの修正を経た雁行型経済発展パラダイムが，実際の趨勢に近いものであったことが後に明らかとなる．

「4頭の虎」

1960年代，アジアの途上国の状況はおしなべて厳しいものに見えた．しかし，

1）　雁行型経済発展パラダイムについての批判の要旨については，Kasahara（2004）参照．

一部の国では明るい展望が見られた．当初はほとんど誰も気づかなかったが，1950年代半ばにはすでに，4つの最も躍動的な国・地域が近代化に向けた態勢を整えていた．急速な成長によって，これら新興工業経済地域（NIEs）は後に「4頭の虎」として知られるようになった．ADB設立以前，これらの国・地域は4頭の「子虎」にすぎなかったが，いずれも単に生き残るだけではなく，成長と繁栄を遂げるための地歩を固めていた（Hughes 1995, pp. 88-104）．

シンガポールによる発展の追求は，マラヤ連邦（後のマレーシア）との統合が失敗し，1965年に政治的な独立を果たしたことによってさらに加速した．韓国は，1950年代の朝鮮戦争からの復興の必要性に突き動かされ，さらに1961年に輸出主導型の成長を志向する新政権が誕生したことも追い風となった．こうした動向が，急速な産業化への道を開くことになるのである．台湾（Taipei,China）も1960年代には同様の経済的課題を掲げ，製造業に注力するとともに，成長する輸出の力を急速に拡大した．さらに，韓国と台湾（Taipei,China）は共に大規模な土地改革を実施し，教育と技術開発に大きな関心を払い続けた．

NIEsの4つの国・地域の発展の道のりは，多くの点で共通していた．いずれも経済を再編し，高い貯蓄率と投資率を達成して，世界経済に門戸を開き続けた．しかし，いくつかの点において，4つの国・地域の発展のそれぞれの戦略は異なっていた．例えば香港（Hong Kong, China）の場合，政府は多くを市場原理に任せた．他の3つの国・地域では，国家による包括的な開発戦略と市場プレーヤーに対する厳格な指導によって成長の促進を目指した．

この変革はめざましいものであった．1953年には韓国はアジアの最貧国の一つであった．しかし1950年代後半の政策改革後，その経済は急速に成長し始めた．1980年までの20年間にわたって，8％を超える年平均成長率を記録した（表2.1）．この経済的成功の要因についてはこれまで多くの議論がなされてきたが，中でも2つの大きな要因があった．すなわち，政府による積極的な産業政策と世界経済との強い結びつきである．シンガポールも同様のアプローチをとった．

台湾（Taipei,China）もまた，輸出主導の発展の道のりを歩んだ．輸出は年間20％を超えるペースで増加した（表2.1）．しかし，台湾（Taipei,China）の製造業の構造は異なっており，輸出企業は全体的に小規模であった．対照的に韓国では，輸出のほとんどが財閥（チェボル）によるものであった．

表2.1 「4頭の虎」と日本の国内総生産と輸出の伸び，1953–1980年（%/年）

国・地域	1953-1962年	1963-1972年	1973-1980年
香港（Hong Kong, China）			
GDP	12.8	11.7	10.1
輸出	6.9	14.0	9.8
韓国			
GDP	3.8	9.1	8.3
輸出	16.1	30.3	17.6
シンガポール			
GDP	…	10.3	8.1
輸出	0.3	6.0	29.1
台湾（Taipei,China）			
GDP	7.3	10.9	8.4
輸出	18.0	27.6	22.6
日本			
GDP	8.3	9.4	4.1
輸出	16.3	15.8	6.2

...＝データなし，GDP＝国内総生産
出所：Krueger（1995）を基に作成．

雁行型経済発展パラダイムに沿った形で，インドネシア，マレーシア，タイもこれらの異なるアプローチをそれぞれの状況に適応させ，先行する4つの国・地域の後を追った．この影響はその後の数十年間を経てより明確に現れることになった．それにもかかわらず，1960年代初期において，アジアの他の地域についての展望は楽観を許さないものであった[2)]．例えばインドでは，活気に満ちているが，混沌とも見える民主主義により，経済成長の見込みは必ずしも楽観できなかった．世界で最も新しい，そして間違いなく最大の共産主義国家となった中国は，政治的にも経済的にも世界の他の国々から孤立していた．一方，東南アジアの多くの国々では，新たに国家を樹立しようとする地域的な独立運動が行われており，やがて政情不安や表立った紛争へと発展した．

東南アジアの混乱

第二次世界大戦後における東南アジアの展望は厳しいものであった．域内で

2） 1940年代後半から1950年代における域内の情勢については，国連アジア太平洋経済社会委員会（ESCAP）が1947年から公表している経済社会調査が有用である．ESCAPのウェブサイト（http://www.unescap.org/publications/survey/#70s）から入手可能（2017年1月17日にアクセス）．

は国際的な勢力争いが展開されていた．かつての宗主国であるフランスや英国は，この地域での勢力の衰退をなかなか受け入れようとしなかった．1954年，ディエンビエンフーの戦いに敗れて初めて，フランスはインドシナ半島からの撤退に同意した．英国もまた，東南アジアを手放すことに消極的であった．1950年代を通じて，英国および英連邦諸国の部隊がマレーシアにおいて長期にわたる反乱鎮圧作戦を展開した．マレーシアの独立は1957年に達成されたものの，1965年には激しい政治的対立が苦難を伴うシンガポールの分離につながり，マレーシア連邦樹立の試みは失敗に終わった．インドネシアのスカルノ大統領も，マレーシア連邦の樹立は域内で旧宗主国が影響力を維持しようとする試みであるとみなして強く反対し，その後，インドネシアとマレーシア間の激しい「対立（Konfrontasi）」の時代が訪れた．

一方，かつての宗主国が退場しようとするまさにその時，東南アジアに対する米国の関心が高まりつつあった．米国や他の西欧諸国の外交政策の戦略家たちは，彼らが認識する共産主義とベトナム，カンボジア，ラオス（後のラオス人民民主共和国）でのドミノ効果の脅威を懸念し，断固たる措置によってこうした脅威を除去しなければならないと主張した．1960年代初め，米国政府は軍事援助の拡大という運命的な決定を下し，その後直接的な軍事介入を開始した．1969年には，南ベトナムに駐留する米軍部隊の兵力は50万人を数えた．長引く戦争は，ADB に対するものも含め，広範な政治的および経済的影響をもたらした．東南アジアの和平と安定の実現を強く望んだ米国の政策決定者は，アジア開発銀行設立の提案に好意的な反応を示した．

インドネシアでも混乱が生じていた．かつての宗主国であるオランダは撤退に消極的であったものの，インドネシアの指導者たちは1945年に独立を宣言した．しかし，1960年代になると，西欧の人々や多くのインドネシア人たちは，大きな勢力となったインドネシア共産党の影響力の拡大を警戒するようになった．対決の日は1965年９月に訪れた．悲惨な混乱と衝突のさ中に，およそ50万人のインドネシア人が命を落としたと見られている（Wanandi 2012）．その後の指導者の交代が国内および外交政策の大規模な改変につながり，インドネシアによる ADB 設立の協議への参加は困難となった．それにもかかわらず，新政府は ADB の参加に積極的であり，1966年にインドネシアは創設メンバーの一員となった（Watanabe 1977, p.19）．

一方，戦後の好景気に乗じることができたフィリピンは，1950年代から1960

年代初頭における東南アジアの厳しい情勢の中での例外であった．アジアの中でも最も進歩的な経済の一つであり，一時は1人当たりの年間所得で台湾（Taipei,China）や韓国を上回っていた（Maddison 2013）．フィリピンは，ADB本部の所在地となるという目標を掲げ，その設立に大きな役割を果たすことになる．しかしながら，同国にはその後保護貿易主義をとる独裁政権が誕生し，1970年代から1980年代初めにはクローニーキャピタリズム（親族や仲間の利益優先の経済運営をする資本主義．クローニーとは仲間の意味．縁故資本主義と訳されることもある）と対外債務の増大の問題を抱えることになった．その結果，フィリピンは近隣諸国の後塵を拝し，雁行形態の後列にその位置を占めることになった．

南アジアの低迷

南アジアでも，将来の展望は厳しいものであった．この頃まで，インドは長い低迷の時代を経験していた．1947年の独立までの30年の間に，国民所得の成長率は年率わずか1％で人口の増加率を辛うじて上回る水準にとどまり，そのため1人当たりの所得の伸びはごくわずかであった（Sivasubramonian 2001, p. 103; Manish 2011, p.199）．独立と一連の5カ年計画の導入後は進歩のスピードがいくぶん速まり，1960年代には年成長率が4％ほどとなった[3)]．しかし，これらの計画は主として基幹産業および重工業を対象としたもので，国民の多くにより直接的な恩恵をもたらす，食料や繊維などの消費財生産の優先度は低かった．

同時代の観察者たちも失望を表明している．1954年，著名なインド人経済学者のV・K・R・V・ラオ（V. K. R. V. Rao）は，自らの国を「停滞する発展途上経済」であると語っている（Higgins 1959, p. 40）．1968年，スウェーデンの経済学者グンナー・ミュルダール（Gunnar Myrdal）は，経済学の古典といえる研究『アジアのドラマ－諸国民の貧困の一研究（*Asian Drama: An Inquiry into the Poverty of Nations*）』の中で，「南アジアのすべての新国家は，現在，政府の計画的で組織的な取り組みを通じて経済発展を促進することを公約に掲げている．しかし，こうした方向で前進が見られる国はほんの一握りである．イ

3） 詳細な考察，およびさまざまな著名学者の意見の概説については，Manish（2011）参照．

ンドでさえ，現在，そして経済発展の初期段階にあったときの，西欧諸国に比肩しうるようなペースでの発展に到達できていない」と述べている．実際，1960年代から1970年代に入るまで，インド経済の成長は一貫してゆっくりとしたものであった．

ミュルダールはインドの停滞を，南アジア諸国の大半に広く見られる，腐敗や法制の不備，法執行の欠如として顕れる「社会的無規律」によるものとした．こうした国々を彼は「軟性国家（soft states）」と呼び，効果的な開発政策を実施する能力を持たない国家とみなした（Myrdal 1968）．

南アジアのその他の国や地域の展望は，楽観的要素と悲観的要素が入り混じったものであった．パキスタンは1950年代に発展したが，1960年代後半には国内の政治的緊張の高まりによって成長が阻害された．政治的緊張は極度に高まり，1971年，東パキスタンは分離独立してバングラデシュとなった．セイロン（後のスリランカ）の発展はより速く，1950年代には「有効に機能する民主主義と諸制度を有し，良好な経済成長を示す模範的な途上国」として広く認められていた（Abeyratne 2002）．1950年代初期，当時の首都コロンボを訪れた，後のシンガポール首相リー・クアンユー（Lee Kuan Yew）は，この都市は整然としており，清潔で繁栄していると語り，シンガポールも同じ水準に到達できればと切望したという．しかし，1956年以後，セイロン政府は経済により直接的に介入し始め，より内向きの政策を追求したため，国内総生産に占める対外貿易の割合は著しく低下した．

中華人民共和国の孤立

中国においても将来の見通しは暗いものであった．1949年に中華人民共和国の建国が宣言されたとき，平均所得はおそらくインドよりも20％低かった（Desai 2003）．その後，数10年，状況が急速に改善することはなかった．外からは西欧の主要国による経済封鎖，内では自立と自給自足に重点を置く政策の推進によって，中国は世界経済からの断絶を深めていった．1960年代を通して，中国は経済的，技術的，軍事的に孤立することになる．

1958年から1961年まで続いた大躍進政策の実施は，経済を農業から工業生産に転換しようとする試みであったが，破滅的な結果をもたらすことになった．農業は停滞し，飢饉を発生させ，多くの人の生活に悪影響を及ぼした（de

Wilde, Defraigne, and Defraigne 2012, pp. 16-18).

続いて1966年に始まった文化大革命は，階級闘争を通じて革命的な変化を促そうという運動であった．文化大革命によって，中国は10年間にわたる社会的，政治的混乱に突入した．この困難な時代を通じて，中国の指導者は主に内政に目を向けた．そのためADB設立の協議が始まったときに中華人民共和国は参加せず，創設メンバーにも加わらなかった．中国が徹底した改革を導入し，国際社会と幅広いつながりを築き始めるのは，ADB創設から実に10年以上を経た1970年代末のことである．

太平洋諸国の独立の遅れ

1960年代の初め，太平洋島嶼国は戦後の成長に向けた動きの外にあった．これらの国々は，概して戦略的，経済的支援を外部の強国に依存したままであった．1962年，西サモア（後にサモア）が太平洋の小島嶼国としては初めて独立を成し遂げ，後にADBの創設メンバーとなった．クック諸島は，1965年までニュージーランドの植民地であった．ナウルは1968年に世界で最も小さな独立共和国となった．他の太平洋島嶼国も，1970年以降に独立を達成することになる．これらの国々は，次々と新メンバーとしてADBに加盟していった．東ティモールは2002年に，パラオは2003年にそれぞれ加盟国となり，ADBの太平洋の開発途上加盟国は14カ国となった．

その他の経済的課題

第二次世界大戦後の時期，アジアの国はそれぞれ特有の経済問題を抱えていた．しかし，共通する最大の関心事は食糧不足，さらには飢饉の恐れであった．例えば1950年代初めの南アジアでは，平均カロリー摂取量がしばしば必要最低量を10％以上下回ることもあった．フィリピンをはじめ，アジアの他の地域でも食糧供給は不安定であった（表2.2）．国連アジア極東経済委員会（ECAFE）の推計によれば，1957年におけるアジア地域全体の１人当たり食糧穀物生産量は依然として戦前の水準を７％下回っていた．食糧は単に供給不足であるだけでなく，その分配はきわめて不平等であり，総人口のかなりの割合が，平均よりもはるかに少ない食糧しか得ていなかった．

表2.2　アジアにおける第二次世界大戦後の食糧供給状況の例

1日における1人当たりの平均カロリー摂取量（kcal/日）

国名	期間（年）	1人当たりの1日平均カロリー摂取量	不足（%）
セイロン	1952-1953	1,990	13
インド	1949-1950	1,630	29
パキスタン	1949-1950	2,010	9
フィリピン	1952-1953	1,790	18

出所：グンナー・ミュルダールが引用した国連のデータ．Myrdal（1968, p. 544）.

食糧不足は，極端な場合には飢饉をもたらした．ベトナム北部では1954年，何千人もの人々が飢饉で亡くなった．中国では1959年から1961年にかけて，深刻な食糧不足が生じた（Asia Society 2005）．インドもまた，1966-1967年にビハール州，1973年にはマハラシュトラ州など，各地で飢饉の脅威にさらされた．これらの惨禍，そして食糧供給に対する幅広い懸念により，ADBは業務開始後最初の10年間，農業支援を優先分野とした．

食糧不足以外にも，アジアは戦後復興のさまざまな課題に直面していた．その詳細は，ECAFEがまとめた年次経済調査に記されている（表2.3）.

表2.3　国連による「アジア太平洋経済社会調査」の研究テーマ

調査年	テーマ
1957	戦後の経済発展の諸問題
1958	戦後における工業化の検証
1959	ECAFE第一次産品輸出国の対外貿易
1960	戦後期における公共財政
1961	ECAFE加盟国の経済成長
1962	アジアと西欧との貿易
1963	輸入の代替と輸出の多角化
1964	経済発展と農業セクターの役割
1965	経済発展と人的資源
1966	融資と開発の諸側面

ECAFE ＝ 国連アジア極東経済委員会.
出所：United Nations（1978, p. ii）.

これらの調査から，アジアにおいては，差し迫った復興ニーズに対処し，長期にわたる安定的成長を達成するための国内および外国資本が不足していることが浮き彫りとなった．アジアの経済担当者たちは，インフレ，不安定な一次産品の輸出市場，失業と人口圧力，そして農業セクターの発展の遅れといった脅威に対処しなければならなかった．

この間，アジア途上国における工業化に向けた動きは，「自らの経済的運命を切り開くための自由の表現」とみなされた（United Nations 1958）．これらの国の多くは，輸入代替工業化戦略（ISI）を採用した．このアプローチには4つの要素が必要となる．国内の熟練した生産性の高い労働力，技術的ノウハウ，十分な市場規模，そして資本である．こうした戦略はきわめて高コストであることが判明した．輸入代替工業化では自国で商品を生産することが求められるため，原材料の輸入や外貨需要が増大した．ほどなくしてアジアの国々は，これらの分野でより強くなるには相互の協力が必要であることを理解した．

地域協力

1940年代後半にECAFEが創設された際，アジア以外の国連加盟国はECAFE事務局の業務を調査と研究に限定しようとした．しかし，ECAFE内のアジアからの加盟国の数が増え，域内の各国政府が自信を深めるなか，ECAFEは次第により幅広い役割を担うようになった．1957年から，ECAFEはアジアの途上国の問題を研究するだけでなく，域内の諸国に対し，共通の開発課題に協力して対処するよう働きかけた．さらに，アジアの力のない国々が力を合わせて成長を加速させ，欧州や北米からより高度な水準での経済的自立を果たすべきだとの考えが，第二次世界大戦後支持を集めていた．「アジアの経済議会」として，ECAFEはこうした願いを支持した．1959年から1973年までECAFEの事務局長を務めたウ・ニュン（U Nyun）はミャンマー出身で，アジア諸国は国家の開発計画を互いに同調させ，域内の経済統合を実現すべきだと訴えた（Huang 1975）．

ADB創設に至る時期，ECAFEはアジアの経済担当者を集め，共通の開発の課題を議論するようになった[4)]．ECAFE加盟国は，技術協力，業務運営上の協力，そして開発計画の協議に関するプログラムを話し合った（United Nations 1963, pp.101-118）．そして，ECAFEからの支援の有無にかかわらず，

4）1963年の時点で，発展途上のECAFE加盟国にはアフガニスタン，ブルネイ，ミャンマー，カンボジア，スリランカ，台湾（Taipei,China），香港（Hong Kong, China），インド，インドネシア，イラン，韓国，ラオス，マレーシア（およびシンガポール），パキスタン，フィリピン，タイ，ベトナムが含まれていた．

そうした協力を強化することで合意した．

技術協力の手段としては，ディスカッション・フォーラム，地域セミナー，産業使節団などがあった．また，タイのアジア経済開発計画研究所やフィリピンの国際稲研究所（IRRI），日本のアジア生産性機構など，多くの専門的研究機関が設立された．さらにECAFE加盟国には後に，大企業の管理職の訓練を目的とするフィリピンのアジア経営大学院大学（AIM）や，専門的な生産技術の教育を行うタイのアジア工科大学院も設立された．

小さな国々における工業化を促進するための支援も行われた．この目的のため，ECAFEが任命した専門家による作業グループは，地域開発銀行を設立し，投資資金を集めて産業プロジェクトに投入することを提案した．この地域的な銀行は，域内の通商への資金提供のための「アジア貿易開発銀行」に拡大・発展する可能性を持つものであった．さらにこのような機関には，国家開発計画についての各国間の調整を進展させるという役割も期待できる．それまでは，協力不足により，いくつかのアジアの国では繊維製品の過剰生産や，製鉄所や石油精製の設備不足など，コストのかかる失敗が生じていたのである．

国際社会の動向

ECAFEが支援する地域プログラムは，国際的な出来事や，第二次世界大戦後における国際援助の動向の影響を受けた[5)]．戦後の発展は，国際的な支援プログラムによって促進された．これらのプログラムは，いくつかの点で，米国が1940年代後半に欧州に対して巨額の資金を提供する手段となったマーシャルプランの延長であった（Behrman 2007）．戦後間もない時期には，米国と世界銀行が日本に対して経済援助を行った．これらのプログラムが成功裏に進んだことにより，先進国の指導者たちはアジアや他の地域の途上国も同様の資金流入によって恩恵を受けることになると考えた．さらに，援助国と被援助国の双方が，多国間プログラムの利点について認識を深めるようになっていった．

地域内の国による支援，特に日本からの支援も行われていた．1952年に米国による占領が終わると，日本の外交政策は，戦争が深い爪痕を残したアジアの

5）Huang（1975）によれば，アジアに対する海外からの経済援助，アジアの地域主義の高まり，そしてECAFEの影響力の拡大などが，アジアにおける地域協力の発展の背後にあった動機であり，ADB設立の基底にあった．

国々と貿易や開発援助を通じて再び平和的に関係を構築することを目指した．当初，日本の援助は，フィリピン，インドネシア，ミャンマーなどの国々への戦後賠償と，コロンボ・プランの新加盟国として1955年に開始した技術協力の形をとった．コロンボ・プランは，アジア太平洋地域における協調的な経済および社会の発展の促進を目的として，1951年に設立された国際機関である．こうした支援は，後により包括的な公的援助プログラムへと発展した（Furuoka, Oishi, and Kato 2010）．

初期における日本の政府開発援助は，アジアが中心で，幅広い経済発展の促進を目的としたインフラ支援，そして借り入れ国における規律を促す譲許的融資による支援であった（Akiyama and Nakao 2006）．こうした二国間プログラムの成功を受けて，日本と他の国々は，国際的な資本をアジアに引きつけ，域内の協力を強化する新たな機関の創設を検討し始めた．

協力の手段として域内の組織を作ることの有用性は，世界の他の地域における地域的なグループの形成の拡大によっても高められた．この時期に３つの主要な地域開発銀行が設立された．1959年，ラテンアメリカやカリブ海地域への開発資金提供を目的として，米州開発銀行がワシントン DC に設立された．1964年，アフリカ開発銀行がコートジボワールのアビジャンに設立された．さらに1966年，マニラに本部を置くアジア開発銀行の設立が合意された．

ADB 設立前夜，発展途上にあるアジア諸国の経済は，地域的な状況や指導者の追求する政策によってさまざまな発展段階にあった．それにもかかわらず，1960年代初期において，これらの国々には植民地時代の遺産の影響や繁栄への共通の熱望，そして広範な同様の経済的課題など多くの共通点があった．このような時期に，アジアの国々は，アジアにおける，アジアのための地域開発銀行を作るための公式な協議を開始したのであった．

第3章　銀行創設

「アジア開発銀行の創設は，アジア経済の歴史における大きな前進である．（中略）この銀行設立に至った，この驚異的かつわれわれを勇気づける歩調が失速するようなことがあってはならない．」

――ウ・ニュン国連アジア極東経済委員会事務局長
ADB創立総会（1966年11月24日，東京）にて

1962年後半，東京の常盤橋経済研究所に籍を置く著名なエコノミストである大橋薫氏が渡辺武のもとを訪れた．当時，渡辺は東京の丸の内で在野の金融コンサルタントとして活動していた．大橋氏は渡辺に，小人数の研究グループを立ち上げ，アジア地域の開発銀行の設立の可能性を探ることを提案し，渡辺はそれに同意した．その時の彼は知る由もなかったが，ほどなくしてアジア開発銀行（ADB）設立協定を形作る提案書の最初の詳細な検討が始まったのだった――渡辺はのちにそれをADBの「最初の（心臓の）鼓動」と表現している（Watanabe 1977, pp. 1-2）．

初期の提案

アジアに開発銀行を設立するという考えは新しいものではなかった．すでに1956年には，日本の一萬田尚登蔵相が米国のジョン・フォスター・ダレス（John Foster Dulles）国務長官に対し，東南アジアのための新たな金融機関によって開発プロジェクトを支援できると提案していた（Huang 1975, pp. 16-17）．しかしダレスは，その件について検討を約束しただけであった．

1957年，岸信介首相はアジア外遊の際，日本は，アジアの途上国に対する低

金利で長期の融資を提供する地域開発基金の創設を主導していく意向であると表明した．資金は，主として日本，そしてオーストラリア，カナダ，米国などの先進国から提供されるとした．帰国後，岸は駐日米国大使のダグラス・マッカーサー２世（Douglas MacArthur II）に詳細な趣意書を手渡した．日本のある新聞は，「（前略）この計画の要点は，米国に多額のドルを拠出させ，東南アジアに配分させることにある」と記している（Huang 1975, p. 17）．岸の計画は，商業銀行の諸原則に沿って業務を行い，途上国に輸入金融を提供する「アジア商業基金」にも言及していた．

しかし，米国政府は岸の計画や他の日本の政策決定者からの類似の提言を真剣に受け止めようとせず，提案がそれ以上進展することはなかった．それにもかかわらず，日本国内では依然として，アジアでの開発プログラムや新たな機関に対して金融支援を行うという方針が支持されていた．この広範なアプローチが，大筋としてその後の数十年にわたってアジアにおける日本の経済外交の方針となった[1)]．

日本以外のアジア諸国も地域開発銀行のアイデアを支持した．1959年，セイロン（後のスリランカ）では，ソロモン・バンダラナイケ（Solomon Bandaranaike）首相が，コロンボで国際会議を開き，そうした銀行を設立する可能性を含む議題について協議することを提案した．しかし，1959年９月に彼が暗殺された後，この考えが推進されることはなかった．1962年，アジアの銀行家向けセミナーでの発表を依頼されたセイロン人銀行家のC・ロガナサン（C. Loganathan）氏は，そのテーマとして「アジアにおける地域経済協力：国連アジア極東経済委員会（ECAFE）加盟国を対象とした開発銀行設立の提言（Regional Economic Cooperation in Asia: A Case for a Development Bank for United Nations Economic Commission for Asia and the Far East（ECAFE）Countries)」を選んだ．しかし，その論文が発表される予定だったニューデリーでの会議はインドとパキスタンの紛争の勃発のためにキャンセルされた．

アジアの政策決定者たちは，多くの理由から地域銀行の設立を検討していた．彼らは経済発展を目指しており，アジア人が自らの運命を決定するべきだと考えていた．そして，既存の国際経済機関はアジアの途上国のニーズに完全には

1）オアー（R. M. Orr）は，アジアへの主要な援助国としての日本とアジアとの経済的関係を論じるなかで，日本の外交政策に影響を与えた要素の一つがアジアに対する情緒的コミットメントであると記している．Orr（1990）．

合致していないと感じていた．ADBで最初の職員の一人となった行天豊雄は，国際会議の日本代表団の一員としての彼の経験を回想している．1964年に日本は経済協力開発機構（OECD）に加盟したのだが，日本代表団がパリにある格調高いOECDの会議室に入ったとき，「（前略）彼らは自分たちが，まったく別の，まったく白人ではないメンバーからなる唯一の代表団であることを目の当たりにすることとなった」と行天は気づいた．

彼はまた，バーゼルにある国際決済銀行（BIS）で開かれた国際的な銀行家の会合に出席したときのことについても回想している．当時はアジアにとって混乱の時代であった．文化大革命が中国全土を席巻し，ベトナムの戦争は重大な局面に差し掛かろうとしていた．しかし，BISにいた銀行家たちはそうした出来事にはほとんど関心を持っていないことを知り，行天は「彼ら銀行家たちにとっては，世界はいまだにダーダネルス海峡近辺のどこかで終わっているようだった」と案じたが（Gyohten 2007, p. 49），その後の世界を見れば，それは杞憂であった．

渡辺武と東京研究会

東京では，大橋氏が銀行業界と大蔵省の友人たちとの会合で地域銀行創立の考えを協議していた．計画を練るよう促された彼に，大蔵省国際金融局の課長補佐であった渡辺誠氏（同姓であるが渡辺武とは縁戚関係はない）も加わった．この会合の参加者は，政府の中枢に信頼されるもう一人の人物が必要との結論に達し，渡辺武を研究会の長として招いた．

この人選が素晴らしいものであったことが後に証明される．渡辺武は東京帝国大学（後に東京大学に改称）を1930年に卒業後，大蔵省に入省し，英国にも留学した．終戦後，1949年に初代の財務官に任命され，その後世界銀行および国際通貨基金（IMF）で日本代表理事を務めた．彼は公平で広い視野を持った人物であった．大蔵省を退官後は在野のコンサルタントとして働くかたわら，海外駐勤者の子弟の教育を支援していた．また，彼は長らく政府に奉職した名家の出であり，祖父は大蔵大臣，父は司法大臣を務めている．

東京研究会は1963年2月6日に初の会合を開き，その後も月に1，2度開かれた（Watanabe 1977, p. 1）．彼らは当初から多くの問題に取り組んだ．設立される銀行を，既存の国際金融機関にどう調和させるのか？　各国の開発銀行の機能と重複するのではないか？　途上国での投資に利用可能な限られた資金をめぐって，世界銀行と競合することにならないのか？　さらに，後発途上国に融資を行う銀行が，それらの国々への融資基準を引き下げたり，疑わしい質のプロジェクトを支援するという圧力を受けないでいられるか？　こうした疑問は予期されたものであった．

開発銀行との関係を説明するため，渡辺武は世界銀行での自らの経験を引き合いに出した．「アジアの開発需要はきわめて大きく，しかもインド，パキスタン以外のアジアにおける世銀の活動は十分と思われず，政治的にもアジアの開発のために専念する機関を置くことがアジアの民衆を力づけることになるという理由で，新機関設置の必要性について意見が一致した」と述べている（Watanabe 1977, p. 1）．

研究会は，この銀行の業務についてさまざまな可能性を検討した．例えば，大橋氏は，香港（Hong Kong, China）に本拠を置く民間商業銀行とすることもありうると提案した．他のメンバーは，地域開発銀行が民間からの出資，または先進国での債券の発行によって資金を得るか，あるいは政府の支援を受けるべきだと提案した（Huang 1975, p. 21）．

研究会は1963年８月までに合意に達し，「アジア開発銀行設立に関する私案」と題する概要書を起草した[2]．この銀行は「全関係国の協力のもと，開発のための資金の供給と開発のための技術や政策技法などの手段を提供することにより，アジア地域の経済発展」に貢献するものとされた．

この計画に対し，日本政府の高官は好意的な反応を示した[3]．しかし，当初この提案に対する世界銀行関係者の反応は冷淡であった．1963年９月，ワシントン DC で開かれた世界銀行・IMF 年次総会の際，渡辺は出席した関係者の反応を探ったところ，ほとんど支持を得られず，落胆することになった．渡辺は意気消沈して東京に戻った．東京研究会の他のメンバーは，渡辺から話を聞いた後で自分たちの考えが，「学術的かつ非現実的と見られたのであろう」と結論付けた（Huang 1975, p. 23）．

2）全文は，Watanabe（1977, p. 2）で読むことができる．

3）Huang（1975）は，他の新機関に関する計画が失敗するなかでアジアの開発銀行設立というアイデアが成功した主な理由の一つとして，それが銀行であり，「ほぼ普遍的な魅力を持つもの，すなわち貨幣を扱う」機関であったことにあると指摘している（p.112）．

国連アジア極東経済委員会（ECAFE）の支援

実際，アジアの地域銀行に関するアイデアの種はアジアの他の場所でも芽生えつつあった．その特筆すべき例が，バンコクのECAFEにおける動きである．ECAFEは1961年にはすでに3人のアジア専門家を招き，この問題について研究していた．しかしECAFEの「三賢人」――インドのK・B・ラル（K. B. Lall），タイのルアン・サビル・セタファニクカーン（Luang Thavil Setaphanichkarn），日本の大来佐武郎――は当時，アジア地域の銀行が実現可能であるとは思っていなかった．その代わり彼らは，パリのOECDをモデルにしたアジア開発機構の創設のほうがいいと考えた．

その後間もなく，1963年1月に28歳のタイ人経済学者，ポール・シティ‐アムニュアイ（Paul Sithi-Amnuai）が，域内貿易に関するECAFEの会合において，アジア地域の銀行に関する提案を発表した．この会合の最終的な決議では，そうした銀行の設立に高い優先順位が与えられるべきであるとの提言がなされた[4]．この提案は，1963年3月にマニラで開かれたECAFEの第19回年次総会で重要な後押しを得ることになった．各国の代表者たちは，貿易や産業の発展に関する地域的な経済協力の方策を加速させるよう訴えるとともに，ECAFEに対し，アジア地域の加盟国および準加盟国の代表を集めた会合を開くよう提案した（Huang 1975, pp. 29-30）．ECAFEの事務局長，ウ・ニュン（U Nyun）は即座にこの提案を歓迎し，年内のハイレベル会合に向けた準備を職員に命じた（表3.1）．

1963年9月と10月に準備会合が開かれた．これらの会合の焦点となったのは地域協力であり，貿易，経済計画，工業化の問題について詳細な議論が行われた．その結果，世界銀行の支援を得つつ，専門家グループによってアジア地域の開発銀行創設の問題を精査することが提言された．

1963年12月，マニラにおいて，アジアの経済協力に関するハイレベル閣僚会合が開かれた．重要な点として，この会合はECAFEでは初となる，参加を

4） Huang（1975, p. 28）．その年，ECAFEの要請により，ポール・シティ‐アムニュアイは「ECAFE地域のための地域銀行の提言－特に域内貿易の発展に関して（The Case for a Regional bank for the ECAFE Region—with Special Reference to the development of Intra-Regional Trade）」という論文を作成した．Wilson（1987, p. 5）．

アジア各国の政府に限定した閣僚級の会合でもあった[5)]．この会合ではアジア地域の銀行設立についての詳細は検討せず，その代わり地域協力に関するより幅広い課題が議論された．それにもかかわらず，銀行の設立という構想の大枠は多くの関心を集めた．ある専門家が述べているように，「地域銀行を創設しようという提案に関しては，ほとんどすべての代表が何かしらの意見を持って」おり，「ほとんど全員が，その案を良いものと考えていた」のである（Huang 1975, p. 33）．この会合では，その提案を詳細に検討する専門家グループの設置が支持され，1964年3月にテヘランで開かれたECAFEの第20回年次総会で正式に支持された．

表3.1　ADBの創設に向けての公式会合

1963年	
3月5～18日， マニラ	**ECAFE第19回年次総会** 地域経済協力の促進に向けた施策の採択を促す決議がなされる．ECAFEのウ・ニュン事務局長が，年内のハイレベル会合開催に向けた準備を指示．
8月15日～9月13日， バンコク	**地域経済協力に関する専門家作業グループ** ECAFE事務局長が招集した地域協力に関する専門家グループがアジア開発銀行の設立を提案．
10月21～26日， バンコク	**アジアの経済協力に関する初の閣僚会合に向けた準備会合** アジア地域の閣僚が会合を開き，専門家グループの提言を協議．この問題の調査のためにもう一つの専門家グループを組織し，その調査結果をECAFEに報告させることが提案される．
12月3～6日， マニラ	**アジアの経済協力に関する初の閣僚会合** (i)アジアのための地域開発銀行を設立することへの支持，(ii)ECAFE事務局長に対して，必要な調査の実施と銀行設立に必要な制度的な取り決めの提言を求める，という2つの決議がなされる．

1964年	
3月2～17日， テヘラン	**ECAFE第20回年次総会** 2月までに，ECAFE国際貿易課長のR・クリシュナムルティが専門家パネルを設置[a]．ECAFEの第20回年次総会で，「アジア開発銀行（この名称にてADBとして知られることになる）」を設立することが支持される．
10月20～31日， バンコク	**ADBに関する専門家グループ** 日本の渡辺武をはじめとするECAFEの専門家作業グループのメンバー

5）　Huang（1975, p. 32）．この会議については，Krishnamurti（1977, pp.5-11）が論じている．

	10人が初の公式会合を開催．主な課題（ADBの目的および特質，資本金，加盟国の地位など）を協議する．グループの結論はECAFE 加盟国政府に回付された．

1965年	
3月16～29日， ウェリントン	**ECAFE第21回年次総会** ECAFE事務局長に対し，ADBプロジェクトを最優先事項とするとともに，この問題の研究のため，専門家によるハイレベル諮問委員会の開催を要求する決議がなされる．同委員会はその検討結果をアジアの経済協力に関する第2回閣僚会合にて報告することとされた．
6月23日～8月4日， バンコク	**ADBに関する諮問委員会** 9名で構成される諮問委員会が6月23日に初の会合を開催．その後，米国と日本が出資（各2億ドル）を予定していると発表する．それを受け，委員会は世界各地への訪問を開始し，プロジェクトへの支援を依頼するとともに，他の国々に参加するよう説得を行った．
10月21日～11月1日， バンコク	**ADBに関する準備委員会** 域内および域外の31カ国からなる準備委員会が開かれ，ADBの目標と組織構成に関する最終的な決定が行われる．会議では，ADB設立協定もまとめられた．
11月29日～12月1日， マニラ	**アジアの経済協力に関する第2回閣僚会合** ADBへの加盟国と各国の出資額が決定される．3回にわたる投票の末，マニラがADB本部の所在地に選ばれる．
12月2～4日， マニラ	**ADBに関する全権代表会議** 1965年12月にマニラで開かれた会議において，22の政府が設立協定に調印．さらに9カ国が，1966年1月の期限（バンコク会議）までに調印を行った．委員会が組織され，「銀行総務会の創立総会の準備をはじめ，銀行設立に必要な措置の開始，考案，および実施」を行うよう指示が与えられる．

1966年	
1月28日～11月21日， バンコク，マニラ，東京	**ADB設立準備委員会** 同委員会は5回にわたって数日間の会合を行った．11月に報告書がまとめられ，東京での創立総会に提出された．
11月24日～26日， 東京	**ADB総務会の創立総会** 日本の渡辺武が全会一致でADB総裁に選出される．授権資本を当初の10億ドルから11億ドルに増やす決議がなされる．理事会のメンバー10名（域内加盟国・地域の代表7名，域外加盟国の代表3名）が選任される．
12月19日， マニラ	**ADB開業式** ADBが業務を開始．開業式のため，加盟31カ国の代表が臨時に設置された銀行本部に集まった．

ECAFE＝国連アジア極東経済委員会．

a　D. L. Wilks（New Zealand），Kraisri Nimmanahaeminda（Thailand），and Amada Castro（Philippines）．

出所：Krishnamurti（1977, p. 1）；Yasutomo（1983, p. 31）；Huang（1975. pp. 1-109）；Chalkley（1977, pp. 50-53）．

この頃までには，このような銀行がさらなる資金をこの地域に引きつけることができるという幅広い合意が形成されていた．アジアの資本市場は未発達であり，欧州や北米の主要金融市場もアジアの途上国を投資機会とみなすことはほとんどなかった．また，特にセイロンをはじめとする国々は，欧州および北米の開発機関がインドなどアジアの大国を重視する傾向にあると強く感じていた．そのため，新たな地域銀行はそうした構図を変え，国際市場および国際機関がアジアの途上国へ資金を流入させる方法を改善すると期待された．

さらに，この新しい銀行の業務については他にも提案があった．ECAFEの作業グループは，新銀行が域内の貿易と自由化を重視し，経済的発展に向けた各国のさまざまな計画の相互調整を支援すべきであるとの考え方を持っていた．一部の加盟国は，新銀行は貿易信用を提供すべきだと考えていた．他の加盟国は，貿易金融は商業銀行が担うのがよりふさわしいと主張し，そうした考えには消極的であった．しかし，しっかりした健全な工業プロジェクトはまだほとんど存在しなかったにもかかわらず，工業の発展のための資金提供に対しては原則として強い支持があった．インフラの必要性についても同様の合意が存在した．しかし，適切に設計されたインフラプロジェクトが不足しているため，新銀行はまず投資環境の整備のための活動に注力すべきであると考えられた．また，農業を支援すべきとの提案もなされた．

2つの流れの合流

さまざまな異なる意見はあったが，新銀行の設立に対する支援は広がり続けた．1964年3月にテヘランで開かれたECAFEの第20回年次総会は，専門家グループがこの考えについてさらなる検討を行うべきであると結論付け，ECAFE国際貿易課長のR・クリシュナムルティ（R. Krishnamurti）が専門家の選任を担当することとなった．日本の支援を得るため，彼は1961年に地域銀行創設案の研究にあたったECAFEの「三賢人」の一人，大来佐武郎に書簡を送った．日本の代表として誰が最もふさわしいかとの問いに，大来はADBの歴史にとってきわめて重要となる人物を推薦した．東京研究会の渡辺武である．

慎重な選考ののち，10名の専門家が1964年10月にバンコクで初の公式会合を開いた．渡辺はECAFEの関心には気づいていなかったが，彼がこの専門家グループへの参加を招請されたことで，ECAFE と日本を起源とする２つの考え方の流れが合流することになったのである．渡辺は北東アジアから参加したが，他の金融専門家はインドやイラン，パキスタン，フィリピンなどアジアの他の地域から参加していた．招待状が届いたときのことを，渡辺は次のように語っている．「当時私は独立の金融コンサルタントとして，海外資本市場における債券の発行交渉などの業務に従事していました．政府の役職に就いていなかったため，完全に自由に自分の意見を伝えることができたのです．（中略）私は，リラックスした気持ちで，なんらかの合意に至らなければならないというプレッシャーはまったくありませんでした」（Watanabe 1977, p. 5）

国際金融公社や米州開発銀行からのアドバイザーも交え，グループは２週間にわたって ECAFE の本部で会合を行った．彼らは数多くの問題をふるいにかけ，アジアのための国際開発銀行に関する初の詳細な準公式提案を作成した（Krishnamurti 1977, pp. 11-15）．自分たちの成果に充分な手ごたえを感じた ECAFE の職員は，銀行に関する公式な設立協定を起草することも提案した．一方渡辺はより慎重であった．彼は加盟国となる国の政府の意見を聞いてみないことには時期尚早であると考えていたのである．結局，グループはすべての参加者が合意できる報告書を作成し，その中に，東京研究会によりなされた提案の大部分を取り入れた（Watanabe 1977, p. 7）．

加盟国の範囲

銀行の設立に向けての次のステップは，加盟する可能性のある国々に銀行設立の手続きへの参加を求めることであった．しかし，国際協議には往々にしてあることだが，どの国を招き入れるかについては異なる意見が存在した．新銀行はアジアの機関であるから，正規の加盟国はアジア諸国に限るべきだというのが一つの考え方であった．これに対して，渡辺が支持したもう一つの考え方は，域外の国，特に北米と欧州の先進諸国を含めるべきだという考えであった．より幅広い国々の加盟によって，新銀行は世界の主要な資本市場によりアクセスしやすくなり，アジアにさらなる資金の流れを呼び込めるであろう．また，それによって域内への有用な考え方と技術の流入を促進すると同時に，先進国にとってもアジアの開発課題に関してより深い理解を得られるであろうという期待があった．

結局のところ，アジア的性格を明確に持ちつつも，外に向かって開かれた国際的な銀行とすることに対して強い支持があった（Watanabe 1977, p. 7）．新銀行設立の計画は，そのため２つの要素をうまく両立させなければならなかった．すなわち，資本構成とガバナンスに関する取り決めは銀行のアジア的性格を強化するものであるべきであると同時に，域外からの加盟国の参加を促すのに十分な程度に包摂的であるべきであった．この包摂性は，世界経済に対して開かれたものであるという原則的なアプローチを反映したものであり，大きな成功を収めることになるいくつかの域内諸国が続いて採用したアプローチであった[6]．実際，この取り決めは，その後の数十年間にアジア太平洋の多くの地域で起こる経済政策の明るい展開を予兆するものであった．

日本と米国

専門家グループによる報告書は，1965年３月にニュージーランドのウェリントンで開かれたECAFEの第21回年次総会で正式に発表され，そこで確かな手ごたえが得られた．アジアのほぼすべての国が，提案に前向きな姿勢を示したのである（Huang 1975, p. 48）．そこでECAFEは，ハイレベル諮問委員会を設置し，加盟する可能性のあるアジア太平洋の国・地域，および域外の先進国の政府の反応を探った．

しかし，それ以上の進展には２つの主要国，日本と米国からの支援が必要だった．日本はすでに基本的には支援を約束していた．1965年２月16日，東京にある外国人記者クラブでの会見において，佐藤栄作首相は，「本プロジェクトは，経済発展を通じてアジアの連帯感の強化に貢献するものであり，その実現を熱望しています」と述べていた．さらに彼は，アジアの開発銀行設立に向け，日本は努力を惜しまないだろうとも語った（Krishnamurti 1977, p. 21）．

米国に関しても，事態が急速に進展しようとしていた．ウェリントンでのECAFEの会合において，米国代表は新銀行に反対こそしなかったものの，支

6）世界銀行が支援する成長開発委員会（Commission on Growth and Development）は，1960年から2005年までの長期間にわたって急速な成長を遂げた13の国（うちアジアの国は９カ国）の経験を分析したうえで，「これら13カ国・地域はすべて，高成長を遂げていた期間中は世界経済との関わりを最大限に活用した．これが最も重要な共通の特徴であり，本レポートの重要な教訓の一つである」と結論付けている．World Bank（2008, p. 21）．

援を約束することもできなかった（Krishnamurti 1977, p. 17）[7]．元世界銀行総裁のユージン・ブラック（Eugene Black）は，米国の態度を「『ノー』ではないが，『イエス』でもない」と表現している（Huang 1975, p. 47）．資金援助を約束する用意こそなかったものの，米国首席代表は諮問委員会設立決議に賛成票を投じ，代表団としてアジアの開発銀行に関する決議を喜んで支持すると述べた（Huang 1975, p. 48）．これは他国の代表団に希望を与えるものであった．

1965年4月，米国のリンドン・B・ジョンソン（Lyndon B. Johnson）大統領は一連の重要な措置を講じた．4月7日，ボルチモアのジョンズ・ホプキンス大学で行った政策に関する重要な演説で，彼は東南アジアへの新しい援助プログラムを発表した．米国による南ベトナム政府への増加する軍事援助とのバランスをとるため，ジョンソン大統領はこの地域の経済的および社会的発展のために10億ドルを拠出する用意があると語ったのである．彼はまた，より強固な地域協力への支援も約束し，「平和的協力が可能となり次第，北ベトナムが直ちに共通の取り組みの一端を担うことを期待する」と述べた（Krishnamurti 1977, p. 22）．続いて，ジョンソン大統領はそうした取り組みを前進させることを目的とした米国チームの長として，ユージン・ブラックを任命した．

ボルチモア演説の中で，ジョンソン大統領はアジアの開発銀行について何も言及しなかった．しかし，続く数週間の間にユージン・ブラックは国連職員と協議を行い，ECAFEの提案についての説明を受けた．ブラックはECAFEの委員会の会合に出席したうえで，ジョンソン大統領に対し，アジアの開発銀行は，大統領のアジアへの幅広い援助プログラムの一部として受け入れることができるだろうと報告した．4月20日，大統領は次のように語っている．

> 東南アジアの経済的発展を援助する取り組みについて，ユージン・ブラック氏と有益な話し合いを行いました．彼はニューヨークで事務総長をはじめとする国連幹部と行った協議について，希望の持てる報告をしてくれました．
>
> ブラック氏は私に，協議の内容が，これはアジアが主導権を握って押しすすめる問題であるとの私たちの見方を明確に裏付けるものであり，「われわれの希望は，アジアの人々自らによる取り組みに協力し支援することであ

7）　ウェリントンでECAFEの会合が行われていた頃，新銀行の設立を支持するかどうかを決定するため，ワシントンDCの米政権内で話し合いが行われていた．Geyelin（1966, pp. 276-283）は，各省やジョンソン大統領の見解について検討している．

る」と述べました．

また，ブラック氏は，アジア開発銀行に関するプロジェクトについても私と協議しました．彼は，ニューヨークとワシントン双方での協議を経て，適切な条件のもとで健全な運営がなされるのであれば，このような銀行はアジアの地域開発を促進するうえで大いに評価できるという点で現政権の中に合意が存在すると報告しました．私はこの見解に同意するとともに，そうした銀行が設立されたならば，米国は参加を希望すると考えます．(Johnson 1965)

このステートメントにより，米国も日本に続いてADB設立への支持を表明したのである．

本格的な準備

日米の支持の表明は，設置が決まった諮問委員会のメンバーにとってまさに見通しが急に開けたかのような出来事であった．アジアの開発銀行設立という考えは，もはや夢ではなく，現実的な提案となったのである．直ちに，準備作業が相次いで開始された．1965年6月下旬，9名からなる諮問委員会が初めてバンコクで会合を開き，ADBの歴史に重要な役割を果たしていくこととなる．渡辺はこの会合には，日本政府の財務参事官として公的な立場で出席した（Watanabe 1977, p. 8）．若きスタッフの一人として彼に随行した千野忠男は，30年後，1999年に第7代ADB総裁に就任することになる．ブラックも米国大統領の特使として参加した．

フィリピン出身のコルネリオ・バルマセダ（Cornelio Balmaceda）が委員長を務めたが，彼は準備期間中ADB創設の支援に中心的な役割を果たすことになる[8]．渡辺を補佐したもう一人の人物であり，後にADB第4代総裁となる藤岡眞佐夫は，著書の『アジア開発銀行総裁日記』の中で「ADB設立の苦労と切り離して考えられないのがバルマセダ氏の存在である．（中略）彼がADBの功労者であることは否定できない」と振り返っている（藤岡 1986，17頁）．諮問委員会の他のメンバーには，後にADBの幹部職員となるインド出身のC・S・クリシュナ・ムルティ（C. S. Krishna Moorthi）とセイロン出身のダグラ

8） バルマセダは，ADBの本部をフィリピンに置くべきだということをアジア諸国に説得するうえで大きな役割を果たした．Gozum（2013, Chapter 17）．

ス・グネセカラ（Douglas Gunesekera）も含まれていた．後にＣ・Ｓ・クリシュナ・ムルティはADB初代副総裁を，ダグラス・グネセカラは官房長を務めた．

会合の２日目，渡辺は，日本政府は資本金２億ドルを出資する用意があると発表した．数日後，ブラックもまた，米国から２億ドルまたは想定される初期の総資本金の２割を出資する用意があると述べ，強力な支援を保証した．彼はさらに，米国はADBの譲許的融資（低利優遇融資）のための特別基金に１億ドルを拠出すると述べた．なお，後日譚になるが，米国議会はその後出資は承認したものの，譲許的基金への拠出については承認を与えなかった．しかし，日本と米国から確約を得たことで，銀行設立に向けた詰めの準備は幸先の良いスタートを切った．

続いて諮問委員会は，加盟する可能性のある国々が何に合意するか，どんな責任を受け入れるかを正しく把握できるよう，組織に関するさまざまな問題を検討し，さらに，各国の代表とも計画的に会合を行った．これらはすべて，４カ月後に迫っていた1965年10月のハイレベル事前協議に向けて行われた．こうした作業には，各国の意見を尊重し，それぞれの金融上および経済上の関心を考慮するという，徹底して慎重な外交交渉が必要とされた．諮問委員会のメンバーは多くのアジア諸国を訪問したほか，域外のどの国を訪問すべきか検討し，後々に訪問すべき国についても決めておいた．ソビエト連邦やチェコスロバキアといった社会主義国への参加招請にも前向きであり，1965年７月にはモスクワを訪問している（Krishnamurti 1977, pp. 51-53）．

参加の見込まれる国々は，銀行がどのように業務を行うかについて詳細に質問した．多くの事項は，次回以降の会合に持ち越さざるをえなかった．この段階では，各国は加盟への関心を表明することはできたが，確約はしなかった．結局，ソビエト連邦とチェコスロバキアに加え，初期の準備で積極的な役割を担ったイランも加盟に至らなかった．

設立協定の起草

諮問委員会は報告書を作成した．銀行の首脳部と加盟国との関係を定義した設立協定が起草され，その中で統治方式と経営方法に関する規則が定められた．この草分け的な仕事に取り組んだ千野の努力と，彼に先立つ東京研究会の成果は設立協定の起草に大いに貢献した．しかし，そうしたアイデアを織り合わせつつ，世界銀行をはじめとする他の機関の経験を参考に，各国の多様な意見に基づいて協定の条文案の推敲を重ねたのが，フィリピン出身の弁護士，フロレンティーノ・P・フェリシアーノ（Florentino P. Feliciano）であった（Wilson 1987, p. 16; Krishnamurti 1977, p. 29）．

ECAFE 事務局は域内および域外のすべての加盟国，ならびに ECAFE に加盟していない複数の先進国をハイレベル準備委員会に招いた．事務局は事前に設立協定の草案を回付し，最初の反応を聞いた．

1965年10月，ハイレベル準備委員会はバンコクで10日間にわたって会合を開き，集中的な交渉を行った．ある論者は「いくつかの点において，準備委員会の会合はアジア開発銀行の創設に関する会議の中で最も重要なものとなった．この会合において，銀行の目標と組織構成に関する最終的な決定が下されるとともに，設立協定が完成形となった．これはあらゆる関連事項に関する，すべての関係当事者による徹底的かつ明確な意図に基づく精査を経てはじめて実現可能なことであった」と述べている（Huang 1975, p. 82）．それでも「自分には40人の兄弟姉妹がいると語る快活な人物」（Watanabe 1977, p. 77）であるイランのK・ファルマンファルマイアン（K. Farmanfarmaian）は31カ国からの100名を超える参加者による議論を，「優れた効率性，公平性，熟練，迅速さと人的な魅力」によってまとめ上げた（Krishnamurti 1977, p. 29）．

準備委員会には３つの主要な任務があった．まず，銀行の法的文書である設立協定を作成すること．次に，出資金の払い込みや批准に関する取り決めなど，設立協定の発効に必要な条件を決定すること．そして３つ目が，新機関の設立に向けたプログラムを策定することであった．

委員会の作業は円滑に進み，徹底した議論の末，代表たちはすべてを合意の基に決定した．

設立協定には，他の国際開発金融機関と同様に，加盟各国を代表する総務会（通常は財務相もしくは開発担当相，または中央銀行の総裁で構成）が ADB の運営および諸事項に関する最終的な権限を持つことが定められている．総務会は年次総会を開催し，必要に応じて，直接または伝書により投票を行う．理事会（当初は10名，1971年から12名）は本部に置かれ，設立協定で明確に与えられているか，または総務会に委託された権能を行使する．各加盟国の議決権は保有する資本金の持分に応じて割り当てられるが，小さな国により大きな議決権を付与するため，総議決権の20%は「基本議決権」として全加盟国に均等に割り当てられる.

ECAFEはADBと法的な関係を持つことを望んでいた. しかし, 代表たちはADBの業務が完全な独立性を維持することを望んだため, この案は却下された. また, 彼らは新機関が（商業銀行や輸出金融銀行, あるいは援助機関ではなく）開発銀行であり, アジアの途上国における投資とプロジェクトを促進することについても合意した. さらに, この銀行は地域協力などのより幅広い活動も支援することになった.

これらの目的は, ADBの設立協定の前文および最初の条文に明記された（ボックス3.1）. 設立協定には, ADBは「地域内の小加盟国および低開発加盟国が必要とするところに特別の考慮を払うものとする」と特記されている. また, 第2条においては「その他銀行の目的を促進する活動および役務の提供を行なうこと」と定められており, 機関の成長とともにさらなるプログラムを設計できるよう, ADBに幅広い柔軟性が与えられている.

さらに準備委員会は, ECAFEの域内および域外諸国の分類を用いて加盟資格の問題を検討した. イスラエル, クウェート, サウジアラビアなど, 関心を示したすべての他のECAFE非加盟国を含めるべきとの提案もあった. そうした加盟国の拡大は, 多くのアジア諸国が強く反対した. アジア諸国は, 設立協定の前文に定められているように,「基本的性格においてアジア的」であることが保証されるよう望んでいた. オーストラリア, 英国, 米国, 台湾（Taipei,China）が予想外にもこの問題を再度提起した際, 準備委員会は加盟資格が「その他の域内国および域外先進国」に開放されることに同意した（Krishnamurti 1977, p. 48）.

また, 設立協定では新銀行が資金の調達や投資において健全な方針をとる健全な金融機関となることを確保することを目指した. そのため, 新銀行の借り入れ手順と融資に関する業務上の原則が定められた. 例えば, 融資の提案が理事会に提出されること, 承認にあたっては借り入れ国の状況を考慮し, プロジェクトの健全性だけでなく, マクロやセクターの状況も考慮すべしということが合意された.

最も困難な2つの問題は, 理事会の構成と, 加盟国間での議決権の配分方法であった（Krishnamurti 1977, pp. 64, 75）. アジアの小国は, この銀行が少数の大国に支配されることのないようにしたいと望んでいた. 結局, この問題について準備委員会は合意に至ることができなかった. その代わり, 新銀行が遅滞

ボックス3.1　アジア開発銀行を設立する協定
（設立協定）

第1条　目的

銀行は，アジア及び極東の地域（以下「地域」という）における経済成長及び経済協力を助長し，並びに地域内の開発途上にある加盟国の共同的な又は個別的な経済開発の促進に寄与することを目的とする．［後略］

第2条　任務

銀行は，その目的を達成するため，次の任務を有する．

(i)　地域内における公私の資本の投資で開発を目的とするものを促進すること．

(ii)　地域内の開発途上にある加盟国の開発に融資するため，銀行が保有する財源を利用すること．この場合において，地域の全部若しくは一部又は一国を対象とする事業計画及び総合計画であつて地域全体として調和のとれた経済成長に最も効果的に寄与するものを優先させ，かつ，地域内の小加盟国及び低開発加盟国が必要とするところに特別の考慮を払うものとする．

(iii)　地域内の加盟国が，その資源のより良い利用を達成し，その経済をより相互補完的なものとし，及びその貿易，特に域内貿易の秩序ある拡大を促進するため開発に関する政策及び計画を調整する場合において，当該加盟国の要請に応じて援助を与えること．

(iv)　開発に関する事業計画及び総合計画の準備，資金調達及び実施のための技術援助（特定の事業計画案の作成を含む）を提供すること．

(v)　この協定の範囲内で銀行が適当と認める方法により，国際連合，（中略）並びに公の国際機構その他の国際的機関又はいずれかの国の公私の団体で開発資金の地域内における投資に関係のあるものと協力（中略）すること．

(vi)　その他銀行の目的を促進する活動及び役務の提供を行うこと．

出所：ADB（1966）．

なく設立できるような初期的な取り決めを行い，さらなる議論の機会を設けることが決定された．これら2つの問題は，1966年11月に東京で開かれる創立総会までに解決されることになる．

問題の複雑さと意見が大きく相違してしまう可能性を考えれば，準備委員会は非常に大きな合意を達成したといえる．わずか10日間で，同委員会は設立協定の全文を検討し，交渉し，そして全会一致で受け入れたのである．ある本の著者が述べているように，このプロセスは「協定の草案を完成させたいという域内および域外の政府の固い決意」を示す特筆すべき証拠となった(Krishnamurti 1977, p. 29). 会合が終了したとき，残されたステップは2つだけとなった. すなわち，第2回閣僚会合と，全権代表による特別会議である.

銀行本部の所在地の決定

フィリピン政府は銀行設立の計画に強い関心を示しており，第2回閣僚会合の主催を申し出た. 会合は1965年11月，マニラで盛大に開かれ，フィリピンのディオスダド・マカパガル（Diosdado Macapagal）大統領が開会の挨拶を行った.

この会合では，懸案である加盟国資格と出資金の割り当てについて，そして銀行の本部をどこに置くかについても合意する必要があった. 日本は，ADBの本部が東京に置かれることを望んでいた. しかし，他の8つの都市，すなわちバンコク，コロンボ，カブール，クアラルンプール，マニラ，プノンペン，シンガポール，テヘランも関心を表明していた. 代表たちがこの問題の検討を始めた際，フィリピンはマニラへの招致を強く訴え，決着の見通しがまったく立たなかった.

最初のステップとして，（まだ設立協定に署名していなかったインドネシアを除く）18の域内の加盟予定国が，本部の所在地を選ぶことが決定された. ECAFEのウ・ニュン事務局長はこの問題を，「アジア的な方法」，すなわち全会一致によって解決することを提案した（Huang 1975, p. 94). しかし，全会一致は得られず，正式な投票が必要であることがすぐに明らかとなる. 会合がマニラで開催されているという有利な立場を生かそうと懸命であったフィリピンの代表は，必ずしも全会一致の合意による決定を望んでいなかった. 会合の当初から，彼らは各国の代表にロビー活動を行った. フィリピン人特有の熱意を持って，彼らは銀行に提供する予定の土地に，ここが「アジア開発銀行の恒久的所在地」である，と自信満々に宣言した大きな看板を立てる手配をするといった活動まで行った.

第1回目の投票は11月30日，フィリピン外務省の小さな一室で行われた. 雰囲気は緊迫したものだった[9]. コロンボとカブールはリストへの記載を辞退し，

9）詳細についてはHuang（1975, pp. 94-97）およびWilson（1987, pp. 17-20）を参照.

プノンペンは必要な背景情報を提出しなかったため，残る候補は6都市となった．ウ・ニュンが帽子を手に各国代表一人ひとりのもとを回り，代表団のリーダーたちは自分たちの選択を記入した投票用紙を帽子に入れた．

結果は数分で明らかとなったが，それは予想外のものであった．日本は第1回目の投票での勝利を望んでいたが，獲得したのは8票にとどまり，過半数に1票届かなかった．イランが4票，フィリピンが3票，タイ，マレーシア，シンガポールが1票をそれぞれ獲得した．得票が1票のみだった国は潔く候補から降りた．ウ・ニュンは翌朝第2回目の投票を行うと発表し，残る3都市，マニラ，テヘラン，東京の代表に一晩だけ支持を集めるチャンスを与えた．その後，代表たちは午前2時近くまで，大統領のヨットであるS・S・ロハス号の船上で賑やかな饗応を受けた．フィリピンの次期大統領，フェルディナンド・マルコス（Ferdinand Marcos）は午前4時まで，マニラへの支援を得るべく，態度を決めかねている代表たちとの接触を続けた（Wilson 1987, p. 20）．

翌日，12月1日の正午頃，代表たちは再び投票のために集まった．もう一度，ウ・ニュンが票を集めた．ここでも，過半数の票を得た国はなかった．驚くべきことに，日本には依然として8票のみが集まる一方，フィリピンの得票は6票であった．イランは4票を得たが，ここで候補から降りた．ウ・ニュンは，昼食後に決選投票を行うと発表した．第3回目の投票で，決着はすぐについた．日本は依然として8票にとどまる一方，フィリピンはさらに3人の代表から支援を獲得し，棄権が1票あった．「マニラが選ばれました」とウ・ニュンは裁定を下した．代表たちの多くにとっては驚きであったが，ADB本部はこうして域内の途上国に置かれることになったのである．

日本の代表は当惑し，深く失望した．渡辺は後に，「まるで大事に育てた子どもが遠い国にさらわれてしまったように感じたものです」と語っている（Watanabe 1977, p. 16）．しかし，日本政府はADBへの支援を約束し，この決定を受け入れた．数日後，日本代表団を率いる藤山愛一郎が「アジア開発銀行を設立する協定」に署名すると，大きな拍手が起こった．一方，フィリピン政府は本部の設置作業に着手する準備が整っていることを示すため，直ちに動いた．12月3日，同国政府は新たなビルの定礎式を行ったのである．

後年，ADBの本部をマニラに置いたことで多くの利点があったことが明らかとなった．2016年の年末に開かれたADBの創立50周年を祝うカクテルパーティーにおいて，中尾総裁は職員および理事に向けて「マニラに本部を置いたことは賢明な選択で，ADBが開発途上加盟国にとってより身近な存在となっただけでなく，ADBはフィリピンの人々の温かい歓迎を受け，英語に堪能な人材にも恵まれました」と語った．

閣僚会議は，実質的に銀行設立のための全権代表会議となった．代表たちは，それぞれの政府に代わって文書に署名する完全な法的権能を有する全権代表として認められる必要があった．1965年12月４日，22の政府代表が設立協定に署名した．協定書への署名は，他の国も翌月末まで可能であった．この期限までに，さらに９つの国の政府が署名することとなった（表3.2）．1966年を通じてADB設立のための詳細な作業を実施するため，会合では準備的な取り決めのための委員会が任命された．

表3.2　初期の設立協定署名国・地域

署名日	加盟国・地域
1965年12月４日	アフガニスタン，オーストラリア，カンボジア，カナダ，セイロン（後のスリランカ），西ドイツ（後のドイツ），インド，イラン，日本，韓国，ラオス（後のラオス人民民主共和国），マレーシア，ネパール，オランダ，ニュージーランド，パキスタン，フィリピン，西サモア（後のサモア），台湾（Taipei,China），タイ，英国，米国
1966年１月28日	デンマーク，フィンランド，ノルウェー，ベトナム，シンガポール
1966年１月31日	オーストリア，ベルギー，イタリア，スウェーデン

出所：Krishnamurti（1977, p. 32）．

1966年９月末までに，これらの国・地域は，イランを除き，最初のADB加盟国・地域となった．1966年11月に東京で開かれたADB総務会の創立総会の会期中に，インドネシアが31番目の加盟国となった．あわせて19の域内加盟国・地域と12の域外加盟国が誕生したのである．

例外となったのがイランである．同国は当初こそ銀行設立を強い支援を表明したものの，その後は関心を失ったのであった．イランは，1965年のADB結成に至る会議には積極的に参加したのだが，テヘランに本部を置くこととイラン人を総裁とすることについてほとんど支持が得られないことが明らかとなった時点で，イランの熱意は失われた．同国は期限までに加盟申請をせず，東京での創立総会には出席しなかった（Wilson 1987, p. 25）．

初代総裁

銀行の業務開始に向けた準備のため，1966年は1年を通して集中的な作業が必要となった．優先的な課題の一つが，初代総裁の選任であった．渡辺武は候補に推薦されることに消極的であったが，東京に戻った際，佐藤首相は彼に候補者となるよう依頼した．初めは辞退した渡辺だったが，なおも就任への圧力は続き，さらにドイツや韓国，米国といった他の国々からも寄せられた．最終的に渡辺は態度を軟化させ，佐藤首相に就任の用意があることを伝えた．その年，彼は世界銀行と米州開発銀行の会合に出席するため米国とメキシコを訪問し，これらの銀行の運営方法について情報を集めた．

ADBの創立総会は1966年末に日本で行われる予定であった．その日が近づくにつれて，渡辺の日々のスケジュールは徐々に主要国際機関の長のそれに似通ったものとなっていった．彼が初代総裁になる見込みだとの噂が広まるにつれて，多くの人々が彼との面会を望んだ．ADBでの勤務に関心を示す者もいれば，事業の機会をうかがう者もいた．

1966年11月24日，東京プリンスホテルにおいて創立総会がとり行われた．佐藤首相をはじめ，福田赳夫蔵相やウ・ニュンECAFE事務局長といった要職にある人々が演説を行った．総裁を選出する段になると，議長を務める福田赳夫氏は推薦を募った．タイのセルム・ビニッチャヤクル（Serm Vinicchayakul）財務相が渡辺を推薦した[10)]．一瞬の間を置いて，候補は他にいないことが明らかとなった．福田蔵相は「他の推薦がございませんので，渡辺武氏が正式にアジア開発銀行の総裁に選出されましたことを謹んで宣言いたします」と続けた（ADB 1967, p. 81）．

新銀行の性格，すなわち文化，加盟国との関係，業務へのアプローチは，時間を経て進化していくものである．しかし渡辺は最初の発言の中で，すでにその方向性を打ち出すことになる．総裁の任を受諾するために登壇した後，彼はADB総務会に向かって演説し，自身が優先する課題の概略を述べた．彼は，有能な職員を採用することの重要性に言及するとともに，2つの主要な目標が，可能な限り多くの資本を動員することと，それを有効に活用すること，でなけ

10）推薦演説は，総会の議事要録に収録されている．ADB（1967, p. 92）．

ればならないと語った.

さらに，渡辺の総裁就任2日目には，彼のリーダーシップと「それがもたらす驚異的な挑戦」(Watanabe 1977, p. 20) をサポートするために，10人の理事が総務会によって選任されることになった（表3.3).

表3.3　理事会および議決グループ，1966年

理事	代表する加盟国・地域
コルネリオ・バルマセダ	フィリピン，パキスタン
ビュン・キュ・チュン	韓国，台湾（Taipei,China)，ベトナム
福田勝	日本
J・M・ガーランド	オーストラリア
カンポ・ン	マレーシア，ニュージーランド，シンガポール，タイ，西サモア
P・V・R・ラオ	インド
ビアンティ・カルマワン	インドネシア，アフガニスタン，カンボジア，セイロン，ラオス，ネパール
ヘルムート・アブラモフスキー	オーストリア，ベルギー，西ドイツ，イタリア，オランダ
W・K・ワードローパー	カナダ，デンマーク，フィンランド，ノルウェー，スウェーデン，英国
バーナード・ザゴリン	米国

出所：ADB（1967, p. 3).

続く数カ月にわたって，渡辺は自身の構想を広げ，健全な内部管理の必要性，慎重なプロジェクト準備の重要性，そしてADBの地域協力への支援などの活動を通じて，開発途上加盟国に効果的にサービスを提供する必要性を力説した．こうした考えを念頭に，そして今や揺るぎない現実となった地域銀行設立の夢とともに，アジア開発銀行の初代総裁は執務を開始するため，1966年12月中旬にフィリピンへと旅立つべく準備を進めたのであった.

第１期（1967-1976年）

第４章　アジア：発展の始動と経済ショック

「われわれは，1970年代の東南アジア諸国にとって最も重要になると思われる諸問題を調査，検討しています．いわゆる『緑の革命』の影響はどのようなものとなるでしょうか．（中略）人口圧力の影響はどのようなものとなるでしょうか．（中略）地域におけるさらなる工業化の進展の要因となるものは何でしょうか．」

――渡辺武，ADB年次総会における演説，1970年

アジア開発銀行（ADB）が1966年末に業務を開始した頃，アジアのいくつかの主要国ではすでに第二次大戦後の構造改革プログラムを採用していた．これらの国々では，生産と雇用が農業から工業やサービス産業へと転換しつつあった．まず日本が構造転換を進め，その後，雁行型経済発展パラダイムに沿う形で，香港（Hong Kong, China），韓国，シンガポール，台湾（Taipei,China）の東アジアの４つの国・地域が続いた．これらの国・地域における経済構造改革には，国内投資の拡大，教育や技術水準の引き上げ，そして労働集約的工業製品の輸出振興が含まれていた．1970年代半ばには，インドネシア，マレーシア，タイでも同様の転換が進みつつあった．

アジアの大半の国の政府にとって，1960年代半ばにおける主たる懸案は国民のための食糧を確保することであった（第２章）．より順調な発展を遂げていた国や地域の経験は，多くの場合，生産性の高い農業部門が構造改革の前提となることを示していた．アジアの「モンスーン経済圏」（独特の降雨パターンによって特徴付けられるアジアの経済）に属する諸国の中でも，発展のスピードは国によって異なっていた[1)]．成功裏に発展過程に入った国々にとって，農村開

1）　モンスーン地帯は，北は日本と韓国から，中国および東南アジア，そしてインド洋をわたって南インドおよびパキスタンにまで広がる．（季節風によってもたらされる）雨季がおよそ４～５

発は農閑期と農業以外での経済活動を刺激するものとして，構造改革の不可欠な要素であった．こうした経済活動は余剰労働力の吸収に貢献し，他の部門への投資に回すことのできる余剰資金を生み出すとともに，国内需要を高め，全体的な経済成長を支えた．次章で示すように，ADBの最初の10年間における業務の多くは，工業プロジェクトへの資金提供に加え，特に農業の発展に注力したものであった．

1967年から1976年にかけて，アジア途上国の工業化と発展に向けた機運は一連の経済ショックによって揺り動かされた．メコン河流域における紛争の拡大などの政治的かつ地域的なものもあったが，経済的かつ世界規模のものもあった．すなわち，1971年には第二次大戦後の国際金融システムを形作ったブレトンウッズ体制が崩壊し始め，1973年には第一次オイルショックがエネルギーと食糧の安全保障を脅かし，先進国に長期にわたるスタグフレーション（不況とインフレーションの併存）をもたらした．これらの出来事は，変わりやすい世界情勢のもとでのアジアの途上国の回復力を明確に示した．ADBもまた，業務開始当初の10年間に追求してきた戦略的優先事項の再評価を促されることとなった．

農業の強化

1960年代半ば，アジアの途上国は依然として農業に大きく依存しており，多くの場合労働人口の半分以上を農業が占めていた．しかし，農業活動の大半は市場志向的なものではなく，村落レベルの自給生産であり，食糧供給の不足と低所得をもたらしていた．1960年代のアジアは貧困が広がり，人口増加率も高く，こうした状況がしばしば社会的および政治的な緊張を招いていた（ADB 1969a）．農業の強化が食糧の安全保障と安定供給の確保に必要なことは明らかであった．1965年と1966年には多くのアジア諸国で米の生産量が大きく落ち込み，米価が国際的に高騰したこともあり，食糧増産への気運が高まった．そのため1960年代後半にはアジアの多くの国の政府が，食糧生産の拡大と，可能であれば自給自足の達成を目指したのである（Wihtol 1988）．

このとき，アジアは食用穀物の増産を目的とした一連の革新的な研究と技術

カ月にわたって続き，乾季がそれに続く．これがモンスーンアジアの経済活動に大きな影響を及ぼし，何千年にもわたって，労働需要の季節性を生み出してきた．

移転，いわゆる「緑の革命」の到来を目の当たりにしていた．世界銀行や米国の国際開発庁（USAID）といった国際機関が，フォード財団やロックフェラー財団とともに，フィリピンを本拠とする国際稲研究所（IRRI）の1960年の設立を通じてこの動きを強力に支援した．IRRIは，稲の新品種開発を目的とした飛躍的な進歩のためのプログラムに取り組んだ．その成果の一つが，1966年，ADB創設のわずか6カ月前に発表された「奇跡の米」IR8である．

この奇跡の米はたちまちのうちに成功を収めた．その後の10年間，アジアの多くの途上国が，先進国をも凌ぐペースで近代的な品種の稲を導入していった（Sicat 2014, pp. 80-84）．1970年代後半までに，高収量品種の稲はフィリピンとスリランカの稲作面積の70％以上，パキスタンとインドネシアの農村部の半分以上に広まることになる（James, Naya, and Meier 1987, p. 169）．インドでも，メキシコにある国際トウモロコシ・小麦改良センター（CYMMYT）で開発された小麦の新品種の導入において同様の進歩が見られた．

実際，「緑の革命」は壮大な実験であった．その成功には，特に灌漑システムの修復と拡張，肥料と農薬の使用の広範な普及などの複合的な開発プログラムが必要であることがすぐに明らかとなった（Sicat 2014, pp. 80-84）．しかし，こうした灌漑システムの修復・拡張，肥料と農薬の使用は高コストであるため，農民や農業投入財を提供する事業者に融資をするための新たな農業融資プログラムが必要となった．また，食糧貯蔵，輸送，加工段階での収穫後損失を減らす流通インフラの改善にも費用を要した．

「緑の革命」がもたらしたさまざまな恩恵は時間の経過とともに明らかとなった．1970年から1995年の間に，アジアの途上国における穀物生産は倍増した．この間，人口はおよそ60％増加したが，1人当たりの平均カロリー摂取量は25％近くも増加した．また，より集約的な農業は，土地なし労働者にも雇用を創出した．さらに，世帯収入の大部分を食糧に費やすことの多い貧困家庭も，食糧供給の増大と価格の低下による恩恵を受けた（Borlaug 1996, p. 9）．

それでもなお，「緑の革命」がまだ完全に達成されていない1970年代前半においては，食糧不足は多くの途上国にとって焦眉の課題であり続けた．食糧自給は，自然災害や干ばつ，病害虫の発生，農村における諸サービスへの支援の不足によって脅かされた．1973年には，これらすべてにオイルショックが追い打ちをかけることになった（James, Naya, and Meier 1987）．1970年代の後半，農業政策の焦点は，食糧の増産や穀物生産における自給自足の達成から，さらに農村での雇用の増加や開発の促進といった幅広い目標へと広がり始めた．こうした転換は，平等を伴った経済成長（公正な成長）の達成への国際的な関心の高まりと軌を一にしていた（Wihtol 1988, p. 58）．広い意味での農村開発には，「緑の革命」による技術的な解決策のみならず，農閑期や，非食糧品の生産，農外の経済活動を支える農村のインフラ，制度および金融の改善も必要とされた．優れた農村インフラには，大規模な灌漑システムや道路に加え，通信システム，電力供給，保健施設，教育施設の開発などが含まれていた（ADB 1979b）．

この時代，政策決定者たち，特に東南アジアや南アジアのモンスーン経済圏に属する国々の政策決定者たちは，農業生産と農村所得を押し上げ，活気ある農村経済を維持することが国家の発展に不可欠だという認識を深めていった．そして，日本，韓国，台湾（Taipei,China）の農業セクターにおける初期の成功事例を参考にした．モンスーン経済圏では，季節風によって1年の半分は激しい雨が降るが，残りの半年は雨がほとんど降らない．数千年にわたって，この地域的特徴はアジアの農業システムを高度に労働集約的なものにしてきた．

モンスーン経済圏のこうした特徴はまた，高い人口増加をもたらした．それは，農家にとって，子どもが多いことは雨季に水田でより多くの働き手があるということであったからである．農業以外での雇用への影響もあった．雇用者は乾季に非熟練労働者を雇用したがらなかった．なぜなら次の雨季になると彼らが近くの農地での作業に戻るとわかっているからである．日本，韓国，台湾（Taipei,China）の場合，農村における貧困の悪循環は，農業生産性の向上と，農業セクターの成長に先導され工業化の促進によって打ち破られた．技能開発や職業訓練への支援に支えられたこのプロセスによって，農村地域での所得を増やす重要な機会が生まれたのである．

工業化の進展

日本では，それまでに農業から工業やサービス業への産業構造の転換が生じていたが，続いて韓国や台湾（Taipei,China）でも同様の変化が生じた（表4.1）．（対照的に都市経済であるシンガポールや香港（Hong Kong, China）の経済はもともと農業に依存していなかった．）韓国と台湾（Taipei,China）の経験は，農業生産性の向上と工業セクターの発展を同時的に進める必要があることを証明

表4.1　主な国・地域の生産構造，1960-1985年
（GDPに占める割合，％）

国・地域	農業			工業			サービス業		
	1960	1970	1985	1960	1970	1985	1960	1970	1985
日本[a]	13	6	3	45	47	41	43	47	56
NIEs									
香港（Hong Kong, China）[a]	4	2	1	38	37	30	55	56	68
韓国	37	27	14	20	30	41	43	44	45
シンガポール	4	2	1	18	30	38	79	68	61
台湾（Taipei,China）	29	16	6	29	41	50	43	45	44
ASEAN 4カ国									
インドネシア	54	47	25	14	18	36	32	35	39
マレーシア	36	31	20	18	25	37	46	44	43
フィリピン	26	28	27	28	30	33	46	43	40
タイ	40	28	17	19	25	30	42	46	53
南アジア									
バングラデシュ	58	55	48	7	9	15	36	37	37
ミャンマー	33	38	48	12	14	13	55	48	39
インド[a]	47	43	35	19	20	27	28	28	28
ネパール[b]	…	68	58	…	11	14	…	21	27
パキスタン	44	33	25	15	20	28	36	37	47
スリランカ	32	27	24	20	23	27	48	46	50

…＝データなし，ASEAN＝東南アジア諸国連合，GDP＝国内総生産，NIEs＝新興工業経済地域．
a　1985年の数値はデータのある直近の年（1984年）のもの．
b　1985年の数値はデータのある直近の年（1983年）のもの．
出所：James, Naya, and Meier（1987 p. 12）．

した．生産性の高い農業セクターは食糧供給を増大させるだけでなく，輸出向け農産加工品の原材料も供給したのである．

こうした変革は，まず多毛作を可能にした技術革新，そして農村地域の完全雇用を可能にした乾季耕作によって実現した．通年での雇用により，農民の収入が増えて都市からの物品やサービスを購入できるようになった．さらに，農民は農業機材の追加的な購入に資金を用い，それが農民１人当たりの生産性をさらに高めることになった．所得の向上が，食糧消費と貯蓄の増加，そして物的・社会的な資本へのさらなる投資をもたらしたのである．

同時に，1950年代に見られた輸出への悲観論や保護主義的な政策に代わって，市場志向の政策への関心が高まっていった．1960年代には，特に輸出向けに，単純加工品の大量生産への転換が見られた（ADB 1971b, Part One）．香港（Hong Kong, China），韓国，シンガポール，台湾（Taipei,China）といった新興工業経済地域（NIEs）は，国内市場が小さいことで工業セクターが制約を受けていることに気づいた．さらに，自国の天然資源が限られていたため，輸出を増やして必要な資源を輸入せざるをえなかった．資本をより有効に活用して世界市場での競争力を得るため，これらの国・地域は新技術への投資を行うとともに，教育を受けた，柔軟性の高い，低賃金の労働力を育成した（Oshima 1993, pp. 1-16）．韓国と台湾（Taipei,China）では，工業部門が年間の労働力の増加分を完全に吸収し，さらに他の部門からも労働力を吸収した（James, Naya, and Meier 1988, p. 8）．

NIEsの成功は，市場の見えざる手によってのみ実現したものではなかった．1960年代，これらの国・地域の政府は労働集約的製造業を振興するため，しばしば政策介入を行った．また，人材育成政策の促進や起業家精神の発揚にも重要な役割を果たした．続く1970年半ばからの10年間にはさらなる構造改革が行われ自動車や航空機，電子機器などの資本・技術集約的な産業部門の生産量が急速に増大した（James, Naya, and Meier 1987）．

対照的に，南アジアや東南アジアの一部のモンスーン経済圏では，工業化はそれほど円滑には進まなかった．これらの諸国では，農村での完全雇用の実現が困難であることが明らかとなった．多くの場合，それは農業への偏見によるものであった．1950年代，政策決定者の多くは，「製造業のみが経済発展のエンジンになりうる」との誤った信念のもと，製造業を支援する保護主義的な政策を採用した（ADB 1971b, Part One）．例えば，フィリピンは，タイと同様に，輸入を制限し，国内産業の保護のために関税を適用した（Sicat 2014, pp. 126-133）．輸入代替政策が長く続いたことで，企業家は生産性を向上させ，国際競争力を高めるというインセンティブを減退させた．実際，これらの国々は製品に対する国内市場もごく小さなものであったため，輸入代替の範囲も限られていた．加えて外貨も乏しく，製造業者は国内生産に必要とされる輸入原材料の支払にも苦労していた（Myint 1972, p. 62）．

インドネシア，マレーシア，フィリピン，タイなど，東南アジアの資源に恵まれた国々では，1970年代を通じて農産物や鉱産物といった一次産品が輸出の大きな割合を占め続けた．このような一次産品を重視する考えは，植民地時代の遺産である場合もあった．しかし1970年代までには，輸出を一次産品に大きく依存することには問題点があることが次第に明らかとなった．既得権益グループはこうした状況を不当な超過利潤追求に利用することができ，採取産業の企業が提供する雇用機会は限られていた．さらに，天然資源による輸出の創出が，政策決定者にとって労働集約的な工業製品の輸出を振興するインセンティブを失わせる場合もあった（James, Naya, and Meier 1988, pp. 46-47）．インドネシア，フィリピン，タイでは，1970年代を通じて製造業での雇用の伸びが年間5％にも達しなかった（James, Naya, and Meier 1988, pp. 5-29）．

結果として，東南アジア諸国の工業セクターは都市部でも農村部でも余剰労働力を吸収できなかった．しかし1970年代半ばになると，東アジアの国々の経験から学ぶことで，フィリピンとタイは資本集約的な産業活動へのインセンティブは保ちつつも，輸出規制の緩和と輸出税の廃止によって製品輸出の拡大を目指した．マレーシアは，自由貿易地域の創設による工業セクターの雇用創出で大きな成功を収めた．1980年代までに，NIEs の賃金は上昇し，非熟練労働者による労働集約的製品の比較優位性が失われるなかで，より先進的な輸出製品へ移行することへの期待が次第に高まっていった（James, Naya, and Meier 1988）．

一方，南アジアは，1950年代から1970年代にかけて，雁行形態の後列にとどまった．20年以上にわたって，インド亜大陸の大部分では，内向きで経済自立主義的な産業政策により発展が阻害された．例えば，インドでは経済戦略が大規模な資本・技術集約的な投資に偏向しており，多くの雇用を生み出すことができなかった．東南アジア諸国も同様の政策を採用していたが，南アジアでは，多くの大規模国有企業が業績不振にもかかわらず優遇されていたため，その結果はより深刻であった．ゆがめられた物価と厄介な官僚主義的な非効率性によっても進歩が妨げられた．こうした政策は外資の流入を阻害し，国際競争力を弱めた．南アジア諸国，特にインドとスリランカが市場原理に沿った経済成長を重視し，国際市場に開放的になるのは1980年代に入ってからのことである（James, Naya, and Meier 1988）．

1967年から1976年にかけて，アジアのさまざまな国が，工業プロジェクトを共同で実施することで規模の経済を実現し，世界市場での競争を有利なものにしたいとの思いから地域協力の可能性を追求し続けた（Krishnamurti 1977, p.3）．その後，同じアプローチが東南アジア諸国連合（ASEAN）という地域協力プログラムの一環として復活することになる．

経済ショックへの対応

アジア諸国における経済発展は，第二次世界大戦終結時や植民地時代に置かれていた初期条件によっても影響を受けた．しかし，どのような政策を選択してきたかのほうが重要であった．域内を通じて，成功の共通した要因となったのが経済政策であった．過去50年間において成功を収めた国々は，国際的な経済情勢の急激な変化に柔軟に適応できた国々であった．

大戦後におけるアジアの回復力を試す事件が，1970年代前半，世界的な経済環境の大きな変化に工業化を進めるための計画を適応させる必要に迫られるなかで起こった．まず，1971年，国際的な通貨管理のためのブレトンウッズ体制が崩壊を始めた．1971年8月にリチャード・ニクソン（Richard Nixon）米大統領が，今後，米国が金とドルの交換を行わないと宣言したことを受け，世界経済は一時的に不安定な状況に陥ったのである．1971年12月に合意された為替レートに関するスミソニアン協定によって，多くのアジア諸国，特にスミソニアン合意で価値が切り下げられた通貨（主に米ドル）で外貨準備を保持していた国々は動揺した（Wilson 1987, p. 57）．

その2年後に，第2の出来事，すなわち第一次オイルショックがアジア全域にさらに大きな変化をもたらすことになる．1973年後半，中東での政治的緊張が原油価格の急騰につながった．その後数年の間に，先進諸国では原油価格の上昇によって急激なインフレが引き起こされ，直後に景気が後退した．先進工業国は，ただちに保護主義的となり，国際援助プログラムにも消極的となったため，途上国が利用できる資金やADBをはじめとする国際金融機関への追加拠出が減少した．数年のうちに，先進国はスタグフレーションへの対応という，未知の政策領域へと漕ぎ出すことになった．1970年代の残りの期間，アジアの政策決定者たちはこのこれまで経験したことのない経済環境への対応に苦慮することになる．

1973年から1974年にかけてのオイルショックによって，アジアの途上国は2つのグループに分けられた．石油輸入国（インド，フィリピンなど）が深刻な影響を被る一方，石油輸出国（ブルネイ，マレーシア，インドネシアなど）は恩恵を受けた．しかし，原油価格の変化があまりにも急激であったため，どちらのグループも対応に苦慮することとなった．石油輸入国は，エネルギー価格の上昇だけでなく，石油を原料とする無機肥料の価格の上昇にも苦しみ，これが食糧安全保障へも影響を与えることになった．同時に，先進国での不況はアジアからの輸出品への需要を減少させ，一部の国では国際収支が急激に悪化した．対外債務が増大し，失業率は上昇した．石油輸入国は，国内における石油その他のエネルギー利用を削減して，一時的に総需要を抑制することで対応を図った．

第一次オイルショックの直接的な結果の一つが，石油輸入国から石油輸出国機構（OPEC）加盟国へと所得が再分配されたことである．OPEC 加盟諸国は即座に多額の輸出収入を獲得し，その収入を海外で投資したいと考えた．これは ADB のような国際金融機関にとって，オイルマネーをアジアに還流させる仕組みを作り出すという機会でもあった．

この新たな経済環境は，アジアの石油輸出国にとっても困難なものであった．輸出収入の増加によって思いがけない利益を得たものの，そうして得た資金を効果的に活用する方法を模索する必要があった．総じてアジアの石油輸出国は，石油による収入をアフリカやラテンアメリカの一部の国々よりも生産的に活用した――つまり，農村開発やインフラ整備，工業開発への支出増加に振り向けたのである．

アジア全域を通じて，こうした急速な経済的変化は，貧しいコミュニティに大きな打撃を与え，このことが，貧困の問題へと関心を向けさせた．1970年代後半，開発に対する国際的な考え方は，食糧や衣服，住居といった「ベーシック・ヒューマン・ニーズ（BHN）」を満たすことに力点を置くようになった．1970年代の半ばまでに，アジア諸国の政府は，農村や都市に住む貧しい人々や失業者の窮状を次第に認識するようになった．

ADB 設立後最初の10年間は，以上のような複雑な状況の中で業務を行うこととなったのである．「緑の革命」に触発され，楽観のうちに始まったこの10年間において，ADB は，農業生産や農村開発，そして工業への投資に対して融資を行うことになる．また，石油輸出国の経済構造の改革と公共支出の質の改善を支援する必要があった．さらにインドシナ半島の諸国では紛争が終結する以前から，ADB は紛争終結後の開発に関する機会を探り始めていた．

1960年代後半におけるアジアの開発上の課題も，この地域の途上国の「ファミリー・ドクター」になる，という渡辺武の ADB に対するビジョン（第5章）にとって大きな試練となるものであった．

国連アジア極東経済委員会（UN ECAFE）におけるADB設立に向けての下準備のための会議．後のADB総裁千野忠男氏（第7代，最左）とウ・ニュンECAFE事務局長（起立，左より3人目）も出席．1964年10月19日．

ADB設立のための諮問委員会，フィリピン・マニラ，1965年11月26日．
（左から）ソンマイ・フントラクーン氏（タイ），アンワール・イクバル・クレシ氏（パキスタン），グエン・カオ・ハイ氏（ベトナム），二人おいてウ・ニュンECAFE事務局長，コルネリオ・バルマセダ氏（フィリピン，諮問委員会議長），渡辺武氏（諮問委員会副議長，後のADB初代総裁），コダダド・ファルマンファルマイアン氏（イラン），一人おいてC・S・クリシュナ・ムルティ氏（インド，後のADB初代副総裁），ダグラス・グネセケラ氏（スリランカ，後のADB初代官房長），渡辺誠．

ECAFEによって，地域開発銀行設立への支持がいち早く表明された．ニュージーランドのウェリントンにて．1965年３月16～29日．
（写真提供：国連）

ADB本部ビルの定礎を行うフィリピンのディオスダド・マカパガル大統領．フィリピン・マニラにて．1965年12月３日．

ADB総務会の創立総会．東京プリンスホテルにて．1966年11月24～26日．

最初の技術協力プロジェクトは1967年，食糧生産の向上のためインドネシアに提供された．（「フィリピン・ヘラルド」紙，1967年9月1日付）

Asian Bank to Aid Indon Food Projects

The Asian Development Bank has made its first operational commitment by offering technical assistance to Indonesia in the field of food production.

ADB President Takeshi Watanabe said yesterday the first operational effort of the bank was in response to Indonesia's request.

A rapid expansion of food production in 1967 and 1968 is generally considered to be of crucial importance to the success of the stabilization and rehabilitation program recently launched by the Indonesian government.

The ADBs technical assistance mission to Indonesia will concern itself with an identification of the problems of the transitional period, with particular reference to the current production and marketing situation relating to food crops, Watanabe said.

It is hoped, he added, that the mission's work would result in a framework of recommendations that would enable the Indonesian government to overcome identified bottlenecks and step up food production.

The ADB's technical offer to Indonesia is a followup of the study made by the bank's reconnais-

ADBによる最初の融資の合意書に署名する渡辺武初代総裁とタイ産業金融公社（IFCT）クライスリ・ニマンヘミン総支配人．1968年1月25日．

ADBによる初の債券発行の署名を行う渡辺武ADB総裁．ドイツ・フランクフルトにて．1969年9月10日．

太平洋島嶼国に対する初の融資は，1969年12月16日，サモアの首都アピアのファレオロ国際空港の建設に対して供与された．

ADB初の協調融資協定に署名するADBのC・S・クリシュナ・ムルティ初代副総裁（着席，中央）．フィリピン・マニラにて．1970年6月5日．同席しているのは，インドネシア共和国大使クスノ・ウトモ少将（着席，左）とカンボジアのロング・ボレットADB理事代理（着席，右）．

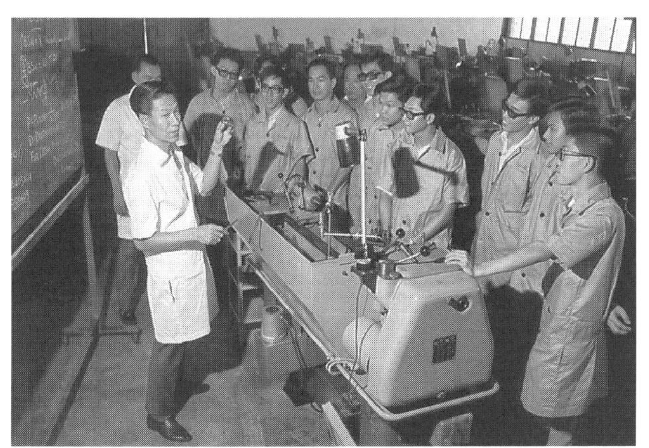

シンガポールのニーアン・テクニカル・カレッジ拡張のための教育セクター・ローン．1970年12月23日．

ADB理事会の会合．渡辺武総裁（前列中央），ダグラス・グネセケラ官房長（前列左），C・S・クリシュナ・ムルティ副総裁（前列右），ルイス・キャロル法務部長（最右）．フィリピン・マニラのADB本部にて．1972年．

ADB年次総会で講演する韓国の朴正煕大統領．韓国・ソウルにて．1970年4月9日．

台湾（Taipei,China）の楊梅高速道路プロジェクト．1970年3月30日．

渡辺武ADB総裁に新ADB本部を象徴する鍵を手渡すフィリピンのフェルディナンド・マルコス大統領（右）．アジア経済協力閣僚会議の議長を務めたコルネリオ・バルマセダ貿易産業相と共に．1972年11月18日．

フィリピン・マニラで1972年11月18日に落成した最初のADB本部ビル．

ADB本部にて，井上四郎ADB総裁（左より2人目）とクルト・ワルトハイム国連事務総長．エリザベス・ワルトハイム夫人と娘のクリスタ・ワルトハイムと共に．1976年2月12日．

地域銀行首脳会議での井上四郎ADB総裁（前列，左より2人目）．フィリピン・マニラにて．1976年10月．

第１期（1967-1976年）

第５章　ADB：銀行の特徴

「途上国の進歩は，それぞれの国の意志にかかっています．（中略）もちろん，アジア開発銀行だけでアジアの貧困を解決する万能薬の役割を果たせるとは思っていません．ADB は，このドラマに出演する多くの役者の一人に過ぎないのです．」

――井上四郎による講演「アジア・極東の発展におけるアジア開発銀行の役割」，1973年６月14日

創設当初のアジア開発銀行（ADB）の優先事項は，国際社会において高い信用を持つ銀行としての地位を確立することであった．最初の２人の総裁，渡辺武と井上四郎は，金融分野における確固とした経歴を有していた．２人とも，ADB が，開発においてより幅広い役割を担うようになる以前に，まずは健全な金融機関としての評価を確立することを望み，この点において，彼らは成功を収めた．創立から10年が過ぎる頃には，ADB は世界の市場において，その資金を慎重にアジアに配分する堅実な金融機関とみなされるようになっていた．

操業開始後の初期段階において，ADB は借り入れ国にとってきわめて重要度の高いセクター，すなわちエネルギー，交通，製造業，農業の各セクターを重視した．この設立初期には，ADB は評価の確立に関心を向けた．そのため職員は，念入りに設計された工業とインフラ開発向けのプロジェクト融資候補案件を準備した．また，農業振興の必要性への関心に応えて，ADB は灌漑や農村開発向けの貸付を拡大した．

ADB は資金の調達先を多様化し，欧州や日本，北米の資本市場で起債を行った．さらに，ソフト・ローン向けの譲許的資金の運営制度も改革した．1973年，ドナーはボンにおいて，ADB 加盟国内の中でも特に貧しい国々の借り入れ用にソフト・ローンを供与するための大規模な基金となる，アジア開発基金

（ADF）の創設に合意した．このADFは，すぐにADBの業務に不可欠な要素となり，先進ドナー諸国のステークホルダーとしての地位をより強固なものとした．

大きな課題に対するADBの対応能力が初めて試されたのは，1973-1974年の世界的なオイルショックであった．途上国の環境の変化への対処を支援するため，ADBは融資を供与するとともに，新たなアプローチ，特にエネルギー安全保障を下支えするためのものを展開する必要があった．ADBは，経済システムに歪みが生じた際は柔軟な対応が重要であることを学んだ．

本章では，第1期の10年でADBの性格や特徴がまずは渡辺武によって，続いてその後継者である井上四郎によって，いかにして生まれ，形作られていったのかをたどっていく．

ADBのビジョン

設立初期，すなわち最初の数カ月ないし数年間は，人々や組織の形成期にあたる．重要な人的関係が構築され，生活や仕事のスタイルが築かれる．渡辺武は最初の数週間のうちに，彼ならではの方法で新組織の業務のあり方を方向付けた．

1966年12月15日にマニラ空港に降り立ったとき，渡辺は少人数のADB職員に出迎えられ，記者会見に臨んだ（Watanabe 1977, p. 43）．その後，彼は日本の大蔵省から出向していたADBの少壮の職員，藤岡眞佐夫が手配したADB公邸へと赴いた．15年後，藤岡自身がADBの総裁に就任することになる．

翌日，渡辺は公邸のすぐそばのマカティの商業地区にあるADBの仮本部を訪れて職員と顔を合わせ，いくつかの差し迫った業務をとり行うとともに，新たに選任された理事たちとも会った．その次の日，渡辺は第1回理事会の議長を務めた．後年，理事会は通常3時間以内に終了することになる．しかしこの第1回目の理事会は，副総裁の選任やADBに関するいくつかの規則の制定といった当初必要となる事項を処理する必要があったため，午後6時まで続いた．

2日後の12月19日，銀行の正式な開業式が仮本部近くの野外で行われた．まだ就任1年目だったフィリピンのフェルディナンド・マルコス（Ferdinand Marcos）大統領をはじめ，フィリピン並びに国際機関の要人が出席した．

ADB総裁としての初の公式演説の中で，渡辺はこの新しい組織が対処しなければならない主要な戦略的事項について語った．彼の準備は万全であった．彼はワシントンDCの世界銀行の理事を経験し，東京の研究会では仲間たちと多くの時間を費やして，この新たなアジアの銀行の役割を考究していた．さらに，総裁就任までの数年間，ADBの設立計画に密接に関与していた．

渡辺は，自らのアジェンダを設定するにあたって，自身がその後数年間，多くの国々を訪問するなかで繰り返し立ち返ることになるテーマを掲げた（Watanabe 1966）．その中でも最も重要な2つのテーマは，地域協力と多国間主義であった．彼はADBを，共通理解という手形の交換所であると形容し，多国間での取り決めの利点を指摘した．「途上国にとって，国際機関からの資金のほうが受け入れやすいことは疑いありません．この種の機関はそのサービスについての社会的な称賛を求めず，また二国間の援助に付随するような，煩わしい付帯条件からも自由です」と彼は語っている．

彼はまた，国際金融機関が実現できることには限界がある，と現実的な指摘も行っている．開発への努力の大部分は途上国自らの手によるものでなければならなかった．続いて渡辺は，ADBの業務の指針となる原則の概要を述べた．第1に，職員がすべての関係者の意見に注意深く耳を傾けるとともに，ローカルなニーズに対応できるよう，教える前にまず学ぶことが重要であるとした．彼は可能な限り速やかに自ら各国を訪れ，それぞれの経済の課題に習熟することを計画していた．ADBの職員と加盟国との関係を説明するために，渡辺は「ファミリー・ドクター」という比喩を用いた．この表現は，後年，ADBが自らを描写する際に使われるようになった（ボックス5.1）．

「ファミリー・ドクター」という考え方は，ADB職員に対し，アジアの途上国の仕事の相手と緊密な関係を築くことを求めるものだと渡辺は強調した．彼は次のように説明している（Watanabe 1977, p. 36）．

> この精神を行動で示す事例がありました．ネパールでは，訪問者が利用可能な宿泊施設はわずか数軒の最上級ホテルに限られています．海外からの使節団は，良いホテルの予約が確実にとれていなければ，この国を訪問することを躊躇することがよくあります．しかしADBの職員が到着したとき，最上級はおろか，第2級，第3級のホテルの部屋も空いていない状況でした．彼らは電気のないホテルに滞在し，蠟燭の明かりを頼りに報告書を作成しました．すべての蠟燭を使い果たしてしまうと，彼らは車のヘッ

ボックス5.1 アジアの途上国の「ファミリー・ドクター」としてのADB

「私の切なる願い，それは加盟国がADBを，必要があればいつでも，どこへでも援助の手の差し伸べてくれる，一種の「ファミリー・ドクター」とみなすようになることです．そのように振る舞うには，途上国の経済的な状況や環境を熟知していることが求められます．私は，ADBの職員が基本的に地域の特性になじむことによって，そうした深い知識が最も良く醸成されると信じています．」

── 渡辺武，ADB開業式にて，1966年．ADB（1968, p. 14）から引用．

「ADBは東洋医学のファミリー・ドクターのように，主義や学派を超えて広く知識や知見を集め，理論構造や論理体系はひとまず脇に置いておいて，あくまでも経験にもとづいて実践的な価値を求める銀行です．各国が直面する問題に対して，ADBは各国の国民の生活をそれぞれの錯綜や混乱，不一致，矛盾とともにありのままに捉え，知的または合理的な答えを出すのではなく，むしろ効果的かつ実用的で，堅実な解決策を提供しようと努めています．そのため，ADBは経験にもとづいた帰納的な手法を好んで用います．総論から各論へと向かうアプローチではなく，個々のプロジェクトから始めて，現場での実務的な経験から知識を増やし，その影響力を広め，さらなる高みを目指すことを選びます．ADBは，状況に応じて優先事項や目的を変えることもためらいません．」

── ベトナムのブー・ホアン理事代理による渡辺武総裁への送別の辞，1972年11月23日．

ドライトを灯りとして報告書を書き上げたのです．私は彼らの献身に心を打たれました．

渡辺はまた，健全な組織運営の必要性も指摘した．特にその初期において，ADBはシンプルかつ柔軟性のある組織でなければならなかった．「シンプルなものから複雑なものへと進歩するほうが，複雑なものからシンプルなものへと向かうよりもはるかに簡単です」と彼は語った．また，渡辺は質の高い融資案件を立案することの重要性を強調した．「私が固く遵守する基本的な方針がただ一つだけあります．それは，個々の融資をそれぞれ健全な銀行運営という方針にかなう健全なものにするということです．（中略）これこそがADBの高い信用を確立し，そしてまたそれによってADBを通じた資金の継続的な流れを確保する唯一の方法なのです．」以後，数年間にわたって，彼はこの点を何度も繰り返し強調している．

さらに先を見据えて，渡辺はADBが信頼できる助言者となることを思い描いていた．「多くの場合，適切な助言は現金よりもはるかに歓迎すべき，価値ある対処法であるというのが私の信念です．」つまり，この設立初期にあっても，ADBが開発のためのより幅広い役割を担うという計画が準備されていたのである．

最後に，財源の問題があった．十分な資金があって初めて，ADBは加盟国を支援できる．渡辺は，譲許的融資であるソフト・ローンを行うために，ドナーからの拠出によって特別基金を創設する必要性に言及した．ほどなくして，この特別基金は，低所得国に対する資金提供のための重要な財源となる．さらに渡辺は，非譲許的な通常融資向けの資金を集めるため，資本市場で起債を行う準備を進める必要性についても強調した．

慎重なスタート

ADBはつつましい形で業務を開始した．現在は67（域内48，域外19）を数えるADBの加盟国・地域も，創設当初は31（域内19，域外12）であった．1966年末の時点で，理事会には20名のメンバー（理事10名，理事代理10名）がいたものの，職員はわずか40名（総裁，副総裁1名，国際職員11名，現地・事務職員27名）であった．2016年末には，理事会のメンバーは24名（理事12名，理事代理12名），職員は3,092名（総裁，副総裁6名，国際職員1,103名，現地・事務職員1,982名）を擁するまでになる．50年前の部局はわずか3つの局，5つの部のみであったが，現在では15の局，12の部を抱えている（付録の表A2.22）．マニラ首都圏のマカティ市内にある，いくつかのビルに分散した小さな事務所から始まったADBは，現在，マニラを含め31の国に現地事務所を構えている．

翌1967年，渡辺は自らが設定したアジェンダを実行に移していった．途上国および先進国を幅広く訪問しながら，アジアの他の国際機関や国際社会全体にわたって緊密な関係を樹立していった．ADB職員もまた精力的に活動し，途上国における調査任務に着手し，問題の分析や解決策の提案，プロジェクトを始めるための支援にあたった．

一方，新しい本部では組織が円滑に運営されることも重要であった．1966年

12月17日，ADB新理事会はその最初の会合においてC・S・クリシュナ・ムルティ（C. S. Krishna Moorthi）を副総裁に任命した．彼は，ADBにとって重要人物となり，威圧的でさえあるが，決断力のある執行役員との評価を獲得していった．ADB入行以前，クリシュナ・ムルティはインドで高位の官僚だった．また，ワシントンDCの世界銀行では渡辺が理事会のメンバーだった時期に理事を務めており，2人の個人的なつながりには長い経緯があった．渡辺が総裁を務めた6年間，クリシュナ・ムルティは彼の右腕として組織の管理の任にあたった．渡辺のほか，井上四郎，吉田太郎一の最初の3人の総裁に仕えた彼は，実に12年間にわたってADBに大きな影響力を与え続けることになる．

渡辺は職員の採用についても注意深かった．著書では，「手っ取り早い方法としては，既存の機関から人を出してもらう方法もあった．（中略）ADBの場合も，加盟国に割り当てて何人ずつ出してくれといえば手間は省ける」と述べている（Watanabe 1977, p. 24）．しかし，もしそうしていれば，「まずくいくと，大統領の知人とか総理大臣の親戚だという理由だけで，能力のない人を背負い込まされることにもなりかねない」と，渡辺は述べている．彼は専門職の候補を自ら面接した．このやり方は加盟国によって強く支持された．1969年4月にシドニーで開かれたADBの第2回年次総会において，各国の代表は職員採用の進捗が満足できるものであると述べた．米国のデイビッド・M・ケネディ（David M. Kennedy）総務はADBが素晴らしいスタートを切ったことについて触れ，ADBが「専門的能力と地域での幅広い経験を持つきわめて優れた職員」を擁する組織であると語った．1967年末までに職員数は190名に増加し，その後も徐々に増えて1971年末には551名となった．

銀行業務に関しても，ADBは当初慎重であった．渡辺は，「実績を誇示するため1件でも2件でも（融資を）急いで決定しようという意見もないではなかったが，私は銀行の信用を確立するうえから性急な融資は行わない方針をとった」と述べている（Watanabe 1977, p. 45）．この新しい機関が，質の高い融資プロジェクトにこだわっていると示すことが重要だったのである．事実，初年度にADBはまったく融資を行わなかった．初期の業務はいくつかの助言・技術協力であったが，その最初のものは1967年8月に承認された．

調査業務

職員にとって，最初の問題の一つは情報の不足であった．基礎的な統計データがなかなか入手できない状況で，しっかりしたプロジェクトを設計するのは困難であった．例えば，ほどなくして主要な借り入れ国の一つとなるインドネシアでは，1960年代，社会政治的に困難な時代に国家の統計業務が混乱状態に陥っていた．開発に必要なデータ，例えば農業生産や灌漑システムなどに関する情報が，かなり信頼性に欠けるものとなっていたのである．

こうした状況を受けて，ADB 職員は必要な基礎的データの収集を開始した．差し当たり焦点となったのは，域内の多くの国々の主力産業であり，すでに資金供与の要請が来ていた農業分野であった．1966年12月，東京で開かれた東南アジアの農業開発に関する大規模な会議において，ADB に対し「特別農業基金の創設に関するさまざまな問題についての検討を直ちに開始すること」が要請された．渡辺は，特別基金の創設という案を原則として受け入れることを ADB 理事会に提案したが，同時に十分な支援を集めるためには説得力ある提案が求められることを強調した．そして，ADB が，「明快で，理路整然としており，かつ十分に論証された行動プログラム」に基づいてドナーにアピールする必要がある，と語った．

行動計画を支える情報は，1967年に開始された『第1回アジア農業調査』によってもたらされた．1967年5月に承認された同調査は，ADB による初の技術協力業務であった．調査の業務指示書は，一橋大学の大川一司とシカゴ大学の T・W・シュルツ（T. W. Schultz）が共同議長を務める委員会によって作成された．大川は著名な開発経済学者であり，シュルツは途上国の研究によって1979年にノーベル経済学賞を受賞している．

この調査は，単一の加盟国ではなく，複数の参加国を対象に援助を行うための地域技術協力の枠により実施された．後年，ADB はアジア域内の地域協力を促進するために，多くの地域技術協力プロジェクトを支援することになる．

調査チームは迅速に作業を行い，1968年初めには，新しい農業技術によって食料生産を増大させる可能性に大きく光を当てた報告書を作成した．米の画期的増産はこの10年間の前半に起きた成功の物語であった．同じ物語がトウモロコシのハイブリッド品種や合成品種，ソルガム（コーリャン）のハイブリッド品種，ミレット（雑穀）のハイブリッド品種においても，同じ期間と同じ成果で起こりうる．（中略）高収量品種の開発が，近代化への道をひらく．（中略）農民によるこの新品種の採用は予想外に急速であった」（ADB 1969a, p. 39）．「アジア農業調査」によって，初期におけるADBの農業重視はさらなる追い風を受けることになった．

この報告書を歓迎しつつ，マニラでの第1回ADB年次総会において渡辺は他の主要テーマの概略についても言及した．「この農業の発展に関する明るい見通しは，過去数年間に導入された多くの革命的な技術――アジアの農業の生産能力という広大なフロンティアを切りひらいた技術――によるものです．なによりも明るい材料となっているのが，農民による新しい投入財の採用です．新しい改良品種の種，良質の肥料，効果的な農薬など，これらは適切に使用されれば大きな収量増をもたらし，多毛作を可能にします．（中略）この調査の結果から導かれる見解は，こうした現代技術の迅速な導入を優先事項とすることが，農業の成長にとって即効性があるということです」[1]．この調査は，有効に機能する農産品市場およびインフラの重要性も指摘していた．

翌1969年4月にシドニーで開かれたADBの第2回年次総会では，この農業調査の結果について討議するために，オーストラリア政府がADBと共同で農業に関する地域セミナーを開催した．途上国の農業についての国際的専門家をはじめとする参加者は，ADBの資金がアジアの農民のニーズに比してきわめて限られているため，その支援を効果的にするためには選択的なアプローチが必要であると指摘した．また，効果的なプロジェクトを立案するため，ADB内のスキルを強化する必要も指摘された．この年の後半に刊行されたこのセミナーの記録は，初期におけるADBの農業分野での業務の指針となった[2]．

もう一つの大きな優先分野は，交通分野であった．1968年，東南アジア諸国の政府からの要請に応え，ADBは「東南アジア地域交通調査（Southeast Asian Regional Transport Survey）」を開始した（ADB 1971a, p. 46）．1971年初めに完成した同調査の報告書では，その後の数十年間にわたる野心的な域内投資プログラムの概略が示された．渡辺はこの調査について，魅力的なアジェンダを提示するものと述べたが，「実現に必要な人的，物理的，制度的な資源を適切に組み合わせることは容易ではないでしょう」と語り，現実的な留保を加え

1） ADB第1回総務会（1968年）における渡辺武総裁の開会の挨拶より．ADB（1968, p. 19）．
2） セミナーのより詳細な要約についてはADB（1969c）を参照．

た[3]．

ADBの業務を支える情報と調査の必要性がますます重視されるなか，ほどなくしてADB自身の経済分析の能力を強化することの重要性が指摘されるようになった．1969年，ADBに経済部が設けられ，チーフエコノミストが率いるエコノミストのグループが配属された．同部の主な役割は，開発問題に関する具体的な行動につながるような調査を実施することと，各開発途上加盟国の成長過程を評価することであった．ADBにとって関心のある，主要な経済問題に関するデータの編さんのため，経済部内には統計課も設けられた．その後の数十年間にわたって，ADBは域内での開発業務の中で知識活動の重要性を次第に強調していくことになる．

その他の主な研究活動

ADBが支援するもう一つの主要な研究が，『1970年代の東南アジア経済』（*Southeast Asia's Economy in the 1970s*）であった．この研究は，1969年，東南アジアの経済発展に関する第4回閣僚会議の要請に応えて行われた．当時，アジア地域の開発の展望については比較的少ない情報しか存在しなかった（ADB 1971a, p. 47）．研究を監修したのは，オックスフォード大学のポール・ストリーテン（Paul Streeten），ハーバード大学のアルバート・ハーシュマン（Albert Hirschman），日本経済研究センターの大来佐武郎をはじめとするグループであり，シスト・K・ロハス（Sixto K. Roxas），スブロト（Subroto），スパルプ・ヨスンダラ（Suparb Yossundara）といった他のアジア人研究者や，ADBの謝森中（Sam-Chung Hsieh）経済・技術協力局長らも彼らに協力した．チームのリーダーは，ミャンマー出身のエコノミスト，ラ・ミント（Hla Myint）が務めた．

この研究は6つの調査で構成されていた．研究の主要課題は，緑の革命，工業化，対外貿易，海外民間投資，人口増加の諸相，ベトナム戦争終結と東南アジアからの英国軍の撤退から予想される影響などであった．1972年に刊行された「1970年代の東南アジア経済」は，ほどなく幅広く引用される文献となった．この研究は，アジアにおける開発戦略についての考え方の重要な転換点となっ

3）　ADB第5回総務会（1972年）における渡辺武総裁の開会の挨拶より．ADB（1972b, p. 18）．

た．ラ・ミントらは，各政府が域内の天然資源を拡大する世界の需要と結びつける措置を講じればという条件付きで，東南アジア諸国は輸出の拡大により急速な経済成長を遂げることができると唱えた[4]．内向き，保護主義的になるのではなく，市場志向，輸出志向的な政策を導入すべきであるとこの研究は訴えた．1970年代，東南アジアの多くの政策決定者がこの外向的アプローチを採用した．この開発戦略が，以後の数十年間におけるアジア全域の力強い成長を支える重要な要因となったのである（James, Naya, and Meier 1987, p. 11）．

最初の技術協力と融資

設立当初，ADB の経営陣はまず質の高い融資対象プロジェクトのリストを作成することを強く望んでいたが，最初の融資の実行に先立って，まず複数の技術協力を実施した．1967年半ばに承認された最初の技術協力プロジェクトは，インドネシアにおける食糧生産の向上についての報告書の作成であった．1966年の実質的な政権交代後，インドネシアの新政府は広大な島嶼全域にわたって食糧供給を安定化させようとした．1968年1月，ADB は食糧政策に関する報告書を作成し，続いて農業政策および農村金融制度の研究のためのさらなる技術協力を行った[5]．

1968年の最初のプロジェクト融資は，新設機関としての ADB にとって大きな節目となるものであった．この500万ドルの融資は，産業発展を支援する目的で，タイに供与された（ボックス5.2）．同年，韓国への高速道路建設のための融資，マレーシアへの水道供給改善のための融資，パキスタンへの小規模民間企業への資金提供を目的とした融資など，他の6つの融資がすぐに続いた．1968年に行われたこれらの融資はすべて少額であり，最も額の大きなもので台湾（Taipei,China）の工業プラントへの融資1,000万ドルであった．

当初，こうした慎重なアプローチがとられたのは，ADB の通常資本財源からの融資財源が非常に限られていたためである．ADB はまだ進むべき方向を探っており，まず少額の融資から始めて，いくつかの国においてプロジェクトのポートフォリオを構築することが最善の方法だと考えられていた．

4） この研究のすぐれた要約が，ADB（1971a, p.47）にある．

5） インドネシアへの技術協力の活動計画については，ADB, *Annual Report 1967*, p.21に詳しく記載されている．

翌1969年，特別基金からの最初の譲許的融資（金利などが優遇された融資）が，インドネシアの農業インフラに対して承認された．同年には西サモアの首都アピアの玄関口となるファレオロ空港に対して譲許的低利融資を承認し，南太平洋における活動も開始した．以上のように，最初の5年間の業務は慎ましいものであったが，職員の自信が高まるとともに，次の5年間におけるADBの融資活動は急速にペースを上げていった．

ボックス5.2　ADBによる最初の融資

タイ産業金融公社．アジア開発銀行（ADB）初の融資は，タイの開発金融機関への政府保証付き融資であった．この援助には，ADBの通常資本財源（OCR）が用いられた．

1968年1月に承認された同融資は，500万ドルの信用枠を供与した．タイ産業金融公社（IFCT）は，タイの産業政策の支援に有用な役割を果たせると見られていた．タイの商業銀行は主に短期の融資を行っていたが，IFCTは中長期的融資を提供していた．ADBの融資は，IFCTによるタイの地場産業の拡大を支える取り組みを支援した．信用枠から7つの融資が実行され，IFCTの外国為替財源が増強された．この小規模な事例を皮切りに，ADBが支援する開発金融機関のネットワークは次の10年間に着実に拡大していくことになる．

インドネシアのタジュム灌漑プロジェクト．1969年6月に承認されたタジュム灌漑プロジェクトへの融資は，ADBにとって重要な一歩となった．これはADBにとって初の農業インフラに対する融資であるだけでなく，インドネシアへの初の融資でもあり，さらに特別基金（後にアジア開発基金（ADF）となる）が用いられた初の融資でもあった．同プロジェクトは，中部ジャワ州の比較的開発の遅れた地域において，政府による灌漑システムの整備を支援することを目的としており，改善農法の導入を支援するとともに，効率的な水管理システムを奨励した．当時，中部ジャワ州の灌漑システムはかなり単純なもので，稲作はほとんど天水農法に依存していた．

出所：ADB（2016b, pp. 18-20）．https://www.adb.org/sites/default/files/publication/216111/adb-firstdecade.pdf（2016年12月20日にアクセス）．

初期の優先業務

融資案件の構成は，当初から非常に多岐にわたっていた．主なセクターは，エネルギー，農業，交通などであった．融資戦略には，開発金融機関（DFI）への政府保証付きの融資の供与も含まれていた．

エネルギー関連の融資の大半は電力システムに関するものであった．当時，アジアの途上国の電力システムの多くは，大きな電力ロスに悩まされていた．ADBによる融資は，既存の送配電設備の改修や新しい発電所への投資に対するものであった．また，ADBは農村の電化も支援した．アジア地域の一部では，電気が使えるのは村落地域の10%にも満たず，夜間の照明には，通常はつつましくロウソクか灯油ランプを使用していた．電力セクターにおける活動は，1973年後半の第一次オイルショックの後に拡大されたのであるが，この背景には各国のエネルギー安全保障への意識が高まり，国内のエネルギー資源の開発によって石油の輸入依存を減らそうとしたことがあった．

交通分野では，主な投資対象は道路，特に経済成長の加速のための新たな高速道路と，近隣の町にある市場その他の施設へのアクセスを向上させるための農村部の道路であった．

当初，農業に対するADBの支援は主に食糧安全保障の強化を目的としたが，その後農村部での雇用の促進を目的とするようになった．主な分野は灌漑開発であった．これは緑の革命を実現するうえで重要な要素であり，耕作地を拡大し，多毛作を可能にすることによって農業生産性を向上させるために必要であった．

金融セクターへの支援も行われた．その目的は，各国のDFIの強化を通じて，民間投資のための長期的な資本を調達するとともに，民間企業にアドバイザリーサービスを提供し，また，各国の証券市場の発展を促すことにあった．DFIが，資金の転貸を通じて，中小企業（SMEs）に融資を提供できるようになることが望まれた．ADBからDFIを通じて直接SMEsに注入された融資は，金融セクターの融資総額の14%を占めた．

初期における各国の開発銀行へのADBの信用枠は，繊維産業，食品加工業，エンジニアリングといった製造活動を行うSMEsへの融資の提供を支援するものであった．これは，工業化の初期にある国々が輸入品を国産品に代替し，輸出を促進することに寄与した．ADBの第1期の10年の後半には，特に化学産業やエンジニアリング産業といった資本財や中間財の製造の支援のための融資が供与された．こうしたアプローチは，製造業の生産を消費財から資本財へと転換しようとする一部の国々の戦略と合致していた（第4章）．

アジアにおけるDFIへの支援は，ADBが設立される以前から，域内のリーダーたちによって組織されていたDFIに関する地域会議でも検討されていた．1966年9月，東京で開かれたアジア諸国の開発銀行による3回目の地域会議において，参加者から，新しくできる銀行であるADBがそうした会議の開催を担当するべきだとの提案があった．これに応え，ADBは1969年から1976年にかけて開発銀行による第4，5，6回目の地域会議を主催した．これらの会議において，各銀行の代表は投資プロジェクトの実行（第4回会議），産業発展の促進（第5回会議），そしてDFI相互の地域協力（第6回会議）といった事項を協議した．

こうした支援にもかかわらず，アジアのDFIはしばしばその目標を達成することができなかった．あまりに多くの機関において，脆弱な組織・制度，誤った運営，政治的圧力，そして困難な経済環境が阻害要因となっていた．やがて，ADBは域内のDFIへの関与の縮小を決断した[6]．

融資の方向性

数年後，ADBの融資業務にいくつかの傾向が現れ始めた．最初の4年間には，韓国，シンガポール，台湾（Taipei,China）など，より発展した信用力のある国・地域に多くの融資が行われた．しかしプログラムが拡大するにつれて，セイロンやパキスタンなどの南アジア諸国，インドネシア，マレーシア，フィリピン，タイなどの東南アジア諸国への融資が増加した．

当初，主な借り入れ国は比較的大きな国であったが，ADBの職員は小さな国も支援すべきだということを認識していた．設立協定には，ADBは「地域内の小加盟国および低開発加盟国が必要とするところに特別の考慮を払う」ものとすると定められている．そうした国々の代表は，ADBに対して自分たちのニーズを繰り返し伝えた．1968年4月に開かれたADBの第1回年次総会で，

6） ADBによる民間セクター開発および中小企業向けの金融仲介支援に関する調査がADB（2008c）に収められている．

西サモアのADB総務グスタフ・ベサム（Gustav Betham）は次のように演説した．「西サモアはADBの最も小さな加盟国であると同時に，おそらく最も開発が進んでいない加盟国でもあります．（中略）加盟国には，設立協定にある小加盟国や低開発加盟国に関する条項をもう一度思い起こしてもらいたいと思います．小国から融資の要請を受けた際に，この条文が念頭に置かれるであろうことを心から信じています．」（ADB 1968, p. 68）

小国での業務は，特に現地に関する専門知識の不足のために，困難を伴うことが多かった．南太平洋では，政府機関がしばしば深刻な人員不足に陥っており，ADBが支援を希望するような種類の投資プロジェクトの実施に習熟していなかった．国際市場からの孤立や，プロジェクト設計を複雑化させるような緊密な紐帯を持つ地元コミュニティの文化も障害となった．

そうした状況にもかかわらず，最初の数年間においても，いくつかの支援活動が小国で行われた．セイロンでは1968年に紅茶工場の近代化のためのプロジェクトが行われ，ネパールでは1969年に航空輸送インフラに関するプロジェクトへの技術協力を支援した．1970年には，アフガニスタンでのADB初の業務として，クンドゥーズ盆地中部にあるガワルガンおよびシャーダラー地域の灌漑システム拡張事業の外貨費用を賄うための510万ドルの譲許的融資を供与した．

また，ADBは特別な状況にある国々のニーズにも対応した．バングラデシュは1971年に独立し，1973年にADBに加盟した．2つの融資が早急に承認された．一つは流通施設の改善のための漁業関連プロジェクトであり，もう一つはジュート，綿織物その他の製造業など広範囲の現地企業への信用供与を目的とした開発融資であった．さらに同年のうちに，電力開発とチッタゴン港整備プロジェクトのために2つの融資が承認された．初期におけるADBのバングラデシュへのアプローチは，「可能な限り速やかに，より大きな額で，そして最もソフトな条件で」支援を提供するというものであった（Inoue 1975）．

多くの国で現実的問題となったのが，「すぐに実行可能な」プロジェクトの不足であった．比較的大きな国においても，多くの政府機関にとってプロジェクトの準備が難題であった．ある政府職員は，「われわれには，海外からの援助や支援を受けるうえで求められる基準に見合う農業プロジェクトを立案し，準備することができないようだ」と述べたと『アジア農業調査』に引用されている（ADB 1969a, p. 39）．これに対し，ADBは2段階アプローチを採用した．まず，プロジェクトの準備のための技術協力を提供し，続いてプロジェクト自体への資金提供を承認するというものである．

この2段階アプローチは，十分な数のプロジェクト候補案件の形成に寄与した．1970年の年次総会において，西サモアの総務トファ・シアオシ（Tofa Siaosi）は西サモアへの空港関連融資について次のように論じている．「（前略）この融資は技術協力の成果です．これにより，プロジェクト自体の特定と審査を経たあとの最終的な技術的調査や設計が概ね可能となりました．わが国にはこうした予備的な調査や準備を行ううえで必要な専門知識が不足しているため，技術協力はきわめて重要なものであり，ADBとの融資交渉を円滑に行ううえで不可欠のものでした．」（ADB 1970, p. 76）太平洋の小島嶼国の開発援助活用能力を向上させるため，これら諸国へのADBのアプローチの検証が1974年に行われた．採用された新しい施策には，現地での開発計画の策定を支援するための技術協力の提供や，優先順位の高いプロジェクトの特定の重視などが組み込まれた（ADB, *Annual Report 1974*, p. 18; *Annual Report 1975*, p. 11）．

融資財源

渡辺は，資金調達やステークホルダーとの関係の構築にも多くの時間を費やす必要があった．継続的な融資やその他の活動を支えるため，ADBはいつでも使える十分な資金源を必要とした．当初，ADBの活動は加盟国が初期の応募済資本（各国が合意した資本持ち分）によって賄われていた．しかし，さらに多くの資金を調達する必要があることは当初から明らかだった．1968年4月にマニラで開催された第1回年次総会において，オーストラリアの総務ビリー・マクマホン（Billey McMahon）は「ADBの当初の応募済資本は，それ自体多額ではあるものの，なすべき業務に照らせば多くないということに留意すべきである」と述べた．インドの総務であり，副首相でもあったモラルジ・デサイ（Morarji Desai）はこれに同意し，「ADBの財源は（中略）それ自体では地域の資本需要に対して何らの影響をも持ちえないような額でしかありません．ADBの資金は一種の『シードマネー（呼び水となる資金）』なのです」と語っている．

ADBは，通常資本財源（OCR）から非譲許的融資を，特別基金から譲許的なソフト・ローンをそれぞれ提供した．渡辺は上級職員とともに，この2つの財源の拡大に努めた．設立初期において，OCRの資金プールを拡大する手段としては，加盟国による応募済資本の増額か，国際資本市場での起債が考えられた．特別基金を増やすには，ドナーに追加の資金拠出を働きかける必要があった．その後数年の間に，ADBのスタッフはこれらの財源を得るためのプログラムを考案した．

これらのどの方法による資金集めにも，それぞれ異なるアプローチが求められた．時間の経過とともに，ADBの職員は経験を蓄積していった．例えば，彼らは，応募済資本の増額を各国に依頼することはADBへの所有権に影響を及ぼすということを理解した．より多くの出資をした国はより大きな議決権を得ることになるためである．この問題は，増資をめぐる議論の中でしばしば提起された．続いて，ADBは国際債券市場での活動も拡大した．そのため職員は，ADBが世界の債券市場で高く評価される債券発行体となれるよう，専門的な知識を習得しなければならなかった．ドナーから特別基金への拠出を募る際には，煩わしい問題もあった．ドナーがしばしば資金拠出に条件を付けるため，各国の代表団の間での協議を複雑なものとしたのである．

増　資

どの会社もそうであるように，ADBは出資者が提供する資本金によって設立されていた．ADBの場合，自己資本は加盟国による応募済資本によって構成されていた．1966年において，加盟国が所有するADBの資本金の合計は授権資本（協定に定められた法定資本金）の10億ドルであった．この授権資本の定義として重要なのは，そのすべてが実際に払い込まれるわけではないという点である．設立協定では授権資本を，加盟国が加盟時に出資する払込済資本と，ADBが財務上の緊急事態に陥った際にのみ支払いが求められる請求払資本の2種類に分けると定めている．ADB創設時には，これら2種類の資本がそれぞれが応募済資本の半分を占めていた．これにより，加盟国はADBに授権資本を提供しつつ，当面の資金支払いの必要額を減らすことができたのである．加盟国政府は，国際金融市場で信用力がきわめて高いと見られていたため，ADBの請求払資本は実際に払込済資本と同等の価値を持つものとみなされていた[7]．

7）ADBへの出資の一部を払込済資本ではなく請求払資本で提供するというアイデアは，加盟国政府によって広く理解され，受け入れられた．議会にADBへの参加を承認するよう提言する際，ジ加盟が見込まれる国，特に途上国の財政上の負担を減らすため，設立協定ではもう一つ，払い込みの一部を現地通貨で行うことを認めるという方法がとられていた．これにより加盟国は，米ドルをはじめとする交換可能通貨と，国際金融市場では交換できないものもある自国の通貨を組み合わせて払い込みが行えるようになった．例えばカンボジアは，払込済資本の半分をカンボジア・リエルで支払うことができた．多くの途上国がこのオプションを利用した．その結果，ADB財務局の職員は当初，交換可能な，あるいは交換不可能な多様な通貨をやり繰りするという，予期せぬ悩みに直面することになった．しかし時間の経過とともに，ADBは，業務の際に生じた現地での経費の支払いに用いるなど，さまざまな方法で交換不可能な通貨を活用できるようになった．

数年のうちに，11億ドルという当初の授権資本水準（1966年にすでに若干の増額が合意されていた）はあまりに少額であることが明らかとなった．1971年4月にシンガポールで開催されたADBの第4回年次総会で渡辺は，「ADBの財源拡大の重要性はどれほど強調しても言い過ぎではない」と語った．彼は，銀行の資本金増強の可能性を調査することを認めるよう理事会に要請した．この要請は承認され，1971年の残りの期間，ADBの理事会と職員は多くの時間を第1次一般増資（GCI I）の検討に費やすこととなった．

GCI Iに関する協議は，複雑な経済外交の場となった．「悪魔は細部に宿る」といわれる．交渉の間，意見の対立するさまざまな課題が持ち上がると，加盟国は他国が何を目指しているのかを慎重に観察した．例えばOCRからの非譲許的融資に課される金利に，借り入れ国は次第に注意を払うようになった．1971年11月，数次にわたる交渉の末，総務会は150％の増資を承認した（付録の表A2.14）．しかし，加盟国の差し当たっての負担を減らすため，払込済資本の割合を20％に減らすことも決定した．さらに総務会は，払込済資本の支払い予定期日についても合意した．結果的に，支払いが予定より遅れたのは米国のみであった．わずかの期間ではあるが，米国の議決権は一時，日本やインド，オーストラリア以下にまで減少した．さらなる将来を見据えて，総務会は1975年末までに資本金の水準を再度見直すことを提言した．

ョンソン大統領は「請求払資本は，この銀行による民間資本市場での借り入れに対する保証となるもので，ADBが債務を履行できないという，実現する可能性の低い事態にのみ利用されることになる」と述べている（Government of the United States 1966, p. 28）．

ADB債

融資のための財源を得るもう一つの手段は，国際金融市場での債券発行による借り入れであった．当初，特に未だ確かな実績のない新しい機関にとって，国際資本市場の状況は好ましいものではなかった．1966年，渡辺は投資銀行業界が示す関心に勇気付けられたとしながらも，「(前略) 現在のきわめて厳しい市場環境に照らせば，近い将来において ADB がこの財源を検討するのは現実的ではないだろう」と述べた．しかし彼は，「市況が好転すれば，ADB はより好条件で起債できることになるだろう」とも指摘している[8)]．

1969年後半になると，ADB にとって借り入れの機が熟したように思われた．同年9月，13カ国，69の銀行で構成される国際シンジケートを通じて，15年満期，6,000万ドイツ・マルク（およそ1,600万ドル）の ADB 初となる債券が西ドイツ市場で発行された．これが市場への初の参入であり，そのため法的，行政手続き的プロセスを円滑に進めることが重要だったが，ADB は無事にそのプロセスを完了させた．この ADB のドイツ・マルク建て債券は，その後フランクフルト，デュッセルドルフ，ウィーンの証券取引所にも上場された．欧州の金融市場でのさらなる活動を支援するため，1971年にはスイスのチューリッヒにおいて財務金融顧問が任命された．この事務所は1974年，その機能がマニラの ADB 本部にある財務局の職務に再び統合されるまで存続した．

欧州での初の起債に続いて，ADB の職員はアジアや北米の金融市場にも借り入れプログラムを拡大することを計画した．これは，複数の市場での分散化のためでもあったが，ADB が国際開発金融機関としてさまざまな国や通貨で借り入れプログラムを実施することを加盟国が期待したからでもあった．西ドイツでの起債に続いて，ADB は1970年4月にオーストリアでシリング建て債券を，同年11月には日本で円建て債券を発行した．このうち，後者は重要な意義を持つものであった．これは ADB 初のアジアでの起債であるとともに，日本での外国法人による初の円建て債券の公募であったのである．

円建てでの起債は世界銀行に先駆けて行われたものであったため，金融界において特筆すべきものであった．日本の支援を受け，ADB は60億円（およそ

8） マニラでのアジア開発銀行開業式における渡辺武によるステートメント．Watanabe（1966）およびADB（1969b）に所収．

1,670万ドルに相当）を起債し，日本市場への参入を果たした．世界銀行が日本で初の債券を発行するのは翌年になってからのことである．このケースや他のアジアでの債券の発行において，ADBは資金の調達だけでなく，域内各地の資本市場における起債の新しい形を確立することを目指していた．

北米でのプロセスはより複雑であった．ADBの債券が世界銀行や米州開発銀行の債券と同等に扱われるためには，米国のそれぞれの州議会が債券発行のための法案を通す必要があったのである．1968年から1969年にかけて12の州で，1970年にはさらに5つの州で法律が成立した．この債券の投資適格としての認証プロセスが，米国金融市場への参入の成功の基礎となった．1971年，ADBは初のドル建て債券を発行することができた[9)]．全米的なシンジケートの引き受けとニューヨーク証券取引所への上場によって，この債券はAAAの格付けを得た．欧州，日本そして北米でのこうした債券発行の成功により，ADBは1971年末までに国際市場において債券発行体としての高い評価を確立したのであった．

アジアの途上国におけるプロジェクト支援のため先進国の資本市場での借り入れを行ったことで，ADBの当初の目的の一つが達成された．設立協定は，「地域の外」から資金を動員し，「開発資金の地域内への流入の増大」を促進することの重要性に言及していた．国際金融市場での起債に向けて早期の手段を講じることで，ADBは資本の豊富な先進国から資本の乏しいアジアの途上国への資金流入の促進のために素早く動きだしたのであった．

特別基金

ADBが，その初期において拡大しようと計画していた資金援助のためのもう一つの主な財源が，特別基金であった．この基金により，大きな社会的な便益があるものの，すぐには金銭的収益が得られないような活動に対して，返済期間が最長40年と長く，金利も1.5%と低いソフト・ローンを実行することが可能となった．1966年，マニラでのADB開業式において渡辺は次のように語

9）1968年から1969年にかけて立法が行われた12の州は，カリフォルニア，コロラド，コネチカット，ハワイ，イリノイ，メイン，マサチューセッツ，ニュージャージー，ニューヨーク，オハイオ，ペンシルベニア，ワシントンの各州であった．1970年に法的承認が行われた5つの州は，アイオワ，ケンタッキー，ルイジアナ，バージニア，ウィスコンシンの各州である．ADB（1971a, p. 54）．

り，特別基金の重要性を強調した．「（前略）多くの国々は，ソフト・ローンを得ることを切望しています．（中略）そのためには応募済資本とは別の財源となる特別基金の創設がぜひとも必要なのです．このため，私は本基金への資金の拠出を積極的に要請してまいります．」（Watanabe 1966; ADB 1969b）

事実，ADB が特別基金を持つことはかねてより期待されていた．設立協定の第19条がこの基金の設立について論じている．ドナーも，この基金が拡大されることを期待していた．ジョンソン（Lindon Johnson）米大統領は1967年，ADB の特別基金への米国の資金拠出を議会に提言する際に，世界銀行の経験にもとづけば，開発金融には通常の資本だけでなく，「学校や道路といった，すぐに金銭的な見返りはないけれども経済成長を強力に下支えするプロジェクトの外貨費用を賄うための，低利で長期の融資に用いる」特別な基金が必要となると語った．この目的のため，ジョンソン大統領は1967年9月，米国が4年間で2億ドルを拠出することを約束したいと提案した（Government of the United States 1967, p. 3）．

結局，米議会はこの提案を承認しなかった．1968年の選挙を受けてリチャード・ニクソン（Richard Nixon）が米大統領に就任した際，新政権は米国によるすべての対外援助の見直しを行った．ようやく1972年になって，米国は ADB の特別基金に対して1億ドルに減額された資金を拠出することができた．

最初の5年間，ADB は多くの目的のための複数の特別基金を創設した．農業特別基金（ASF：資産約4,000万ドル），多目的特別基金（MPSF：約2億8,000万ドル），技術協力特別基金（600万ドル）などである．まず1968年に，日本からの拠出（72億円，2,000万ドル相当）を受けて，農業特別基金が農業開発に特化したプロジェクトに資金を提供する目的で創設された．カナダとの間でも，多目的特別基金への資金拠出（2,500万ドル相当）に関して同様の協定が結ばれた．

1969年の第2回年次総会において，渡辺は特別基金の必要性を再度訴えた．彼は多くの国がすでにさまざまな基金に資金を拠出していることに触れたうえで，さらなる支援を求めたのである．渡辺は1970年の第3回年次総会でも同様の訴えを繰り返した（ADB 1970, p. 21）．こうした基金のための資金は主としてドナーから供与されたが，ADB 自体も資金を拠出した．OCR による業務の一部からは借り入れ国からの返済によって剰余金が生じるようになったが，ADB は利益を計上するのではなく，剰余金を特別基金に繰り入れたのである．

特別基金はADBにとって有用な財源となった．しかしほどなくして，この基金の利用のための諸手続きの急増が，ドナー国，開発途上加盟国，そしてADB自体に問題をもたらすようになった．農業特別基金や多目的特別基金の利用は，しばしば資金提供国からの調達を義務付けられていた．基金の利用に付随するこうした条件が，その管理をきわめて複雑なものとしたのである．

こうした基金管理の複雑化は，より簡素化された柔軟な制度，すなわちあらゆるドナーが無条件で拠出する単一の大きな特別基金の必要性を喚起した．1972年の年次総会で，渡辺は次のように語っている．「われわれが希望するのは，すべての譲許的財源を単一の基金に統合し，できる限り柔軟な，標準化された条件のもとに拠出されるものとし，ポケットがいくつあっても足りないほどの種類の通貨を扱いつつ，それぞれ異なる基準に基づいて支出しなければならない，といった現状の管理上，会計上の悪夢から逃れることです．」この問題は井上四郎総裁のもとで解決され，アジア開発基金（同じく特別基金に分類される）が1974年に創設されることになる．

総裁の交代

1972年半ば，6年近くADBを率いた渡辺は新しい総裁に後を託すことを決意した．創設者の一人として，彼はADBに大きな足跡を残した．初代総裁に就任すると，彼は講演のたびに，総裁として絶えず訴えた基本原則，すなわち配慮，慎重さ，借り入れ国のニーズへの関心，そして適切な経営を丹念に説明した[10)]．実際，多くの点において，渡辺はADBの基本的な性格を確立した．ADB本部の8階に掲げられている彼の肖像画には，確固とした意志と威厳を感じさせる人物が，落ち着いた様子でこちらを見つめている姿がある．それは，心に描いていた責務を成し遂げられたと確信している人物の姿である．

日本の大蔵省は渡辺の後任としてふさわしい人物を求め，最終的に，日本銀行の理事で国際業務を統括していた井上四郎が選ばれた．井上が選ばれたのは，特に国際資本・金融市場に精通していたためであった．

円滑な引き継ぎのため，渡辺と井上は緊密に協力した．1972年8月，2人は東京近郊のリゾート地である箱根に赴き，ADBの優先課題を話し合った[11)]．

---

10)　ADB（1969b）に彼が行った多くの演説が収められている．
11)　詳細は，Wilson（1987）の第3章 “The Oil Crisis: The Inoue Years 1972-76” を参照．

しかし，渡辺はADBを去る前，最後に見届けておきたいことがあった．1966年末の業務開始以来6年近くにわたって，ADBはマカティ市内の商業地区に点在する事務所で業務を行ってきたが，この間フィリピン政府は新しいADB本部ビルの建設を支援していた．これは，1965年11月，ADBの本部所在地の選定のための会合でマニラを訪れた各国代表になされた暗黙の約束——指定された1区画が「アジア開発銀行の恒久的所在地」であると宣言した看板をもって代表団を出迎えたこと——を果たすものであった．1972年後半には新たな本部ビルが完成した．1972年11月18日，渡辺武が6年にわたるADBでの職務を終えようとするなか，フィリピンのフェルディナンド・マルコス大統領がマニラ湾に面したロハス通りにある新本部の開所式を行った．

渡辺の総裁としての最後の日となった1972年11月24日は，彼が自ら記しているように，ADBの6度目の創設記念日であった．その翌日，井上四郎がマニラに到着した．そのわずか2カ月前の9月21日，マルコス大統領はフィリピン国内に戒厳令を宣言した．そのため井上は，職員たちが今後何が待ち受けているのか戸惑っている雰囲気の中で執務を開始することになった．

渡辺に対する送別の辞の中で，彼の同僚たちは親愛の情を込めて彼の業績について語った．理事の一人，ベトナムのブー・ホアン（Buu Hoan）は，1966年以来3つの理事会が組織されたが（理事は2年ごとに改選される），それぞれが異なる性格を有していたと振り返った．理事会議長としての渡辺にとっての難事は，ブーが巧みに表現したように，理事会の「複雑で隔たりのある意見や雰囲気」を意味のある決定につなげることであった．それには，「各理事が使うさまざまな英語をすべて」理解するのが特に容易ではなかったこともあり，説得と聞き取りの高い能力が求められた．さらにブーは，渡辺がかつて，時には「特に話し手が本当に重要なことを話していないと思える場合は，あまりはっきりと理解できていなくても理解したふりをする」ことにした，といたずらっぽく語ったと振り返ったのである（Buu 1972）．

こうした送別の辞に対し，渡辺は自嘲的なユーモアをもって応えた．副総裁のC・S・クリシュナ・ムルティを称えるなかで，彼は次のように述べた．「ところで，私は未だに彼のイニシャル，CとSが何の略なのか知らないわけであります」彼はクリシュナ・ムルティに心からの感謝を伝え，「ここだけの話ですが，彼の卓越した話術のおかげで，私が何も口出しせずに済んだことが多々あります」と語った．渡辺はADBで過ごした6年の間に起こった地震，火災，台風，洪水，暴動，そして戒厳令に言及し，「ロウソクの明かりの下で行われた電気関連プロジェクトの調印式や，台風ヨリンが窓外で猛威を振るうなかで行われた理事会を，私は決して忘れないでしょう」と付け加えた[12)].

井上四郎

新総裁の行く手には，数多くの難題が待ち受けていた．彼は銀行業務と金融に関する優れた経歴を有していたが，開発問題に直接関わった経験はほとんどなかった．仕事で途上国を訪れたことすらなく，先進国と途上国との間の南北問題について深く取り組んだこともなかった（Wilson 1987, p. 66）．事実，総裁であった4年間，井上は自身をしばしば「銀行家」と形容した．しかし，彼はマニラに到着するや否や，ADBの業務と地域の開発課題に全力を傾注した．総裁としての彼の取り組みで重点が置かれたのは，第1にベトナムの和平実現という域内の重要な優先課題，次に特別基金への新たな財源の確保であった．さらに，1年もたたないうちに，第3の，まったく予想外の優先課題が現れた．1973-1974年のオイルショックの影響への対応である．

1972年11月に井上が総裁に就任したとき，ベトナムでは和平合意への交渉がなされるかもしれないという新たな希望が芽生えていた．その前月，米国と北ベトナムが和平協定案の合意に達していたのである．11月半ばに開かれた，渡辺にとって最後の理事会の一つで，彼は戦争で荒廃した地域の再建支援におけるADBの果たしうる役割についての概略を語り，自らの後継者がそうした計画を進めてくれると確信していると述べた．

総裁就任にあたって，井上はこれらの提案を採用した．彼はADBがベトナムに対してすでに技術協力と融資を行っていると指摘し，「この地域のニーズはきわめて差し迫ったものであり，ADBは和平実現まで待てないと考えたのです」と述べている．井上はまた，ADBが再建の過程で主導的な役割を果たせることを望んでいると語った．自らの公約を強調するため，井上は総裁としての初の外国訪問先にベトナムを含めるとともに，続いて国連，世界銀行および他の国際機関と協議を行い，この地域の国際援助プログラムについて話し合った．

---

12)　1972年11月24日，マニラのADB会議場で開かれた渡辺武総裁とその夫人の送別会における渡辺武のスピーチ．

さらに井上は，ラオスのナムグム第2水力発電所プロジェクトへの国際的な資金拠出計画も支援した．これは同国史上最大の開発プロジェクトであるだけでなく，余剰電力はタイに販売できるため，インドシナ半島の経済的な結びつきの強化につながるという地域的にも大きな意義を持つプロジェクトであった．ドナー9カ国がプロジェクトの支援に同意しており，ADBからの資金提供は不要であった．その代わり，ADBは1974年に成立した第2次ナムグム開発基金協定の施行のための事務局として支援を行った[13]．しかし，ベトナムの情勢は依然としてきわめて不透明なままであったため，インドシナ半島全体を対象としたドナー会議の開催は難しいことが明らかとなった．1975年4月になって初めて，世界銀行とADBはラオスへの援助に関する会議を開催することができた．この会議はマニラで開かれ，ADBの上級職員が議長を務めた（ADB, *Annual Report 1975*, p. 10）．ベトナムへの融資を再開できたのは1993年になってからのことである．

1966年以来，ADBはメコン河流域圏における開発プログラムという野心的な目標を温めてきた．しかし，この目標は1990年代に入り，メコン河流域圏地域経済協力プログラムを立ち上げるまで達成されなかった（第9章）．

当初インドシナ半島に向けられていた井上の関心は，1973年後半，第一次オイルショックによる予期せぬ影響へと向けられることになった．世界のエネルギー価格は急激な上昇を始め，1974年半ばには，国際経済への影響が深刻なものとなることが明白となりつつあった．井上はほどなく，この危機の動向を深く憂慮することとなった．1974年4月にクアラルンプールで開かれたADBの年次総会において，彼は安価で入手しやすい石油の時代は終わったとし，今や経済成長の継続への「現実の脅威」が存在すると語った．

井上はアジア地域の状況を「現在，力強く成長している国々の成長は鈍化するだろう」そして「未だ開発の初期段階にある国々，あるいは輸入エネルギーに大きく依存している国々は，おそらく1974年に後退を余儀なくされるだろう．従来から窒素を輸出している国々では肥料の輸出量を維持することが困難となる一方，世界的な需要増から肥料価格は1972年の数倍にまで上昇する可能性がある．（中略）最も基本的な生活必需品である食料そのものが欠乏することに

13） ドナーとなった9カ国は，オーストラリア，カナダ，西ドイツ，インド，日本，オランダ，ニュージーランド，英国，米国であった．基金をめぐる一連の複雑な国際協定について，詳細はGovernment of the United Kingdom（1974）に記されている．

なる」と厳しい表現で説明した．

これは，ADBが対応を迫られた初めてのアジア全域にわたる経済危機であった．それまで，ADBは主に工業やインフラ関連のプロジェクトに対する外貨融資に注力していた．ところが突然，新たな形態の援助の提供が求められたのである．井上の総裁としての残りの任期の大部分は，この危機への対応にあてられることになった．

ADBの対応は，基本的に2つの要素からなっていた．一方では危機に関連した借り入れ国のニーズに応えるプログラムを速やかに立案し，同時に，プログラムのための追加的な外部資金を調達するため，精力的な取り組みを行ったのである．

危機関連プログラム

1973-1974年のオイルショックは大きな試練となった．資金不足国は追加の資金をすぐに必要としていたが，変化した経済環境に見合った形態の援助も必要としていたのである．アジアの途上国は世界的なエネルギー価格の急騰――それは燃料や石油を原料とする窒素肥料の輸入コストを押し上げ，インフレを悪化させる――に対応しなければならなかった．さらに肥料価格の上昇は，「緑の革命」の進展を阻害する危険もあった．同時に，多くの国々が国際収支悪化の圧力にさらされ，より多くの借り入れを余儀なくされた．そのため，対外債務が憂慮すべき高水準に達した．

結果的には，ADBは以後の数年にわたって，借り入れ国の危機関連のニーズに対し十分に柔軟かつ実際的に対応することができた．さらに，この経験はADBにとって良い経験となった．ADBはその後，融資と資金調達に新たなアプローチを採用し，アジアでの業務の幅を広げたのである．加盟国からの多くの提案や要請に従うことにより，ADBによる融資と資金調達ははるかに洗練されたものとなっていくのである．

オイルショックに対するADBの最初の対応は，直ちに融資規模を拡大することであった．1976年までの4年間で融資承認額は平均で年約25％増加し，1972年の3億1,600万ドルから1976年には7億7,000万ドル超となった（図5.1）．この設立間もない時期，ADBはまだプロジェクト融資主体の銀行であり，大きなトランシェ方式（分割払いによるまとまった金額の融資）で迅速な融資の

図5.1　融資承認額（財源別），1968-1976年

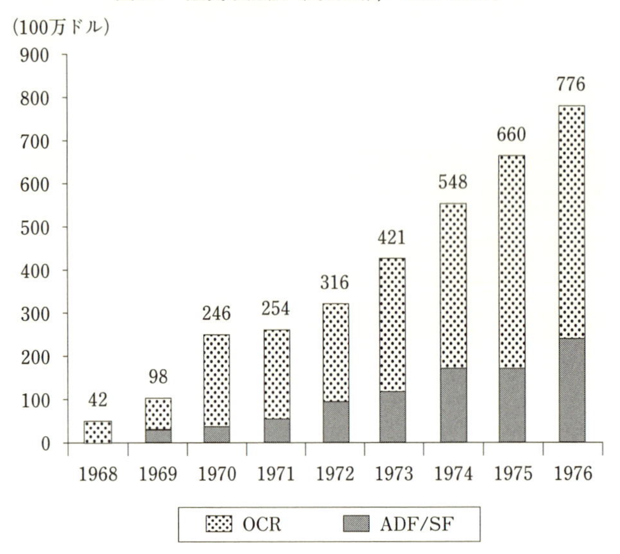

合計：33億6,100万ドル

ADF＝アジア開発基金，OCR＝通常資本財源，SF＝特別基金．
注：融資承認額には，グラント，出資，および債務保証が含まれる．
出所：ADBの融資，技術協力，グラント，および出資承認額に関するデータベース．

実行が可能となる柔軟な「プログラム融資」の機能を欠いていた．こうした融資方法ができるのはまだ先のことである．しかしADBの職員は，プロジェクト融資の方法を工夫することで優先的なニーズに応えることを目指した．

融資承認額のセクター別比率にも変化が生じた．オイルショックが食糧供給に与える影響への懸念に応えて，ADBは農業分野への融資を増やし，融資プログラム全体に占めるその割合は1973年の11％から1974年には24％超にまで上昇した．

世界的に肥料価格が急騰したため，ADBは肥料の国内生産を支援するための融資を拡大した．例えば1975年にはバングラデシュに対して，天然ガスを原料とした肥料を製造するアシュガンジ工場向けに譲許的融資（金利などが優遇された融資）を提供した．

融資合意書（loan agreement）への署名のため，井上はバングラデシュを訪れた．ダッカ訪問中，彼はバングラデシュが自らの総裁就任後，初めての新規加盟国であることに言及し，この新しい国が直面する「驚くほど大きな問題」

について語った．このプロジェクトは，スリランカやパキスタンの他の肥料関連プロジェクトと同様，中東の石油輸出国機構（OPEC）加盟国をはじめとする他の貸し手との協調融資に依拠していた．ADBはまた，食糧などの生活必需品の移動をより円滑化するためのインフラ開発も支援した．鉄道プロジェクトへの最初の融資は，1974年，同じくバングラデシュにおいて，ダッカ〜チッタゴン間の路線および国内鉄道網の他の部分の修復のために供与された．

資金不足国は輸入石油の高騰も懸念しており，水力をはじめ石炭や褐炭，天然ガスによる国内資源を利用した発電の増加に向けた措置を講じた．これに対して，ADBは水力発電のほか，1974年のパキスタンのスイ〜カラチ間のガス・パイプラインなどのプロジェクトに融資を行った．

さらに，貸し手を支援するため，ADBは融資の仕組みにもいくつかの変更を加えた（ADB, *Annual Report 1974*, p. 17）．特別基金による譲許的融資の手続きの簡素化に加えて，プロジェクト支援のために内貨分融資（local cost financing）がこれまで以上に供与されるようになった．これは重要な変更であった．それまで，ADBはプロジェクトの外貨費用のみを融資しており，内貨分はすべて借り入れ国が負担しなければならなかった．ADBが内貨分を手当てした最初の融資は，1974年12月に承認されたベトナムのメコンデルタ地域のタン・アン統合農業プロジェクトへの融資であった．第3の変更は，借り入れ国がADBからの融資の一部を，利息支払他の融資の手数料にあてられるようにすることであった．全体として，これらの変更は融資の手続きを簡素化し，プロセスをより柔軟なものにすることを目的としたものであった．

第2次一般増資（GCI II）とアジア開発基金（ADF）の創設

融資プログラムの急速な拡大は，ADBにとって大きな重圧となった．経験豊かな銀行家である井上はADBが速やかに追加的財源の確保に向けて行動しなければならないことを理解していた．選択肢の一つは，資本金を積み増すことであった．ほんの数年前，1971年にGCI Iを行ったばかりであったため，加盟国がすぐに次の増資に合意する見込みは薄かった．しかし，新規の加盟国が引き続き増えていたのに加え，既存の加盟国の一部が1971年の増資への応募をまだ全額済ませていなかった．井上は，こうした点を利用して少額ながら追加の資金を得ることができた．

さらに井上は，第2次一般増資（GCI II）に向けた取り組みを行うこともできた．この増資は，彼の総裁としての任期が終了する直前に合意に達した．1976年10月，加盟国は授権資本の135％の増額を議決した．GCI Iと同様に，提案は加盟国が応募しやすいよう工夫された．払い込みが必要とされる資本金の割合を10％にまで低下させるとともに，払い込みの期限は4年以内とされた．そのためほとんどの国にとって，GCI IIを受け入れるにあたって差し当たり必要となるコストは非常に少ないものであった．GCI Iへの応募が遅れていた米国を除いて，全加盟国が増資に賛成票を投じた．

さらに井上は，ADBの譲許的資金のための財源を増額しようとした．多岐にわたる複数の特別基金の管理は「悪夢」であるという，1972年の年次総会において渡辺が示した見解を引き継いで，井上は単一の基幹となる基金を創設するという提案に賛成した（ボックス5.3）．1972年を通じてのドナー国との協議の結果，最終的にアジア開発基金（ADF）を創設する提案がなされた．詳細のほとんどは，1973年初めにロンドンで開かれた会議において同意された．その後，同年にマニラで開かれた年次総会において提案は承認された．ADFは，1974年6月，基金への最初の拠出額が法的な発効のための基準額に達した時点で，正式に発足した．

オイルショック後，低所得諸国は新設されたADFからの借り入れを強く望み，最初の拠出額は1976年末には使い尽くされてしまうことがすぐに明らかとなった．しかし，この問題は想定内のものであった．ADFが創設されるとすぐに，最初の財源補充（ADF II）に関する協議が開始された．交渉が難航すると，ADBは英国の元外交官ジョン・チャドウィック（John Chadwick）に特別顧問への就任を依頼した．

そうしている間にも，ADFの資金は急速に減少していた．1976年4月にジャカルタで開かれた年次総会において，井上は譲許的融資の「苦渋に満ちた減速」について言及した．「今後使用可能な特別基金財源は2,300万ドルにまで減少しており，財源不足のためにいくつかのプロジェクトの検討を延期せざるをえなくなっています．実に憂慮すべき事態です」ADBは当初，10億ドルの財源補充を提案した．これは1975年に承認されたおよそ2億5,000万ドルのソフト・ローンの総額を，1978年には4億ドル程度にまでに増やすことができる額であった．

しかしドナー各国は同意せず，増資の額は最終的に8億3,000万ドルとなっ

ボックス5.3　アジア開発基金（ADF）の創設

マニラ，
1968年12月

農業特別基金と多目的特別基金の創設[a]

農業特別基金（ASF）は1968年，日本からの資金拠出（72億円，2,000万ドル相当）を受けて，農業開発分野での特別プロジェクトに資金を提供する目的で創設された．カナダとの間でも，多目的特別基金（MPSF）への資金拠出（2,500万ドル相当）に関して同様の協定が結ばれた．これら基金への資金拠出は任意であり，その資金により融資されたプロジェクトの調達は拠出国からと限定されることが多かった．

ワシントンDC，
1972年9月

先進加盟国による特別基金の見直しを目的とした会合

ADB特別基金の再編の提案を話し合う会合が開かれた．草案では，ADBの業務手続きを規定する統一的な規則に従って運営される，後にアジア開発基金（ADF）と呼ばれることになる統合された特別基金の創設が構想されていた．ADFは多国間協定にもとづく，紐付きではない財源とし，定期的に増資されることとされた．

1972年11月

ADB特別基金使節代表にジョン・チャドウィックを任命

ADBは，統合された特別基金のための資金調達の促進を図るため，井上四郎総裁の特別顧問として，ジョン・チャドウィックを任命した．11月30日から，チャドウィックは先進国17カ国を訪問し，ADFへの支援を求めた．

ロンドン，
1973年3月15日

特別基金に関する会合

ドナーとなる意向を示したすべての国が出席する初の会合がロンドンで開かれた．主な協議事項は，見込まれる資金調達額，個々の拠出額，および基金に関する規則であった．統合された特別基金を創設するという提案は原則として受け入れられた．

マニラ，
1973年4月28日

ADF創設決議の採択

ADBの第6回年次総会の最終日に，総務会はADF創設を承認する決議第62号を採択した．

1973年5月22日	**農業特別基金（ASF）の廃止** 少額ながら未払いであったデンマークの当初の拠出分からの融資の返済があったことで，ASFの正式な廃止への道が開かれた．これに先立ち，日本とオランダはASFに拠出した資金をMPSFに移していた．
ボン， 1973年10月	**ADF創設に関する最終会合** ADF Iに関する協定が14の先進加盟国により受諾された．合意された額（5億2,500万ドル）は，1975年6月30日までに3億5,000万ドル，1976年3月末までに1億7,500万ドルの2段階に分けて払い込まれることとされた．域内のドナーが全体の約40%を拠出することとなり，うち80%以上は日本から提供された．
1974年6月28日	**ADFが正式に創設される** 当初の募金にかかる拠出額が2億6,000万ドルに達し，基金の法的な発効条件が満たされた．
マニラ， 1975年4月26日	**ADBの財源を見直し，留保財源をADFに移す決議の採択** 第8回年次総会の最終日，総務会はADBの必要財源の検証（ADFへの早期の財源補充の必要性を含む）を承認する決議第84号，および留保財源全額のMPSFからADFへの移転手続きに関する決議第85号を採択した．
ワシントンDC， 1975年8月30日	**増資減額の要請** ドナーとなる予定の国々に対し，8億3,000万ドルの財源補充（当初の提案額である10億ドルから減額）に関する修正案の検討が要請される．
ブリュッセル， 1975年9月	**最初のADF財源補充（ADF II）に関する最終会合** 理事会決議の草案が作成され，協議された．減額に伴い，米国の拠出割合は29%から22%に減少し，カナダの拠出割合は大きく増加した．オーストラリアとスウェーデンが新たにドナーとなった．
1976年6月	**ADF IIの発効** 18カ月にわたる交渉を経て，増資が発効した．

ADF＝アジア開発基金.
a　1968年から1972年末までの間に，ADBは他の先進加盟国9カ国からASFとMPSFに対して総額1億9,800万ドルの拠出を受けた．ASFは1973年初めに段階的に縮小され，その財源はMPSFに統合された．最終的に，ほぼすべてのMPSFの財源がADFに移転された.
出所：ADB（2016b）から抜粋.

た．ADF IIは1976年半ばに発効した．ADF II以降，ドナー国によるADFの定期的な財源補充が譲許的なソフト・ローンの主要な財源となっていく.

資本市場からの資金調達，協調融資，オイルマネーの還流

井上が頼みとした3つ目の主要財源が，起債などによる国際資本市場でのさらなる資金調達であった．1975年，ADBは借り入れを大きく拡大した．1974年までの6年間で，ADBは総額2億9,100万ドル超を借り入れていたが，借り入れ額は1975年には3億1,000万ドル超，1976年にはおよそ5億3,000万ドルに達した．1976年末までに，ADBは12カ国において，11の通貨で総額約11億ドルの債券を発行した．そのほとんどは，インフラ投資といくつかの危機対応関連の業務のためのものであった.

新たに重要な財源と見込まれたのが，中東に蓄積されつつあったオイルマネーであった．オイルショック後，主要産油国（主にOPEC加盟国）は多額の余剰資金を得た．1974年の年次総会において，井上はこうした資金の一部をアジアの資本不足国に還流させる機会に言及した.

しかし，国際金融機関の中で，ADBは資本輸出国であるOPEC加盟国が参加していない唯一の機関であったため，OPEC加盟諸国との関係の構築には時間を要した．1974年，ADBは中東諸国における初の起債として，クウェートにおいて約1,700万ドル相当の起債に成功した．ADBの初代財務局長，ウォルフ・プロイス（Wolf Preuss）は，OPEC諸国の資本市場への参入は，非常に時間のかかるプロセスであったと回想している．1975年，ADBはサウジアラビアで5,000万サウジアラビア・リヤル（1,460万ドル相当）を起債した．さらに，サウジアラビア通貨庁などの機関やクウェートの投資家との間で私募債を発行することができた．困難な状況にもかかわらず，ADBは中東の資本市場において借り入れを拡大することに成功したのである.

オイルマネーを引きつけるもう一つの手段として，ADBは自らのプロジェ

クトに対する協調融資の機会を探った．1970年代半ばまでに，ADB自体の財源および借り入れからの資金の流れが，産油国をはじめとする多国間および二国間での協調融資によって補完されるようになった．1970年には，ADB初の協調融資が合意に達したが．これはインドネシアの肥料工場を対象としたもので，日本，米国および世界銀行の国際開発協会（IDA）が資金を提供した．続いてバングラデシュ，パキスタン，スリランカでの肥料関連プロジェクトの支援にも協調融資が活用された．

中東の機関との連携を構築するプログラムの一環として，ADBは1973年に新しく設立されたイスラム開発銀行（IsDB）へ技術的な支援を提供した．ADBはIsDBによる融資業務（サウジ開発基金を含む）の円滑な遂行を支援するとともに，ADBとIsDBが共に融資を行う国々でのプロジェクトへの協調融資をはじめとする機関相互の協力について協議した．井上は1975年7月にリヤドで開かれたIsDB総務会の創立会議に出席し，「拡大しつつある開発金融機関のファミリーへの新たな銀行の参加を歓迎」することを伝えた．

第1期の融資実績

ADBの第1期の10年に，23カ国に対して総額30億ドルを超える融資が承認された．融資の承認総額は，1966年当初の応募済資本額10億ドルの3倍に達した．このうち，4分の1以上が最も貧しい途上国への譲許的融資（優遇された条件の融資）であり，これは大きな成果であった．

この最初の10年間のADBの融資の内訳は，エネルギー部門23%，交通・情報通信技術（ICT）20%，農業部門19%，金融部門18%であった．残りの融資額の大半は工業（10%）および水・衛生分野（9%）への融資であった（図5.2）．このうち，ADFによる融資は農業分野に34%と集中しており，次いでエネルギーが19%，工業が15%，交通・ICTが14%をそれぞれ占めた．それ以外は，金融（10%），水（7%），教育（1%）の各分野への融資であった．

融資の半分以上は東南アジア向け（52%），残りは東アジア（21%），中央・西アジア（15%），南アジア（11%），太平洋諸国（2%）を対象としたものであった（図5.3）．融資受け入れ国の上位5カ国は，韓国（16%）フィリピン（14%），パキスタン（13%），インドネシア（11%），タイ（9%）であった．

この10年間に，技術協力は2,540万ドルに達した．技術協力プロジェクトは

図5.2　融資承認額（セクター別），1968-1976年

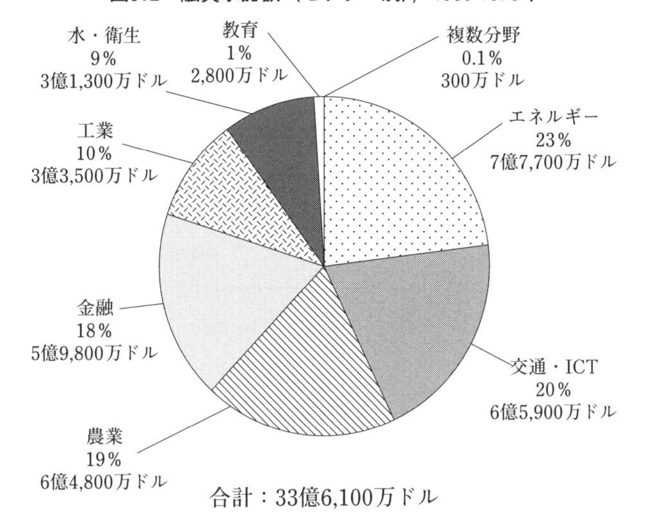

ICT＝情報通信技術.
注：融資承認額には，グラント，出資，および債務保証が含まれる.
出所：ADBの融資，技術協力，グラント，および出資承認額に関するデータベース.

融資の拡大に貢献し，しばしば融資プロジェクトの準備および借り入れ国の組織の育成や技術の習得に利用された．また，地域技術協力は大規模な地域調査への資金手当てのためにも使われた．技術協力の半分近くが農業にあてられる一方，6分の1超の額が交通およびICTへの支援にあてられた．残りの額は，それぞれ金融（12％），エネルギー（9％），水・衛生（5％），公共政策（4％），工業（4％），教育（1％）にあてられた．受け入れ国の上位5カ国は，インドネシア（18％），バングラデシュ（12％），アフガニスタン（10％），ネパール（9％），フィリピン（9％）であった．

ADBの創設メンバーの数は31であったが，最初の10年間中にスイス（1967年），香港（Hong Kong, China）（1969年），フィジー，フランス（1970年），パプアニューギニア（1971年），トンガ（1972年），バングラデシュ，ミャンマー，ソロモン諸島（1973年），キリバス（1974年），クック諸島（1976年）の11の国・地域が新たにADBに加盟した．

1976年には，ADBの加盟国・地域の数は42（域内29，域外13）にまで拡大していた．内部管理費の予算は，1967年の304万ドルから1976年には1,970万ドルにまで増大した（付属資料の表A2.8）．きわめて有能な職員を採用する取り組

図5.3　融資承認額（地域別），1968-1976年

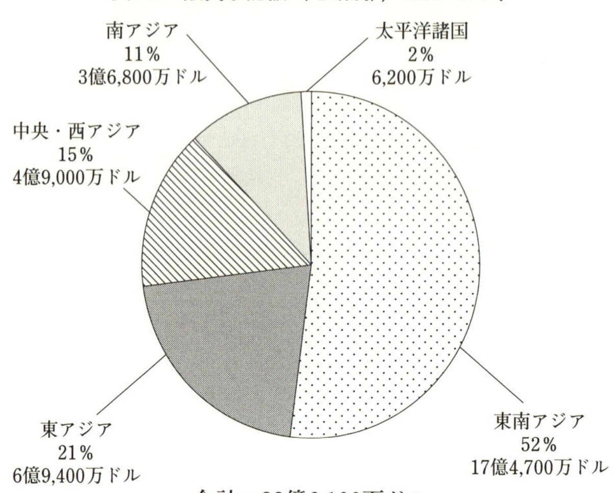

注：地域区分はADBの現在の国分類に基づく．融資承認額には，グラント，出資，および債務保証が含まれる．
出所：ADBの融資，技術協力，グラント，および出資承認額に関するデータベース．

みも続けられた．最初の10年が過ぎる頃には，職員数は760名（33加盟国からの国際職員・経営陣290名と補助職員470名）を数えるまでになっていた（表5.1）．

10周年

1976年，ADBは創立10年を迎えようとしていた．1976年４月にジャカルタで開かれた年次総会において，井上は11月の任期終了後の再任を希望しないことを宣言した．ほどなくして，第３代総裁が登場することになる．最初の２人の総裁，渡辺武と井上四郎は，開発銀行および地域開発機関としての確固とした基礎を確立した．今やADBは，多くの技術協力プロジェクトとともに強固な融資プログラムを有し，地域協力も支援していた．

元世界銀行総裁のユージン・ブラック（Eugene Black）はかつて，「（前略）ADBの真の個性が現れるには，５年から７年の月日を要するだろう」と予言していた[14]．渡辺もまた，ADBは当初，その方向性を定めるのにある程度の

14）　1970年の年次総会での渡辺のスピーチの中で引用されたもの．ADB（1970）．

表5.1　融資，組織，および財務に関する主要情報，1966-1976年

	1966-1967年（第1期の10年の始まり）	1976年（第1期の10年の終わり）	1967-1976年（第1期の10年の合計）
A．融資に関する主要指標（100万ドル）			
融資承認総額[a]	—	776	3,361
財源別			
通常資本財源	—	540	2,466
アジア開発基金	—	236	895
業務別			
ソブリン	—	776	3,361
ノンソブリン	—	—	—
技術協力承認額[b]	0.2（1967）	3	25
技術協力プロジェクト	0.1（1967）	2	21
地域援助	0.2（1967）	1	4
融資残高の内訳	—	1,079	
通常資本財源	—	881	
アジア開発基金	—	198	
融資およびグラントの実行総額	—	327	1,159
通常資本財源			
アジア開発基金	—	263	948
公的協調融資[c]	—	63	211
民間協調融資	—	—	29
B．組織に関する主要指標			
職員に関する情報（年末時点）			
職員総数	40（1966）	760	
国際職員[d]	13（1966）	290	
女性職員	14（1966）	308	
女性国際職員	1（1966）	5	
現地事務所の職員	—	—	
加盟国・地域数	31（1966）	42	
現地事務所数	—	—	
内部管理費予算額（100万ドル）	3（1967）	20	102
C．財務に関する主要指標（100万ドル）			
授権資本[e]	1,000（1966）	3,707	
応募済資本[e]	1,000（1966）	3,688	
払込済資本	500（1966）	1,183	
請求払資本	500（1966）	2,506	
借り入れ額（100万ドル）	—	529	1,133

—＝ゼロ，SDR＝特別引出権.

a　数字には解約された融資（理事会によって承認されたものの，契約の発効前に解約された融資）を除く融資，グラント，出資，および債務保証が含まれる．通常資本財源からの最初の融資は1968年に承認された．譲許的融資業務は1969年に開始された.

b　技術協力には，技術協力特別基金から資金拠出を行ったグラントのみが含まれる．最初の技術協力プロジェクトは1967年に承認された.

c　信託基金ならびに融資，グラント，および技術協力への協調融資を含む.

d　国際職員のデータは経営陣を含む.

e　ADBの当初の授権資本は，1966年１月31日時点の量目および純分を有する（金兌換紙幣である）米ドル建てで10億ドルであった．1966年11月，総務会は授権資本の１億ドル増額を承認した．1967年12月31日時点で応募済資本は９億7,000万ドル，うち４億8,500万ドルは払込済みで残りは請求払い分であった．1976年の数値は1976年12月31日の米ドルとSDRの為替レートに基づく米ドル換算値.

出所：ADB, *Annual Reports*；ADB予算・人事・経営システム局；ADB会計局；ADB戦略・政策局；ADBの融資，技術協力，および出資承認額に関するデータベース；ADBの協調融資に関するデータベース.

時間を要したと述べている．「支援するプロジェクトが多種多様にわたるため，ADB を言葉で表現することはこれまで必ずしも容易ではなかった」と，彼は第３回年次総会で語った．

渡辺は ADB を，健全な銀行としての規律と慎重さを保ちつつも，地域の問題に習熟し，迅速に対応できるアジアの「ファミリー・ドクター」として構想していた．最初の10年が終わる頃には，この銀行の輪郭はより明確となっていた．1972年に井上が銀行の経営を引き継いだとき，彼は「世界が注目し，金融業界が信頼を寄せ，アジアの途上国と人々が頼みとする機関として確立」した銀行を引き継いだのであった．1972年の年次総会において，井上は ADB には「発展への新たな道筋を見出し，前例を乗り越え，アジアの問題に対するアジア独自の対処法を確立しようとする意志がある」と述べ，ADB の明確なアジア的特性を強調した．

続く２人の総裁，吉田太郎一と藤岡眞佐夫は，この前任者の残した伝統をさらに推し進めていくことになる．ADB の第２期の10年には，さらに大幅な変化を迫る困難が待ち受けていた．同時に，ADB は世界最大の国，中国をはじめとする新しいメンバーを迎えることになるのである．

第２期（1977-1986年）

第６章　アジア：地域の変革

「1979年に起こった経済的な出来事は，開発途上加盟国が1980年代に直面するであろうさまざまな課題の予兆であった．（中略）最も警戒すべきは，世界のエネルギー事情がもたらす課題だ．（中略）途上国にとって第２の課題は，農業生産の持続的拡大を確かなものとすることである．（中略）1980年代における第３の課題は，生産的な雇用の創出である（後略）．」

――吉田太郎一，ADB年次総会における演説，1980年

アジア開発銀行（ADB）にとっての第２期の10年には，世界経済全体，そしてアジア域内において大きな経済的変化が起こった．世界的には，普通にはありえない経済成長の停滞と高インフレとの併存，すなわちスタグフレーションがもたらす前例のない課題にどう対処するか，先進国の政策決定者たちの間に大きな意見の隔たりが生まれた．世界の金融政策は，1979年末の米国による新たな措置の発表後に急激に引き締めに向かい，金利の急激な上昇と為替レートの再調整による大きな混乱につながった．そしてこうした変化によって，ラテンアメリカは1980年代のほとんどの期間にわたって債務危機に陥り，ラテンアメリカの「失われた10年」につながっていった．

国際的にはこのようなことが起こった一方で，アジアでも重要な変化が起こりつつあった．ラテンアメリカとは対照的に，アジアは力強く前進していた．新興工業経済地域（NIEs）は引き続き堅調な成長を見せていたが，1978年以後，市場志向の新しい政策の導入により，中国で劇的な改革が効果をあげ始めた．ただし，この改革の広範な影響が明らかになるのは，後年，すなわちADBにとっての第３期の10年から2000年以降のことである．東南アジアと南アジアでも，発展への期待が引き続き高まり続けた．

スタグフレーションがもたらしたもの

1973年末に発生した第一次オイルショックによって各国経済や国際市場は混乱に陥り，数年の間，世界経済は厳しい時期を経験したが，徐々に国際環境は改善し始めた．ADB にとっての第2期の10年が始まった1977年頃までには，変動の激しい時期は過ぎ去ったかに見えた．

しかしそうした安定は，長くは続かなかった．1979年，世界の市場はイラン革命をはじめとする中東情勢が引き金となった第二次オイルショックを経験することとなった．原油価格は，1978年の1バレル当たり13ドルから1979年末には30ドル超にまで急騰した．インドネシアやマレーシアといったアジアの石油輸出国は思いがけない利益を得たものの，石油を輸入に頼るアジアの途上国は深刻な影響を被った．次章で見るように，ADB は新たなプログラムや融資の多様化により，こうした状況の変化に速やかに対応する必要に迫られた．

1980年代初めこの第二次オイルショックによって先進国は深刻な不況に見舞われ，各国はスタグフレーションに対抗する政策を追求することとなった．一次産品に対する需要も世界的に大きく落ち込み，多くの資源輸出国では交易条件が悪化した．久しく低下することがなかった世界の貿易量が1981年に減少し，アジアの途上国の政府はその対応に苦慮し，政策の頻繁な変更が必要となった．不透明な状況は ADB にも問題をもたらした．多くの借り入れ国が，危機に対応するための融資を要請したが，ちょうどその頃，不安定な国際情勢のもとで ADB が世界の金融市場で新たな財源を得ることを難しくした．

不況の拡大にもかかわらず，新たに米国連邦準備制度理事会の議長に就任したポール・ボルカー（Paul Volcker）は，景気刺激策よりもインフレ対策を優先した．1979年10月6日，景気が急激に減速し始めるなかで，彼は金融引締政策をとることを発表し，この発表はただちに「ボルカー・ショック」と名づけられた．金融政策の主な手段である FF 金利は，1979年の約11％から1981年には20％超にまで急上昇した．

米国の突然の金融引締政策の影響は，たちまち世界経済全体に波及した．まもなく，金利が世界各地で上昇を始めた．続く数年間にわたって，この米国の金融政策の転換は世界市場の不透明性と併せて，米ドルの急上昇をもたらした．ニューヨークにおいて，先進5カ国（G5）（フランス，西ドイツ，日本，英国，米国）の財務相および中央銀行総裁によりドル安誘導に合意するプラザ合意が結ばれたのは1985年9月22日のことであった．このプラザ合意後には，米ドルの価値は急速に下落し，その後，（カナダとイタリアを加えた）G7諸国の財務相と中央銀行総裁が1987年2月にパリで再び会合を行い，ルーブル合意を結んで米ドルの価値の安定を目的とした協調政策を取り決めた．

高金利は国際的な債務危機にもつながった．1982年のメキシコの債務不履行後，この危機は特にラテンアメリカに大きな影響を及ぼした．アフリカ諸国もまた，一連の債務危機に陥った．ただしアフリカの場合，負債の多くは民間銀行に対するものではなく，二国間や国際機関からの公的債務であった．アジアの途上国も対外債務の返済が難しくなったが，債務管理がうまくいったので，成長が阻害されることはなかった（James, Naya, and Meier 1987）．

ベーシック・ヒューマン・ニーズと構造調整

この期間を通じて，開発に関する考え方にも変化が生じた．急速な経済成長が「トリクルダウン（均霑）」効果によって貧しい人々にも恩恵をもたらすかどうかについて，国際社会では意見の対立が深まっていった．例えば1976年，国際労働機関（ILO）の世界雇用会議は「ベーシック・ヒューマン・ニーズ（BHN）」を満たすことの重要性を訴えた．また，画期的な出来事となったのが，1980年に発表された世界の不平等と貧困に関するブラント委員会報告であった．この報告書は飢餓と食料，人口，環境，工業化，貿易，エネルギー，国際通貨制度などの世界的問題のほか，途上国が自らの力で何をなしうるのか，さらには海外援助を含むさらなる開発資金の必要性についても検討していた．

ブラント委員会が報告書を発表したのとちょうど同じ頃，世界的な開発アジェンダにはラテンアメリカの債務危機や構造調整への圧力という新しい課題が加わろうとしていた．1980年代の開発政策は，債務のリスクと借り入れをより注意深く監視する必要性を重視するものとなった．関心の対象は，再分配とベーシック・ニーズから，全体的な成長と開発をいかにして達成するかという伝統的な問いへと回帰した．米国のロナルド・レーガン（Ronald Reagan）大統領と英国のマーガレット・サッチャー（Margaret Thatcher）首相は，サプライサイドの経済改革を訴えた．

1980年代半ばには，途上国が市場志向的となり，「構造調整」を実行して国際情勢の変化にすばやく対応できるようにすべきだとの考えが世界的な通念となっていた．各国は輸出志向の工業化も重視し，1960年代から1970年代にかけての輸入代替工業化政策は放棄されていった．

このような開発に関する考え方の変化はアジアとADBに影響を及ぼし，ADBも1970年代後半には，社会的問題や平等に関する問題への対応を迫られることになった（第7章）．例えば，1978年のADB年次総会において米国の代表J・フレッド・バーグステン（J. Fred Bergsten）は，ADBが「平等を伴う成長」に焦点を当てた融資プログラムを重視していることに満足していると述べた．

もう一つの影響は，ラテンアメリカの構造調整がアジアの政策協議に影響を与え始めたことであった．世界銀行やADBなどの国際機関は，単にプロジェクトに資金を提供するだけでなく，より積極的に借り入れ国との政策対話に関与するようになった．途上国もまた，特に国際経済全体にわたる急速な変化に対応するために，構造調整プログラムを考え始めていた．

1980年代から1990年代初めにかけて，アジアにおける政策協議に及ぼされた第3の影響は，レーガンとサッチャー両首脳による「市場のマジック」の強調であった．アジアの政策決定者の多くは，市場志向的な政策が多くの場合適切であることには同意しつつも，国家あるいは政府の役割の重要性を認識するという現実的なアプローチを採用した．

雁が虎になる

厳しい国際環境の中にあっても，域内の開発は加速していったが，その速度は国によって異なっていた．最も成長のスピードが速かったのはNIEsの4つの国・地域，すなわち香港（Hong Kong, China），韓国，シンガポール，台湾（Taipei,China）であった．第一次オイルショックの頃までには，日本に続き列をなして飛ぶこれらの「雁」はすでに輸出主導による工業の発展を追求しており，後に4頭のアジアの「虎」として知られるようになる．これらNIEsの政策は，往々にして介入主義的であったものの，全体として見れば市場志向的であった．各政府は相対価格の歪曲を避け，その代わり民間企業に対して内外の市場への適応を促した．さらに，政府はより優れた社会的および物理的インフラ改善のための投資を通じて市場を支えた．

第一次オイルショック後，NIEsの経済成長は鈍化したものの，まもなく回復した．1976年以降，先進諸国が不況から脱するなかでNIEsの輸出の伸びも回復し，1970年代の残りの期間，その輸出の伸びは，総じて年間20％を超えるものであった（Naya 1983, p. 5）．しかしほどなくして，これらNIEsにとって工業化戦略の修正が必要なことが明らかとなった．当初，織物，衣服，履物，玩具といった高度な技術を要しない労働集約的な製品を輸出していたものの，実質賃金の上昇に伴って，世界市場での競争が難しくなってきたのである．さらに，これらの製品に関して先進国はより保護主義的になっていった[1)]．例えば韓国の場合，1979年には先進国向け輸出の50％近くが貿易制限の対象となったが，その割合は4年前と比べてほぼ倍であった（Commonwealth Secretariat 1980, p. 33）．

1980年代初めには，NIEsの政策決定者たちは技術・資本集約的な製品に重点を置くようになった．ADBの研究では「これらの国・地域はすべて，技術集約的な工業や重工業の振興に向けて政策の調整を開始した．熟練労働力が存在したので，（中略）これらの国々はより高度な電器や機械，造船，重工業製品の部品製造などの人的資本集約的な製品の国際競争力をつけることができた」と述べられている（Naya and James 1982）．

NIEsはそれぞれ構造改革を推進した（James, Naya, and Meier 1987, pp. 41-43）．韓国の場合，政府は朴正熙大統領（1963～1979年在任）の強力なリーダーシップのもと，まず1960年代には軽工業を，1970年代になると重工業を奨励した．米国との特恵貿易協定や安全保障体制に加え，1965年の日韓国交正常化条約締結後には日本からも財政援助（3億ドルのグラントおよび2億ドルの譲許的融資）と技術移転が行われたことも追い風となった．さらに，旧西ドイツは政策の助言，財政的援助，そして技術の提供を通じて，1960年代から1970年代にかけての韓国の急成長を支えるうえで重要な役割を果たした．1980年代初頭以降は，自動車と電子機器が政策の重点となる．

シンガポールと台湾（Taipei,China）は別のアプローチをとった．すなわち，重工業製品に加えて，ラジオやカラーテレビといった国際的な規格品として世界に広まった商品輸出を奨励したのである．1979年から1981年にかけて，リ

1）　こうした「新保護主義」は主として数量規制の形をとったが，相殺的措置やダンピング防止措置，不振産業への補助など，さまざまな方策も含まれていた．Commonwealth Secretariat（1980, p. 33）．

ー・クアンユー（Lee Kuan Yew）首相のリーダーシップのもと，シンガポールは，未熟練労働主体のものから熟練技能が必要とされる部門へと転換することを目指し，法定賃金をおよそ80%引き上げた．当初，教育水準の低い労働者にとっては転換が困難だったため，この施策は部分的にしか成功しなかった．にもかかわらず，政府は1980年代半ばまで高賃金政策を継続して採用し，産業の資本集約的な部門への移行を奨励した．しかし，シンガポールはNIEsの中でも競争力に劣ることがわかると，政府は再び方針を転換し，労働および関連費用を国際市場の水準に合わせた．

他のNIEsと異なり，香港（Hong Kong, China）は製造業の高度化に向かうことはせず，競争力の高いサービス業の発展を目指した．1982年の世界的な不況により，輸出と成長が大きく落ち込んだものの，香港（Hong Kong, China）は隣の中国における貿易や金融サービスを含むサービス業の自由化の開始を巧みに利用した．香港（Hong Kong, China）の住民は，すぐに中国本土の経済特区への投資を始めた．

ADBにとって第2期の10年が終わる頃には，NIEs全体としての業績に世界の注目が高まっていた．1987年，ADBが行った調査を基にしたアジアの動向に関する大規模な研究「アジアの発展（*Asian Development*）」は，これらの国々の成長率は歴史上ほとんど例のないものである，と指摘した[2]．NIEsの成功には多くの要素が関わっており，健全な経済運営，よく発達した諸制度，起業家能力の高さなどがプラスの影響をもたらした．また，NIEsの4つの国・地域のすべての政府が，市場志向かつ輸出志向の経済改革を支持した．さらに，債務問題を引き起こさないように慎重な借り入れ政策をとって，外資を効果的に利用した．

東南アジア：幸運の振り子

ADBの第2期の10年，東南アジアの途上国の大半はNIEsほどの適応力はなかったにせよ，困難な状況にうまく対応した．この地域の国々のうち，インドネシアとマレーシアは石油輸出国であり，2度にわたるオイルショックで利益を得た．もっとも，1980年代になって世界の原油価格が急落すると，その対

2） James, Naya, and Meier（1987, p. 10）．ADBがこれ以前に行った研究は，Naya and James（1982）に収められている．

応に苦慮することになった．

1970年代半ば，東南アジアの最大の国であるインドネシアは，依然として農業に高い優先順位を置いており，製造業に大きな関心を向け始めるのはそれより後になってからであった．1973年の第一次オイルショックの後，インドネシアは一次産品の輸出から予想外の大きな利益を得ることになり，政府による農村インフラ（灌漑や地方道路），医療，教育等の開発関連支出が急増した．しかし，国際収支の圧力によって，1978年にはルピアは切り下げられた．1979年に不意に起こった第二次オイルショックによって状況は再び一変し，歳入が大幅に拡大した．1980年代には，数百万人もの人々をジャワ島からスラウェシとカリマンタンといった人口過疎の島々へ移住させるという大胆な政策をはじめ，開発関連事業を拡大した．時を同じくして，先進国では1980年代初めに成長が急速に鈍化し，世界の原油価格が下降し始めたため，インドネシアの国際収支に新たな重圧が生じた．インドネシアの政策決定者たちは，頻繁な経済政策の調整によってこれに対処し，1980年代には構造調整の促進を目的とした政策パッケージを導入した．インドネシアは，1983年と1986年にも通貨の切り下げを行った．

同様の運命の揺れに遭遇した石油輸出国マレーシアは，マハティール・モハマド（Mahathir Mohamad）首相のリーダーシップのもと，経済的な困難をうまく乗り切った．第二次石油ブーム以降，政府は1980年代初めに積極的な財政政策を採用し，国際市場から多額の借り入れを行った．しかし，国際的な金利の上昇と米ドル高として顕れるボルカー・ショックの波及効果から，経済運営は複雑化した．マレーシアの産業政策はインドネシアに比べより大きな成果を収めた．輸出加工区を複数設置し，この加工区内では，特に日本企業をはじめとする多国籍企業が，織物や電子機器などの製品を生産した．その後，1990年代には，マレーシアの製造業部門は東アジアとの強固なつながりを持つ，急速に拡大するバリューチェーンの一部となる．

石油輸入国であるタイは，オイルショックによる原油価格高騰の影響を被った．政策決定者たちは，活力ある国内の民間部門と市場志向的かつ輸出志向の外国投資導入政策を柱としながら，現実的な対応を行った．政治情勢が総じて安定しており，そのことが実業界と金融界に自信をもたらした．その結果，1970年代から1980年代初頭にかけては，年率およそ７％の成長を遂げた．ただ1980年代初めの世界的な不況下において経済成長は一時期鈍化した．1980年後半以降は多額の外国投資の流入に支えられて，自動車や自動車部品製造などの産業部門の主導により，タイ経済の急速な構造転換が進展した．

同じく石油輸入国のフィリピンも，原油価格が高騰した時期には景気にマイナスの影響を受け，タイと比較した場合には，その経済状況は芳しいものではなかった．タイとの大きな相違点は経済政策にあった．1960年代後半以降，フィリピンは内向きの輸入代替政策を採用していた．1980年代初めまでには，すでに製造業の保護政策が経済の足かせとして重くのしかかり，国際競争力も阻害されるようになっていた．1980年代においては，経済発展が政治的動乱と政権の交代によっても阻害された．経済は1984年におよそ７％縮小し，さらに1985年にも約７％縮小した．1986年に独裁政権から新たな民主的政権へと移行し，改革への期待が広がったものの，政情不安，電力不足，自然災害（1991年のピナツボ火山の大噴火など）によって，1986年から10年近くにわたって発展が阻害されることとなった．

東南アジア諸国連合（ASEAN）の中でも，ASEAN-4と呼ばれる４カ国（インドネシア，マレーシア，フィリピン，タイ）における高成長と産業転換の重要な要素の一つとなったのが，海外，特に日本からの投資の拡大であった．日本からの外国投資の流入を促したのは，プラザ合意後の米ドルに対する急激な円高[3)]，日本国内の賃金の上昇[4)]，そしてバブル期から1990年にかけての国内外への投資ブームであった．その結果，ASEAN-4諸国に対する日本の海外直接投資は1980-1984年の53億ドルから1985-1989年には69億ドルに増加し，1990-1994年にはさらに158億ドルに達した（JETRO Trade and Investment Statistics）．ただし，ASEAN-4諸国の中で，フィリピンは当時政情不安を抱えていたため，多額の投資の流入という機会を捉えることができなかった．

メコン河流域の諸国においても，開発促進の取り組みは内紛によって阻害された．例えば，1970年代後半にクメール・ルージュの残虐な支配によって無数の人々の命が奪われたカンボジアでは，1976年における平均寿命が21歳と世界で最も短く，子どもの４人に１人が５歳の誕生日を迎える前に亡くなった．ベトナムの状況は少し明るいものであり，紛争はあったものの，農業と工業の自由化により経済は大きな進歩を遂げた．農業では，政府が土地の私的利用に関して農業従事者により多くの自由を与え，増えた農産品の一部を個人が取得す

3）平均為替レートは，1985年の１ドル当たり約238円から1988年には同128円まで円高が進行した．
4）日本の国民１人当たりのGDPは，1980年代後半にドル換算で米国を上回った．

ることを認めた．その結果，米の生産量が1980年代初めから急速に増え始めた．1986年には，ベトナム政府がさらなる市場志向改革である「ドイモイ」（刷新）を導入した．この改革により，以降の数十年間にわたって，ベトナムのみならず広くメコン河流域全体の経済的な展望が一変することになった．

南アジア

南アジアの国々は，すべて石油を輸入に頼っており，そのため2度にわたるオイルショックと先進諸国の不況は共に深刻な結果をもたらした．概して農業国であったこれらの国々では，1980年代初めに広範囲にわたって旱ばつに見舞われ，オイルショックの影響がより深刻なものとなった．南アジア諸国は大きなインフォーマルセクター（非公式部門）を抱えており，比較的小さなフォーマルセクター（公式部門）は国有企業が支配していた．また，政府は経済計画と市場規制，そして特定の産業を重要視していた．1970年代の大部分を通じて，全体的な開発実績はしばしば期待を下回るものであり，南アジア諸国では，構造改革の達成が困難であることが明らかとなった．その結果，インド亜大陸と中国，NIEsおよび東南アジア諸国との間の開発格差は拡大していった．

国連は1979年版の『アジア太平洋経済社会調査（*Economics and Social Survey of Asia and Pacific*）』において，南アジアの大部分の足かせとなっている，気の遠くなるほど多岐にわたる問題について以下の通り論じている．「南アジアにおける成長の遅れの要因は国によって異なるが，総じて，(a)低い貯蓄率および投資率，(b)低い投資生産性（一部の国では下落してさえいる），特に公共投資において（中略），(c)繰り返し発生する農業および工業投入財の不足（中略），(d)小規模農家がきわめて多いなか，土地改革その他の制度改革を実施しなかったことにより，これらの農家の緑の革命への参加が限定的であったこと，(e)高い人口増加率の継続，(f)投資に占める外国援助の比率の低下，(g)交易条件の悪化，輸出への障壁の拡大，および(h)以上の長期的な諸問題がエネルギー危機や先進国でのスタグフレーションによりさらに悪化したこと，などが挙げられる」（United Nations 1980, p. 83）．加えて，不適切な政策とガバナンスの欠如なども重要な要因と考えられた．

ADBにとっての第2期の10年の終盤には，変化に向けた意志の高まりを示す兆候が見られた．南アジア諸国の政府の大半が，たびたび市場志向的な改革を発表し，民間企業への差別を減らすとともに公的産業部門の管理を改善した（Naya and James 1982, p. 55）．例えばスリランカは，伝統的な軽工業消費財の生産を奨励した．インドは介入主義の度合いをいくぶん薄め，1980年代には成長が加速したが，開発政策に広範な変化が促進されることになるには，1991年の経済危機を待たねばならなかった．

太平洋諸国

太平洋の島嶼国では，政策決定者たちが国家の立ち上げのための諸課題に取り組んでいた．例えば，この地域最大の国家であるパプアニューギニアは1975年に独立したが，若い国家の指導者たちは，政府の諸制度の強化を優先した．太平洋の多くの国では経済情勢と国際関係は依然としてかつての宗主国とのつながりに強く影響されていた．

そうした太平洋諸国特有の課題が，ADBにとっての第2期の10年に起こった世界経済の変化に対するこれら諸国の対応を複雑なものにした（Tsusaka 1984, pp. 65-81）．南太平洋の島嶼国は特に国際市場の変動の影響を大きく受けた．1980年から1986年の間に，南太平洋の一部の国々は，貿易収支および経常収支の大幅な赤字と高インフレにより，低成長，あるいはマイナス成長に陥ったのだった．

中華人民共和国

ADBの第2期の10年の初めに，アジアにおける歴史上最大の経済的変革の一つが進行していた．特筆すべき改革の時代が中国において幕を開けたのである．そしてこの改革によって，この国は後に世界の主要経済国として台頭することとなる．

1949年の建国以来，国際社会とのつながりが比較的少ないなかで，中国の指導者たちはもっぱら自立主義の精神に基づき，発展のためのさまざまなアプローチを試みていた．しかしこうした戦略や産業政策は，持続的な成長にはつながらなかった．ある専門家は，「1978年に政策転換を始めた時，中国はあまりにも貧しく，農村部ばかりで，重工業を中心とするきわめて非効率的な工業部門を抱える農業国であった」と述べている（Hofman and Wu 2009, p. 16）．

表6.1　中華人民共和国における主な改革の歩み，1978-1986年

年	改革の内容
1978	「4つの近代化」を開始する中国共産党第11期中央委員会第3回全体会議コミュニケ
1979	対外貿易および海外投資に関する改革を伴う「門戸開放」政策の開始 合弁企業法の成立
1979	農業における生産責任制に対する，限定的ながら公的な奨励
1979	中国人民銀行（中央銀行）から3つの専業銀行が分離
1980	最初の4つの経済特区を設置
1980	中央政府と地方政府間の財政上の関係における「分竈喫飯」改革（中央と地方の収支を分け各地方ごとに財政を請け負わせるという多元化財政制に転換すること）
1984	従業員7人以下の企業が公式に認められる
1984	国有企業に対する「利改税」改革（国有企業から政府への利益上納を廃止し，代わって税金を収めること）
1986	国有企業を対象とした企業破産法（試行）の成立

出所：Hofman and Wu（2009）.

1977年には，1966年から1976年まで続いた文化大革命の終結が宣言された．1978年末，中国共産党第11期中央委員会第3回全体会議が一連の改革プログラムを打ち出し，それらは慎重かつ周到に，段階的に実行された（表6.1）．第1段階は，農村における生産責任制（農家が政府へ一定量の生産物を納めたら，それ以上に生産された農作物は，個々の農家が自由に販売できるようにした制度）および自由市場の導入であり，農業従事者が個人の努力に応じて収入を増やせるようになった．人民公社の役割は大きく縮小した．

この新しいアプローチによって，特に農村地域で旺盛な起業家精神が発揮されるようになった．その後の改革は経済の国際化を志向したものであったが，一連の市場志向改革の第1段階ではまず国内市場が自由化された．それらの改革の効果が現れ始めると，農村部の経済活動のペースは勢いを増していった（Du 2006, p. 7）．農村の労働者の収入源は，その多くが私有である「郷鎮企業」をはじめとする非農業活動に従事することで多角化された（Huang 2010）．その結果，農村の収入と生産活動は急速に増加した．

新戦略のもう一つの重要な要素が，経済特区の設置であった．1980年，政府は4つの沿海都市に経済特区を設置し，1984年にはこうした特区における門戸開放政策が14の沿海都市に拡大された．1985年，長江デルタ，珠江デルタ，および閩南デルタに経済特区が設けられた（Hofman and Wu 2009, p. 27）．金融セクターの自由化は，より漸進的に進行した．改革当初は，中央銀行である人民銀行のみが外貨業務を行うことができたが，1986年にはすべての国内銀行でそれが可能となり，外国為替業務は競争的になった．

こうした主要な改革政策と経済の開放に加えて，先進国からの外国直接投資がその後の40年間の力強い成長にきわめて重要な役割を果たした．世界銀行，続いてADBからの援助は開発金融の重要な財源となり，経済協力開発機構（OECD）加盟国からの二国間援助も成長に貢献した．特に，1978年の日中平和友好条約締結後，1979年から2016年の間に，日本は3.3兆円に上る譲許的融資（円借款）をはじめ，1,570億円のグラント，1,820億円の技術協力を提供した（Government of Japan, Ministry of Foreign Affairs 2016）．

数年のうちに，新たな戦略の効果は経済成長として表れた．国民生産の拡大は，1966-1978年の約5％から1979-1988年には10％近くにまで加速した．一時の間，こうした変化は中国国外では大きな関心を集めなかった．国際社会は，アジアで1匹の竜が目覚めたことになかなか気づかなかったのである．しかし，新たな政策はきわめて重要なものであった．その後の数十年において，それら諸政策は中国経済を変革し，アジア域内のみならず広く国際社会に及ぼす中国の経済的影響を劇的に変えることになる．

続く経済成長

ADBにとっての第2期の10年の間に，アジア全体における発展パターンについて3つの大きな変化が現れた．一つは，アジアの各地域の成長スピードの差が拡大してきたことである．NIEsの4つの国・地域は，より資源に恵まれた東南アジア諸国よりも速く変化に対応するための戦略をとった．この初期にはまだ内向き志向であった中国も，1978年に改革施策を採用し，ほどなく急速な発展が促進されるようになった．しかしその一方で，南アジアと太平洋諸国では発展の見通しは好転しなかった．

2つ目の特徴は，成功を収めた国々の改革が総じて市場志向的かつ輸出志向的であったことである．さらに，域内の各国は域内貿易を拡大し，互いに学び合うようになっていた．例えばNIEsは，米国市場のみならず日本や欧州においても，低価格製品において日本にとって代わりつつあった．同時に，先進国からの資本財および中間財の輸入を大幅に増やしていた．特に東アジアと東南アジア諸国において，サプライチェーンのネットワークができ始めた．インドネシアやマレーシアといった資源に恵まれた国々にとってもチャンスは拡大し，余剰労働を抱える国々には製造業部門を発展させる展望が開かれていった．

この時期におけるアジアの発展に関する第 3 の，そして最も重要な特徴は，国際的に困難な環境にもかかわらず，域内の改革が速いペースで進んだことである．先進国における経済的課題やラテンアメリカの債務危機に深い懸念を抱いていた国際開発コミュニティは，依然として，アジアで起こっている劇的な変化にはっきりと気づいてはいなかった．その一方で，NIEs，東南アジア，そしてとりわけ中国において，持続的な変化の輪郭が明らかになっていった．アジア全体が自信をつけつつあり，ADB にとって第 3 期の10年，1990年代に向かう中でその自信はさらに深まっていくことになる．

第2期（1977-1986年）

第7章　ADB：より幅広いニーズに対応する開発銀行へ

「私が1981年末に着任したとき，アジア開発銀行（ADB）は創立後15年を経ていた.（中略）だがどの組織でもそうであるように，15年の急成長の蔭に若干の疲れ，歪みが生じるのは不可避である．ADB もオーバーホールを必要とする時期にきていた.」

――藤岡眞佐夫，『アジア開銀総裁日記』1986年

1977年に始まる第2期の10年は，アジア開発銀行（ADB）の業務が拡大を始めた時代であった．第3代総裁の吉田太郎一は ADB の役割を拡大する方策を導入した．その後，第4代総裁の藤岡眞佐夫はこうした考えを歓迎し，1980年代を通じて ADB が開発に関してより積極的な役割を担うことを強く推し進めた．

吉田太郎一は，総裁を務めた5年の間に2つの大きな課題に直面した．まず1977年には，ADB のアジェンダを当初のインフラプロジェクト中心の考え方から，より幅広く社会的目標に目を向けたものにしようとの計画があった．続いて1979年から1980年にかけて，ADB は第二次オイルショックを起因とする構造調整圧力への対応を迫られた．

吉田の後は第4代総裁の藤岡眞佐夫によって引き継がれ，藤岡は1981年11月に着任した．藤岡は ADB をよく知る人物であった．10年以上前の1966年に，彼は初代の総務局長を務めていた．藤岡には，ADB の進むべき方向について確固とした考えがあった．彼の業績は数多いが，主なものの一つとして，インドと中華人民共和国（以下，中国）が共に借り入れ加盟国となるようしたことが挙げられる．

吉田太郎一

1976年4月にジャカルタで開かれたADB年次総会において，井上四郎は，その年の終わりに5年の任期が終了した後は再任を希望しないことを表明した．しかし彼はこの総会という機会を捉え，将来の方向性の概略を示した．井上は，食糧や肥料，燃料といった主要製品の生産に対する支援を継続すると述べるとともに，ADBの新たな方向性についても語った．保健や家族計画など，社会問題へもっと目を向ける必要性について語り，彼の総裁在任中，教育部門への支援などを通じた人的資本の育成におけるADBの役割は，「私にとって期待はずれなもの」だったとも述べた．こう語るなかで，井上は次の総裁がすぐに取り上げることになる課題の概要を示した．

1976年にADB総裁への就任を打診された際，吉田太郎一は大蔵省財務官を退官した直後であった．当初はためらったが，彼は最終的に就任を承諾した．吉田にとって課題の一つは，彼自身がそれまで主として日本の国内問題に取り組んできたことであった．1974年に財務官に就任するまで，彼の国際的な経験は，1950年代後半にワシントンDCの国際通貨基金（IMF）に派遣されたことのみであった．そのため開発の問題の多くは彼にとって目新しいものであったが，彼はすぐにアジアの開発についてのADBの業務について理解を深めていった．

1976年，ADB創設記念日の11月24日に吉田が総裁に就任したとき，ADBは変化への圧力にさらされていた．圧力の一部はアジア自身の諸課題にから来るものであった．もう一つの圧力は国際社会からもたらされた．1970年代半ば，国際社会では，経済成長にとどまらず，より広義の解釈にもとづいて開発にアプローチすべきという考え方が話し合われていた．

総裁としての最初の1年に，吉田はしばしばアジアの諸課題について語った．彼は特に，食糧供給，輸出，雇用，そして外部資金の必要性という4つの問題を指摘した．食糧生産について，彼はちょうどその頃完了した，ADBの支援による「アジア農業調査（Asian Agricultural Survey）」の成果に言及した．この調査では，1980年代半ばには2,000万トンの食用穀物が不足する恐れがあることが示唆されていた．吉田は，将来の展望に不安を感じており，1977年中に行ったさまざまなスピーチにおいて，この問題の概要を説明した．この年の年次総会で彼は，「このレベルの食糧不足が続けば，地域の経済的・社会的な安定性に必ずや影響を及ぼすでしょう」と述べている[1)]．「緑の革命」が特に灌漑設備のある地域で成功を収めていることを指摘したうえで，彼は乾燥地や高地にある農地の生産性の拡大を支援するためにさらなる調査を行う必要があると訴えた．

さらに吉田は，アジア諸国が輸出を促進する必要があることも指摘した．一部の国は深刻な国際収支上の赤字を抱えており，しばしばその一部を海外からの短期資金の借り入れによって手当てしていた．そのため対外債務の拡大と多額の債務返済に直面していた．こうした国々は不要不急の製品の輸入を減らし，同時に輸出基盤を拡大しなければならなかったのである．

さらに吉田は，増加する農村労働力に対する雇用機会についても懸念を抱いていた．彼は，失業と不完全雇用は資源の浪費であると訴えた．農業と工業とのつながり，そして農村と都市部とのつながりを強化することも重要であるが，最優先課題は農村部門であった．「農業と農村開発を戦略の基礎とすべきだ」と彼は述べた．

こうした問題に対処するには，多額の資金が必要であった．吉田は「アジア地域への援助の流れは，地域のニーズにも，そうした援助を受け入れる技術的な能力にもまったく見合っていません．この地域は世界の途上国人口の57％を占めるにもかかわらず，先進国から途上国に提供される援助資金の4分の1も受け取っていないのです」と国際的な援助の拡大を訴えた．

ADBのアジェンダの多様化

吉田の示した問題は彼の個人的意見ではあったが，アジアのニーズを見極めたうえでの指摘であり，国際社会で当時議論されていた考え方に応えるものでもあった．1977年，彼が総裁として初めて迎えたマニラでの第10回年次総会において，これらの問題が他の多くの問題とともに取り上げられた．この会議は，吉田の総裁の任期中にADBが取り組むアジェンダの多くを明確にしたという意味で重要なものであった．

総会では，ADBが業務を拡大すべきという点で意見が一致した．加盟国は，

1）ADB第10回年次総会（1977年4月21～23日にマニラで開催）における吉田太郎一総裁の演説．ADB（1977a, p. 36）に所収．

ADBが幅広い役割を担うことを望んでいたのである．開会の演説の中で，総務会の議長を務めたマレーシアのトゥンク・ラザレイ・ハムザ（Tengku Razaleigh Hamzah）は，7項目からなる行動プログラムを提案した．彼はADBに，困難ではあるがより大きな成果の得られる社会経済開発の分野のプロジェクトやプログラムにもっと参画するよう求めた．彼は特に，農業および農業関連産業に対する融資を拡大すべきと訴えた．それらの活動にはADBの1976年における融資のわずか26％しかあてられておらず，「不十分だ」というのがその理由であった．

また総会では，より社会開発志向の強いプログラムに対しての幅広い支持があった．ほんの数カ月前，米国ではカーター政権が誕生していた．新政権のもとでの重要な政策の転換を反映し，1977年の年次総会において米国代表アーノルド・ナックマノフ（Arnold Nachmanoff）は，「特に農村部における雇用その他の社会開発へADBがより力を注ぐことによって」低所得階層の人々に対する支援が増加することを希望すると語った．他の代表も同様の発言を行った．

この総会で得られた第2の結論は，プログラム融資（政策改革の実施のための財政支援）の導入，プロジェクトの内貨分への融資の拡大，そして物資やコンサルタントの調達や採用方法の改善によって，ADBは業務を改革する必要があるということであった．さらに，借り入れ国は，後年になってからも同様の指摘を行うこととなるが，ADBの手続きが複雑であるため，融資の実行までに時間がかかり過ぎると指摘した．これらは技術的，事務的な問題であったが，借り入れ国にとっては重要だった．

事実，ADBはすでにその活動がもたらすさまざまな社会的側面への影響について考慮していた．1973年，当時の井上四郎総裁は「中小規模の漁民の収入と住民のタンパク質摂取の双方の改善を目的（後略）」とする漁業向け融資の方法について語り，開発の成果は「直接人々に」届く必要があると述べていた．さらに井上は，1974年の国際会議において，第一次オイルショックにより，途上国に多大な悪影響がもたらされる可能性があると警告した．彼は，原油価格高騰の問題は「肥料や基礎的な食糧の供給不足と価格の騰貴（中略），そして先進国からの輸入製品のコスト増加といった問題を併発する」と指摘した．

総会における第3の主要議題は財源の調達であった．議長のトゥンク・ラザレイ・ハムザは，「ADBは（中略）新規の財源の調達に関して，新たな，はるかに高い目標を掲げなければならない」と述べ，ADBに対してより高い要求水準を示した．これに対して，吉田はドナー国からアジア開発基金（ADF）に対して強力な支持があること，そして第2次一般増資（GCI II）に合意したことを指摘した．彼はまた，石油輸出国機構（OPEC）加盟国，欧州経済共同体，および日本との協調融資により大型プロジェクトを支援する機会を探ることを約束した．

さらに吉田は，ADBが過去においてしばしば見過ごしてきた2つの問題を指摘した．一つは，農業生産の拡大が環境に与える影響であった．彼は，「環境条件の分析は，農業開発に不可欠と捉えなければなりません」と述べ，河川流域管理や森林再生の重要性を強調した．これらをはじめとするさまざまな環境関連の課題は，その後の数十年にわたってADBの重要な優先事項となる．

もう一つは，吉田自身が特に関心を抱いていたものであったが，伝統的な農村の諸制度を近代的な農業技術に適合させる必要性であった．彼は，「長年にわたって徐々に発達してきた慣習的制度は，多くの場合非常に深くしっかりと根付いており」，外来の近代的農業システムは容易には受け入れられず，「結果的に逆効果をもたらす可能性がある」と述べた．こうした問題に関する自身の意見をまとめるなかで，吉田は農業開発を，より広範な農村開発のプロセスの一部として捉える必要性について語った．

続く数年間における吉田のアジェンダは1977年の年次総会で協議したアプローチを実行に移すことであった．しばらくは従来の融資業務が続けられたが，ほどなくして業務についての変更がなされていった．その後，融資業務も見直されることになった．

1978年初め，ADBの首脳に大きな変化があった．初代副総裁C・S・クリシュナ・ムルティ（C. S. Krishna Moorthi）の退任である．彼は1966年に就任し，渡辺武とともに銀行創設のための作業に携わるなど，最初の2人の総裁と緊密に協力した．C・S・クリシュナ・ムルティが出席した最後の上級職員会議の席上，吉田は，彼が「誰よりも長きにわたってADBに尽くした」と述べた[2]．

副総裁としての長期にわたる在任期間の間，クリシュナ・ムルティはいわば伝説ともいうべき存在となっていた．彼は職員に対して厳格な規範を求めていた．吉田は，「彼の事実や数字についての徹底した把握力，本質と細部の両面に対する目配り，そして完璧への飽くなき追求」について語っている．確固と

2）　1987年3月15日の上級職員会議における総裁の発言．

した業務上の指針の提示や理事会提出書類の準備状況の管理について，渡辺も井上も彼に全幅の信頼を寄せていた．クリシュナ・ムルティの退任によって大きな空隙が生まれた．

その空隙は2人の新しい副総裁の任命によって埋められた．吉田の要請を受けてC・S・クリシュナ・ムルティは，後継者の一人として，彼と同じくインドの行政府の要職を経験したA・T・バンバワレ（A. T. Bambawale）の起用を提案した．吉田は直ちにその提案を受け入れた．バンバワレの性格は，クリシュナ・ムルティのそれとはまったく異なっていた．職員は少なからずC・S・クリシュナ・ムルティを怖がっていたが，バンバワレはチャーミングで親しみやすい人物であった．

もう一人の副総裁には，米国商務省の高官であったS・スタンリー・カッツ（S. Stanley Katz）が就任した．彼はワシントンDCの世界銀行とパリの経済協力開発機構（OECD）で働いた経験もあり，国際機関の業務の豊かな経験を有していた．彼は米国の政府および議会の両方の内情に詳しかったため，経営陣により多面的な知見が加わることになった．バンバワレとカッツは多年にわたって在任し，経営陣の継続性を確かなものにした．その後1983年4月に，ADBは西ドイツ出身のギュンター・シュルツ（Günter Schulz）を3人目の副総裁に迎えた．彼もまた長年にわたってその職にとどまり，1990年代まで3人の総裁とともに経営にあたることになった．

新たな融資制度の創設

続く数年の間，ADBの融資は拡大を続け，1978年には初めて10億ドルを超えた．また，融資対象となるセクターの範囲も広がり，1977年以降は林業，都市住宅，職業教育，技術訓練といった分野も含まれるようになった．1978年，ADBは保健プロジェクトへの初の融資として，香港（Hong Kong, China），新界のプリンス・オブ・ウェールズ病院（旧沙田総合病院）への融資を行った（ボックス7.1）．しかしADBは，特にADFからの譲許的融資に依存する低所得国には，引き続き農業部門への融資を優先した．1977年末まで，ADFからの融資の50％近くが農業または農業関連産業に対するものであった．

さらに，ADBは新しいタイプの融資も提供した（ボックス7.2）．業務開始から最初の10年間，ADBはプロジェクト主体の銀行であり，融資は個々のプロ

ボックス7.1　ADBによる保健セクターのプロジェクト

アジア開発銀行（ADB）は長年にわたって保健セクターを支援してきた．初期のプロジェクトでは診療所や病院の建設を支援した．最初のプロジェクトは，1978年の香港（Hong Kong, China）プリンス・オブ・ウェールズ病院に関するものであった．それ以来，ADBの保健セクターのプロジェクトは単一の病院への支援から保健システムの強化，さらには国レベルでのすべての国民への保健サービス提供の実現へと進化してきた．さらにADBは，地域協力への取り組みを通じて保健関連の課題への支援を行ってきた．

バングラデシュでは，ADBはスウェーデン国際開発協力庁（SIDA）その他の開発パートナーとともに，都市プライマリ・ヘルスケア・プロジェクトに1998年以来総額1億9,100万ドルを支援してきた．これは，都市部の公設保健所が提供するプライマリ・ケアの充実を目的としたプロジェクトであり，貧しい人々，女性や子どものニーズに応えることを目的としている．このプロジェクトでは，プライマリ・ヘルス・サービスの提供に官民連携（PPP: public-private partnerships）の手法を採用するとともに，ガバナンスに関するコミュニティの積極的な関与や，太陽光パネルによる再生可能エネルギーを利用した「グリーンクリニック」の試験的運営といった革新的な取り組みを行ってきた．

保健セクターにおけるADBの特筆すべき活動には，感染症と闘うための地域協力プログラムがある．メコン河流域圏において，ADBは，譲許的融資やグラントによる支援を通じて保健システムの機能を強化し，カンボジア，ラオス，ミャンマー，ベトナムの国境地帯におけるHIV/AIDS，マラリアおよびデング熱などの公衆衛生上の脅威に対処することを目指してきた．また，ADBは各政府による感染症発生の監視や報告体制，人材の育成，臨床試験の能力，感染予防および病院管理の強化を支援した．これらの技術協力のための財源は，オーストラリアと英国の政府が拠出し，ADBが管理する信託基金によって補完された．

さらに，ADBは深刻化する高齢化問題への対応も行っている．2016年，ADBは中国の湖北省宜昌市におけるPPP方式採用した高齢者介護サービスプロジェクトを承認した．この支援は，民間の高齢者介護事業者による効果的なサービスの設計，調達，管理および実施に関する自治体の能力を高めるものである．この融資額5,000万ドルの成果連動型融資（プロジェクト費用の発生ではなく成果指標の達成により段階的に貸付が実行される融資方式）は，ADBにとって初の中国でのPPP促進を目的とした融資であった．高齢者介護でのPPPの活用は，他のアジア諸国においても応用可能なモデルを提供するものとなった．

出所：ADB.

ボックス7.2 プロジェクト融資，プログラム融資，マルチプロジェクト融資，およびセクター融資

プロジェクト融資．インフラおよび社会開発セクター双方において，特定のプロジェクトに提供される融資．1970年代初めには，小規模なプロジェクトや既存資産の有効活用を意図した投資よりも，新規の大規模で資本集約的な活動に提供される傾向があった．

プログラム融資．速やかに貸付が実行される融資（quick-disbursing loans）で，当初は借り入れ国が優先順位の高い分野での生産能力を高められるよう支援する目的で設計された．1978年より，重要な投入財，特に農業に関する投入財の輸入に必要な外貨が不足している国々に対して提供された．最初のプログラム融資は，1978年にバングラデシュの低揚程ポンプ整備プログラムに対して提供された．その後，1987年以降は，プログラム融資は主として政策マトリックス（合意された政策変更事項と改革の実施に必要な具体的措置をリスト化したもの）にもとづいた政策改革の実施に対する財政支援を目的として提供されている．プロジェクト融資と比較しても，プログラム融資にはしばしば綿密な実施のモニタリングと広範囲にわたる評価が必要となる．

マルチプロジェクト融資．通常，理事会による審査で個別に検討するには小規模すぎる複数のプロジェクトに対して提供される．この新たな融資方式のもとでは，いくつかの活動が単一の融資合意書のもとにまとめられる．1979年，小さな島嶼国向けに導入された．

セクター融資．特定のセクターまたはサブセクターに必要な資金を提供する．1980年に導入されたこの融資には，プロジェクト融資と比べていくつかの利点があった．より多額の資金を拠出でき，制度の構築や政策支援に活用できるほか，迅速な支払いが可能であった．農業や農村開発，上水道・衛生，教育と保健のほか，多くの少額の投資活動を単一の融資にまとめられるため小規模産業には特に有効であった．1980年に最初の2件のセクター融資が，インドネシアの上水道とタイの高速道路セクターの支援のために承認された．

出所：ADB（1978., 1983b, 1980b）．

ジェクトに対して提供されていた．しかし，一部の国は他の目的，例えば生産能力を有効活用するために欠かせない設備や原料の購入，のための借り入れを望んでいることが明らかとなった．1978年から，ADBはプログラム融資の提供を開始した（ボックス7.3）．しかし，スタッフはプログラム融資を運用した経験がほとんどなかったため，最初のステップは慎重に進められた．プログラム融資はADBの年間融資総額の５％未満で，原則として同一国への年間融資額の10％を超えないことが求められた．

ボックス7.3　最初のプログラム融資

バングラデシュの低揚程ポンプ整備プログラム．最初のプログラム融資は，1978年，バングラデシュの低揚程ポンプ整備プログラムに対して承認された．ダッカ周辺地域の農民は低揚程灌漑ポンプを所有していたが，十分には活用されていなかった．890万ドルのプログラム融資（アジア開発基金から拠出）により，ポンプの修理とメンテナンスに対して支援が提供された．同プログラムによって，農民たちは乾季の間，新たに４万ヘクタールの土地を灌漑できるようになった．続いて行われた初期のプログラム融資も主として農業分野の活動を対象としたものであり，増産に必要な肥料その他の投入財向けに資金が提供された．

出所：ADB（2016b. p. 21）．https://www.adb.org/sites/default/files/publication/216246/adb-seconddecade.pdf（2016年12月20日にアクセス）．

もう一つの革新は，理事会で個別に検討するには小規模すぎる一連のプロジェクトに資金提供を行う「マルチプロジェクト」融資であった．マルチプロジェクト融資は，南太平洋諸国のような小さな国において特に有効であった．最初のマルチプロジェクト融資は，1979年，トンガにおける港の埠頭および船舶の発着施設の開発に対して行われた．

1980年，ADBは特定のセクターにおける一連のサブプロジェクトに利用可能な，セクター融資を導入した．それまで，セクター全体としての政策枠組みが不適切なために，個々のプロジェクトの効果が限られてしまうということが頻繁に生じていた．セクター融資の導入により，ADBは当該セクター全般に焦点を当てて，そのセクターに関する政策や関連機関の業務実施・運営の能力について政府と政策対話を行うことが可能となった．セクター融資は巨額に上ることが予想された．例えば交通セクターであれば，幹線道路に加え支線道路網も対象に含まれる可能性があった．

こうした新しい方式の融資を導入するなかで，ADBの業務にさらなる重圧がのしかかることになった．1979年，第二次オイルショックによる原油その他の輸入品の価格上昇により，石油を産出しない途上国は深刻な影響を被った．同時に，先進国でも成長が鈍化していた．こうした問題に加え，食糧供給についての懸念も生じた．1979年には世界の食用穀物生産量が減少し，いくつかの国で深刻な食糧不足が生じたのである．ほどなくして，アジアの途上国の政策決定者たちは，食糧とエネルギーの安全保障を案じるようになった．これらは，21世紀に入ってからも続く主要な懸案事項となる．

これに対応してADBは，農業とエネルギー分野への融資を拡大した．上水道，住宅，保健などの社会開発分野のプロジェクトに対しても，より多くの支援が行われた．1979年，ADBの融資の3分の1近くが農業分野に対して行われ，エネルギー分野向けの融資も急速に拡大していた．社会開発分野向けの融資は，1976年の10％程度から1981年には22％近くにまで増加した．1980年，インドネシアでの灌漑プロジェクトに対しておよそ9,000万ドルの融資が承認されたほか，パキスタンとフィリピン両国に対して電力プロジェクト向け融資が承認された．吉田は，総裁として臨む最後の年次総会となった1981年のホノルルでの年次総会でのスピーチにおいて，ADBは今後も農業と農村開発に最も高い優先順位を置くと述べた．各国の国産エネルギー資源開発（水力や石炭など）や社会インフラへの融資も，融資総額の中で引き続き高い割合を占めていた．エネルギー分野向けの融資は，1980年の3億8,000万ドルから1981年には4億8,000万ドルにまで急増した．

開発のための調査・研究

こうした急速に変化する時代におけるADBの指針を策定するために，さまざまな調査や研究を実施した．そのうち重要なもののいくつかは農業に焦点を当てたものであった「第1回アジア農業調査」は1967年に実施され，2回目の調査は1977年初めに発表された（ADB 1977b）．この1976年に行われた調査は，「緑の革命」がアジアに豊富な食糧をもたらすことになるという当初の期待を想起させるものではあったものの，「食糧問題に関して以前のような手放しの楽観論が鳴りを潜めてきたのは，決して『緑の革命』自体のメリットに懐疑的な意見が出てきたとか，あるいはその成果が落胆させるようなものだったからではない．過去10年間に起こったことが，われわれの従来の楽観的予測の前提を再検討するよう迫っているからだ．まずほとんど過剰生産と言えるほどの食糧生産に対する期待は完全にしぼんでしまった．（中略）1968年以来，食糧の生産量は1人当たりで見てもほとんど改善せず，人口の大部分で栄養状態が悪化した．（中略）『緑の革命』は，期待されたほど生産増をもたらさなかった．（中略）一部のわずかな地域を除いて，新技術の導入は多くの人々の経済状態全般をあまねく改善することはなかったという事実が判明した」と記されていた．

この調査は，農村における根深い問題を明らかにした．第1に，「緑の革命」進展のスピードが鈍化している可能性があるという懸念すべき兆候が見られるということ．第2に，新しい農業技術によって恩恵を受けたのは，主に低平地で良好な灌漑設備を利用でき，高収量品種の稲を栽培できる農家であり，一方で高台にあるか，あるいは他の作物を栽培している多くの農民はほとんど恩恵を受けていないこと．第3に，零細農家や土地なし労働者はしばしば失業や栄養不良，飢餓から生じる社会問題に見舞われていること[3)]．この調査を受けて，ADB 理事会は1978年，農業および農村開発への融資を1982年まで1年当たり20％増額することで合意した．

1970年代後半に行われた他の研究には，ADB の財務政策の評価や ADF の譲許的融資の基準に関するものなどがあった．さらに，南太平洋における業務の改善策のほか，特に小さな島嶼国の農業分野での業務についての報告書も作成された．

特定セクターに関するもう一つの主要レポートはエネルギーに関するものであった．1981年の地域エネルギー研究では，第二次オイルショックへの対応にあたっての3つの主要な問題に焦点を当てた．まず，石油を輸入している途上国では，エネルギー価格の上昇によって国際収支上の深刻な問題が生じていることであった．第2の問題として，多くの国々が，石炭火力発電所や水力発電所など国内のエネルギー源の開発のためのコストの高さが障害となり，輸入石油に代わるエネルギーの開発に苦しんでいた．そして第3の問題は，市販燃料

3）「第2回アジア農業調査」に関するセミナー（1978年1月9～13日マニラおよびロスバニョスで開催）におけるアジア開発銀行吉田太郎一総裁によるスピーチ．

の価格の上昇に直面する各世帯が，薪や木炭といった旧来の非市販のエネルギー源への依存を高めていることであった．

ADBは，エネルギー関連の融資を増やすとともに，再生可能エネルギーや水力，天然ガス，石炭などの国内のエネルギー資源，さらにはバイオマスその他の非伝統的なエネルギー源の開発へとその使途を多角化させた．さらに，省エネの促進やエネルギー開発での地域協力の可能性を模索し始めた．

資金調達の重圧

他の総裁と同様，吉田も資金調達を優先事項としていた．彼は財源の調達に成果をあげた．1977年から1981年にかけて，借り入れ総額は1億1,700万ドルから6億6,800万ドルにまで増加した．それでもなお，吉田とADB職員にとって，資金調達は終わりのない任務であった．

第2次一般増資（GCI II）が1977年9月30日に発効し，ADBの授権資本は135％増額された（付録の表A2.14）．それでも，1979年の第二次オイルショック後の融資ニーズの高まりによって，この授権資本の限度額は低いと思われるようになった．そしてほどなくして，再度の資本増資に関する話し合いが始まった．

ADFの資金需要もまた高まっていた．1978年，ドナー国は2回目の増資（ADF III）に合意し，21億5,000万ドルを拠出した（付属資料の表A2.17）．しかし，この資金の一部，特に米国からの払い込みは遅れた．米国行政府はADFプログラムを支持したが，一方，米国議会における複雑な立法プロセスのせいで実際の拠出が妨げられるということがあり，それがその後何度も繰り返されることになる，ADF財源の大きな問題の一つであった．このため，ADF財源からの融資は制限せざるをえなかった．このことに不満を持った吉田は，無遠慮ととられてしまったとしても，何度も資金拠出が遅れることに比べればADBにとってましだと判断するに至り，1980年の年次総会で次のように語った[4]．

「（前略）1979年に承認された融資で，アジア開発基金の財源がほとんど枯

4）ADB第13回年次総会（1980年4月30日から5月2日にかけてマニラで開催）における吉田太郎一総裁の挨拶．ADB（1980a, p. 29）．

渇してしまったことを指摘しなければなりません.（中略）その結果，1980年初めに承認された，貧しい開発途上加盟国での複数のプロジェクトの借款契約への署名を延期せざるをえなくなっています.（中略）こうした状況に至ったのは，アジア開発基金の第2次増資に対する米国からの拠出金の承認と初回分の払い込みの遅れによるものです.」

それでも，ADF III への米国の全面的参加はなおも遅れた．その結果，ソフト・ローンの融資は数年間にわたって遅れることとなった.

藤岡眞佐夫

ADB 内での変革への重圧はさらに高まっていた．アジア全域において，途上国はドル高と世界的な金利の上昇に直面していた．さらに ADB は，開発に関する考え方の変化にも対応しなければならなかった．1980年のブラント委員会報告『南と北―生存のための戦略（*North-South: A Programme for Survival*）』は，世界的な開発への新たな取り組みを訴えていた．世界銀行や地域開発銀行のような機関は，資金の提供にとどまらない役割を果たすべきとの見方も広がっていた．改革プログラムに着手するため，吉田は1981年の年次総会において，ADB が初めての大幅な戦略の見直しを行うと発表した．彼は，さらに5年間総裁の任にとどまることは望まず，その年の11月に退任すると述べた．こうして，藤岡時代の到来が告げられたのである.

ADB での5年間，吉田は前任の2人の総裁と同様，ADB 内部の変革を目指した．1977年，総裁就任1年目に，彼は ADB がその役割を拡大し，開発における社会的問題により大きな関心を払うべきだとの要請に応えた．退任にあたっての吉田の遺産は，次の10年における ADB の原動力となった．渡辺と井上の両総裁が退任の際に改革へのアジェンダを引き継いだように，吉田もまた，戦略の見直しの発表によって，その後継者に一つの計画を残した.

1981年11月24日，藤岡眞佐夫が ADB の第4代総裁に就任した．彼は1950年代の初めにシカゴ大学で学び，国際金融の分野で豊富な経験を有していた．総裁就任以前には，大蔵省国際金融局長，日本輸出入銀行理事を務めている．さらに彼は，すでに ADB での業務に精通していた．1966年に最初の職員の一人として，総務局長の任に就いていたのである．総裁としての8年間に，藤岡は強力なリーダーシップによるマネジメント・スタイルを導入するとともに，大規模な組織の改革を指揮した．

マニラに着任する以前から，彼は自ら設定した優先課題に取り組むことを示唆していた．それまでの3人の総裁とは異なり，藤岡は直接マニラには赴かなかった．その代わり，ミャンマーとタイを短期間ながら正式に訪問し，政府高官とそれぞれの優先課題について協議するとともに，東南アジアの経済発展についての印象を得たのである．そして数日後，彼はフィリピンに向かった．訪問の途上，アジアの紛争で生じている人道問題の一部を直接目のあたりにすることになった．思いがけないことに，マニラに向かう100人超のベトナム難民を搭乗させるため，彼が乗るバンコクからのエールフランス便が1時間遅れたのである．

藤岡のマニラ到着は，ADBの伝説の一部となっている．公邸に行って荷をほどくよりも早く，彼はすぐに執務を開始しようと考えていた．午後3時からマニラ空港で着任の記者会見を開き，その後直接ADB本部に向かって3時半から上級職員や理事たちと会う予定であった．この計画は飛行機の遅延によりやや狂ったものの，彼の意図はきわめて明確であった．

こうして彼は，自らが行動型の総裁となること，ADBでのリーダーシップを力強く担っていくことを示したのだった．理事との最初の会合において，彼は吉田が列挙した3つのセクター，すなわち農業，代替エネルギー，社会インフラを優先課題とすることを再確認した．また，協調融資の拡大，特に民間との協調融資，そして民間部門全般の振興を強く望んだ．彼はADBがより多くの経済研究を実施し，アジア各国のための情報ハブとして認識されるようになることを望んでいた．さらに，ADBは東京やドイツの主要金融市場ではよく知られているものの，「（前略）スイスその他の市場では，投資家はADBの所在地すら知らず，ADBが農業セクターのみに融資を行っているとの誤った考えを抱いている」と述べ，ADBのイメージを向上させる必要性に言及した．

最初の公務に加えて，藤岡はマニラ到着後に何人かの個人的な友人を再訪したいと望んでいた．彼が会いたかった人物の一人が，コルネリオ・バルマセダ（Cornelio Balmaceda）であった．1965年，後にフィリピンの主要閣僚となったバルマセダは，バンコクとマニラで開かれたADB設立を計画する準備委員会で議長を務めた．その頃，藤岡はバルマセダと緊密に協力しており，彼との旧交を再び深めたいと考えたのである．友人を尋ね回り，彼はついに，84歳となったバルマセダが，藤岡の住む家からさほど遠くないパサイ市で妻とともに静かに引退後の生活を送っていることを知った．1981年のクリスマスイブに，藤岡は花束を持ってバルマセダ夫妻を訪れた．車椅子に座ったバルマセダ夫人が前庭で藤岡を歓迎し，家に入るとすぐに，杖を手にしたコルネリオ・バルマセダが彼を出迎えた．彼らは3人で庭に出て，外の空気を味わいながら，1960年代半ばにおける自分たちの活動を振り返ったのだった．

1980年代の優先課題

ADBの業務に対して，藤岡は独自の明確な考えを持っていた．戦略目標を定めるにあたっては吉田が実施した研究の成果が出るのを待つことにしたが，差し当たっての改革については速やかに進めた．例えば，1981年のADB予算に関する理事会では議論がなかなか収束せず，2日間を要したことを藤岡は耳にした．彼は，その著書で述べたように「過度に非効率な討議」を好まなかった．理事会の議長として，彼は1982年の予算を「一括審議」で協議することを決め，それは速やかに承認された．この手法は，藤岡総裁時代を特徴付ける明解な，時として物議を醸す経営手法を予兆するものであった（藤岡1986，第1章）．

吉田によって開始されたADBの業務に関する長期戦略の研究は，新設された開発政策部と5人の開発専門家からなる諮問グループの指導のもと，ADBのタスクフォースによって実施された．プリンストン大学のジョン・P・ルイス（John P. Lewis）が委員長を務め，一橋大学の小島清などアジアの専門家からなる諮問グループは，報告書に関する独自の解説も作成した．

報告書は，藤岡の総裁就任からほぼ1年後の1982年10月29日に彼に提出され，後に「1980年代におけるアジア開発銀行の業務上の優先事項と計画に関する研究（*Study of Operational Priorities and Plans of the Asian Development Bank for the 1980s*）」という無味乾燥なタイトルで発表された．実は，このタイトルは誤解を招くものであった．この報告書は，驚くほど野心的な変革へのプログラムを打ち出していたのである．この「藤岡アジェンダ」ともいうべきものは，優れた国別プログラムの作成，新たな形式の援助，資金活用の新しい取り組みを訴えていた．さらに，融資の運営と管理を改善する必要についても単刀直入に指摘していた．全体として，この研究はADBの業務をより幅広い開発活動へと拡大することを提言していた．

この研究は，ADBが抱える問題についてすがすがしいほど率直に指摘していた．一つは短期的なアプローチであった．1970年代，ADBは通常，借り入れ国にミッション（国際金融機関の派遣団，調査団の呼称）を送り，4年間にわたる一連の支援プロジェクトリストを策定していた．その計画にもとづいて，ADB職員が国別プログラムを準備することになる．しかし，このアプローチは，職員を長期的なプロジェクトリストではなく，当該年度のプロジェクトの承認に集中するよう促しがちであった．こうした短期的目標の重視によって，年度末の「業務の集中」は，年間融資目標達成のために「日本の年度末の道路工事」のように，プロジェクトの承認を求めて一挙に理事会に案件が提出されて理事たちをいら立たせる，という事態に拍車をかけていた．1986年にはその年の融資額の77%が第4四半期に承認され，こうした業務の集中現象は藤岡にとって深刻な問題となった．理事会は経営陣にこの問題を検討するよう依頼した．しかし，その後も業務の集中は発生し続けた（ADB, *Annual Report 1986*, p. 2）．もう一つの問題は不十分な経済分析であった．「資金を提供しているプロジェクトの属するセクターについての，ADBの知識ベースは不十分であるように見受けられる．（中略）そのため，ADBが国別の業務プログラムによって何を達成すべきなのかという，明確な方向性が存在しない」と研究では指摘されている．

これらの問題に対処するため，この研究では2つの主要な提言がなされた．第1に，ADBの国別プログラムの策定をより厳格なものとすること，第2に，ADBは年度ごとという短期的な目標を超えた，複数年にわたる時間的枠組みを採用すべきだということである．加えてこの研究では，引き続き融資の大半をプロジェクトにあてるべきであるが，プログラム融資やマルチプロジェクト融資，セクター融資といった他の形態の融資をもっと活用すれば，より大きな柔軟性と優れた国別プログラムの策定が可能となるとし，ADBの援助の方法をより柔軟なものにすることを訴えた．

さらにタスクフォースは，ADBはプロジェクトの内貨分（現地通貨分）への融資の拡大を可能にすべきだと結論付けた．ADBは当初，国際開発銀行の役割についての当時の考え方に沿って，主としてプロジェクトの外貨分の費用を融資していた．しかし，こうしたアプローチによって頻繁にプロジェクトの進捗の遅れが生じた．低所得諸国では，プロジェクトの内貨分の資金手当てがしばしば困難となったからである．こうしたミスマッチを減らすため，報告書はADBが内貨分に対してより積極的に融資を行うべきだと提言したのであった．国際諮問グループはこの提言を支持した．

この研究のもう一つの核心となる考えが，ADBは開発業務の範囲を拡大する必要があるということだった．藤岡らはすでに，先進国間での政策協議の調整を行う，パリを本拠とする経済協力開発機構（OECD）の業務に注目していた．1982年，藤岡は，ADBの年次総会における総裁として初の演説の中で，「地域の経済発展促進のために設立された機関として，ADBは開発途上加盟国の課題と発展の可能性を見極める専門的な知識センターとして広く認められることを目指すべきです」と語っている．

しかし，ADBが地域の包括的なリソースセンターとなることをどの程度追求すべきかについてはさまざまな見方があった．この研究の中でも，「地域開発機関としてのADBの役割を向上させることは，成果が必ずしも目に見えるものではなく，コストが総じて高いため，複雑な問題である」と指摘されている．しかしそれでもなお，国際諮問グループはこの考えを強く支持した．報告書全体に対する意見として，諮問グループは次のように述べている．「（前略）当初の15年間，ADBは優れた，健全な開発プロジェクト融資主体の銀行であった．（中略）この研究は，ADBが現在よりもはるかに積極的かつ柔軟な開発推進機関となるべきときが来たという論旨を提示している．われわれはこの見方を全面的に支持する．」

融資の拡大と最初の民間セクター融資

藤岡は次の10年間のほとんどを自身の改革アジェンダの実行に費やした．1984年にアムステルダムで開かれた年次総会において，彼はその進捗を次のように報告した．「1983年，ADBは途上国のニーズに応えて，実施中のプロジェクトの完了を支援するための特別支援プログラム，出資業務の開始，プロジェクト内貨分への融資に関してのより柔軟な方針の導入，プログラム融資の増額，コスト・オーバーラン発生時の追加融資，そして建設中利子の融資のための制度づくりなどを通じて対応しました．」

改革アジェンダを進める方法の一つは，ADBの融資額を確実に伸ばし続けることであった．ADB第2期の10年，年間融資総額は1977年の8億9,000万ドル近くから1986年には20億ドル超にまで増加した．このうち，およそ3分の1

がADFによる譲許的融資であった．

この融資規模は需要と供給の双方の条件を反映していた．需要サイドに関しては，もっぱら途上国の借り入れに対する意欲と能力次第であった．これはさらに，往々にして経済や予算の状況，そして実施機関（農業省あるいは公共事業省など）のプロジェクト管理能力によって左右された．供給サイドは，ADBの融資管理能力によって制約されていた．供給サイドを改善するため，ADBは1983年に，プログラム融資と内貨分への融資の準備に関する方針を一部緩和した．これらの変更に加え，複数年にわたるプログラム策定と一部の大規模融資の承認についてより柔軟なアプローチをとることとした結果，融資総額は1984年に22億ドル超にまで急増した（図7.1）．

図7.1　融資承認額（財源別），1977-1986年

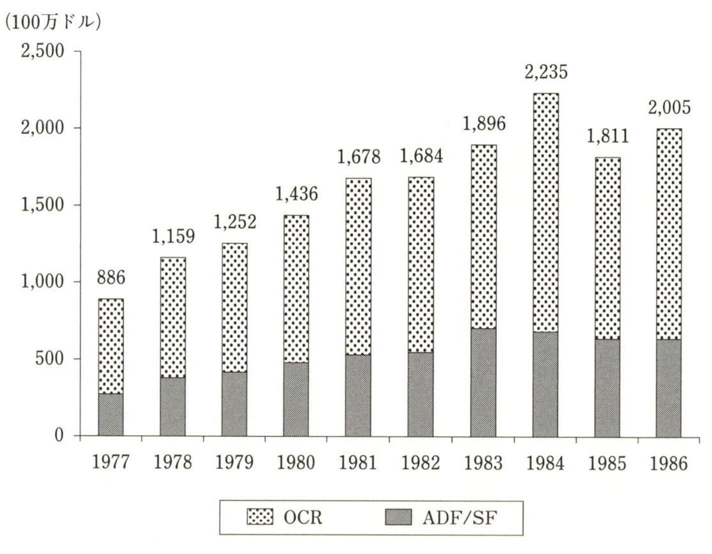

合計：160億4,100万ドル

ADF＝アジア開発基金，OCR＝通常資本財源，SF＝特別基金．
注：融資承認額には融資，グラント，出資および債務保証が含まれる．
出所：ADBの融資，技術協力，グラント，および出資承認額に関するデータベース．

1985年から1986年にかけて，ADBの融資承認額は，総じて軟調な世界の景気動向，そして多くの借り入れ国の高い債務水準や予算上の制約を反映してやや横ばいとなった．融資額の減少は通常資本財源（OCR）でより顕著であったが，これは以前からの大口の借り入れ国のほとんどに対する融資額が減ったためであった．1986年，藤岡はその理由を「開発予算の手当てに制約があるため，開発途上加盟国はプロジェクトの選択に際してより慎重となっており，投資の効率性と生産性がより重視されている」ためだと説明している．実際は，直後にインドと中国による借り入れが始まったため，この減速は一時的なものとなった．藤岡は後に，この2カ国がなければ，ADBは依然として小さな銀行のままであっただろうと語っている．

改革アジェンダの重要な側面の一つは，民間セクターとのつながりを強化する取り組みであった．1970年代にADBが当初重視していたのは，開発金融機関（DFIs）への支援を通じて中小企業（SMEs）を支援することであった．藤岡自身，民間セクターに関する業務の拡大を強く望んでいた．実際，1968年のADB初の融資は，中小企業向けに転貸融資するためにタイのDFIに対して提供されたものであった．1981年の理事会における藤岡の最初のスピーチで，彼は民間投資促進のための方策の概略を示した．彼は特に，民間セクターへの直接の出資が可能となるような出資機能の創設を提案した．

続く数年の間にさまざまな選択肢が検討され，1983年，理事会はADBによる民間部門への出資を可能にする新しい方針を承認した．1983年には2件の出資案件が承認された．一つは韓国開発投資公社（Korea Development Investment Corporation）に対する出資であり，もう一つはパキスタンの工業分野の中小企業への投資促進を目的とするバンカーズ・エクイティ社（Bankers Equity Ltd.）への出資であった．これが，ADBのノンソブリン業務の始まりである．

その後1985年に，政府保証なしでの民間セクターへの融資に関する方針が承認された．翌年，民間企業に対する政府保証のない最初の融資が承認された（ボックス7.4）．こうした動きに続いて，1986年にはADBに民間部門課が設けられた．

ADBを去る直前，藤岡は民間セクターにおける業務拡大を企図した機関の設立を支援することができた．1989年，アジア内外の民間金融機関とともに，ADBは新たな組織，アジア金融投資会社（AFIC）を創設し，シンガポールでマーチャント・バンクとして承認を受けた（ADB, *Annual Report 1991*, p. 61）．ADBは，初期投資としてAFICに3,500万ドルを出資した．AFICには，民間から自ら資金を調達し，アジアの途上国において民間セクターの中規模製造業

ボックス7.4　政府保証のない最初の融資

パキスタンのチェラート・セメント会社およびナショナル・デベロップメント・リーシング・コーポレーション（NDLC，現MCBバンク）．政府保証のない民間セクターへの融資に関する方針が1985年に承認された．翌年，民間企業に対する政府保証なしでの最初の融資が承認された．パキスタンのチェラート・セメント会社に対する生産能力倍増を支援することを目的とした融資である．融資はスイス・フラン建てで実行され，その総額は500万ドル相当であった．金融機関を対象とした初の政府保証のない融資も，同じく1986年にパキスタンでの事業に対して承認された．総額500万ドルのこの融資は，スイス・フラン建てでNDLCに提供され，機材の輸入のための外貨費用の支払いにあてられた．この機材は，同リース会社の民間セクターの顧客，特に製造業部門の顧客が使用するためのものであった．

出所：ADB, *Annual Report 1986*, Manila, 1987, p. 1.

に対する長期融資や出資を提供できるようになることが期待された．

しかし，さまざまな理由から，ADBによるAFICへの支援には問題が生じた．さらに，1997年のアジア通貨危機後，AFICの融資ポートフォリオは急速に悪化した．こうした問題を受けて，ADBはAFICへの関与を縮小し，最終的にこの問題の多かった投資から撤退した．

ADB職員と最初の現地事務所設立

改革アジェンダのもう一つの要素は，有望な若手職員の採用であった．ADBの第１期の10年から1980年代に至るまで，専門職員の多くは各国からADBへと派遣された政府職員であった．平均年齢は40歳以上であり，大半は15年ほどの専門的な経験を有していた．さらに，95％超が男性であった．藤岡は，ADB自身が専門的なスキルを蓄積することが重要だと考えた．1984年，ヤング・プロフェッショナル・プログラムが導入され，いずれも30歳未満の男性５名，女性１名がカナダ，フランス，日本，スリランカ，タイから採用された．

年配の職員と若い新人職員が一緒に仕事をすることに慣れる必要があったため，このヤング・プロフェッショナル・プログラムが機能するまでには少し時間を要した．しかし，このスキームが成功だったことはすぐに証明された．

ADB全体で若い専門家への需要は高く，毎年新しい職員が採用された．時間の経過とともに，多くは上級のポストへと昇進していった．最初期のグループは，「プロジェクトやミッション，そして研修に参加する素晴らしい機会を得た」と語っている．2015年までに170名近いヤング・プロフェッショナルが採用され，そのうち女性は45％を占めている[5]．

また，ADBは借り入れ国とより緊密な関係を構築した．1982年，バングラデシュのダッカにADBとして初めての現地事務所が開設された．さらに，マニラから広大な太平洋に散らばる国々と緊密な連携を維持するのは困難であったため，南太平洋にも地域事務所の設置が計画された．しかし藤岡は，地理的な近さよりも，ADBの職員が各地の開発課題を「温かい心を持ちつつ理性的に」理解する必要性を重視していた．現地事務所を開設する重要な目的の一つは，借り入れ国との「心の近さを得る」ことにあると彼は語った[6]．

国別戦略と柔軟な融資方法の採択

前述の「業務上の優先課題と計画に関する研究」では，ADBによる国別プログラム作成の強化も提言されており，プログラムに関する文書ではプロジェクトのリストを列挙するだけでなく，その借り入れ国に対するADBの戦略の策定もなされるべきであるとされた．このアプローチでは，ADBスタッフにさまざまな新しいスキルが求められた．1984年には初の国別戦略がパキスタン向けに策定され，続いてスリランカとインドネシアに対する戦略も策定された．しかし，ほとんどの借り入れ国に対して国別プログラムを策定できるようになったのは，ADBの第3期の10年に入ってからであった．

1970年代末にはADB初のプログラム融資が行われた．1983年にはプログラム融資に関する方針が見直され，各国とのより緊密な対話によってセクター別の計画の質を向上させるとともに，技術協力を通じて各機関を強化することが目指された（ADB 1983c）．1984年にはセクター融資も見直され，ここでも政策対話の強化と借り入れ国の能力向上が提案された（ADB 1984）．

この第2期の10年を通じて，ADBは融資進捗管理にも大きな関心を払った．

5）　この箇所の詳細についてはBouvery et al.（2015）による．

6）　ADB第16回年次総会（1983年5月4～6日にマニラで開催）における藤岡眞佐夫総裁の挨拶．ADB（1983a, p. 25）．

1978年には組織再編の一環としてセントラル・プロジェクト・サービス部が設立された．しばしばプロジェクトの遅れの原因となった調達ガイドラインも再検討された．しかし，ADBには依然として，特に先進国から，調達手続きを厳密に適応・監理するよう圧力があった．

プロジェクトの内貨分への融資についての規則も緩和された．一部の低所得国に対する試験的適用の後，優先すべき事例と判断されれば，内貨分の手当てが不足する際，特別に融資ができる手続きが1983年初めに導入された．

しかし，国際資本市場においてAAAの格付けを維持するために，ADBは慎重な姿勢は崩さなかった．1983年にマニラで開かれた年次総会において，藤岡は「このスキームのもとでの資金提供は，途上国がIMFと世界銀行との合意のもとに実施している経済安定化と構造改革推進プログラムと軌を一にするものである」と語った．この方針は1983年後半に再び見直され，開発途上借り入れ国の大半，そしてほとんどのセクターに対象が拡大された（ADB 1983b）．

一連の融資の仕組みに関する変更は，ADB業務の柔軟性をより高めることとなった．例えば，ADBはフィリピンが直面した問題に速やかに対処することができた．1985年のほとんどの期間，フィリピン政府は政治的混乱に悩まされ，融資はこの年まったく承認されなかった．しかし1986年初め，フェルディナンド・マルコス（Feldinand Marcos）に代わってコラソン・C・アキノ（Corazon C. Aquino）が大統領に就任した後は，ADBは迅速に行動することができた．プロジェクトの内貨分への融資の仕組みの適用が承認され，遅れていた36件のプロジェクトに対して総額1億ドルの特別プロジェクト実施支援融資が提供された．フィリピンが特に困難な状況にあることが広く認識され，国際社会が支援に熱心であったことから，融資の半分はADFの譲許的な条件で提供された．

インドネシアも困難に直面していた．原油と一次産品の価格の急落によって深刻な予算上の問題が生じ，6件の教育プロジェクトに遅れが生じていたのである．こうしたプロジェクトの進捗促進のため，理事会は1986年12月に3,000万ドルの特別プロジェクト実施支援融資を承認した．

困難な状況下での資金調達

ADBの第2期の10年のほとんどの期間，特に後半期において，資金調達は恒常的な課題となっていた．1984年にアムステルダムで開かれた年次総会において，藤岡は「新保護主義」と「1930年代以降で最悪の不況」がアジアへの援助と民間資本の流入を抑制していることに言及した．1980年5月，業務検討の結果として通常資本財源（OCR）の業務の大幅な増加が提言されたが，それには応募済資本のさらなる増加が必要であった．ADBは，1983年から1987年にかけてOCRの融資プログラムを110億ドル超にまで増やす計画を策定していた．しかし融資額をこの水準に引き上げるには，第3次一般増資（GCI III）が必要であった．

GCI IIIに関する協議が行われたのは，1981年から1982年にかけてであった．加盟国は，増資を検討する用意があったものの，増資に合意する前提として，ADBが融資の進捗管理を向上させ，国別・セクター別の計画の策定を強化することを求めた．また加盟国は，民間資本など他の財源から資金を調達することも希望した．1983年4月，これらの課題に対応するというADBの公約に納得した加盟国はGCI IIIを承認し，授権資本は105％増額された（付録の表A2.14）．これにより，ADBは国際資本市場での起債を拡大することができた．1978年の年間借り入れ総額は3億9,000万ドルだったが，この10年の終わりには8億ドルを超えるまでになった．

しかし，授権資本の拡大によって，ソフト・ローン業務に利用できる財源が増えたわけではなかった．それにはアジア開発基金（ADF）のさらなる増資が必要であった．ADB第2期の10年の間に，ADF IIIとADF IVの2回にわたって増資交渉が実施された．しかし増資に合意する前に，ドナーはADBに対し幅広い政策事項の実施の確約を求めた．交渉の末，1978年にドナーはADF III（1979-1982年を対象）について21億5,000万ドルの提供に合意した．さらに1982年，ドナーは1983年から1986年の融資業務のため，ADF IVにおいて32億500万ドルの増資を承認した（付属資料の表A2.17）．

さらに，ADBは協調融資業務も拡大した．1981年に行われた検討では，ADBは公的機関との間では満足すべき協調融資がなされているものの，民間パートナーとの協力はそれほどうまくいっていないと結論した．この問題に対処するため，協調融資室が1982年に設置され，公的な援助機関や輸出信用機関のほか，銀行など民間の資金源との間でも協調融資を拡大する任にあたった．協調融資はまた，中東のオイルマネーを還流させる目的でも利用され，ADBはOPEC国際開発基金やイスラム開発銀行などの機関との協調融資を実施した.

地域開発機関として

前述の「業務上の優先課題と計画に関する研究」では，ADBを開発機関であると同時に地域のリソースセンターとして捉えていた．この方向での機能を強化するためには，分析能力を強化するとともに，活動と広報の範囲をさらに広げる必要があった．事実，研究が実施される以前の1980年の時点で，ADBは新たに任命されたチーフエコノミスト（初代はハワイ大学の教授であったセイジ・ナヤ（Seiji Naya））が指揮する経済部を拡大し，各国担当部署に経済アナリストを配置していた．借り入れ国との政策対話も確立され始めた.

ADBはプロジェクトへの資金供与の経験を通じて，実務的な知見を蓄積していった．今やADBは長期的な研究や分析の能力を強化する必要があり，域内の開発問題に関わる具体的な研究を開始した．1981年，ADBは「経済スタッフ論文集（Economic Staff Papers）」シリーズを発刊した.

1982年，ADB理事会に対する最初の主要ステートメントの中で藤岡は，雑誌『アジア開発レビュー（*Asian Development Review*）』を創刊したいとの意向を表明し，1983年に同誌の創刊号が発行された．創刊号に寄せた序文の中で，彼は「私はこの銀行を，経済的課題や地域のさまざまな可能性に関する情報センターとして捉えています．戦略の評価や政策の策定，効果的な開発プログラムの実施において，ADBはそういった形で開発途上加盟国の取り組みに今以上に貢献できます．この『アジア開発レビュー』もそうした取り組みの一部です」と述べている.

1982年，同じく藤岡の提案により，ADBは「著名人の講演会シリーズ（Distinguished Speakers Series）」を開始し，高名な経済学者が招かれて，社会経済開発の課題について講演を行った．さらに，1983年には，上層部の政策決定者と主要な開発課題について知見を有する専門家による年次会合，「ADB開発ラウンドテーブル（ADB Development Roundtable）」シリーズを開始した．このシリーズのもと1983年には財務政策と対外債務管理を検討し，1984年は産業発展と貿易政策を議論するとともに，いかにして融資制度の発展を通じて国内資金を動員するかといったセミナーを行った．さらに，1985年には民間セクターに焦点を当てた．またこの間，ADBは各国の研究機関との共同研究も活発に行った.

地域のリソースセンターとなることを目指すことは，ADB が新たな役割を担うことを意味した．この点に関して，1985年にバンコクで開かれた年次総会で藤岡は「ADB は常に，途上国にとって何が最善かを親身になって考える『ファミリー・ドクター』でした．私たちは今や，主要な開発課題に対する金融支援と政策助言とを合わせた，より複雑で高度な役割を果たさなければなりません」と語っている．そうした課題の一つが環境問題であった．1980年，理事会は ADB の業務における環境配慮に関して議論し，ADB のプロジェクト活動にあたって環境上の影響が必ず検討されるようにするための措置について合意した（ADB 1979a）．1986年，ADB はプロジェクト業務における環境的側面の管理の方法についての考察を行った．その結果，ADB は環境保全活動に関する地域のリソースセンターを目指すべきであることが示唆された（ADB 1986b）.

もう一つの懸案事項はジェンダーであった．1985年，理事会は開発における女性の役割に関する方針を承認した．その方針では，ADB はその活動の中で女性の役割を特に考慮すべきであると提言していた（ADB 1986c）．1986年以降，ADB の職員は，農村開発，教育，上水道，衛生などの主要分野のプロジェクトを準備するにあたって，ジェンダー関連の諸課題を盛り込むためのガイドライン作りに取り組んだ（ADB 1986c）．主要な開発関連指標に関して，男女別にデータを作成する作業も開始された．1987年初めには，開発における女性の地位向上に向けた取り組みの中心となる職員として，ジェンダー専門家が1名採用された．これらの事項をはじめ，ADB が対処を期待される国際開発アジェンダは拡大し続けていた.

中華人民共和国の加盟

こうしたさまざまな前進を霞ませてしまうような大きな事態は，ADB とアジアの2つの超大国である中国とインドとの関係の驚くべき変化であった．ADB にとって第2期の10年が始まった時点では，いずれの国も ADB からの借り入れ国ではなかった．さまざまな理由から，インドは借り入れを控えており，中国はまだ加盟国となっていなかった．しかし，ADB の第2期の10年が終わる頃には，両国は共に借り入れ国となっていた．大口の借り手としての両国の参加は，ADB 第3期の10年において，ADB の国際開発金融機関としての性質を変容させていくことになる．

1971年，国連は中華人民共和国を中国の代表者としての「法的権利を回復」させた（United Nations 1971）．この変化に伴い，1970年代には中華人民共和国が ADB に加盟する可能性についての憶測が盛んになされた．1980年に中華人民共和国が IMF と世界銀行との関係において「責任を担う」ことになると，その期待は高まった（IMF 2010b）．しかし，ADB 加盟についての最初の公式協議はようやく1983年になって開始され，その後3年間にわたって続いた．1983年2月，中華人民共和国はそれ以前に IMF と世界銀行に対して行ったのと同様のアプローチで，ADB 経営陣に対して加盟への関心を表明した（藤岡 1986，第4章）．しかしその方法では，ADB における台湾（Taipei,China）の加盟資格を取り消さねばならなかった．藤岡は，ADB 設立協定には ADB への義務を果たしている加盟国・地域の加盟資格の抹消についての条項がないため，それは適切ではないとの考えを持っていた．

事態は一時こう着状態となったが，その後中華人民共和国は，ADB 内で使用される名称について満足できる解決策を見つけることができれば，台湾（Taipei,China）が加盟したままでもかまわないとほのめかしたのである．藤岡は精力的に協議を続けた．

長期にわたる綿密な交渉の末，ADB は1985年11月に中華人民共和国と合意に達した．理事会の提言により，総務会は1986年2月17日に中華人民共和国の加盟を承認した[7]．そして事務的な手続きにより，台湾（Taipei,China）の呼称は，「中華民国（Republic of China）」から「台湾（Taipei,China）」へと変更されたのであった．

1986年3月，国内での手続きを経た後，中華人民共和国（以降，中国とする）は正式に ADB の加盟国となった．台湾（Taipei,China）は1986年と1987年の年次総会には出席しなかったが，1988年からは代表団の派遣を再開した．現在の理事会では，中国は1国のみにより理事室を構成しているが，台湾（Taipei,China）は韓国を含む他の6つの加盟国とともに一つの理事を構成している．ちなみに，香港（1997年7月の香港の主権返還以降は Hong Kong, China に名称が変更された）は1971年以来，オーストラリアを含む他の加盟国とともに

7） 設立協定では新加盟国に対し，総務の3分2以上，議決権の4分3以上の多数の賛成投票による承認が必要であると定めている．中華人民共和国の加盟に関してはこの要件が満たされた．

理事室を構成している（付属資料の表A2.3および表A2.4）.

中国がADBに加盟した際に，藤岡はADB本部前にいかなる国の国旗も掲揚しないことを決めた．唯一ADBの旗のみが中央のポールに掲揚されることとなったのである．それ以来，新旧いずれの本部ビルにおいても，このADB旗のみを掲揚するという慣習が守られている．マンダルヨンの新しいADB本部ビルには，この歴史を映す特別な建築物がある．日々ADB旗が掲げられる一つの台座とともに，将来，いつの日か他の旗が掲揚されるのを待つかのように50を超す数の台座が置かれているのである．気づく人は少ないが，この多くの台座は，ADBの建築上の歴史の一部なのである．

インドの借り入れ開始

中国がADBへの加盟を申請していた頃，インドはADBからの借り入れ開始に向けて動き出していた．1981年8月，インドは融資の開始を要請した．これは同国とADBの関係の大きな転換であり，ADBへの資金要請の大幅な増大につながることとなる．

このインドの決定は，インドは多国間の資金援助に関しては世界銀行のみに依拠するという暗黙の了解からの脱却であった．ADB設立当時，アジア太平洋地域の小さな途上国は，世界銀行はすでにインドに多額の支援を行っているため，ADBはアジアの他の国々，特に小さな借り入れ国により関心を払うべきだと訴えていた．

米国はこの非公式な扱いを世界銀行とADBとの間での有益な役割分担とみなすようになっており，提案されたインドについての方針転換を歓迎しなかった．1984年にアムステルダムで開かれたADBの年次総会において，米国代表のデイビッド・C・マルフォード（David C. Mulford）は，「世界銀行は，その長い歴史，より大きな財源と機関としての専門性により，域内の大国の開発への取り組みを支援する態勢が最も整っている機関です．（中略）効率性の面からいって，両組織は協力し，それぞれが強みを持つ領域に集中すべきです」と語った．

インドからの融資要請は，藤岡に予想外の問題をもたらした．彼が驚いたのは，米国が中国よりもインドについて懸念していると思われたことである（Wilson 1987, p.274）．藤岡は，インドと米国の政府関係者といく度も会合を行い，この問題について合意に達するのは，中国の ADB 加盟のための交渉よりも外交上さらに難しいことを知った.

最終的に，1985年までに十分な合意が得られ，ADB は融資に関する協議のためマニラからニューデリーに職員を派遣した．インドの優先課題は迅速な工業化であり，ADB からインドへの最初のプロジェクト融資はこの戦略を支援する目的で策定された．1986年，工業セクターの民間企業とタミルナードゥ州の電力プロジェクトに対して，OCR による２億5,000万ドルの融資が開始された．後年，インドは ADB 最大の借り入れ国となるのであった.

第２期の融資実績

第２期の10年に，ADB の融資業務は急速に拡大した．1978年には年間融資総額が初めて10億ドルを突破した．第２期の10年全体で，融資承認額は第１期の10年の５倍近くの160億ドル超に達した．そのうち３分の１は ADF を財源とするものであった.

借り入れ国の優先度を反映して，融資は主に農業とエネルギー分野に対して行われ，両セクターへの融資が融資総額の半分以上を占めた．残りの融資分野は，交通・情報通信技術（ICT）（12％），金融（10％），水（10％），教育（５％），工業・貿易（３％），保健（２％）であった．農業がより重視されてその割合が増えたことに加え，第１期の10年と比較しての目立った変化は社会セクター（教育および保健）への融資の割合が増え，その分交通，金融，工業の割合が減ったことである（図7.2).

融資先の地理的な配分は，依然として東南アジアに大きく集中しており，総額の半分以上を占めた（図7.3)．南アジアおよび中央・西アジアは共に18％を占め，東アジアを上回った．シンガポールと香港（Hong Kong, China）については，民間資本市場での借り入れ能力の向上に伴い，OCR からの融資額は比較的少額となり，いずれもこの第２期の間に借り入れを停止した．一方，太平洋の加盟国は全体的として最も借り入れが少なく，ADB の融資総額のわずか２％にとどまった．この10年間の借り入れ上位５カ国は，インドネシア（21％），パキスタン（17％），フィリピン（12％），バングラデシュ（11％），韓国（９％）であった.

技術協力業務は，この10年間に全体として５倍に増加し，計１億2,500万ドルとなった．技術協力受け入れの上位5カ国は，インドネシア（15%），フィリピン（12%），パキスタン（9%），バングラデシュ（8%），ネパール（8%）であった．ADBはまた，太平洋の島嶼国にも引き続き技術援助を提供した．部門別では，技術協力業務の41%が農業にあてられたほか，14%がエネルギー，10%が交通・ICT，9%が公共部門管理，7%が工業・貿易にそれぞれあてられた．ADBは借り入れ国の政策課題や組織・制度の発展により大きな関心をはらうようになり，そのため政策支援・技術協力プログラムがより重視された．同時に，プロジェクトの準備と実施の強化のため，プロジェクトごとの技術協力活動の拡大にも取り組んだ．また，地域の開発リソースセンターとしてのADBの新たな役割を担うため，地域やセクター，そして各種の課題に関する研究に資金を提供する技術協力が増加した．

こうした活動によってADBの職員と予算への需要が高まった．1976年から1986年末にかけて，職員数は760名から1,604名に増えるとともに，一般管理費の予算はおよそ2,000万ドルから9,000万ドル弱にまで増加した．事務所のスペースも手狭と感じられるようになった．1976年，ADBは基本方針として新しい事務所ビルを建設することを決定した．本部ビルができるまでの仮の手当て

図7.2　融資承認額（セクター別），1977-1986年

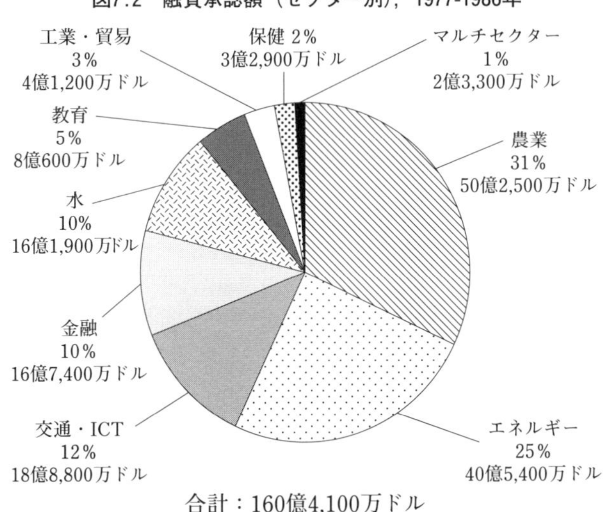

ICT＝情報通信技術.

注：融資承認額には，グラント，出資，および債務保証が含まれる.

出所：ADBの融資，技術協力，グラント，および出資承認額に関するデータベース.

図7.3　融資承認額（地域別），1977-1986年

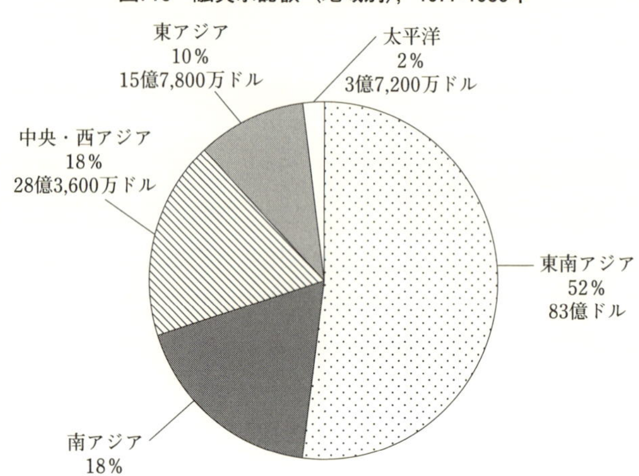

合計：160億4,100万ドル

注：地域的区分はADBの現在の国分類にもとづく．融資承認額には，グラント，出資，および債務保証が含まれる．
出所：ADBの融資，技術協力，グラント，および出資承認額に関するデータベース．

として，フィリピン政府は中央銀行の入っている近くの複合施設内のスペースを一時的に無償で提供したが，ADBはその付近に追加の事務所スペースを賃借しなければならなかった．それまで，ADBの事務所はマニラ湾に近いパサイ市のいくつものビルに分散していたのであった．

第2期には，5カ国が新たにADBに加盟した．モルジブ（1978年），バヌアツ（1981年），ブータン（1982年），スペイン（1986年），そして中国も1986年に加盟国となった．国連機関とは異なり，ADBでは台湾（Taipei,China）が現在の「Taipei,China」の呼称で引き続き加盟している．

次の10年（第3期）に向かって

ADB第2期の10年には，組織の内部で，そしてアジア全体で多くの変化が生じた．第2期が始まった1977年，ADBはまだ主としてプロジェクト型の銀行であり，主にプロジェクト融資に関わる業務を主体としていた．しかし，1976年11月にADBを去った井上四郎はすでに変化の方向性を示していた．続く2人の総裁，吉田と藤岡はそのプロセスをさらに推し進めていった．1982年

に出された「1980年代におけるアジア開発銀行の業務上の優先課題と計画に関する研究」は，残る1980年代のほとんどの期間におけるアジェンダを藤岡にもたらした．さらに，ADBは世界経済における困難な時期と地域で起こった変化への対応を迫られた．食糧やエネルギーの安全保障の問題を抱えつつ，構造調整の必要性にも直面していた借り入れ国に援助を提供しなければならなかったのである．

第2期の10年が終わる頃には，ADBは大きく変容していた．加盟国は42から47に増え，インドは積極的に借り入れを行う国となった．次の10年，融資は引き続きインフラに注力していくものの，ADBは開発業務の幅をさらに広げることになる．また，財源の調達能力を強化する新しい融資形態を採用していた．

続く第3期の10年において，藤岡眞佐夫は，退任する1989年11月まで引き続き改革を進めていく．そして続く2人の総裁，垂水公正と佐藤光夫が，1990年代半ばへADBを導いていくのである．

表7.1　融資，組織，および財務に関する主要情報，1967-1986年

	1967-1976年（第1期の10年の合計）	1976年（年末時点）	1986年（年末時点）	1977-1986年（第2期の10年の合計）
A．融資に関する主要指標（100万ドル）				
融資承認総額[a]	3,361	776	2,005	16,041
財源別				
通常資本財源	2,466	540	1,369	10,758
アジア開発基金	895	236	636	5,283
業務別				
ソブリン	3,361	776	1,993	16,022
ノンソブリン	—	—	12	19
技術協力承認額[b]	25	3	24	125
技術協力プロジェクト	21	2	17	96
地域援助	4	1	6	29
融資残高の内訳		1,079	8,749	
通常資本財源		881	5,998	
アジア開発基金		198	2,751	
融資およびグラントの実行総額	1,159	327	1,024	7,317
通常資本財源	948	263	612	5,145
アジア開発基金	211	63	413	2,173
公的協調融資[c]	29	3	30	576
民間協調融資	—	—	5	36
B．組織に関する主要指標				
職員に関する情報（年末時点）				
職員総数		760	1,604	
国際職員[d]		290	603	
女性職員		308	740	
女性国際職員		5	25	
現地事務所の職員		—	23	
加盟国・地域数		42	47	
現地事務所数		—	2	
内部管理費予算額（100万ドル）	102	20	89	588
C．財務に関する主要指標（100万ドル）				
授権資本[e]		3,707	19,663	
応募済資本[e]		3,688	19,476	
払込済資本		1,183	2,354	
請求払資本		2,506	17,122	
借り入れ額	1,133	529	813	6,418

— ＝ゼロ，SDR＝特別引出権.

a　数字には解約された融資（理事会によって承認されたものの，契約の発効前に解約された融資）を除く融資，グラント，出資，および債務保証が含まれる.

b　技術協力業務には，技術協力特別基金および日本特別基金のみから資金拠出を行ったグラントが含まれる.

c　信託基金ならびに融資，グラント，および技術協力の協調融資を含む.

d　国際職員のデータは経営陣を含む.

e　数値は1976年12月31日（1976年の資本）および1986年12月31日（1986年の資本）の米ドルとSDRの為替レートに基づく米ドル換算値.

出所：ADB, *Annual Reports*; ADB予算・人事・経営システム局; ADB会計局; ADB戦略・政策局; ADBの融資，技術協力，グラント，および出資承認額に関するデータベース．ADB の協調融資に関するデータベース.

オーストラリアのマルコム・フレーザー首相を出迎える吉田太郎一ADB総裁．フィリピン・マニラのADB本部にて．1979年５月10日．

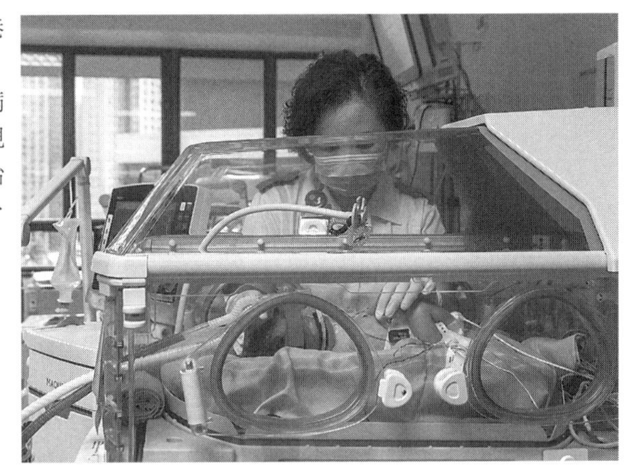

1979年に開始された，香港（Hong Kong, China）プリンス・オブ・ウェールズ病院プロジェクト（威爾斯親王医院）．小児科の集中治療保育室で早産児の世話をする看護師．

ADB第14回年次総会．1981年４月30日から５月２日にかけて，ハワイ・ホノルルにて開催．

来客名簿に記帳するインドのインディラ・ガンジー首相と吉田太郎一ADB総裁. 1981年10月9日.

1982年7月16日, ADB初の現地事務所であるバングラデシュ現地事務所を設立する協定が締結された. 着席左から：G・ラマチャンドラン理事, バングラデシュのカフィルディン・マハムード理事代理, 藤岡眞佐夫ADB総裁, アショク・T・バンバワレADB副総裁, S・スタンリー・カッツADB副総裁. 起立左から：デシャ＝プリヤ・カスバート・アメラシンゲADB法務局シニア・カウンセル, ソン・チル・リー初代バングラデシュ現地事務所長.

ADBを訪問したカナダのピエール・トルドー首相. 1983年1月14日.

陳慕華・国務委員兼中国人民銀行総裁との間で中国への最初の融資をまとめる藤岡眞佐夫ADB総裁（右）．1987年11月9日．

ラジャスタン州都市インフラ開発プロジェクトは，ADBが資金を提供するジャイプール，デラワスの下水処理場建設プロジェクトである．ADBは1986年4月3日に初めてインドへの融資を行った．

第2のADB本部の建設がフィリピン・マンダルヨン市で1986年に開始された．外装は1988年に完成．

ADBが資金を提供する第2次補整林業セクター・プロジェクトにより，マレーシアの7つの州にわたる劣化した森林に，生育が速く生産性の高い森林プランテーションが造成された．1988年11月17日．

パキスタン現地事務所開所式でのパキスタンのベナジール・ブット首相と藤岡眞佐夫ADB総裁．パキスタン・イスラマバードにて．1989年7月18日．

スリランカの紅茶プランテーション・プロジェクトの現場を訪れる垂水公正ADB総裁（右）．1991年2月．

第3期（1987-1996年）

第8章　アジア：地域の再興

「新たな10年が，世界のほぼ全域に影響の及ぶ大きな変化の中で幕を開けました．東欧で生じている政治的および経済的な変化は，世界の関心を再びアジアの外へと向かわせる可能性があります．（中略）アジアの開発への気運は，より一層アジア域内からもたらされなければならなくなるかもしれません．このことは，アジア諸国とADBにとって新たな好機であります．」

――垂水公正，ADB年次総会における挨拶，1990年

1980年後半には，世界各地で劇的な政治的，経済的な展開が見られた．中でも最も重大なものが，ソビエト連邦および東欧での共産主義の崩壊であった．この出来事は大きな転換を引き起こし，特に中央集権的な計画経済体制をとる国々の政府は，国家と市場とのバランスの再考を迫られた．一方，世界の投資家はアジアの途上国により多くの機会を求めており，世界貿易機関（WTO）は国際貿易の再編を図っていた．開発機関も国家と市場の役割を再検討しており，持続可能な経済成長と貧困削減という課題に注力していた．

1989年11月に起こったベルリンの壁崩壊により，第二次世界大戦後の南北関係を規定する主要な要因であった冷戦が終結した．この国際関係の急速な変化には，アジア各地でその反響があった．1990年から1991年にかけて，中央アジア諸国がソ連による支配からの独立を宣言した．さらに1991年12月，ソビエト連邦そのものが正式に解体された．当時，政策決定者の多くはその意味を完全には理解していなかったが，これは一つの時代の終わりであった．世界共産主義はもはや，社会主義圏内での支配力を有してはいなかった．中央集権的な国家主導の共産主義パラダイムはほとんど支持を失っていたのである．専門家の中には，今や西欧の自由民主主義が世界の規範になったとし，「歴史の終わり」

について大胆な結論を下す者もいた（Fukuyama 1992）．東欧の混乱は開発援助資金をめぐる競争をさらに激化させた．特に社会主義圏から市場経済に移行しようとしていた国々に大規模な支援を供与しつつあった欧州のドナーからの資金がそうであった．

アジアの途上国は，中東における動向，特に1990年の湾岸危機と1991年のイラクでの紛争からも影響を受けることになる（ADB, *Asian Development Outlook 1991*, Box 1.1）．アジア諸国は，原油価格の上昇と輸出市場の混乱に加え，年間で最大7億5,000万ドルに及ぶ契約労働者からの送金の中断によっても影響を被った．湾岸戦争は国際社会に，途上国の不安定性がもたらすリスクと，問題の根本的な要因に対処する必要性を再確認させることになった．

資本の流れの変化

この期間の前半，東アジアや東南アジアへの資本の流入は鈍化した．先進国の投資家は，ラテンアメリカ債務危機の影響を受けて，新興国市場への投資により慎重となった．日本の投資家は例外で（第6章），依然としてアジア途上国の成長を確信していた．1980年代後半には東南アジアの新興工業経済地域（NIEs）のほか，中国に対しても直接投資を急速に拡大し，そのことが，これら諸国・地域が経済を変革し，国際資本市場の変動を乗り切る手助けとなった（ADB, *Asian Development Outlook 1989*, Box 1.6）．

公的資本の流入はより安定していた．政府開発援助（ODA）は世界全体で着実に増加したのである．これは日本が強く牽引したもので，日本は国際的な役割を拡大しており，貿易と投資面においてアジアと強いつながりを有していた[1)]．日本は1988年，重い債務を抱える途上国の支援を目的とした「宮澤プラン」を発表した．1989年には，日本は米国を抜いて世界最大の援助国となり，1990年代を通じてその地位を維持した．特に東南アジアと中国のインフラ投資を広く支援した．

1990年代前半には，アジアの途上国に対する民間からの資本流入が回復した．国際投資家にとっては，資本市場の自由化と外国投資への規制緩和が追い風となった．アジアへのポートフォリオ投資の流入が増大し，海外直接投資

1）　市村真一は，1980年代に追求された国際経済政策への国際化アプローチについて論じている（Ichimura 1998, p. 8）．

（FDI）も急激に増加した．1994年から1995年にかけて，インドネシア，マレーシア，フィリピン，およびタイへのFDIの総額は86億ドルから141億ドルに急増した（ADB, *Asian Development Outlook 1997*, Box 1.1）．1990年代半ばには，欧州の多国籍企業や国際業務を展開する銀行もアジア太平洋地域へより関心を向けるようになった．こうした動きは，域内の好調な株式市場をさらに後押しした．一方で，当時はまだ明らかではなかったが，こうした資金流入は金融バブルを膨張させていた（ADB, *Asian Development Outlook 1994*, Box 1.2）．ほどなくして，そのバブルは弾けることになる．

新たな貿易の枠組み

1990年代には，貿易障壁を削減しようとする新たな取り組みもみられた．それまでは，1948年の「関税および貿易に関する一般協定（GATT）」が唯一の国際貿易に関する多国間協定であった．1995年１月，この協定に代わって世界貿易機関（WTO）が設立された．WTOに関する交渉は長期化し，途上国と先進国との政策の相違があらわになった．

1996年にシンガポールで開かれたWTOの第１回閣僚会議ですでに，政府調達，貿易と投資，競争政策などのいわゆる「シンガポール・イシュー」（訳注：1996年シンガポールで開催された閣僚会合で，投資，競争政策，貿易円滑化，政府調達透明性をWTO交渉に議題として含むことが話し合われた．この開催地にちなんでこの４つの問題を「シンガポール・イシュー」と呼ぶ）で途上国と先進国のリーダーたちの意見が分かれた．アジアの途上国は，特に医薬品に対する特許権保護の強化が，医薬品の消費者価格の上昇につながることを懸念していた．そうしたことにもかかわらず，WTOの設立は，高まり続けるグローバリゼーションの気運を反映していた．そして2001年の中国のWTO加盟は，構造改革や世界経済へのより深い統合に対する同国のコミットメントを示すものであった．

アジアの地域機関も進化を遂げつつあった．アジアにおける変化は域内でとられた諸政策を反映したものであったが，そうした変化は欧州における単一市場の誕生やWTOといった新しい制度や機関の設立からも影響を受けていた．欧州での単一市場に向けた動きは，1992年２月にマーストリヒト条約が調印されたことで決定的な前進を見た．この条約により欧州連合（EU）が設立され，単一通貨ユーロの導入へとつながった．

1950年代以来，アジアではもともと地域主義に対する関心が強かったが，1990年代にはさらにその関心が高まった．EUが創設されたことによって，アジア太平洋地域のリーダーたちは，アジアの途上国が国際的に発言力を高めるためには，地域としての統一的な政策が必要となることを再確認した．協力を強化する方法を協議する目的で，1989年，アジア太平洋経済協力（APEC）会合が創設された．1993年には米国のビル・クリントン（Bill Clinton）大統領が各国の首脳を米国に招き，APECの枠組みによる初めての首脳会議が開かれたのである．その他の地域的活動も拡大した．東南アジアでは，東南アジア諸国連合（ASEAN）がその活動と加盟国数を拡大させていた（ベトナムが1995年に，ラオスとミャンマーが1997年に，カンボジアが1999年にそれぞれ加盟）．次章で述べるように，アジア開発銀行（ADB）は新たな地域的グループの形成を積極的に支援した．

拡大する国際開発アジェンダ

1990年代の後半には，国際的な開発アジェンダはより幅広く包括的なものとなりつつあった．多くの新しい優先課題が枝を広げ，さまざまな課題でできた飾り付け満載の「クリスマスツリー」のような姿となったのである[2)]．その中には，ガバナンスや汚職，女性とジェンダー，環境への影響，人口増加，非自発的移住を余儀なくされた先住民や地域社会の利害，などが含まれていた．国連の刊行物にもそうした課題が反映された．1990年，国連開発計画（UNDP）は『人間開発報告書（*Human Development Report*）』の発行を開始した．この年次報告書によって，人間の安全保障，女性の平等やジェンダー，文化的多様性などの分野での世界的な議論が幅広く展開されるようになった（Jolly, Emmerji, and Weiss 2005, p.11）．

持続可能な開発という考え方にも関心が高まった．開発が持続可能なものであるべきという提唱は，特に目新しいものではなかった．急速な経済成長が社

2） 冷戦終結後の援助方針の変化について，多くの論者がこれらの課題を検討している．例えば，OECD（1991, p. 11），Swedish Ministry for Foreign Affairs（1999, p. 2），およびNekkers and Malcontent（2000, p. 49）が挙げられる．マイヤーは，第二次世界大戦後における主として西欧諸国での開発に関する考え方の変化について考察している（Meier 2005）．

会と環境に深刻な悪影響を及ぼす可能性があることは，長年にわたって多くの著作や報告書の中で指摘されていた．1960年代半ばにエズラ・ミシャン（Ezra Mishan）が著した『経済成長の代価（*The Costs of Economic Growth*）』にはすでに主要な諸問題が提示されている（Mishan 1966）．しかし，持続的な開発がより重要視されるようになったのは，1987年，環境と開発に関する世界委員会（ブルントラント委員会）が「地球の未来を守るために（*Our Common Future*）」と題する報告書を発表したことがきっかけであった．ここで示された考え方は，1992年にリオデジャネイロで開かれた環境と開発に関する国際連合会議（地球サミット）において再び取り上げられ，持続可能な開発を21世紀における世界の開発政策の中心に据えることを目的とした「アジェンダ21」と呼ばれる計画が合意された．

1980年代の終わりにかけて，世界の最貧困層に属する人々のニーズが世界的なアジェンダとして取り上げられるようになった．貧困という概念自体がより広いものとなり，教育，保健，ジェンダーの平等といった観点での人々のエンパワーメントを包むものとなっていった．1988年，年次総会において複数の総務から貧困に関してさらなる行動を求める声が上がったことを受けて，ADBは貧困緩和に関するタスクフォースを内部に立ち上げ，ADBが支援するプロジェクトにおいて貧困に対する配慮を優先させる方法について検討することとした（ADB, *Annual Report 1988*, "Poverty Alleviation," p. 29）．また，ADBは新たな研究も支援した．例えば1990年，ADB発行の学術雑誌である『アジア開発レビュー（*Asian Development Review*）』誌の企画として，シャヒド・ジャヴェイド・ブルキ（Shahid Javed Burki），溝口敏行，H・T・オーシマ（H. T. Oshima），モンテック・K・アルワリア（Montek K. Ahluwalia）といった研究者の貧困に関する論文集が発表された（ADB, *Asian Development Review*, 1990）．

ADBの第3期の10年が終わろうとする1995年に，国際開発金融機関の役割についての激しい論争が沸き起こった．その論争は主に世界銀行の業務をめぐるものであったが，世界銀行の活動をはるかに超えて国際開発機関全般の役割への関心を喚起した．世界銀行は1945年に設立されたが，その設立50周年を契機として米国の非政府組織や他の多くの市民グループが連合し，「50年でたくさんだ（50 Years Is Enough）」という世間の耳目を引くスローガンのもと，世界銀行に対する激しい抗議活動を繰り広げたのである．

彼らが訴えたのは，世界銀行，国際通貨基金（IMF）その他類似の機関が推進する開発モデルがきわめて有害なものとなっているということであった（Danaher 1994）．抗議活動はよく組織されたもので，世界銀行はあまりにもプロジェクト志向である，過度に秘密主義的で官僚的である，途上国の政府とのみ仕事をすることに安住しすぎている，といった点のほか，女性や社会から疎外されたグループ，マイノリティ，大規模プロジェクトのために移住を余儀なくされた一般の人々の利害関心を考慮していないなど，さまざまな点を鋭く批判した．さらに，広範な失業をもたらした経済構造調整プログラムを安易に支持した，国際資本の自由な流れを促進したことで途上国の国内産業に損害を与えた，借り入れ国の多額の債務という問題を悪化させる政策を奨励した，といった批判が世界銀行に向けられた．

こうした活動は大きな関心を集め，世界銀行はその政策の多くを見直すこととなった．第9章で見るように，ADBをはじめ他の国際機関も，それぞれのプログラムを見直すことでこの「50年でたくさんだ」の抗議活動に応えた．とりわけ，こうした批判によって援助の効果に焦点が当てられるようになり，ドナー諸国が国際金融機関と協力するうえでの大きな課題となっていった．

国家と市場

1980年代，米国のレーガン政権と英国のサッチャー政権の影響により，広まりつつあった国際開発アジェンダは民間セクターと市場により重点を置くようになった（Meier 2005, p. 83）．こうした，サプライサイドに立ったアングロサクソン型政策はより小さな政府への動きを促進し，政府による介入への懐疑を促した（第6章）．冷戦の終結と中央計画パラダイムの崩壊が，こうした考えを強固なものにした．

米国ではラテンアメリカ諸国の政策に関する議論が，IMF，世界銀行，そして米財務省が抱いていたとされる新自由主義的で市場志向的な考え方を反映する「ワシントン・コンセンサス」につながった（Meier 2005, p. 92）．1990年代初めには，民間セクターの役割に関する見方は，市場原理主義が主流となっていた．さらに一部の新自由主義者は，途上国は効率的な国際市場で十分な資金を得られるはずであるとの立場から，ADBをはじめとする国際開発銀行の必要性にも疑問を投げかけた．

アジアでは，これらの問題について政策決定者のトップたちは独自の考えを持っていた．その多くは，民間セクターの支援のためにさらなる努力が必要だという見方には同意しつつも，市場は政府と社会が明確に規定したルールの範囲内で機能すべきだと主張した．結局のところ，アジアで最も成功を収めた国々の一部では，強力で有効に機能する国家が経済成長に大きな役割を果たしたのだった．中国や韓国，シンガポールはその好例である．こうした，政府や国家の重要性を再確認する，よりバランスのとれた見方は，インドネシアのモハメド・サドリ（Mohammad Sadli），インドのアマルティア・セン（Amartya Sen），シンガポールのリー・クアンユー（Lee Kuan Yew）といったアジアの主導的な政策決定者や研究者に支持された．

1993年，日本政府の支援により，世界銀行は『東アジアの奇跡（*The East Asian Miracle*）』と題する報告書を発表した（World Bank 1993）．同報告書は，高成長を遂げているアジアの８つの国・地域（NIEs の４つの国・地域，インドネシア，日本，マレーシア，タイ）の1965年から1990年にかけての公共政策を研究したものである．この研究により，マクロ経済の安定と人的および物理的資本の開発が，劇的かつ持続的な成長を支える重要な要素であることが明らかとなった．また，報告書は以下のような政策の重要性を浮き彫りにした．より公平な所得分布を確保すること，銀行の信頼性を高めて国内の貯蓄率を上げることで迅速に資本の蓄積を進めること，初等教育の完全実施や初等・中等教育の改善を通じて熟練労働力を拡大すること，そして高い生産性を支える農業政策を実施すること，である．これら８つの国・地域は価格の歪みを絶えず監視するとともに，新たな技術を積極的に受け入れた．法と規制の整備は，好ましい事業環境を創出した．政府と民間企業との間の協力も進められた．簡潔に言えば，報告書は政府による特定のセクターを対象とした積極的介入についてはさほど肯定的ではなかったものの，政府と制度が果たす重要な役割について論じたのである．

グローバル化の影響

ADB の第３期の10年は，中国とインドだけでなく，他の多くの国々においても経済改革と力強い成長が幅広く見られた時期であった．そのプロセスは国によって大きく異なっていたが，大まかに言ってグローバリゼーションが促進され，市場および国際的な貿易と資本の流れへの依存が高まっていった．資本流入の多くは日本からNIEs，東南アジアおよび中国に向けてのものであった．

日本からの資本流入を，特に東南アジアに対するNIEsからの投資が補完した（ADB, *Asian Development Outlook 1996 and 1997*, p. 194）．韓国や台湾（Taipei,China）といったNIEsは，労働集約的な製造業についての自国での経験で得た，技術とマーケティングに関する価値ある知識を活用できる東南アジアに魅力を感じていた．NIEsからの直接投資は，第2，3章で触れた雁行型経済発展パラダイムに合致したものだった．NIEsは，実質賃金の上昇や自国通貨価値の上昇により労働集約的な製造業での比較優位性が失われ始めるなかで，特に製造業の雇用を拡大する態勢が整っているインドネシアのような低賃金国への投資に積極的であった（ADB, *Asian Development Outlook 1991*, p. 48）．韓国と台湾（Taipei,China）は，それによってより資本集約的な活動に国内の労働力を再配置することができた．

1985年のプラザ合意後の為替相場の調整によってこうした変化はさらに進み，輸出先の構成にも大きな転換がもたらされた（ADB, *Asian Development Outlook 1991*, p. 43）．それまで，アジアの途上国は北米，欧州および日本の輸出市場に依存していた[3]．しかし1986年頃から，各国相互での貿易が増加し始めた．アジアは瞬く間に，地域自体が最も重要かつ急速に拡大する市場となっていった．

地域の変革を支えたもう一つの要素が，中央集権型の計画経済から市場経済へと転換しつつあったロシアと中国による大規模な改革であった（ADB, *Asian Development Outlook 1991*, Box 1.3）．こうした変化はアジアに重要な影響を与えた．1990年代前半，ロシアはベトナムやモンゴルなど，旧ソ連時代に強固なつながりのあった国々から経済援助を引き上げた．同時に，アジア，特にベトナムとラオスの政策決定者たちは，市場志向的な農業改革が急速な成長と生産性の上昇をもたらした中国の経験に着目していた（ADB, *Asian Development Outlook 1989*, p. 38）．

変化の規模だけでなく，同じく衝撃的だったのが，そのスピードであった．世界銀行による1993年の報告書『東アジアの奇跡』の研究対象だったアジアの好調な8つの国・地域の実績は，域内の他の国々の成長をも押し上げるものとなった．この報告書では，1965年から1990年にかけて，東アジアの23の国・地

3）韓国，台湾（Taipei,China），インドネシア，マレーシア，タイにとって，日本は工業化の初期における最も重要な輸出先であり，中国にとっても1996年まで日本は香港（Hong Kong, China）に次ぐ第2の輸出先であった．

域が世界の他のどの国よりも速いスピードで成長したことが指摘されている（World Bank 1993, p. 1）．1997年，ADBが発表した『台頭するアジア：変化と課題（*Emerging Asia: Changes and Challenges*）』は，そうした変革を「歴史上類例のない」ものとし，アジアの人々が急速に，より豊かに，より健康に，より良い食生活をし，そして教育水準を向上させたと指摘した（ADB 1997）．しかし，この研究は同時に，変革により，人口動態や社会，そして環境に関し，以後数十年にわたって問題となるであろう課題が生じていることも指摘していた．

新興工業経済地域（NIEs）

この時期における東アジアと東南アジアのうち新興工業経済地域（NIEs）の経済政策の大きな目標は，高付加価値の製造業およびサービス業に参入することであった．NIEsはいずれも，依然として輸出志向であったが，それぞれ明確な特徴を持っていた．例えば香港（Hong Kong, China）の場合，中国の市場改革による影響がますます強まっていた．1980年代後半，香港（Hong Kong, China）から中国に対する投資は劇的に増加した（ADB 1991, Box 2.1）．また，香港（Hong Kong, China）ではサービス部門が急速に拡大し，1996年には，サービス業が経済全体の80％超を占めるようになっていた．しかし，1990年代半ば，投資家は1997年に迫った中国への返還でどのような影響が出るかを懸念し始めた．

一方，韓国は労働集約的な製造業からの転換を進めていた．各企業は非熟練労働者の不足と人件費の上昇に直面し，より資本集約的な方向を目指した．投資はGDPの40％近くというきわめて高い水準に達した．こうした戦略によって工業生産における重化学工業の比率が高まり，重化学工業製品の輸出は力強い伸びを示し始め，1995年にはその成長率は30％超にも達した．韓国は1996年に経済協力開発機構（OECD）加盟の準備を整えるとともに，海外直接投資，特に東南アジアや中国向けの投資を増やしていった．

シンガポールでも進歩はきわめて急速であった．1980年代前半，政府はより先進的な技術の促進を目的とした計画を発表する一方，引き続き海外との貿易や外国投資に門戸を開いていた．当初，進歩は緩やかなものだった．しかし1990年代にはこの戦略が実を結び，製造業，ならびに金融・ビジネスサービスが成長を牽引し，全体的な経済成長が年率10％を超えるようになった．

同様に，台湾（Taipei,China）も熟練した技術集約的な経済を目指していたが，その一方で中国や香港（Hong Kong, China），東南アジア諸国といった国・地域への投資も行っていた．

中華人民共和国

1970年代後半に始まった変革はそのペースを速めた．しかしそれでもなお，そうした変革は時として「断片的，部分的，漸進的であり，しばしば実験的」であった（Lin, Cai, and Li 1996, p. 201）．東欧におけるトップダウン型の「ビッグバン」方式の移行と比較して，中国のアプローチはよりボトムアップ型であり，そのため移行経済諸国においてどちらの改革モデルがよいかについての論争が生じた[4]．

しかし，中国では，高水準の投資と生産性の上昇を伴う持続的な構造調整の時期が長期にわたって続いたことは明らかだった．政府は慎重かつ漸進的に自国経済を海外との貿易や外国投資に開放する一方，規制を緩和し，補助金を削減することで，より市場への依存度を高めた（ADB 1989, Box 2.1）．自由化は段階的に実施された．例えば，政府が二重価格制度（双軌制）を認めたことにより，国有企業の経営は一部自由化され，公定割り当て量を超える生産物を市場価格で売ることが可能となった．

1980年代半ば以降，変化のプロセスは農村および農業改革から都市部や小規模製造業にまで拡大された．その結果，農村や都市の各地区では労働集約的な軽工業品の生産が増加した．ほどなくして中国は，織物，綿製品，家具，そして玩具の世界最大の生産国となった．このプロセスは，広東省とその近隣地域において，特に香港（Hong Kong, China）と台湾（Taipei,China）からのFDIによって支えられた．1991年から1994年にかけて，中国へのFDIは40億ドルから300億ドルへと増加した（ADB, *Asian Development Outlook 1996 and 1997*, p. 20）．1992年春，鄧小平は有名な中国南部の視察を行い，その際にさらなる経済の改革と開放の重要性を説くとともに，そうした変化を支持しない人々を批判した（南巡講話）．

しかし，急速な構造改革がマクロ経済的な問題を引き起こす困難な時期もあ

4） 論争の概要については，Lin, Cai, and Li（1996, pp. 201, 225）を参照．

った．例えば，ADB の第3期の10年にはいく度かインフレの昂進と低成長の局面が訪れた（ADB, *Asian Development Outlook 1990*, Box 2.1）．政策決定者たちは，急速なミクロ経済上の変化が「景気と不況の循環（boom and bust）」につながることを危惧し，市場志向の自由化が経済的な不安定につながらないよう注意していた．

1990年代の前半，中国はさらなる政策上の転換によって，持続的な発展の時代を迎えた．1994年，政府は経常取引での人民元の外貨との交換を解禁し，中央銀行を強化して銀行制度の商業化を拡大するとともに財政改革を導入した（ADB, *Asian Development Outlook 1996 and 1997*, Box 2.1）．ADB の第3期の10年の後半には，中国の年平均成長率は10％またはそれ以上に上昇した．急速な変革の時代は，新しい世紀を迎えてもなお続いた．

東南アジア

第1に国内改革によって，第2に他の国々との開かれた貿易と投資関係によって，そして第3に NIEs や中国で生じている変化など国際的な要因によって，東南アジアのほとんどの国々で変革が加速した．

ADB の第3期の10年が始まった頃，インドネシアとマレーシアは共に政策の大幅な見直しを迫られていた．1970年代に世界の原油価格は劇的に上昇し，両国は輸出収入および税収が予想外に増加した．しかし，1986年に世界で原油価格が急落した際には，どちらの国も徹底した改革を余儀なくされた．

インドネシアでは，一連の経済政策パッケージが導入され，経済の再編と部分的な規制緩和が進められた．これらの施策によって，1990年代前半には石油セクターへの依存度が低下し，労働集約的な製造業が急成長を遂げた．金融セクターでも重要な変化が生じた．1980年代後半の規制緩和によって商業銀行は大幅に増加し，その数は1988年の110行から1995年には240行までになった（Hamada 2003）．しかし，金融当局は急速な変化を監視する能力を欠いており，1997年にアジア通貨危機が生じた際に深刻な結果をもたらすこととなった（第10章）．

マレーシアでも同様の変化が生じた．効果的なマクロ経済政策，比較的整備されたインフラ，そして強固な資源基盤の組み合わせによって国際貿易が急速に成長し，マレーシアは海外の投資家にとって相変わらず魅力的な投資先であった．情報技術に大規模な投資が行われ，輸出志向の製造業が着実に成長した．例えば，製造業中最大の分野である電気・電子製品の生産量は，1995年に20%超も成長した．

タイ経済はさらに力強い成長を見せ，1988年から1990年にかけて2桁台の成長を示した．これは変革の時代であった．1970年代には一次産品に大きく依存していた経済は，急速に成長する製造業の生産や堅調な農業，そしてサービス部門の拡大とともに多角化の度合いを高めていた．さらに，外国投資に支えられ，輸出品目も多様化が進んだ．しかし，1990年代半ばには経常赤字が大きく拡大し始め，1995年にはGDPの7%超にまで上昇した．当時，この大幅な対外赤字は持続可能と思われた（ADB, *Asian Development Outlook 1996 and 1997*, p. 107）．しかし，1997年半ばにアジア通貨危機が発生した際に明らかとなるように，経常収支の不均衡の拡大によってタイ経済は国際的な資本フローの不測の変動に対して脆弱となっていたのであった．

フィリピンでは，経済発展のプロセスの停滞が続いており，近隣のASEAN加盟国と著しい対照をなしていた．1986年のマルコス時代の終焉によって，一時的な回復がもたらされた．しかし，コラソン・C・アキノ（Corazon C. Aquino）大統領の新政府にとって，巨額の債務や急速な人口増加，そして煩雑な統治制度のもとでの困難な改革実施といった，それまでの20年間の負の遺産を克服することは難事であった．1991年から1992年にかけて経済は再び不況に陥ったが，その後，新大統領にフィデル・ラモス（Fidel Ramos）が就任すると投資を促進し始めた[5)]．

1980年代後半，ベトナム，カンボジア，ラオスといったメコン河流域の移行経済の国には持続的な変化の時期が訪れた．ベトナムでは，中国での変化に影響をされて，1986年12月に「ドイモイ」（刷新）の諸改革が発表され，農業分野における国内市場の自由化によって米の生産量は急増した（ADB, *Asian Development Outlook 1991*, Box 1.3）．しかし，統制経済から市場経済への移行には難題が多いことが明らかとなった．カンボジアとラオスでも同様の変化が生じた．1991年に締結されたパリ和平協定によってカンボジアでの内戦が終結すると，3国はいずれも国際社会への関与を急速に深めていった．対照的に，ミャンマーは依然として内向きのままであり，政治および経済活動に対する厳

5） この時期の変化に関して，Sicat（2014）が徹底した調査を行っている．Balisacan and Hill（2007）も，フィリピンの開発政策について的確なレビューを提示している．

格な規制と管理が発展を阻害した.

南アジア

ADBの第3期の10年において，南アジアの変化のペースは速まった．特にインドとバングラデシュは，それぞれ異なる理由から，国際経済に対してより開放的になりつつあった．インドでは，P・V・ナラシンハ・ラオ（P. V. Narasimha Rao）首相とマンモハン・シン（Manmohan Singh）財務相のリーダーシップで1991年に導入された包括的な政策パッケージが転換点となった（Panagariya 2001）．1980年代にも緩やかな改革が進められていたが（ADB, *Asian Development Outlook 1989*, Box 2.5），1980年代後半には急激な成長によって債務水準が上昇するとともに国際収支赤字と財政赤字が増大し，経済的な苦境に陥ることになった．その対策として，政府はIMFの支援のもとで1991年7月に大規模な改革パッケージを導入し，多くの産業活動の免許制を廃止し，外国投資の手続きを簡素化するとともに，貿易政策と金融政策を改革した（ADB, *Asian Development Outlook 1992*, Box 2.5）．これらの新たな政策によって長期的な経済成長の加速が顕著となり，人々の考え方にも変化をもたらした．そのため，政治指導者たちは改革を支援せざるをえなかった．ADBの第3期の10年が終わる頃には，インドは成長志向の政策への方向性を確かなものとしていた.

南アジアのその他の国や地域における発展の実績はまちまちであった．パキスタンでは，力強い成長の時期が何度かあったが，政治的・経済的な混乱のため長くは続かなかった．1989年，同国の唯一の大貿易港で金融および産業の中心であるカラチで民族抗争が起こったことから治安が不安定となり，投資が阻害された．頻発する電力不足や農業部門の低迷も経済開発に悪影響を及ぼした．バングラデシュでは，将来的な展望がいくぶん好転した．1980年代半ば，同国の経済は農業が支配的であり，フォーマルな製造業は未発達であった．10年後，貿易の大幅な自由化や税制の改正といった改革により，成長が促進されるとともに農業への過度の依存が緩和された．にもかかわらず，投資は依然として南アジアでも最低の水準であった.

スリランカ，ネパール，ブータンといったより小さな南アジア諸国では，政策決定者たちは外部志向，貿易志向の政策に対して概してより慎重であり，外国投資の水準は低かった．政府は内向きで規制重視の政策をある程度緩和したものの，東アジアや東南アジアで実行されていたような構造改革に着手しようとはしなかった．

中央アジア諸国

ADBの第３期の10年が終わる頃，中央アジアの旧ソ連邦共和国（CARs：Central Asian Republics）の中の３つの国，カザフスタン，キルギス，ウズベキスタンがADBに加盟し，続く数年の間に，さらに数カ国が加盟国に加わることになった．

1991年のソ連の崩壊によって，CARsには経済的，社会的にきわめて困難な時代が訪れた．ソ連からの独立を宣言したすべての国が，その後の構造調整の時期に生産量は大きく低下した．1990年から1996年にかけて，CARsの生産量は40％超も減少した．しかし．ウズベキスタンは他の旧ソ連内の共和国に比べて国内経済への直接的な影響を受けなかったため，多難な構造調整のプロセスを免れた．

カザフスタンの場合，生産量の急減は，主として石油およびガス生産の中断，ソ連からの補助金を失ったこと，そしてロシア人技術者および管理者の出国によるものであった．キルギスはそれほど天然資源に依存してはいなかったものの，ソ連からの支援への依存度が高かった．両国は共に1993年にルーブル圏を離脱し，自国の通貨を創設したが，すぐに激しいインフレに見舞われた．カザフスタンでは1994年までの３年間，インフレ率が毎年1,000％を超え，キルギスでも1992年と1993年にインフレ率が1,000％近くまで上昇した．

いずれの国も移行に伴う困難な諸課題に直面し，厳格な安定化策，構造改革，そして有効に機能する市場の開発が必要となった．独立後長い期間にわたって，財政問題は深刻であった．その結果，公共サービスは大きく削減された．深刻な経済的困難により，貧困が急激に増大した．孤立した工業集積地区や農村地域に住む人々は特に影響を受けた．例えばカザフスタンでは，全人口に占める貧困ライン以下の人々の比率が，1992年の20％に対し，1995年半ばにはおよそ37％にまで増加したと推計された（ADB, *Asian Development Outlook 1996 and 1997*, p. 68）．

太平洋諸国

太平洋諸国にはきわめて多様な国々が含まれる．大まかな分類は規模によるものである．土地面積と土地に関わる資源の大半，そして太平洋諸国の人口の90％超が，フィジー，パプアニューギニア，ソロモン諸島およびバヌアツという，メラネシアの４つの国に集中している．対照的に，ポリネシアとミクロネシアにあるより小さな国々は主に海洋資源に依存している[6]．ADBの第３期の10年を通じて，太平洋諸国の大半が好景気と不況の波を経験し，多くの国が多額の財政赤字と国際収支赤字を抱えることになった．

これら諸国は二重構造経済であり，大きな自給自足セクターと，その大部分を政府の活動が占める小規模なフォーマルセクターで構成されている．そのため，経済の高成長は必ずしも大多数の人々の生活水準を向上させることにはならないのであった．例えば1992年，パプアニューギニアは鉱業と石油部門での好況を経験し，生産量が30％も増加した．しかし同年，同国経済の非鉱業部門の生産はわずか４％の伸びにとどまった．経済成長の推進には，政府部門の能力の向上，民間企業の振興，そして貯蓄率と投資率の引き上げが必要である．この10年間，太平洋諸国の大半はこれらの面でごくわずかな進歩しか達成できなかった．オーストラリアとニュージーランドは，太平洋諸国に対して長く開発援助を供与し続けた．しかし，この地域の開発課題があまりにも多いため，国際的な援助プログラムはこれら諸国の成長を妨げる障壁の一部に対処しただけにとどまった．

アジアの強みを伸ばす

ADBの第３期の10年には，開発政策や開発プログラムの策定方法についての考え方に影響を及ぼすような重要な変化が見られた．アジアの多くの国々が，急速な成長を通じて改革の配当を手にし，より多くの国々が対外志向的かつ市場志向的な政策を採用するようになっていた．輸出の急速な拡大は，世界トッ

6）太平洋のADB加盟国のうち，クック諸島，ナウル，サモア，トンガ，ツバルは一般的にポリネシアに分類され，ミクロネシアにはキリバス，ミクロネシア連邦，マーシャル諸島，パラオが含まれる．

プクラスの技術や資本財を輸入する資金をもたらした．多くの場合，堅実な財政運営に支えられた高い貯蓄率が，インフラおよび民間セクターへの投資を支えた．低所得国の一部が労働集約的な製造業を増やす一方，NIEsをはじめとする高所得国は高技術の工業製品の生産を拡大した．

アジアにおける構造調整は，日本やNIEsからの資本流入の大幅な増大によって支えられた．大量の資本の流入は歓迎された．外国直接投資の移転によって，資金，技術および経営ノウハウのパッケージが提供された．しかし1997年，アジア通貨危機が発生すると，資本市場を開放したこと，特に短期のポートフォリオ投資の急速な自由化を許容したことで，借り入れ国は投資家心理の急変がもたらす危険にさらされたことがすぐに明らかとなった．

この時期，ADBはアジアの台頭，より正確にはアジアの復活を指摘していた．アジアは自信を深め，世界経済の中でより大きな割合を占めるようになっていた（ADB 1997, p. xi）．時間の経過とともにこの傾向は，ADBの第3期の10年により顕著となった．先進国の成長が鈍化する一方，アジアの途上国は好成績を維持し続けた．中国における変革は衰える兆しを見せず，巨大な国の一部地域で成功したとみなされた改革が他の地域でも採用されていくなかで，むしろ成長のペースを速めていった．アジアの国々が適切な国内政策を採用すれば，国際市場が不安定な中にあっても持続的な成長が期待できるということが次第に明らかになった．アジアにおける自信の深まりのもう一つの表れが，ワシントン・コンセンサスに見られるような市場志向の考え方は，アジア独自の経験によって調整しなければならないという主張であった．

地域機関もまた関心の的となった．ASEANをはじめとする国際機構は体制を強化しつつあり，ADBによるメコン河流域圏地域経済協力プログラムやそれに続く中央アジア地域経済協力（CAREC）プログラムなど，地域協力への取組みが拡大した．さらに，南アジア地域経済協力（SASEC）プログラムも開始された（第12章）．

第3期の10年の間，ADBは以上のような，そしてそれ以外の開発課題に対応しなければならなかった．次章で見るように，冷戦の終結によって国際開発のアジェンダに数多くの変化が生じ，ADBの役割にも新たな期待が寄せられることになった．

第9章　ADB：新たな加盟国・地域

「かねてより私が主張してきましたとおり，ADBはプロジェクト融資の機関から，広範な機能を持つ開発機関への変革を加速しなければなりません．（中略）ADBの基本的な任務は単に融資の額を最大化することではなく，開発の効果を最大化することにあります.」

——佐藤光夫，新年に向けてのメッセージ，1997年末

1987年，第3期の10年の始まりの年に，アジア開発銀行（ADB）は大阪で20回目の年次総会を開催した．これは1966年11月の東京での創立総会以来，日本で開かれる初の年次総会という大きな意義を持つ総会であり，開会式は皇太子ご夫妻のご臨席のもとに行われた．藤岡眞佐夫は，その演説の中でADBの第1回年次総会を振り返り，そのうえでこれまでのアジア太平洋地域の成長と発展について概観した．

将来に目を向ければ，ADBが数多くの問題に直面していることは明らかであった．一つは融資業務の減速であった．ちょうどその頃，多くの途上国が輸出向け一次産品価格の低迷と債務水準の上昇に直面しており，各国政府は新たなプロジェクトへの支出の削減を迫られていた．さらに，藤岡は，開発においてADBが果たす役割への期待の高まりに対応するなかで，ADBの業務がより複雑になることも予想していた．

ADBは加盟国からの要求の圧力にもさらされていたが，先進国と借り入れ国では要求の方向性が異なることが多々あった．例えば，米国は民間部門業務の拡大を働きかける一方，ADBの運営のあり方については時として批判的であった．こうした意見は，1985年と1986年に米国の理事ジョー・ロジャース（Joe Rogers）によって，さらにその後，1987年から1993年にかけては後任のビ

クター・フランク（Victor Frank）によって強硬に示された．両者は共にレーガン政権と個人的に緊密な関係を有していた（Roy 1985, p. 60; Rogers 1985, p. 68）[1]．他の域外加盟国にもさまざまな優先事項があった．例えば，欧州の数カ国はADBに対し，中国とインドへの融資を増やすとともに，より多くのNGOと協力し，また開発における女性の役割にもっと配慮するよう働きかけた．

開発途上加盟国には別の懸念事項があり，概して融資の額と条件により高い関心を抱いていた．1987年の年次総会において，インドはADBの融資の停滞について注目し，ADBに対してより多額の融資を行うとともに，融資の実行を遅らせる「複雑な手続き上の要件」を緩和するよう訴えた．インドネシアは，政府機関の強化のための技術協力を求め，また，特に貧しい人々に恩恵をもたらすプロジェクトを増やすよう求めた．

加盟各国の優先事項を考慮した取り組み

藤岡は総裁としての最後の3年間，こうした要望に加え他の多くの課題にも対応しなければならなかった．彼は，ADBとインドおよび中国との結び付きを強め，開発についての知識と知見を集積したリソースセンターとしてのADBの機能を拡大し，そして1990年代におけるADBの役割を再定義するという3つの主要優先課題を設定した．

藤岡が提起したこれらの課題のうち一つ目の課題への対処は，ほどなくしてADBに重要な変化をもたらすことになる．1986年から1987年にかけて，インドと中国は最初の融資の提供を受けた．そして借り入れ額の急増とともに，ADBの融資プログラムは新たな成長局面に入った．これら2カ国との協力は，第3期の10年におけるADBの業務の重要な特徴となる．

新たなプログラムは，1980年代前半の融資の低迷によって生じた憂慮すべき問題の克服に貢献し，ADBのバランスシートを拡大した．それに促される形で，間もなく一般増資についての協議が始まった．

藤岡は，インドをADBの借り入れ国とすることに尽力した．インドの側か

1）シャーク（Donald R. Sherk）は，ADBをはじめとする国際機関への米国の関わり方について，自身の経験を語っている．彼は1982年6月から1985年8月まで，ADBの理事代理を務めた．Sherk（2008）．

ら見れば，ADBは，額は大きくないながらも追加的な外貨資金を提供する存在であった．インドに対するADBの最初の融資は，1986年にインド工業信用投資公社（現在のICICI銀行）に対して，民間の工業分野の企業向けの転貸を支援する目的で実施された．

藤岡はインドのプログラムの速やかな拡大を強く望んでいた．しかしこの目的のためには，ADBが個別のセクターに関する知識を深め，インドにとって有用なパートナーとして自らを確立しなければならなかった．インドの借り入れ機関とドナーとの関係はしばしば不調であり，ドナーからの助言は必ずしも歓迎されなかった．実際，インドの政治的環境は概して外国の機関との政策協議を難しいものにした．しかし，ADBのプログラムが拡大するにつれて，ADBの職員は徐々にセクターレベルでの政策対話の機会を増やし始めた．

藤岡は中国でのプログラムの拡大も目指していた．ADBと中国は共に，互いに協力することが大きな利益となると認識していた．ADBが中国との協力をアジアの主要な開発機関として自らを確立するチャンスとみなした一方，中国はADBとの協力を国際的な経済外交を強化する有益な手段とみなしていた．すなわち，中国はADBへの加盟によって，国際社会に対して自らを開放し，地域の開発において近隣のアジア諸国と協力する用意があるというシグナルを送ったのである．それは1980年代半ばの中国にとって重要なことであった．中国との協力は1986年に開始された．1987年に承認された最初の融資は，中国投資銀行に対する，中小企業への支援を目的とした1億ドルの融資であった．インドの場合と同様に，最初の数年間は関係構築のための期間となった．当初，中国は主として，政府が成長回廊と位置付けた東部沿岸地域の工業開発を目的とした借り入れを行った．ADBからの借り入れ対象となるプロジェクトの選択は，中国当局が行うことが多かった（ADB 1998d, p. iv）．

ADBが中国に資金を提供した初期の2つの記念碑的プロジェクトが，上海の南浦大橋と楊浦大橋（ボックス9.1）であった．上海でのADBのもう一つの成功プロジェクトとしては，呉淞江の再生・浄化プロジェクトがある．その後2016年11月，中尾武彦総裁がADBと中国との協力30周年を記念するシンポジウムのために上海を訪れた際，彼は市政府に長年勤めてきた上級職員の発言に感銘を受けた．その職員は，ADBのプロジェクトは，その設計と実施にあたって資金と技術，そして現場での専門知識を組み合わせた総合的なものをもたらしたという意味で，中国の発展に不可欠であったし，今なお不可欠であると

ボックス9.1　上海に架かる2つの橋

南浦大橋．このプロジェクトでは黄浦江に架かる最初の橋の建設を支援し，浦東新区をビジネスと金融の中心地へと生まれ変わらせることによって上海の経済基盤の再編を促した．橋は予定より2年早く，1991年12月に開通した．交通量はたちまちのうちに増加し，最初の1カ月には1日約1万2,000台の車両がこの有料橋を利用し，翌月にはその数が1万7,000台にまで増加した．それから10年後には，およそ12万台の車両が日々この南浦大橋を利用していた．プロジェクトの総費用約2億2,700万ドルのうち，ADBは3分の1弱（7,000万ドル）を負担し，残りの費用は，民間からの協調融資と上海市政府によって賄われた．

楊浦大橋．南浦大橋の姉妹橋で，1993年に開通．当時としては世界最長の橋の一つであった．全長8,000メートルを超える，世界最長の斜張橋の一つである．この橋の利用は急速に拡大し，2000年には1日におよそ10万台の車両が利用していた．約2億6,700万ドルのプロジェクト総費用のうち，ADBは8,500万ドルの融資を行った．

南浦大橋と楊浦大橋は共に，上海の技術的発展を誇示する見本であった．南浦大橋は高強度素材製で，バンクーバーのアレックス・フレイザー橋をモデルに上海市政工程設計研究総院が設計した．世界中の経験から得た教訓を広く活用するために，ADBは技術協力援助プログラムとして世界トップクラスの技術者からなる国際グループを招き，南浦大橋の設計を精査した．この経験を基に，中国人技術者たちは自分たちの手で楊浦大橋の建設を行った．

出所：Gill（2011, pp. 4-6）; https://www.adb.org/sites/default/files/publication/28883/prc-impact-stories.pdf（2016年12月20日にアクセス）；ADB（1999c）.

語ったのだった．

中国政府は，ADB加盟国という立場を利用することに積極的であり，1989年に年次総会を北京で開催することに同意した．総会の開会式は人民大会堂で開かれ，その他のセッションは北京シェラトン長城飯店ホテルで行われた．重要なアジェンダの一つは，1990年代におけるADBの役割に関する報告書について議論することであった．さらに，総会期間中に藤岡が1989年末での退任を表明したため，ADBの次期総裁についての憶測もなされた．

総裁としての最後の3年間，藤岡は開発機関としてのADBの強化を図った．開発への総合的な支援には資金の援助のみでは不十分であるため，彼はADB

がアジアの開発に関するリソースセンターとなり，借り入れ国に情報や知識を提供することを望んだ．知識や知的資本の重要性を早くから指摘したという点で，藤岡は開発への知識ベースのアプローチの先駆者であった．その後，このアプローチは1990年代半ばに世界銀行のジェームズ・ウォルフェンソン（James Wolfensohn）新総裁が「世界銀行は『ナレッジ・バンク』となる」と表明したことで注目された．

1989年，藤岡は「アジア経済見通し（*Asian Development Outlook*）」を初めて刊行した．「アジア経済見通し」はその後，ADBの最も重要な定期刊行物の一つとなる．彼はまた，「開発戦略についてのラウンドテーブル（Roundtables on Development Strategies）」を自ら積極的に支援した．これは1989年に始まった会議で，アジアの借り入れ国からの参加者に開発課題についての議論の場を提供した（Fujioka 1989）．

さらなる改革を求める声を受けて，藤岡は1987年，1990年代におけるADBの役割について検討するため，外部から5人の有識者を招き，パネルを設置した．パネルのメンバーはアジア内外から招かれたが，設立協定を反映し，「基本的性格においてアジア的」であった．議長は著名なエコノミストでかつ政策決定者であり，環境問題に強い関心を持っていた大来佐武郎であった．その他，インドネシアのモハメド・サドリ（Mohammad Sadli），インドのアマルティア・セン（Amartya Sen）という2人の高名な開発経済学者に加え，先進国の2人の上級の政策決定者，米国のジョン・M・ヘネシー（John M. Hennessy）とオランダのエミール・ファン・レネップ（Emile van Lennep）もグループに名を連ねた．彼らは多くの国々の代表団と会い，1989年前半には最終文書「1990年代におけるアジア開発銀行の役割に関するパネル報告書（Report of a Panel on the Role of the Asian Development Bank in the 1990s）」（ADB 1989a）を発表した．

この報告書は，当時の開発思潮の変化を反映するものであった（第8章）．ADBは開発途上加盟国の開発促進を最優先の目的とする健全な金融機関となるべきだという見方を確認しつつも（ADB 1989a, p. 2），同時に開発を幅広く定義し，持続的な経済成長に加え，社会的および環境的目標も含むものとした．報告書では，このアプローチとはつまり開発におけるバランスをとることであると強調された．

「近年のアジアの経験から，一つの教訓が明らかとなっている．開発が成功し，持続的であるために最も重要なことは，適切なバランスをとることである．

例えば，公共セクターと民間セクターの間の役割とその範囲についてのバランス，政府による計画と市場メカニズムの賢明な活用とのバランス，そして成長を直接促進する政策と社会問題に配慮した政策とのバランスなどである」（ADB 1989a, p. 3）．このように，パネルのメンバーは1980年代に一部で支持された，新自由主義的な市場志向の政策とは距離を置いていた．

パネルは具体的な提言を行った．主な提言の一つが，ADBは引き続き公共セクターのインフラ投資への融資に重点を置くべきであるが，一方で家族計画といった公共衛生や教育を含む社会セクターへの支援も拡大すべきだというものであった（ボックス9.2）．さらに，ADBは貧困への対策にもっと力を入れるべきであり，貧しい人々に直接的な恩恵をもたらす社会投資を支援するとともに，プロジェクトの雇用に及ぼす影響――特にインフォーマルセクターでの雇用――に特別な関心を払うべきであると述べた．そして，プロジェクトの審査の際には，常に貧困層への影響に配慮すべきであり，さらに，ブルントラント委員会の報告書の提言に沿って，「持続可能な開発について基本的にコミットする」必要があると指摘した．

公共セクター投資への強力な支援とバランスをとる形で，民間セクターへの支援の拡大を支持する提言も行われた．パネルの見方では，民間セクターの活動におけるADBの直接的役割は非常に限定的なものであった．また，パネルはADBと借り入れ国との政策対話の拡大も提言した．業務上の優先課題に関する1983年初頭の研究にもとづいて，ADBは1980年代に政策対話を拡大してきた（ADB 1983d, p. 12）．しかし，パネルはADBがさらに政策対話の取り組みを，特にアジア内外の国々の代表と連携した多国間協力によって，強化することを希望した．

1992年には，パネルによる報告書の提言の多くは，新たな中期戦略枠組みに盛り込まれることになった（ADB 1992）．この報告書は，ADBをより包括的な開発金融機関として発展させるという藤岡の取り組みにとって追い風となるものであった．しかし，これがジレンマを生むことになった．ADBがより多様な課題を掲げる一方，財源は限られたままだったからである．実際，数年のうちにADBは「融資上限枠の問題」に直面する．融資プログラムの総額が，融資枠の上限に達してしまったのである．

ADB設立協定では，通常資本財源（OCR）からの承認可能な融資額についての上限を設定する明確な規定が定められている．OCR融資，出資および債

ボックス9.2　ADBによる教育セクターのプロジェクト

アジア開発銀行（ADB）にとって，教育セクターは当初からの優先セクターであった．ADBが注力したのは，職業教育の改善，科学技術分野の教育の強化，そして基礎教育の質の向上であった．

教育に関する最初の融資は1970年，シンガポールのンギー・アン・テクニカル・カレッジの拡張を目的として承認された．当初，ADBの職業教育支援は韓国やマレーシア，タイなど，東アジアおよび東南アジア諸国に焦点を当てていた．しかし，技術・職業教育訓練（TVET）への需要は急速に増大した．過去50年間にわたって，ADBは26カ国で90件を超えるTVETプロジェクトを支援してきた．

国家の発展に対するその重要性を認識して，ADBは業務の初期段階から，中等・高等教育における科学技術教育を積極的に支援していた．例えば韓国では，1970年代後半に韓国科学技術研究所（現韓国科学技術院）や韓国標準研究所（現韓国標準科学研究院）をはじめとする6つの研究開発機関の改修や強化を支援した．また，1980年代から1990年代にかけて，インドネシアの複数の大学の強化を目的とした大規模な支援を行った．

過去数十年の間におけるADBの基礎教育への関与により，教育へのアクセス，質，そしてジェンダーの平等の点で大幅な改善が実現した．例えば，ADBが支援するバングラデシュでの女子生徒向けの給付金プログラムは，同国が中等教育までのジェンダーの平等の早期達成を実現させた国として世界的に認知されることに大きく貢献した．モンゴル，ウズベキスタンそしてベトナムでの教員研修や教科書への支援により，教育の質の向上が実現した．さらにネパール，サモアその他の国々では，政府の主導によるセクター全体を対象とした包括的なアプローチを支援した．

これまでの経験や進歩を足掛かりに，ADBは現在，教育の機会に恵まれない人々のアクセスの強化（ジェンダーの平等や恵まれない貧しい人々への継続的支援など），生徒への教育方法や学習の改善，就業に直結する知識・技能教育の充実，ならびにセクターを超えた協力と革新とを通じ，アジアにおける知識ベースの経済の構築に寄与する，という4つの分野に注力している．

出所：ADB.

務保証の合計残高は，ADBの応募済資本（払込済資本と請求払資本からなる）と準備金の額を超えてはならない[2]．毎年理事会の承認を受ける借り入れ方針

2）　OCR融資の制約に関する詳細は，設立協定の第12条に定められている．

では，市場からの資金調達の総額はADBの非借り入れ国からの請求払資本とADBの資本（払込済資本および準備金）を超えてはならないと定めている．後年，ADBの融資は，ADBのAAA格付けを維持するのに必要な諸条件からも制約を受けるようになる．格付けの維持のためには，OCRのバランスシート上の融資額に対する自己資本比率（払込済資本および準備金のみを指し，請求払資本は含まない）について，厳格に水準を遵守しなければならなかったのである．こうした制約のため，ADBは，融資枠の上限を引き上げるために，新たな増資が必要とされた．

垂水公正

1989年11月，藤岡眞佐夫が退任し，一つの時代が終わりを迎えた．1981年，彼は変化を促す意欲を持って総裁に就任した．その取り組みは1983年の「1980年代におけるアジア開発銀行の業務上の優先課題と計画に関する研究（Study of Operational Priorities and Plans of the Asian Development Bank for the 1980s）」（ADB 1983d）の発表を待って前進したのであった．

藤岡と理事会との関係は常に円満というわけではなく，複数の理事が何度も彼の決定に異を唱えた．それは多くの場合，米国，オーストラリア，英国，およびカナダの理事であり，彼らはしばしば自分たちの優先課題を推し進めようとした．そうした困難にもかかわらず，藤岡は明確な考えと規律あるマネジメント・スタイルを備えた強力かつ実行力のある総裁であった．彼の努力により，ADBは地域のリソースセンターそして知識の蓄積場所としての活動を拡大するとともに，その業務を政策構築への関与へと拡張した．そして，インドと中国を借り入れ加盟国にするために尽くされた藤岡の多大な努力の結果，ADBは両国に対して融資を行うようになったのであった．

1989年11月に総裁に就任した藤岡の後任，垂水公正の経営へのアプローチは，かなり異なるものであった．他のほとんどのADB総裁と同様，垂水も日本の大蔵省出身であり，その他にワシントンDCの駐米日本大使館の公使や大蔵省関税局長を務めていた．彼は融和的な，合意にもとづくスタイルを採用し，このスタイルによってADBの経営陣と理事会との関係は一変した．1990年５月にニューデリーで開かれたADBの年次総会では，多くの代表たちが垂水の総裁就任を歓迎した．アフガニスタンの総務は，彼は「本当の紳士」であると評した．

垂水は穏やかで控えめな性格であり，茶目っ気のあるユーモアのセンスも備えていた．国際機関の長としての礼儀作法を保つことが期待されていることを理解し，彼は普段そうした茶目っ気を表に出すことはなかった．しかし，彼は時折り自らその守りを解くことがあり，側近たちを驚かせた．例えば彼は米国の理事，ビクター・フランクとの論戦を楽しんだ．フランクは直接的で真面目，保守的な共和党的スタイルを理事会に持ち込んだが，オフィスの外ではは るかにおおらかな人物であった．

1991年，フランクの主催により，マニラにある彼の自邸で開かれたグラウンドホッグ・デー[3]のパーティーでスピーチを求められた垂水は，次のような何気ない観察から話を始めた．「日本人の多くは『ありがとうございます』や『すいません』からスピーチを始めますが，私の国籍はもはや『日本』ではなく『ADB』ですので，スピーチを質問から始めてみようと思います．質問とはすなわち，私がこのスピーチをするのにふさわしい人間かどうかということです．特に，私はこれまで一度もグラウンドホッグ（地リスの一種）を見たことがありません．」しかし，彼はグラウンドホッグについてのフランクの簡単な説明を読んだ後，「グラウンドホッグ・デーの伝統について，私はより理解を深めることができたと思います．そして，このグラウンドホッグ・デーの『国際化』が日本に及べば，日本では誰かが必ずや『電子』グラウンドホッグを発明するに違いありません．」と語り，最後に「晴雨にかかわらず，グラウンドホッグはフランク夫妻以上に熱心なサポーターを見つけることは不可能でしょう」とスピーチを締め括ったのだった[4]．

創立記念日である1989年11月24日の金曜日にADB総裁となった垂水は，速やかな対応が求められるアジェンダに直面することになった．アジア開発基金（ADF）とOCRの両方の財源を調達することや大来パネルによる提言の実施など一部の課題はすでに予見されていたものであったが，それ以外にも，ベルリンの壁の崩壊に続く世界情勢の変化やインドと中国からの融資需要の急速な拡大といった，予想が困難であった課題もあった．しかし，これらの課題に取

3）グラウンドホッグ・デーは，米国その他の国々の一部地域で春の到来を祝う目的で行われる伝統行事．伝承によれば，この日はグラウンドホッグ（地リスの一種，北米に広く分布する）が巣穴から出て来る日で，グラウンドホッグが自分の影を見るかどうかによって，春の到来が近いかまだ遠いかが決まるとされる．

4）引用は1991年1月31日の垂水によるスピーチの公式原稿からのもの．

り掛かる前に，フィリピンで1989年12月に発生したクーデター事件に際してADBの舵取りを行うという，より差し迫った問題に垂水は直面した．

垂水の総裁就任からわずか1週間後の12月1日，フィリピン軍内の反体制派がコラソン・C・アキノ（Corazon C. Aquino）大統領に対してクーデターを試みた．国際空港は閉鎖され，マニラ首都圏はADBの周辺も含め混乱状態に陥った．情勢は緊迫したものとなった．ADBは閉鎖されたが，職員と財産を守るため，政府と緊密な連絡を維持した．アキノ大統領は，米国から空軍などの軍事援助を受け，クーデターは1週間足らずで失敗に終わった．

その後ほどなくして，職員と事件を振り返った垂水は，彼が議長を務めるADBの危機管理委員会がこの危機の最中に連日開いた会合の模様について語った（Tarumizu 1989）．この平和ボケを吹き飛ばすような経験を経て，問題を抱えたマニラにきわめて不確かな平静さが戻るなかで，垂水はADBの通常業務へとその関心を向けたのであった．

新たな資金

垂水にとって最初の仕事の一つは，ADFであろうがOCRであろうが，より多く資金を調達し，加盟国から絶えず寄せられるプログラム拡大への要請に応えることであった．アジア開発基金の第5次増資（ADF VI）に向けた交渉は1990年初めに開始された．不幸にも，これはベルリンの壁崩壊の直後であった．すでに東欧からの支援要請に直面するようになっていたドナーは，ADBが最初に提案した額が非現実的であると訴えた．同時に，ドナーはより多様なプログラムを望んでいた．大来パネルで提言されたように，ドナーは貧困の削減，経済成長，環境の改善，開発における女性の役割，そして人口問題により注意を向けるよう求めた．

さらにドナー・コミュニティは，ADBが借り入れ国における政策改革を支援するよう働きかけた．1991年に合意された公式な報告書である「ADF VI：ドナー報告書（Report of Donors）」は，借り入れ国の責務を強く主張している．「ドナーは，開発途上加盟国政府が合意された政策変更に責任を持つべきであると確信している．改革パッケージは，現実的で実行可能であり，かつ提供される援助を完全に正当化するものでなければならない」（ADB 1991）．

途上国政府や関係者は，そうした意見を必ずしも容易に受け入れなかった．

ADBの年次総会において，借り入れ国はADBと途上国との政策対話を慎重に進めるよう折りに触れて訴えた．また，途上国は，ADFプログラムでの優先課題をADBの他のすべての活動にもあまねく適用すべきというドナー国による提言を懸念していた．例えば「ADF VI：ドナー報告書」では次のように述べられていた．「ドナーは，これらの取り決めが主としてADF業務に関わるものであるものの，同時に，適切であればADBの通常資本財源（OCR）業務に適用されるべきものもあると認める」（ADB 1991）．こうしたアプローチに対して，途上国の理事の反応は冷ややかであった．ドナー会議からの報告が理事会に提示された際，彼らは垂水に対し，ADBの方針はドナー国だけでなく，すべての加盟国・地域の意見を反映すべきであるとクギを刺した．

一般資本増資（GCI）に関する交渉はさらに難しいことが明らかとなった．増資の際，資金の拠出の大半は必要とされ場合にのみ払い込まれる請求払資本の形で行われるため，加盟国の金銭的負担は比較的少なく，このため増資の交渉は概して容易となるはずであった．大半の加盟国は，財政上の負担がかなり軽いことを認識しており，1991年か1992年には協議を開始する用意が整っていた．

しかし，米国は交渉の開始をまったく急いでいなかった．それゆえに強い立場にあったのである．1992年に香港（Hong Kong, China）で開かれたADB年次総会において，米国はGCIの合意に至る前に検討すべき数多くの要件を示した．それらは，民間セクターの発展を促進するための戦略，協調融資への取り組み，中期的な融資戦略，「（中国を念頭に置いた）経常収支が大幅な黒字となっている国々」への融資についての取り組み，そしてADBの長期的に「持続可能な融資水準」の推計といった内容であった．このうち最後の項目は，追加のGCIが必要とならないよう，米国がADBの融資に厳格な上限の設定を望んでいることを示唆していた．ほどなくして，他の加盟国からもさらなる提案が追加された．

こうして，GCIでの合意に向けた垂水の再三の努力は1993年の年末まで思うように実を結ばなかった．これは憂慮すべき事態であった．ADBによる資本市場からの借り入れの額と承認可能な融資額は共に授権資本の額によってその上限が設定されていた．垂水がADB総裁に就任した時点では，OCR融資にはある程度の承認の余地がまだ残されていたが，その余地は急速になくなりつつあった．GCIがなければ，すぐに新たな融資を凍結せねばならない状況だったのである．

戦略的計画作り

垂水が対処しなければならないもう一つの課題は，1989年に大来パネルが行った提言の実施であった．彼は，パネルが示した優先課題，すなわち貧困削減，社会問題への対処，環境保護，民間部門拡大の促進，そして借り入れ国の政策環境の改善支援に取り組んでいくことを明確にした．

さらに垂水は，戦略的計画の枠組みをADBに導入するべく大きな一歩を踏み出した．それまでADBは確固たる戦略的計画の枠組みを策定したことがなかったが，そうした計画策定への支持が高まっていた．1990年，開発政策部が計画策定のための取り組みを開始した．こうした変化についてさらなる追い風となったのが，1991年，バンクーバーでのADB年次総会において各国の代表から戦略的計画の重要性について指摘がなされ，総裁直属の組織として戦略計画室が創設されたことであった[5]．

1992年初め，垂水は戦略的計画の導入を提案した．その内容は，大来パネルによる提言の実施に向けたプロセスの提案に加え，ADBの業務の方向性を決めるうえでの理事会と経営陣の役割の強化であった．こうした取り組みは，同年５月に香港（Hong Kong, China）で開かれたADB年次総会において強く支持された．

続く数年間にわたって，戦略的計画プロセスは強化された．ADBは新たな方法を採用し，戦略的目標により集中するよう，さまざまな形で仕向けられることとなった．組織上の変更も行われ，戦略的目標が優先されるよう徹底を図るために新たな部署が設けられた．

ADBの第３期の10年には，３人の総裁が戦略を統括した．1993年11月，垂水に代わって佐藤光夫が総裁に就任した．３人の副総裁の顔ぶれも変わった．長年にわたって副総裁を務めたS・スタンリー・カッツ（S. Stanley Katz）とギュンター・シュルツ（Günther Schulz）が退任したのである．２人は共に約12年間にわたってADBの堅実な運営を支え，組織に継続性をもたらした．これ

５）1991年に創設された戦略計画室は1994年に当時の開発政策部と統合された際に戦略政策部（SPO）に改称され，2000年に戦略政策局（SPD）へと改組された．やがて，同局の機能は財源の調達の取り組みにおけるADBへの出資国との対話の総括管理などにまで拡大された．

以降，副総裁の在任期間はより短いものとなるとともに，加盟国からの政治的圧力の高まりを反映して，その役割も大きく変化することとなる．

欧州情勢の影響

1989年末，垂水が総裁に就任するほんの数週間前に，世界は欧州で起こった歴史的な事件を目撃した．ベルリンの壁の崩壊である．しばらくの間，この事件のアジアとADBへの影響は不透明であった．しかし1990年５月のニューデリーでのADB年次総会において，ドナー・コミュニティの間では，次々に起こる東西関係の変化が彼らのアジアでの，そしてADBとのプログラムにどのような影響を及ぼすかについての検討がなされていた．その一つは，ドナー国が援助の予算を欧州に優先的に再配分するなかでの，資金獲得競争の熾烈化であった．例えばドナー国は，このADBの年次総会の１カ月前にロンドンに設立された欧州復興開発銀行（EBRD）に多額の資金の拠出を約束していた．ニューデリーでの年次総会に参加した欧州の各代表は，アジアの支援には引き続き尽力するものの，援助の予算に対しては確実に縮小への圧力が強まっていると述べた．

欧州での変化はアジアへも政治的な影響をもたらした．1990年のADB年次総会において，英国の総務であるリンダ・チョーカー（Lynda Chalker）はその声明の中で次のように語った．「ラテンアメリカ，アフリカ，そして今や東欧と，世界各地で自由化の拡大，民営化，規制緩和が合言葉になっているのは偶然ではありません．アジアの国々もこうした事実を重く受け止めるべきです．（後略）」他の参加者からは，欧州における変化は民主主義と市場志向的な政策の重要性を明らかにしたとの発言がなされた．以後数年間にわたって，ADBの域内外のドナーの期待は，そうした事態や開発に対する考え方の変化を反映してより幅広いものになっていった．

移行経済

冷戦の終結は国際共産主義運動の影響力も大きく失わせた．ほどなくして，メコン河流域圏および中央アジアの国々は東欧とのつながりを弱めていった．メコン河流域諸国，すなわちカンボジア，ラオス，ベトナムは，1980年代にはすでに市場志向の政策を採用し始めていた．こうした改革は，ベトナムにおける1986年のドイモイ（刷新）として知られる諸改革を受けてそのペースを速めたが，1991年のソ連邦の解体によってさらにその動きが加速した．間もなくこれらの国々もまた，中央集権的計画経済から市場経済システムへと変わりつつある「移行経済国」とみなされるようになった[6]．

ADBは，かねてからメコン河流域諸国に，さらなる支援を行いたいと望んでいたが，地域の紛争によってその実行が阻まれていた．1973年には停戦協定によってわずかな希望が生まれたものの，持続的な平和にはつながらなかった．1974年から1993年までの長期間にわたり，ADBからベトナムに対する融資は1件も承認されなかった．1991年10月にパリ和平協定が結ばれ，カンボジアでの紛争が終結して初めて，メコン河流域諸国は開発により注力できるようになったのだった．中でもベトナムは，外国からの投資を得ることに熱心であった．1993年，20年近くに及んだ休止期間を経て，ベトナムに対するADBの融資業務が再開され，10月に「灌漑および洪水防御施設改修」を目的とする7,650万ドルの融資が承認された．同年末までに，さらに2件，総額1億8,500万ドルの融資（ホーチミン市の道路整備および上水道に関するもの）が承認された．

1992年，ADBはついにメコン河流域圏（GMS）でのプログラムを開始することができた．当初は慎重に，国境を跨る経済関係や貿易関係の促進によって，経済制度の移行プロセスを支援するとともに地域協力の強化を図った（ADB 2012c）．その計画策定の中心となったのが，プログラム局長（西）の森田徳忠であった．1992年10月にマニラのADB本部で，ひっそりと開かれた最初の正式会合を，森田は「それはおそらく，それまで紛争状態にあった地域のすべての国々が一堂に会し，共通の発展に向けた協力について話し合う最初の会合でした」と回想している（Morita 2012）．

GMSにおけるADBの活動は徐々に拡大されていった．1992年の開始時点では，プログラムはカンボジア，中国（雲南省が対象地域），ラオス，ミャンマー，タイ，ベトナムの6カ国を対象として実施された．2004年には，中国の広西チワン族自治区も対象地域に加わった．ADBの第4期の10年には，GMSプログラムはさらに拡大され，ADBで最も成果をあげた地域協力プログラムの一つとなる（ADB 2009d, p. 113）．やがて，GMSプログラムの内容の一部は

6） "Economies in Transition: The Asian Experience," *ADB Annual Report 1995*, pp.19-39.

ADBが支援する他の地域協力プログラムにも採用された．二国間関係の強化，インフラ投資を通じた経済連結性の促進，政治的な関係よりも経済的な関係の重視といったことがその協力内容である．

中央アジア諸国（CARs）もまた，経済制度の移行に乗り出していた．しかし，この地域でのADBの取り組みは，軌道に乗るまでに時間を要した．それでもなお，初期のプログラムは，1994年にカザフスタンとキルギスの2カ国がCARsから初めてADBに加盟するよりも前に始まっていたのだった．

アジアの巨大経済国

ADBはインドと中国でも活動を拡大していた．しかし，両国での業務は，他のより小さな借り入れ国におけるものとは異なっていた．インドと中国の政府は，それぞれの優先課題に関して非常に明確な考えを持っていた．両政府はADBと政策対話を行う用意があったものの，国内の政策課題に取り組むことの重要性を強調したのである．さらに，これら2つの国の政策決定者の主たる目的は，ADB支援プロジェクトを，自身の国家投資プログラムの推進に利用することであった．しかし，ADBにもまた譲れない方針があったため，そうした活動について合意するには，しばしば慎重な協議が必要となった．

1990年までには，ADBはインドにおいて，かなりの数のプロジェクトをリストアップしていたが，それらのほとんどは，インド政府にとって最も重要な目的の一つである，急速な工業化を支援するプロジェクトであった（ADB, *Asian Development Outlook 1989*, p. 119のBox 2.5）．当時，インド政府は市場志向の経済運営への移行を進めていたため，ADBは民間セクターの製造業の強化を目的としたプロジェクトを承認した．また，1991年の炭化水素系エネルギーセクターへの2億5,000万ドルの融資や1993年のガスプロジェクトに対する総額5億5,000万ドル超の2件の融資など，エネルギーと交通の分野でも融資を行った．

1991年半ば，インドは未曾有の経済危機によって深刻な影響を被り（Vikraman 2016），外貨準備高は輸入額のわずか2週間分にまで急減した．インド政府は国際通貨基金（IMF），世界銀行，ADBおよび日本政府の支援のもと，速やかに安定化と改革のプログラムを実施した．その支援の一環として，ADBは1992年12月，市場ベースの政策を支援するための58の施策の実施を対象とする3億ドルの「金融セクター・プログラム融資」を承認した．それらの施策のうち20についてはADB理事会による融資承認に先立って完了し，残りは1996年3月の融資期間終了までに完了されることになっていた（ADB 2000）．垂水の指揮のもと，ADBは1991年から1993年まで年平均9億ドル超の融資を行い，困難な時期にあったインドに力強い支援を提供した．

さらに1990年代半ばには，ADBはインドの地方政府との間での活動を開始した．中央政府の支援のもと，市場志向，起業の精神，そして優れた行政管理の文化を持ち，進歩的で改革志向の州として広く知られるグジャラート州との協力を開始したのである．1996年12月には，国際開発金融機関から地方政府に対して実施される初のプログラム融資として，公共セクター管理プログラムの支援を目的とする2億5,000万ドルの融資が理事会によって承認された（ADB 2007b）．同様の融資は，後にアッサム，ケララ，マディヤ・プラデシュ，西ベンガルの各州に対しても供与されることになる．

州レベルの事業の支援への転換，特に北東部をはじめとする貧しい州を対象とした支援によって，インドとADBとの関係は強化された．これによりさらに，プログラム融資やプロジェクト支援を通じて，ADBがより直接的に政策課題に対処することができた．第3期の10年の間に，ADBはインドに対して総額60億ドルを超えるプロジェクトに資金を提供した．

インドへの支援の拡大と同時に，ADBは中国への支援も拡大していた．しかし，中国の場合は，ある政治的事件によって，その活動は複雑なものとなった．1989年5月から6月にかけて北京その他で発生した事件を受けて，世界銀行やADBなどの国際機関では加盟国の一部から中国向け融資を制限するよう圧力を受けた．しかし，中国政府が指摘したように，ADBの設立協定ではいずれの加盟国の政治問題にも干渉してはならず，経済的な考慮のみに基づいて融資の決定を行わなければならないと定めていたため，ADBにとって融資の制限は困難であった．しかし西欧資本の投資意欲は高まっていた．ADBは一時的に中国での活動を控えたものの，一定の抑制期間を経て，1990年代前半には急速にプログラムを拡大した．活動が軌道に乗るなかで，上海の南浦大橋や楊浦大橋といった有名なプロジェクトに資金を提供した（ボックス9.1）．

ADBの方針では，従来からの経済成長のための活動と，社会および環境に配慮したプロジェクトとのバランスが求められたため，プログラムにこれらの配慮をどう組み込むかが一つの課題であった．中国の当局は，インフラ開発と農村開発をより重視していた．そうしたインフラプロジェクトに資金を提供するにあたって，ADB と中国政府は協力して貧困や環境保護といった分野横断的な課題にも対処した．例えば，政府は比較的貧しい地域をつなぐ道路インフラプロジェクトや，最も貧しい村々への支線道路の建設を優先した．電力プロジェクトでは，旧式で非効率な，汚染の原因となる火力発電所を閉鎖することで，環境への懸念に対処した．また，政府は徐々に融資プログラムに上水道および廃水処理のプロジェクトを追加した（ADB 1998d, p. 13）．

1992年から1993年にかけて，ADB 理事会は中国に対し，市場志向の改革と地域の均衡のとれた成長を支援するための多額の融資を承認した．例えば，1993年に合意された「肥料産業再編（セクター）プロジェクト」では，適切な価格設定および流通政策の導入と国営企業へのインセンティブの改善を目的とする改革が取り上げられた．政府の支援のもと，ADB はその活動を，裕福な沿海地域から徐々により貧しい内陸部の省へと移していった．中国における ADB の業務のもう一つの特徴はそのスピードであった．一部の借り入れ国では，プロジェクトが大幅に遅延することがあった．しかし中国では，多くの場合，融資の承認以前から当局は合意された活動を進める態勢を整えていた[7]．その結果，ADB のプロジェクトは総じてスケジュールどおりに実行された．

佐藤光夫

1993年末，総裁としてさまざまな出来事を経験した後，垂水はその職を退くことを決意した．彼の後任となったのは，以前のほとんどの総裁がそうであったように，日本の大蔵省出身の佐藤光夫であった．佐藤は租税政策に関わった経験があり，国際的な租税関連の諸問題に特に関心を抱いていた．東京大学法学部を卒業し，ワシントン DC の IMF に 3 年間勤務したほか，垂水と同様，大蔵省で関税局長を務め，退官後は東京証券取引所の副理事長に就任した．佐藤はまた，開発問題に関心を持っていた．

ADB の第 4 期の10年に入るまで，彼は，強いリーダーシップを発揮することになる．佐藤は控えめで自分に厳しく，会議では自分からはあまり発言せずに，他の参加者の発言に注意深く耳を傾けることをしばしば選んだ．彼には誰

7）この大きな理由の一つは，中国の場合，プロジェクト設計上の決定事項の大半が ADB などの外部資金提供機関が関与する前に当局によってなされていたことであった（ADB 1998d, p. v）．

かが話しているときに目を閉じて集中する癖があり，人を不安な気持ちにさせることもあった．あるADB職員は次のように語っている．「彼と接するようになったばかりの頃は，私は彼が眠っているのかと思いました．しかし，彼はそうして相手の話の内容に集中するのです．それに気がつくと，彼が一つの言葉ももらさず咀嚼して理解しようとしていることがわかるので，彼と接するのがより怖くなってしまうのでした」(Purdue 2009, p. 157).

アジア通貨危機（第10章）に対して迅速な対応が必要なことが明らかになると，佐藤は速やかに行動した．その一方で，彼は経営陣の判断が必要な事項について，賛成と反対の両方の意見を検討するというアプローチを好み，ADBの業務の詳細と，アジアの開発についてのより幅広い政策課題の双方を慎重に考慮した．ADB内では，理事会に提案されるプロジェクトの調整に深い関心を抱いた．彼は，理事会提出前に経営委員会でプロジェクトを慎重に協議する公式なプロセスを重要なものとみなしていた．彼はそうした会議に出席し，プロジェクトが理事会に提出できるレベルの成熟度に達していることを自ら確認することに重きを置いた．

佐藤はまた，より幅広い経済政策上の課題の把握にも努めた．彼はアジア通貨危機を受け，アジア諸国における将来的な金融危機の再発を防止できる体制の確立に向けて，ADBと国際社会による行動が急務であると考えた（第12章）．彼は，今回の危機が資本取引にかかる危機であり，「まったく新しい形の金融不安」である，と論じた（Sato 1999）．そうした危機が再び発生しないよう，彼は金融政策の地域的な監視やアジアの資本市場の強化といった取り組みを速やかに拡大すべきだと訴えた（Sato 1998a, p. 83）．

融資余力の枯渇

1993年11月に佐藤が総裁に就任したとき，ADBの融資余力は枯渇しつつあった．加盟国，特に米国は新たなGCIに合意する用意はなく，それらの国々は条件としてADBの政策転換を求めた．1994年前半には，ADBの規則上許されている限度額まで融資を承認してしまっていた．状況はまさに瀬戸際まで来ていた．ADBは結局，貸し出し余力を使い果たしていて，史上初めて，融資を一時的に凍結せざるをえなかった．理事会が何とか最終合意に至るよう努力している間には，いく度も緊張が強いられる場面があった．佐藤は総裁としてまだ日が浅かったが，理事会に対してきっぱりとした態度をとった．彼は，全加盟国が速やかにGCIに合意することを期待している旨を明確にした．

交渉を遅れさせた一因はプロジェクトの質の問題であった．プロジェクトが複雑化するにしたがって，その設計と実施は難しいものとなっていた．特に農業や社会セクターにおいて分野横断的な幅広い課題を考慮するよう迫られるなかで，ADBは時として，かなり野心的な目的を持つプロジェクトを組成した．複数の目標，数多くのプロジェクト・コンポーネントと実施機関，重複する調整手続きなどは，成功の見込みの低いプロジェクトの特徴であった（ADB 1994, p. 11）．

1993年4月，こうした懸念に対応すべく，垂水はプロジェクトの質に関するシニア・タスクフォースを任命した．シュルツ副総裁が議長を務めるこのタスクフォースには，共にかつて理事を務めた2名の外部専門家が含まれていた（ADB 1994）．1994年3月，佐藤はプロジェクトの質の改善に関するタスクフォースの報告書を受け取った．その中では，融資の額の大きさよりも，現場でのプログラムの着実な実施により注意を払うべきとの提言がなされていた[8)]．これは，職員に融資の承認を得ることのみにこだわらせる「承認の文化」から離れ，現地のニーズと借り入れ国の能力にしっかりと目を向けさせることを意味した．そのためには，ADBは借り入れ国の実施機関の能力構築をさらに支援する必要があった．報告書はまた，内部の説明責任をよりはっきりとする制度を導入することによって，ADB自体が変革していくべきだと提言した．これにより，プロジェクト承認前の審査業務と承認後のプロジェクトの実施監理業務を同等に重視するべきとした．さらに，問題のあるプロジェクトの中止とキャンセルを目的とした，1度限りの「大掃除（spring cleaning）」も推奨した．

業務体制は見直され，それぞれの国により焦点を絞ることが推奨された．それぞれ国が置かれた状況を考慮する，いわゆる「カントリー・フォーカス」は，プロジェクトが投資適格化どうかの判断に加えて，国の経済全体やセクター全体に関わる政策が適正かの判断が重要になる．ADBのような機関では非常に重要な概念である．1995年，アジア地域を東と西に分け，それぞれを担当する2人の副総裁を置く新たな組織体制が確立された．

そしてついに，増資をめぐる外交的取引が成立した．佐藤は，米国をはじめ

8）「プロジェクトの質の改善」に関する議論はADB, *Annual Report 1995*, p. 78に記載されている．

とする一部の国々の懸念に対応するには時間がかかり，ADB はそれまで待てないと指摘し，そうした懸念事項は戦略的計画プロセスの中で対処すると，総裁個人として請け負ったのである．この確約によって，全加盟国はついに授権資本を100％増やすことに合意したのである（付属資料の表 A2.14）．総務会の投票は1994年５月22日に終了し，増資は直ちに発効した．ただし，実際の応募済資本と払込済資本への予算措置にはまだ加盟各国における法的な承認が必要であった．

資金の調達

ADB の借り入れプログラムを通じて，資金の調達も拡大された．ADB の第３期の10年に，ADB の借り入れ額は122億ドル近くにまで増加した．プログラムもより高度なものとなり，幅広い活動が含まれるようになった．ADB の第１期の10年には，できる限り多くの資本市場において健全な評判を確立することが主たる関心事であった．金利が上昇を始めていた第２期の10年には，低金利の通貨に借り入れを集中させた．1986年に始まる第３の段階では，資金プールに基づいた変動金利（訳注：「pool-based variable lending rate」とは，金利が違う通貨を混ぜて融資するときの通貨毎の金利差を勘案した金利のこと．ADB, Revised Lending Rates and Funding Cost Margins for Asian Development Bank's Loan Products, July 2017参照）での融資制度を導入した．この制度のもと，ADB はスワップをはじめとする金融工学技術を活用した．それらによって低利率の通貨での借り入れが可能となり，より幅広い国際市場での借り入れができる柔軟性が生まれた．

ADB は，融資の財源の確保のためだけに借り入れを行ったわけではなく，借り入れを通じてアジアの金融市場の発展を促進することも目指していた．例えば，通常米ドル建てで発行される債券「ドラゴン債」のコンセプトを世界に先駆けて導入した．最初のドラゴン債（３億ドル）は，1991年に香港（Hong Kong, China），シンガポール，および台湾（Taipei,China）で同時に発行された．ADB のこのアプローチは，この後米国や欧州の国際金融機関や地域金融機関をはじめとするトップランクの発行体も模倣することになる．さかのぼれば，すでに1970年，ADB は日本において円建ての「サムライ債」を最初に発行していた．

民間財源の動員を目的としたその他の施策としては，ADBによる債務保証がある．1994年の見直しにより，ADBによる民間セクター向け債務保証の提供範囲が拡大された．また，1995年には協調融資を募る取り組みも行われた．さらに1996年には，組織内に協調融資業務部が設けられた．

新たな運営方法

佐藤総裁の時代は，ADB内で積極的な政策改革がなされた時代であった．ADBの第3期の10年の前半には多くの政策文書が承認された．まず1987年には，非政府組織との協力や，小島嶼国への災害および緊急援助に関する方針などが承認された．1988年には，民間セクター向け業務方針を見直し，続く数年間のうちに，教育と通信セクター業務のそれぞれの政策文書を発表した．

1991年のADF VI（第4次増資）をめぐる交渉の間には，分野横断的な幅広い課題についての政策を強化すべきだとの圧力が高まった．交渉の中でドナーは，開発における女性，人口，環境，民間セクター支援といった課題に強い関心を示した．1994年のGCIに関する交渉の際も，加盟国は引き続きそれらの課題を強調した．ADBの職員は多くの政策文書を作成し，その多くが1994年から1995年にかけて承認された（ボックス9.3）．

ボックス9.3　主な政策文書，1987-1996年

1987年	プログラム融資方針の見直し
	民間部門業務に関する方針および手続きについての中間見直し
	小さい開発途上加盟国を対象とする自然災害からの復興援助方針
	非政府組織との協力方針
1988年	保証業務についての方針
	民間部門業務方針の見直し
	貧困削減におけるADBの役割に関するタスクフォース報告
1989年	アジア太平洋地域における教育と開発
	1990年代におけるアジア開発銀行：パネル報告
1990年	民間部門業務方針のに第2次見直し
1991年	戦略的計画作りに関するタスクフォース報告

1992年	民間部門に関するタスクフォース報告
	中期戦略枠組み（1992-1995年）
1993年	社会的側面の業務への組み込みに関する指針
	人材開発および管理業務に関する研究
	中期戦略枠組み（1993-1996年）
	ADBの主要金融方針の見直し
1994年	地域協力の支援方針
	情報非開示と公開：情報公開政策
	中期戦略枠組み（1994-1997年）
	人口セクターに対する援助枠組み
	プロジェクトの質の改善に関するタスクフォース報告
	保証業務についての方針の見直し
	1990年代に向けての将来的方向性と業務課題
	開発における女性：アジア太平洋地域における問題，課題，および戦略
1995年	エネルギー部門に関する業務方針
	インスペクション（監査）機能の設立
	ガバナンス：健全な開発管理
	非自発的住民移転
	現地貨プロジェクト費用に対する外貨融資に関する見直し
	民間部門開発への援助に関する戦略
	協調融資戦略
	中期戦略枠組み（1995-1998年）
	農業および天然資源に関する業務方針
1996年	プログラム融資方針の見直し

出所：1987年から1996年のADB, *Annual Report.*

主要な関心事の一つがジェンダーであった．1985年の開発における女性に関する政策は，プロジェクト・サイクルのあらゆる段階において女性の役割と女性への影響に対処し，ジェンダーへの配慮をADBの業務のあらゆる側面に取り入れることを目的としたものであった．こうしたアプローチには，社会セクタープロジェクトなど，女性に直接恩恵をもたらすものや，農業や農村開発，小規模産業などの分野のプロジェクトのように，女性に雇用をもたらす可能性が高いものも含まれた．さらに，女子に対する教育の提供を目的として計画された1989年の「パキスタン初等教育プロジェクト」などのように，女性を直接の対象にした単独目的のプロジェクトの実施も求められた．女性の地位と社会参加における変化をモニターするため，性別のデータの収集が拡大された．

しかし，重点はやがて個々のプロジェクトから，開発における女性の問題をすべてのプロジェクトにおいて恒常的に主要課題に据えることへとシフトしていった．こうした変化は，ジェンダー分析と女性の雇用創出のためのプロジェクト・コンポーネントの改善，そして女性に優しいマクロ経済政策を重視する新しい業務の枠組みを基にしたものであった．開発における女性に関する政策文書は1994年に改訂された．

グッド・ガバナンス（良い統治）にも関心が高まった．1994年2月，佐藤は職員に向けて，ガバナンスに関するADBのアプローチについての暫定的な．政策要綱を発表した．1995年にはガバナンス政策が理事会において承認されたが，その中では，開発援助を効果的に受け入れられるような借り入れ国の健全な組織・制度の重要性が強調されていた．この，国際開発金融機関として初めてのガバナンスに関する政策を実際の業務に適用するにあたっては，説明責任，参加，ぶれない政策決定，透明性の4分野に焦点が当てられた．

ADBはまた，自らのガバナンスも強化した．1994年には，新たな「情報公開と非開示に関する政策」と「情報公開政策と戦略」が承認され，翌年にはインスペクション（監査）機能が設けられた．これによって，ADB融資プロジェクトの社会と環境への影響に関して，ADBがその政策や手続きを遵守していなかったと考えられる場合，プロジェクトの影響を受けた住民がそれを訴えることができる独立したフォーラムが創られた．

これより以前の第2期の10年に，ADBは民間セクターの業務を拡大していた．1988年，民間セクター業務方針が見直され，1989年，民間セクターでの活動は組織変更され，民間部門課を格上げして新設された民間部門業務局が扱うことになった．さらに，1990年には再度業務方針の見直しが実施された．こうした取り組みにもかかわらず，ADBの業務は依然として主に公共セクターを対象としており，民間企業との協力の推進は難しいものがあった．先進国の中でも特に米国からは，さらに民間セクター業務を増やすよう働きかけが続いていた．ADBは，民間セクター業務を公共セクターのプログラムにより緊密に統合していくことを目指した．また，民間部門業務局の職員には，ADBの各現地事務所とより緊密に協力するよう指示がなされた．

こうした積極的な政策改革プログラムにより，大量の政策文書が作成された．

その数は，佐藤が総裁を務めた5年間で38に及ぶ．これは，冷戦終結後におけるドナーの新たな国際開発政策への熱意の爆発的な高まりの結果でもあったが，彼がしばしば語っていたように，ADBを，「広範な問題を扱う開発機関」としたいと望む佐藤によって主導されたものでもあった（Sullivan 1999）．

新たな融資の方法と奨学金

複雑化していく形態の援助を実施していくために，ADBは新たな種類の融資とプログラムを作っていった．1978年には，すでにADBは初期の形態のプログラム融資を開始していたが，1987年にはより柔軟なニーズへの対応と政策改革のさらなる支援を可能にする，新しいタイプのプログラム融資が導入された．これは，政策マトリックスに基づいた政策改革の実施に対して財政支援を行う，いわば拡張版のプログラム融資であり，これによりプログラム融資の範囲が拡大され，金融やエネルギー，交通，通信，社会セクターなど幅広いセクターが対象に含まれるようになった（ADB, *Annual Report 1987*, p. 43）．

もう一つの融資ファシリティが，貧困削減を目的として迅速な支出が必要な活動に利用できる「特別政策プロジェクト融資」であった．初めて利用されたのが1990年，パプアニューギニアにへの1,050万ドルの融資であった．これは，構造調整プログラムの実施に伴う社会的コストを緩和するための複数のドナーの協力による取り組みの一環として承認された．この融資により，貧困削減に明確に焦点を当てた諸活動が実施され，資金は雇用の創出のために速やかに支出することが期待された．

さらに1987年，一部の太平洋諸国が，小さな加盟国においてサイクロンその他の自然災害で被災した人々を支援するための特別融資制度の創設を提案した．この要請が契機となり，ADBで初となる，小国を対象とする災害復興に関する方針が策定された．1989年には，ADBの災害に関する新たな支援方針が策定され，復興融資の対象が他のすべての加盟国に拡大されるとともに，災害への対応だけでなく災害リスクの軽減努力も対象に含まれることになった．

さらにもう一つの新制度が，奨学金プログラムの導入であった．1980年代後半，日本政府は世界銀行とADBを通じていくつかの国際奨学金プログラムを創設し，幅広い国々での就学のために奨学金が提供された．1988年には日本政府の資金により，ADB内に「日本奨学金プログラム」が創設され，初年度には49名に奨学金が供与された．以後の数十年間にわたって，アジアの途上国から3,000名を超える学生が，アジア域内や域外の教育機関で開発関連分野を学ぶことになった（ADB 2016a）．さらに1988年，ADBは自らの資金でより小さな開発途上加盟国に対する奨学金プログラムを立ち上げ，ブータン，ラオス，モルジブ，および太平洋の8つの島嶼国の候補者を対象に，特定分野での学習への短期奨学金を提供した．1990年代になってADBの公式ウェブサイトが開設されると，奨学金に関するページはウェブサイト内で最も閲覧されるページの一つとなった．

新たな海外事務所とADB研究所

ADBの政策の変化に伴って，業務運営へのアプローチにも重要な変更がなされた．1990年代には，「ニュー・パブリック・マネジメント（民間企業の経営手法などを公共政策に適用し効率化を図ろうとするもの）」の考え方や，政策の成果や効果の測定に対する関心が世界的に高まっていた．新世紀を迎えるADBの次の10年には，ドナーからADBに対して，業務の効果を表す証拠を示すよう求める圧力が高まることになる．1995年にオークランドで開かれたADB年次総会において，佐藤はADBが「効果的，効率的であり，かつ説明責任を果たす」機関である必要性に言及した．効率性を高めることを目的として，1994年に出されたプロジェクトの質の改善に関するタスクフォースの提言を実施するとともに，1995年1月には効率性の強化のため大規模な組織の再編を行った．さらに佐藤は，説明責任の向上のために，新たに情報公開政策を策定し，インスペクション（監査）機能を設立したことを指摘した．

ADBの第3期の10年には，組織としての急速な成長が見られた．借り入れ国と関係をより緊密なものとするため，ADBは1987年にはジャカルタ，1992年にはニューデリー，そして1996年にはメコン河流域でのプログラムの増加を反映してプノンペンとハノイに，それぞれ現地事務所を開設した（図9.1）．

1994年には，先進国にも事務所を設置することを決定した．一部の理事は，コストに見合う効果が得られるかを疑問視し，懐疑的であったが，米国，日本，および欧州の代表とは合意に達し，提案は承認された．まず，1995年に駐北米代表事務所がワシントンDCに開設され，続いて東京に駐日代表事務所，フランクフルトに駐欧州代表事務所が設けられた．さらに1996年，理事会はADB

図9.1　現地事務所の設立

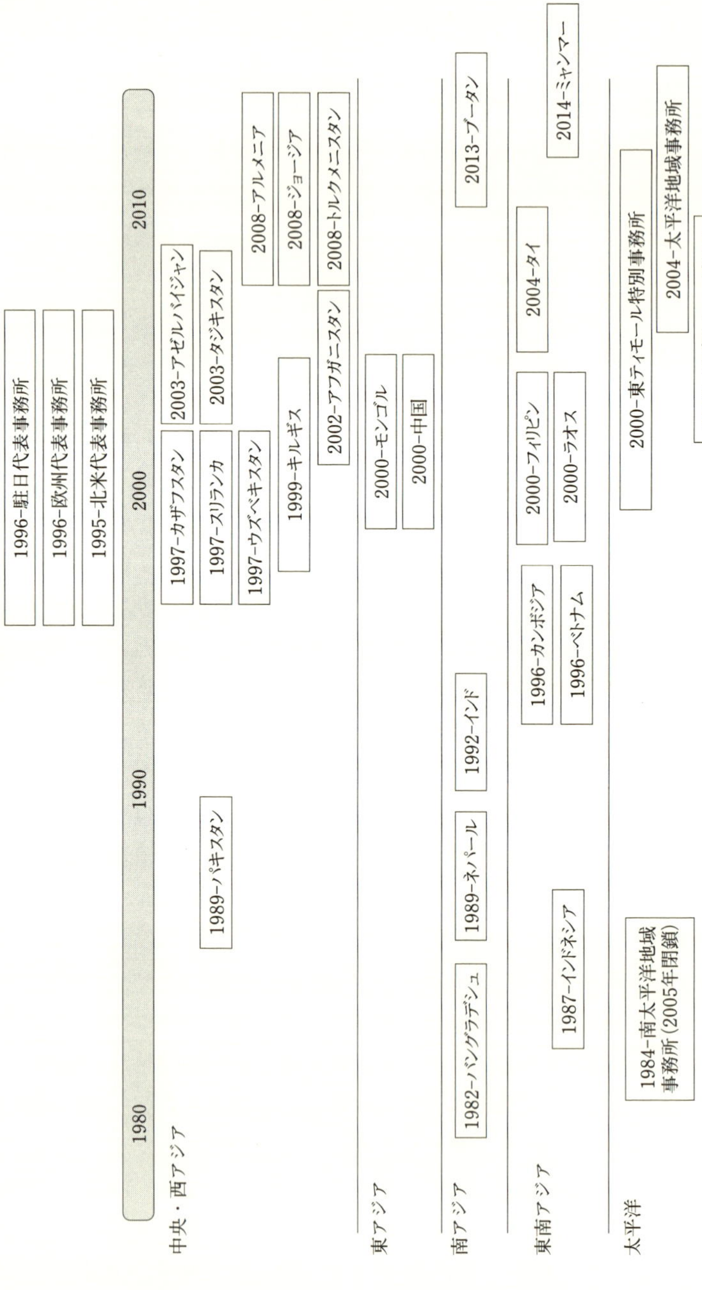

1996-駐日代表事務所
1996-欧州代表事務所
1995-北米代表事務所

1980 1990 2000 2010

中央・西アジア
1989-パキスタン
1997-カザフスタン
1997-スリランカ
1997-ウズベキスタン
1999-キルギス
2002-アフガニスタン
2003-アゼルバイジャン
2003-タジキスタン
2008-アルメニア
2008-ジョージア
2008-トルクメニスタン

東アジア
2000-モンゴル
2000-中国

南アジア
1982-バングラデシュ
1989-ネパール
1992-インド
2013-ブータン

東南アジア
1987-インドネシア
1996-カンボジア
1996-ベトナム
2000-フィリピン
2000-ラオス
2004-タイ
2014-ミャンマー

太平洋
1984-南太平洋地域事務所（2005年閉鎖）
2000-東ティモール特別事務所
2004-太平洋地域事務所
2002-パプアニューギニア
2005-太平洋連絡調整事務所

注：上記の設立年は各所在地を管轄する国家との協定が締結された年を示すが，不明の場合，理事会に回付・承認されたペーパーにもとづいて記載した．
出所：ADB（2016），“Establishment of Field Offices”, *The ADB Archives Gallery*. https://www.adb.org/sites/default/files/publication/176469/adb-archives-gallery.pdf

によるアジアでのプログラムを支援する研究や研修を行うためのシンクタンクとして，アジア開発銀行研究所（ADBI）を東京に設立することを承認した．当初，同研究所の運営については日本のみが資金を負担していたが，後年には韓国やオーストラリア，インドネシアなどの国々も予算を分担するようになった．2016年には，中国もまたADBIへの資金拠出に関心を表明した．こうした段階を経て，ADBは借り入れ国においてだけではなく，ドナー国においてもその国際的なプレゼンスを拡大していったのである．

ADB総裁への就任以前，佐藤は日本とワシントンDC（IMF）において，金融分野のさまざまな政策課題についての広範な経験を重ねていた．当然ながら，彼はアジア地域における金融制度のあり方に特に関心を抱いていた．出席した数多くの地域のあるいは国際的な会議において，彼はしばしば金融市場整備の重要性に言及した[9]．彼は，1970年代から1980年代までの間，多くの途上国政府は自国の金融市場を便利な財源程度に捉えており，それぞれの政府の優先的な用途に資金を手当てしようと金融市場に対して頻繁に干渉を加えたと述べている．これらの国々は，産業経済の基盤となる，国内の銀行制度の強化や債券市場等の証券市場の育成を怠っていた[10]．その後，1997年にアジア通貨危機が発生した際，彼の懸念が正鵠を得たものであったことが明らかとなる．

佐藤はまた，アジアの機関としてのADBの独自性を強めることにも熱心であった．当時，国際開発金融機関の業務のあり方について，国際社会では複数の異なる考え方が存在した．その一つは，開発金融機関は同様の機関との間での調整を優先すべきで，業務の均一化に近づけることすら考慮すべきとする考え方であり，もう一つは，各機関がそれぞれ独自に特質ある貢献を果たすべきとする考え方であった．1996年，世界銀行開発委員会はこの問題に関して「変化する世界への貢献：国際開発金融機関に関するタスクフォース報告（Serving a Changing World: Report of the Task Force on Multilateral Development Banks）」と題する報告書を作成した．この報告書には，協調を強化する一方，地域開発銀行の独自性にはあまり関心を払わないという，世界銀行の好むアプローチが映し出されていた（World Bank 1996, p. 24）．

報告書『変化する世界への貢献（*Serving a Changing World*）』（World Bank

9）例えば，1995年7月にマニラで開かれた環太平洋金融会議での佐藤の発言など参照．
10）"The Financial Sector and Asian development: Historical Experiences and Prospects" in ADB（1995a）．

1996）は1996年3月に発表された．佐藤はすぐに，慎重に言葉を選んだ回答を行った．5月にマニラで開かれたADBの年次総会において，彼は報告書が提唱する協力の緊密化は妥当なものであるとしつつも，協調は決して統合を意味しないと述べた．それに代わるものとして，佐藤は，ADBがその設立協定にあるように「基本的性格においてアジア的」な機関として，独自の得意分野を築き上げられるような「競争的多元主義」のアプローチを望んだ．佐藤の回答は，ADBと世界銀行の間の譲れない一線を示すものであった．

第3期の融資実績

第3期の10年において，融資承認額は引き続き拡大し，総額430億ドルと第2期から3倍近い伸びを示した．このうち，ADFからの融資の割合は約30％であった．公共セクターと政府保証付き融資が96％を占め，それ以外は民間セクターの企業への直接融資または出資にあてられた．年間承認額は1987年から1993年の間に平均で14％増加したものの，1994年には29％減少した（図9.2）．1995年にオークランドで開かれた年次総会において，複数の代表がこの急減について意見を述べた．これには複数の理由があった．前述のように，融資は1994年の前半，GCIをめぐる交渉の行方が不透明だった間に中断を余儀なくされた．他の主要因は，ADBが融資プログラムを整理統合し，プロジェクトの質のさらなる改善により多くの時間を費やしたことにあった．その後，融資承認額はすぐに回復し，50億ドルの水準を上回った．

この時期には，融資の地理的分布にも目立った変化が見られた（図9.3）．中国とインドは積極的な借り手となり，それぞれこの10年の融資総額の15％を占めた．その結果，融資に占める南アジアと東アジアの割合が増大した．20年近くに及んだ休止期間を経て，カンボジアとベトナムに対する融資も再開された．この10年の後半には，新規加盟国（カザフスタン，キルギス，ウズベキスタン）が初の借り入れを行った．アフガニスタンは1979年に借り入れを停止し，活動を再開するのは2002年になってからであった．太平洋諸国は，引き続き融資に占める割合が最も少なかった．ADBの第3期の10年の融資借り入れの上位5カ国は，インドネシア（22％），中国（15％），インド（15％），パキスタン（13％），フィリピン（9％）であった．

融資承認額の，セクター別の割合にも顕著な変化が見られた（図9.4）．第2

図9.2　融資承認額（財源別），1987-1996年

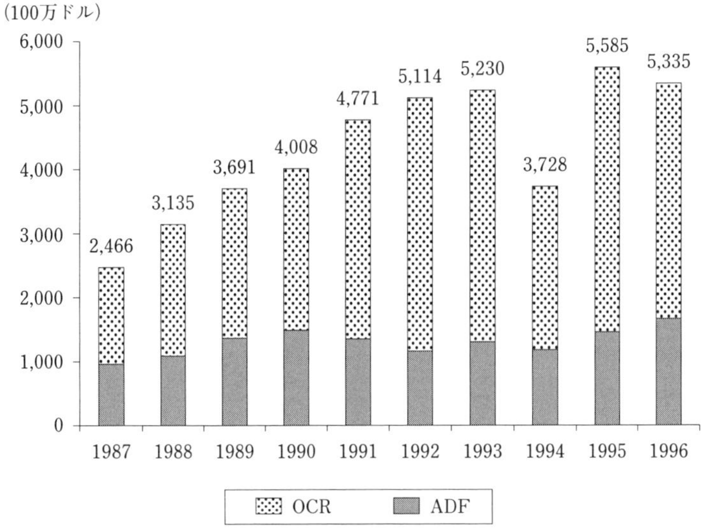

（100万ドル）

年	1987	1988	1989	1990	1991	1992	1993	1994	1995	1996
合計	2,466	3,135	3,691	4,008	4,771	5,114	5,230	3,728	5,585	5,335

OCR　ADF

合計：430億6,300万ドル

ADF＝アジア開発基金，OCR＝通常資本財源.
注：融資承認額には，グラント，出資，および債務保証が含まれる.
出所：ADBの融資，技術協力，グラント，および出資承認額に関するデータベース.

期の10年と同様に，エネルギー，交通，農業が主要な３つのセクターであったが，第３期にはその構成に大きな変化が生じた．交通分野の割合が増大（12％から24％）したのに対し，農業の割合が減少（31％から16％）したのである．一方，エネルギー分野の割合はほとんど変化しなかった（約25％）．

こうした変化は，ADBの方針というよりも，借り手――特に拡大するインドと中国のプログラム――の選好の変化に起因するものであった．ADBも銀行であり，借り手の需要に応える必要があったのである．

交通セクターでの業務の増加は，道路プロジェクトに対する融資要請の増加を反映したものであった．ADBにとっての優先課題は，既存の道路の改修，維持管理の改善，そして民間セクターの参画の促進であった．民間セクターの参画には「建設（build），保有（own），移転（transfer）：BOT」方式や「建設（build），運営（operate），保有（own）：BOO」方式などの官民連携（PPP: Public Private Partnership）の活用などの方法があるが，さまざまな理由により，PPPの活用は依然として限られていた．ADBは，通行料による交通インフラ

図9.3 融資承認額（地域別），1987-1986年

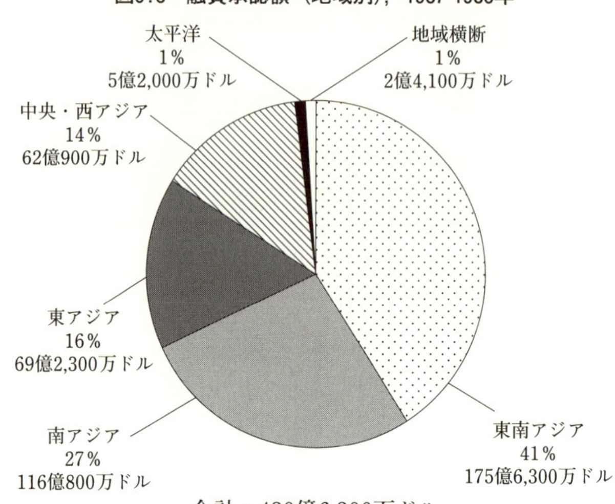

注：地域的区分はADBの現在の国分類に基づく．融資承認額には，グラント，出資，および債務保証が含まれる．
出所：ADBの融資，技術協力，グラント，および出資承認額に関するデータベース．

の資金手当ても推奨したが，通行料の導入については域内において幅広い抵抗に直面した．農業への融資の減少はきわめて顕著であり，この10年を通じてその現象はさらに明確になっていった．この減少は，農業プロジェクトの支援において経験した多くの実務上の難しさや，エネルギーや交通分野での借り入れを総じて優先するインドや中国をはじめとする借り入れ国の選好が理由であった．

エネルギー関連融資への安定した需要は，アジアの借り入れ国におけるエネルギーや電力使用の増加を反映していた．途上国における１人当たりのエネルギー消費量は依然としてかなり少なかったが，それでも急速に増大していた．ADBは，輸入石油への依存に代わる国内での石油供給への支援，そして燃料使用の効率化促進に重点を置いた．1995年，エネルギー分野への投資の促進と環境問題への注意喚起のため，ADBは新たなエネルギーセクター政策を作成した．この新しい政策では，大規模なエネルギー関連投資への民間セクターの参加の拡大，エネルギー効率の改善，エネルギー開発における環境への配慮が重点分野とされた（ADB 1995b）．

この第３期の10年にわたって，ADBはさらに多くの技術協力を提供し，技

図9.4　融資承認額（セクター別），1987-1996年

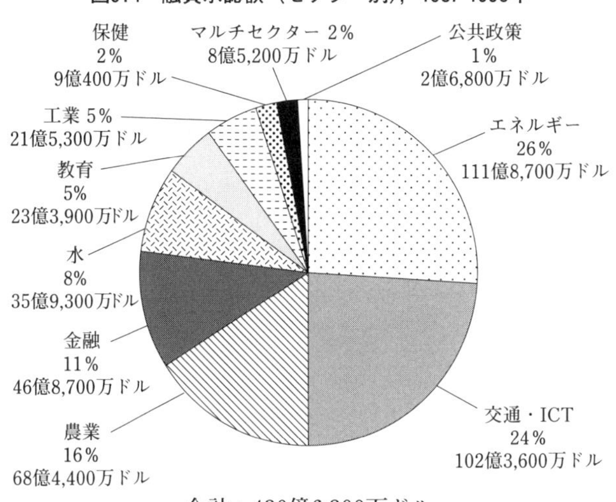

ICT＝情報通信技術.
注：融資承認額には，グラント，出資，および債務保証が含まれる.
出所：ADBの融資，技術協力，グラント，および出資承認額に関するデータベース.

術協力は開発戦略に不可欠の要素となった．ADBは，単なるプロジェクト融資の機関から，広範な機能を持つ開発機関としてふさわしい，資金提供，政策支援そして能力開発の総合的サービスを提供する機関と移行することを目指していた．1987年から1996年の間，技術協力業務は劇的に増加し，直前の10年間から7倍増え，8億8,200万ドルに達した．技術協力の提供を最も多く受けた上位5カ国は，中国（14%）インドネシア（12%），フィリピン（8%），バングラデシュ（6%），パキスタン（5%）であった．農業およびエネルギーセクターへの協力が減少する一方，公共セクター管理，交通・情報通信技術，および社会セクターが伸長した．

この期間において，ADBの内部管理費予算は年平均で8%と緩やかな増加となり，1996年では1億9,000万ドルであった．この10年間の終わりの時点で，ADBは43の加盟国出身の1,961名の職員を擁しており，うち経営陣および国際職員は673名，現地職員は1,288名であった（表9.1）．職員数はその前の10年と比較して22%増加した．重点分野の変化に伴って職員に求められるスキルの要件も変化し，経済計画と政策分析についての専門知識を有する人材と，多分野に跨るバックグラウンドを持つ人材が求められるようになった．女性にも，国

表9.1　業務，組織，および財務に関する主要情報，1977-1996年

	1977-1986年（第２期の10年の合計）	1986年（年末時点）	1996年（年末時点）	1987-1996年（第３期の10年の合計）
A．業務に関する主要指標（100万ドル）				
融資承認総額 [a]	16,041	2,005	5,335	43,063
財源別				
通常資本財源	10,758	1,369	3,669	30,082
アジア開発基金	5,283	636	1,666	12,981
業務別				
ソブリン	16,022	1,993	5,156	41,813
ノンソブリン	19	12	179	1,250
技術協力承認額 [b]	125	24	138	882
技術協力プロジェクト	96	17	106	727
地域援助	29	6	31	155
融資残高の内訳		8,749	28,577	
通常資本財源		5,998	16,109	
アジア開発基金		2,751	12,468	
融資およびグラントの実行総額	7,317	1,024	3,797	27,751
通常資本財源	5,145	612	2,563	18,154
アジア開発基金	2,173	413	1,234	9,597
公的協調融資 [c]	576	30	397	4,018
民間協調融資	36	5	92	560
B．組織に関する主要指標				
職員に関する情報				
職員総数		1,604	1,961	
国際職員 [d]		603	673	
女性職員		740	1,023	
女性国際職員		25	100	
現地事務所の職員		23	144	
加盟国・地域数		47	56	
現地事務所数		—	11	
内部管理費予算額（100万ドル）	588	89	190	1,411
C．財務に関する主要指標（100万ドル）				
授権資本 [e]		19,663	50,103	
応募済資本 [e]		19,476	49,368	
払込済資本		2,354	3,472	
請求払資本		17,122	45,896	
借り入れ額	6,418	813	584	12,166

—＝ゼロ，SDR＝特別引出権．

a　数字には解約された融資（理事会によって承認されたものの，契約の発効前に解約された融資）を除く融資，グラント，出資，および債務保証が含まれる．

b　技術協力業務には，技術協力特別基金および日本特別基金のみから資金拠出を行ったグラントが含まれる．

c　信託基金ならびに融資，グラント，および技術協力の協調融資を含む．

d　国際職員のデータは経営陣を含む．

e　数値は1986年12月31日（1986年の資本）および1996年12月31日（1996年の資本）の米ドルとSDRの為替レートに基づく米ドル換算値．

出所：ADB, *Annual Reports*; ADB予算・人事・経営システム局；ADB会計局；ADB戦略・政策局；ADBの融資，技術協力，グラント，および出資承認額に関するデータベース，ADBの協調融資に関するデータベース．

際専門職に応募することが奨励された．

この10年に9カ国が新たにADBに加盟した．1991年12月のソビエト連邦の崩壊に伴い，アジア太平洋地域には6つの独立国家が加わり，そのうちカザフスタンとキルギス（1994年），そしてウズベキスタン（1995年）の3カ国がこの期間中にADBに加盟した．太平洋島嶼国からも，マーシャル諸島とミクロネシア連邦（1990年），ナウル（1991年），ツバル（1993年）の4カ国が加盟した．残る2カ国の新加盟国は，モンゴルとトルコ（1991年）であった．この結果，加盟国・地域数は56（域内41，域外15）となった．

嵐の前の静けさ

第3期の10年には，それまでの第1期，第2期の10年と同様，ADBは外部と内部のそれぞれの圧力に対応しつつ成長と変化を遂げた．外部からの圧力としては，アジア全域で生じていた劇的な変化や，国際開発アジェンダの多様化があった．ADB内部では，この10年に指揮をとった3人の総裁がそれぞれ改革を推進した．ADBの職員も，多様化する開発上の役割を支えた．

ADBの創設者たちは，設立協定に，この機関が「基本的性格においてアジア的」であるべきと定めており，実際それはADBを特徴付ける性格の一つとなっていた．ADBの職員にとって，アジアにおける開発の課題は日々向き合う現実でもあった．職員の多くはアジア諸国から採用され，マニラその他のアジア域内各所に居住していた．職場でも家庭でも，彼らの生活は日々，急速な開発の恩恵と代償に直に向き合っていたのである．

ADBの変化は，第3期の10年の間にそのペースを加速させた．改革へのさまざまな外的・内的圧力が増加したのである．インドと中国が借り入れ加盟国となり，冷戦の終結に伴って国際環境は変化した．ADBはその歴史を通じて，常に業務において慎重であることの必要性を重視してきた．しかし，その融資業務の運営において常に慎重さを発揮する一方で，第3期の10年には国際開発機関としての役割を果たすことに，より大胆になっていった．

この期間が終わる頃には，ADBの将来は明るいものに思われた．加盟国からは強固な支持があり，多額の資本増資が承認され，一連の明確な政策と方針が新たに策定された．1996年5月のマニラでの年次総会において，佐藤は総務たちに，ADBは今後の課題に「自信と熱意を持って」あたっていくと語った．

しかし，これは嵐の前の静けさであった．次章で明らかとなるように，ADBはすぐにアジア通貨危機の混乱に巻き込まれることになる．ADBは再び，迅速に柔軟性のあるプログラムを設計し，アジアにおける援助の新たな需要に応えなければならなくなるのである．

第4期（1997-2006年）

第10章　アジア通貨危機

「1997年の［東］アジア通貨危機は，アジアの経済発展における重要な転換点として歴史に残るでしょう．それはアジアのいくつかの国にとっての警鐘であり，（中略）域内諸国が改革に取り組んでいるのと同様に，ADBをはじめとする開発機関もまた，各自の役割の再検証を迫られているのです．（後略）」

――タイのチュワン・リークパイ首相，
ADB年次総会開会式での演説，2000年，チェンマイ

1997年のアジア通貨危機は，アジア開発銀行（ADB）の50年にわたるアジアでの取り組みの中でも最も重要なエピソードの一つである．この危機は，ADBの歴史を最初の30年とそれ以降の20年に区分する分かれ目となった．1950年代以来の開発の成功により芽生えたアジアの楽観主義は，1997年初めに発表されたADBによる研究「台頭するアジア：変化と課題（Emerging Asia: Changes and Challenges）」に描写されている．同研究はアジアの繁栄の軌跡をたどり，「アジアは新たに台頭しているのではなく，復活を遂げようとしている」と強調した（ADB 1997, p. 10）．当時，1990年代初めに加速したグローバリゼーションの進展は，アジアを前進させる大きな力であるかに見えた．貿易は急速に拡大し，世界的な金融統合の進展によりアジア域内の投資家にとって，国際市場で資金を調達することは容易になっていた．この研究はまた，アジアの途上国がグローバリゼーションに備える必要があることを強調するとともに，「国際化の大きな進展によって，旧来の経済戦略もまた不要なものとなるであろう」と明言した（ADB 1997, p. 9）．

ところが，数十年にわたる力強い成長が続いた後，突然多くの国々で生産量が急減したため，一部では「アジアの奇跡」が終わりを迎えたのではないかと

の声も聞かれるようになった．わずか1年余りのうちに，危機に陥った5つの国，すなわちインドネシア，韓国，マレーシア，フィリピン，そしてタイでは，国内総生産（GDP）が合わせて30％ほども減少したのである（ADB, "Corporate and Financial Sector Reform," *Asian Development Outlook 2000*, p. 21）．アジアは再び，貧困と失業の問題に直面することになったのである．

危機は急速な広がりを見せ，政策決定者やADBをはじめとする国際開発金融機関を驚かせた．それは1997年7月のタイ・バーツの暴落に始まった．数週間のうちに，タイの金融問題はアジアの地域的な危機へと拡大し，世界第4位の人口を抱えるインドネシア，さらに世界第11位の経済規模を有する韓国をたちまちのうちに飲み込んだ（ADB, "The Financial Crisis in Asia," *Asian Development Outlook 1999*, p. 21）．危機は経済と政府を弱体化させ，盤石に見えた企業や諸機関を脅かし，何億という人々をきわめて厳しい状況に追い込んだ（ADB, "The Financial Crisis in Asia," *Asian Development Outlook 1998*, pp. 19-37）．

国際社会の対応は迅速で，かつ前例のないものだった．そうした中で最も注目を集め，そしてしばしば論争を招いたのは，国際通貨基金（IMF）による対応であった．一方，重要な地域独自の取り組みも行われ，その多くはそれ以後の地域的な金融・経済協力プログラムの基礎となった[1)]．ADBにとっても，この危機は転換点となった．ADBは，IMF主導の対応措置を支援するための新たなプログラムを設計し，その過程でプロジェクト融資主体の銀行から成熟した多機能の開発機関へとさらなる進化を遂げる必要があったのである．

タイ：危機の発生

1990年代前半におけるタイのめざましい経済成長は，国際収支の赤字拡大を伴うものだったが，当時はそうした不均衡も持続可能であるかに思われた（第8章）．1997年の初め，まずタイにいくつかの経済的問題の兆候が現れ始めた．当初，そうした問題は深刻なものには見えなかったが，懸念が高まるにつれ市場は信頼を失い始めた．すると，10年間にわたって米ドルとの固定相場制をとっていたタイ・バーツに対する投機的な攻撃が始まった（ADB, 1997, "Box 2.2 Financial Problem and Response," *Asian Development Outlook 1997 and 1998*）．

1）これらについては，ADBの研究「台頭するアジアの地域主義（Emerging Asian Regionalism）」（ADB 2008）に詳細に論じられている．

1997年6月末には，金融市場での取引はコントロールできない状況となり始めていった．7月2日，タイの当局はついに万策尽き，固定相場制を放棄．バーツは変動相場制へと移行し，その価値は急速に下落した．それに続いて，タイは深刻な不況に陥り，危機の影響はアジア域内，さらには域外へと伝播していった．

経済的な混乱は，政治的な問題の拡大によって悪化していった．バーツ切り下げ以前，タイのチャワリット・ヨンチャイユット（Chavalit Yongchaiyudh）首相はバーツの価値は今後も変わらないと主張していた．しかし現実には通貨切り下げが生じ，景気が急速に悪化していったため，首相辞任を求める圧力が強まった．11月上旬，彼に代わってチュワン・リークパイ（Chuan Leekpai）が首相に就任し，その後3年間その職にとどまることになる．

こうした困難に直面したタイ政府は，1997年8月11日に東京で開かれた支援国会合において，IMF やその他の海外のドナーの支援を求めた．この会議で，172億ドル相当の緊急支援パッケージが合意され，8月20日に発表された．ADB からの12億ドルをはじめ，IMF その他の国際機関は多額の支援を行うこととなったが（表10.1），特筆すべきは，このパッケージの60％超を日本やオーストラリアをはじめとするアジア太平洋の国・地域の二国間支援が占めていた．

この危機によりタイは大きな打撃を受けた．1980年代から1990年代のほとんどの期間を通じて，同国の GDP はめざましい成長を遂げていたが，1998年には経済が10％超も縮小し，失業率が急激に上昇した．タイの経済見通しが大きく好転したのは，危機から4年を経てのことであった．

韓国：迅速な対応

韓国は，1996年の経済協力開発機構（OECD）加盟からわずか1年後，アジア通貨危機の波に飲み込まれることになった．韓国における危機は，チェボルと呼ばれる財閥（コングロマリット）による一連の過剰な借り入れが引き金となった．アジア域内の他の国々が外国為替危機に見舞われるなかで，海外の債権者たちは財閥の外貨建て短期融資のロールオーバー（貸し替え）を拒否し，連鎖的な破綻が引き起こされたのである．

外貨準備の流出と経済の破綻を食い止めるため，金融当局は IMF に緊急支援を求めた．緊迫した交渉が行われたが，当時は大統領選挙のさなかで政情不

表10.1　アジア通貨危機時の通貨安定支援プログラム[a]

（単位：10億ドル）

	タイ	インドネシア	韓国[b]
国際機関	6.7	18.0	35.0
IMF	4.0	10.0	21.0
世界銀行	1.5	4.5	10.0
ADB	1.2	3.5	4.0
二国間	10.5		
日本	4.0		
中国	1.0		
オーストラリア	1.0		
香港（Hong Kong, China）	1.0		
マレーシア	1.0		
シンガポール	1.0		
韓国	0.5		
インドネシア	0.5		
ブルネイ	0.5		
インドネシア：非常準備金		5.0	
小計	17.2	23.0	35.0
第二次防衛線c		16.2	23.0
日本		5.0	10.0
米国		3.0	5.0
シンガポール		5.0	
その他		3.2	8.0
合計	17.2	39.2	58.0
協定の締結月	1997年８月	1997年10月	1997年12月

IMF＝国際通貨基金.

a　金融パッケージの構成は複雑で，支援を提供する機関との間で結ばれる協定を条件とし，支援のスケジュールもそれぞれ異なっていた．そのため，パッケージの規模については資料によって記録に差異がある．

b　ここで示されている公的支援パッケージに加えて，韓国の金融市場安定化の取り組みの支援を目的とする，欧米の国際的な民間金融機関との取り決めによって，韓国に対する公的な国際支援パッケージは大幅に強化された．

c　必要に応じて活用される．

出所：ADBおよびIMF.

安もあり，交渉は容易には進まなかった．しかし，野党の候補で次の大統領となる金大中は，IMFとの協定を支持すると明言した．1997年12月，政府はADBからの拠出金40億ドルを含む総額580億ドルの支援パッケージに合意した．

市場は，こうしたパッケージに対して，直ちに反応した．12月８日，ウォンは再び急落し始めたのである．この時点で米国財務省が介入し，米国その他の海外金融機関を説得して韓国からの資本逃避を一斉に停止させた．これによって資本の大量流出は止まった．この措置といくつか他の緊急対策によって，韓国により秩序だった計画を策定し，国内金融市場の強化を図るための時間的余裕が生まれた．1998年1月下旬までに，政府は辛うじて債務の大半の繰り延べに成功した．

その後の調整プロセスは困難なものであった．1998年には国民生産が7％近く減少し，失業率が跳ね上がった．にもかかわらず，1999年までに回復が軌道に乗り，経済も大きく成長した．こうした成功には多くの要因があるが，韓国の政策決定者がADBをはじめとする国際社会の強い支援のもとでとった方策も少なからず寄与した．

インドネシア：政治的混乱

1997年前半，インドネシア経済は堅調であり，ルピアは公定為替変動幅内で順調に取引されていた．しかし同年7月の第2週，タイ・バーツの変動相場制への移行を受けて，ルピアは下落を始めた．市場が神経質な様相を呈したため，7月11日，インドネシアの金融当局はルピアの取引相場の変動幅を拡大した[2]．しかし意に反して，間もなく資本逃避の兆候が現れた．8月14日，政府はルピアを変動相場制に移行させるとともに，市場の信頼を確保するため，経済対策のパッケージを打ち出した．しかし，その効果はなく，大方の予想を裏切って，ルピアは急速に下落し始めたのである．

インドネシア政府はIMFに支援を求め，10月31日にADBや世界銀行のほか，さまざまな二国間ドナーからの支援を含む230億ドルの緊急支援パッケージが発表された．このパッケージをはじめとした，信頼を取り戻そうとするさまざまな取り組みにもかかわらず，ルピアへの投機は続き，市場の信頼はさらに失われていった．1998年1月に至るまでに，ルピアは米ドルに対して目まぐるしい速度で下落し始めていた．拡大を続ける危機に対処するため，政府は1月15日，問題となった構造改革プログラムを含む新たなIMFとの合意に至っ

2）同様の措置は過去にも何度か行われていた．それまで，この種の変更が発表されるとルピアは他の通貨に対して強くなっていたが，このときは下落していった．当時のインドネシア中央銀行総裁，J・スドラジャッド・ジワンドノ（J. Soedradjad Djiwandono）は，タイでの出来事によって不安に駆られた世界の債権者たちが，「群衆心理」によってアジアから投資を引き上げることになったため，「悪い影響が広がりつつある」ことがすぐに明らかになった，と述べている（Djiwandono 2000, p. 52）．スドラジャッドは別の著書の中で，当時の東南アジアにおける悪影響の伝播についてさらに論じている（Djiwandono 2005, p. 26）．

た[3]．しかしこれもまた，市場の安定化やルピアの暴落阻止にはつながらなかった．

以後数カ月にわたって，経済および政治の状況は悪化の一途をたどった．1998年4月4日，政府は総額30億ドルに上る追加のIMF支援パッケージに合意した．しかし，なおも不安は続き，1998年5月には30年にわたってインドネシアの指導者であったスハルト（Soeharto）大統領が辞任し，政治的危機が頂点に達した．1998年のGDPはおよそ13％減少し，貧困も著しく拡大した[4]．その後も政情不安は続いたものの，経済は緩やかに回復した．しかし，1人当たりの実質所得が危機以前の水準を回復し，インドネシアが再び持続的な経済成長を達成するまでには10年近くの歳月を要することになる．

その他のアジア近隣諸国

影響こそ比較的小さかったものの，金融不安による混乱は，大きな影響を受けた前述の3カ国以外にも広がった．フィリピンでは1998年に多額の短期資本が流出し，銀行セクターへの重圧が増したことで，経済が大きな打撃を受けた．政府はその対策として，IMFや世界銀行，ADBから資金提供を受けるなど，一連の影響緩和策を講じた．

マレーシアも，マハティール（Mahathir Mohamad）首相のリーダーシップのもと，独特の，非伝統的な政策ではあったものの，悪影響を食い止めることに成功した．10年以上にわたってめざましい成長を遂げてきたマレーシアを1998年，アジア通貨危機が襲い，経済は不況へと転落した．通貨リンギットが下落し，政策金利が急上昇したことで，生産量は減少し，企業や金融セクターへの深刻な負担が生じた．

当初，政府はIMFが推奨する緊縮財政によって対応を行った．しかし，政策決定者たちはすぐに，国内需要の抑制は解決策にはならないとし，政策を転換して経済の拡大を目指すことを決定した．そして1998年9月，当局は為替と資本の管理政策を導入し，市場を驚かせた．これは従来の常識を無視した措置

3）2003年に作成されたIMF評価報告書に詳細が記載されている（IMF 2003, p. 15）．この評価報告書には，通貨危機の全体的な経過も含まれている（IMF 2003 p. 91）．協定に付随する覚書には，インドネシアがIMFとの協定の一環として従う意向である諸政策が明記されていた（IMF 1998）．

4）アン・ブース（Anne Booth）はこの時期のインドネシアにおける貧困水準について論じている（Booth 2016, pp. 173-176）．

であり，多くの非難を浴びた．しかし，マレーシア経済はすぐに力強い回復を見せ始め，通貨危機にあたっては政府による資本規制の採用も有効な場合もあることを示した．

ADBの対応

国際社会がそうであったように，ADBも危機の大きさを予測できず，危機に見舞われた国々に緊急プログラムを提供する準備が整っていなかった．韓国では，ADBは，1990年代に業務を縮小していた．韓国への最後の融資である，「第5次道路改修プロジェクト」への1億ドルの融資が承認されたのは，10年近く前の1988年であった．それ以来，韓国は力強い成長を続け，急速に中所得国の仲間入りを果たしつつあったため，ADBからの借り入れはもう行わない，というのが暗黙の了解であった．しかし，通貨危機が発生したとき，ADBの職員はソウルの政策担当者と速やかに関係を再構築し，緊急パッケージを作成しなければならなかった（表10.2）．

インドネシアの場合，1997年当時ADBは多額の融資と技術協力プロジェクトを実施していた．しかし，これらの事業は主に学校や都市開発，農業など非金融セクターを対象としていた．ジャカルタのADB職員は，短期間に支援プログラムを準備できるだけの金融セクターとの太いパイプをそれまで築いていなかった．同様に，タイでも業務の大部分は社会開発セクターか，エネルギーや通信など物理的インフラに関するものであった．

通常，ADBは新規の活動については慎重に検討する堅実な機関として業務を行っているが，このケースでは迅速な対応が必要であった．幸いにも，ADBの業務体制は1990年代により柔軟なものとなっていた．広範な機能を有する開発機関へと進化していたADBは，状況を綿密に監視しつつ，加盟国やIMF，世界銀行，二国間ドナーと連携できる人材を擁していた．その結果，ADBはIMF主導の緊急支援パッケージについて，金融支援だけでなく，公共セクターと金融資本市場の改革に向けて開発途上加盟国を導くうえでも貢献することができた．金融市場の規制，ガバナンス，そして能力構築に関する詳細な作業が求められたが，それらすべてが，加盟国に対して多様なサービスを提供するADBの能力を強化することにつながった．

等しく重要な問題として，ADBは通貨危機のもたらす深刻な社会問題に対

表10.2　アジア通貨危機に関するADBの融資と技術協力案件，1997-1999年

日付[a]	融資およびグラント	総額[b]（100万ドル）
タイ		
1997年12月19日	金融市場改革プログラム	
	プログラム融資	300.0
	技術協力グラント	2.0
1998年3月12日	社会セクタープログラム	
	プログラム融資	500.0
	技術協力グラント	2.1
1998年3月25日	輸出金融ファシリティ	
	タイ輸出入銀行への融資	50.0
	部分信用保証	950.0
1999年9月23日	農業セクタープログラム	
	プログラム融資	300.0
	技術協力グラント	1.7
韓国		
1997年12月19日	金融セクタープログラム	
	プログラム融資	4,000.0
	技術協力融資	15.0
インドネシア		
1998年6月25日	金融ガバナンス改革・セクター開発プログラム	
	プログラム融資	1,400.0
	開発金融機関融資	47.0
	出資	3.0
	技術協力融資	50.0
1998年7月9日	社会福祉セクター開発プログラム	
	プログラム融資	100.0
	プロジェクト融資	200.0
	技術協力グラント	2.90
	技術協力グラント追加	3.00
1999年3月23日	電力セクター再編プログラム	
	プログラム融資	380.0
	技術協力融資	20.0
1999年3月25日	保健・栄養セクター開発プログラム	
	プログラムローン	100.0
	プロジェクト融資	200.0
	技術協力グラント	2.0
	補助的技術協力グラント	1.0
1999年3月25日	コミュニティ・地方政府支援セクター開発プログラム	
	プログラム融資	200.0
	プロジェクト融資	120.0
	技術協力グラント	2.5

a　日付はADB理事会の承認日．

b　記載された融資額はADBから提供された資金の金額である．いくつかのケース，特に技術援助グラントについて，追加の協調融資が他の機関によって提供された．

出所：1997年，1998年，および1999年のADB, *Annual Report.*

応する必要性を認識していた．失業率は急激に上昇し，学校を中途退学する子どもたちが増え，栄養不良の割合が高まっていった．ADB の佐藤光夫総裁は1998年３月，*International Herald Tribune* 紙に論考を寄せ，通貨危機の社会的コストについて述べるとともに，発生している社会問題へ対応する必要性を指摘した（Sato 1998）．タイとインドネシアでは，ADB のさまざまなプログラム（インドネシア向けの保健・栄養セクターへの融資など）によって，危機による損失を緩和する社会的セーフティーネットのための資金が手当てされた．こうした状況にあって，ADB は迅速な対応のために通常の手続きを省略せざるをえなかった．危機にはさまざまな側面があり，それぞれの国によって異なる対応が必要とされた．

タイ向け支援プログラム

1997年８月，東京で開かれた金融支援国会合の後，タイへの172億ドルの国際緊急支援パッケージの管理については国際機関が分担して担うこととなり，ADB は資本市場改革と社会セクター支援に重点的に取り組むことで合意した．危機発生前の1997年前半，ADB は速やかな貸付実行により流動性の供給が可能な「農村企業信用プログラム」への融資に合意していたことなどから，これらの支援プログラムに速やかに着手することができた．

以後の６カ月間，ADB はさらに３件の危機対応関連の融資を行った．その中心となったものが，IMF の調整による対応の一環として行われた３億ドルの「金融市場改革プログラム」であった．この融資は，特に金融規制および監視の強化，さらにリスク管理の改善を目的としていた．

しかし，危機が進行するなかで，多くの人々が，危機対応は金融および財政構造調整プログラムだけでなく，最も直接的な影響を受けている最貧困層を支援するものであるべきだと訴えた．そこで ADB はほどなく最初の融資に続いて社会的セーフティーネット構築への第一歩となる「社会セクタープログラム融資」を供与した．この融資には，学校を中途退学した学生への奨学金のほか，300万人の人々を対象とした医療サービスや恵まれない子どもたちへのミルクの提供といった支援内容が含まれていた．1998年３月に承認されたもう一つの融資は，アジアの借り入れ国に対する ADB 最大のシンジケートローンの一つである輸出金融ファシリティであり，タイの国際金融市場への復帰を示すものとなった.

韓国向け支援プログラム

韓国に対するADBの対応は金融セクターに限定されていたとはいえ，迅速であった．国際支援プログラムの一環として，ADBは40億ドルという過去最大の支援パッケージとなる金融セクタープログラム融資を組成し，通貨や流動性の問題への対応を目的として外貨を提供した．この融資は，ADBがそれまでに行った最大の融資額の10倍に匹敵する額であった．通常では，これほど多額の融資をこうした短期間で実行することは考えられないことであった．しかし，当時の状況は尋常ではなかった．アジアの主要国である韓国が未曾有の危機に瀕していたのである.

1997年11月29日，ADBのチームがソウルに到着し，緊急融資の準備プロセスが開始された．韓国は1988年以降ADBの非借り入れ国であったため，チームは承認された国別戦略にもとづいて融資を行うことはできなかった．それでもなお，通常何カ月もの期間を要する融資のための事実調査をわずか11日で完了した．ADBミッションにとって，現地の専門家が策定した金融セクター改革計画を利用できたことが役に立った.

韓国政府は，国際社会が提案した厳しい条件に困惑したが，当局としては速やかな合意を望んでいたため，わずか2日で合意に達した．ADBチームは，12月11日までに40億ドルの融資提案書を作成した．そしてこのような状況を考慮して，融資はわずか8日後に理事会で承認された.

ADBによる韓国向けの金融セクタープログラム融資が目的としていたのは，金融セクターをより市場原理に基づくものとすることであった．後にADBが行った事後評価では，「FSPL［金融セクタープログラム融資］は，所期の成果の多くを達成可能にした」と結論付けている．この融資は適切なタイミングで準備され，改革への政府の当事者意識も非常に高かった．またこの融資は危機を絶好の機会として利用し，金融セクターの本質的な構造上の弱点を是正しようとしたのである．改革の対象範囲とシークエンスも適切であった（ADB 2006h, p. v）．今にして振り返れば，国際的なプログラムへのADBの参加は，韓国の危機に対し，効果的な対応であったことは明らかである.

インドネシア向け支援プログラム

インドネシアに対するADBの支援策をまとめることははるかに困難であった．インドネシア政府内のみならず，国際機関の間でも重要な政策上の課題について大きな意見の隔たりがあったため，プログラムには遅れが生じた．例えば，当時ジャカルタのADBチームは，危機によって生じた不良債権の処理のため「バッドバンク（不良債権を買い取る資産管理会社）」を設立するというIMFの決定に異を唱えた．

1997年10月，IMFのミッション本隊のすぐ後に続いてADBのチームがジャカルタに到着した．当初の計画では，ADB，IMF，および世界銀行のチームが連携して業務を行うことになっていた．しかし協調は困難であることがわかった．問題の一端は実務上のもので，3つのチームが異なるオフィスで業務を行いながら，緊急に何度も協議を行うことが難しいためであった．しかし，政策やインドネシア当局との交渉姿勢に関しても意見の相違があったのである．世界銀行やADBからのチームと比較して，ジャカルタのIMFチームは日常業務に関する柔軟性を著しく欠いており，大きな決定に関しては組織規程どおりにワシントンDCの上層部に照会する必要があった（Blustein 2001, p. 104）．また，彼らは厳格な機密保持規則に縛られており，パートナーである他の国際機関に対してさえも情報共有の余地はほとんどなかったのである．

ほどなくして，ジャカルタでの調整の困難さはマニラのADB経営陣の注目するところとなり，ついには，ADBのピーター・サリバン（Peter Sullivan）副総裁が異例の措置として，IMFのスタンレー・フィッシャー（Stanley Fischer）筆頭副専務理事に断固とした姿勢を示した書簡を送付するに至った．

こうした意見の相違はインドネシア政府側から見ても明らかであった．あるインドネシアの政府職員が世界銀行の職員に対して，「患者が死にかけているというのに，3人の医者たちが争っている」と語り，注意を促したという．こうした困難にもかかわらず，3つの機関は，ジャカルタの騒然とした行政と政治の状況の中で，可能な限り力を尽くして任務にあたった．協調的なアプローチの一環として，ADBが民間銀行に注力する一方，IMFが国有銀行に優先的に対処することに合意した．1997年12月から1998年1月にかけて，ADBのミッションはクリスマスシーズン中もインドネシアに赴き，金融ガバナンス改革プログラムへの14億ドルの融資を準備した．

ADBのプログラムの準備がほぼ整ったところで，突如として事態はあらぬ方向へと向かった．1998年1月15日，スハルト大統領とIMFのミシェル・カムドシュ（Michel Camdessus）専務理事がジャカルタである合意書に署名したのであるが，ジャカルタのIMFチームは厳格な機密保持規則にしばられ，この経緯についてADBとまったく情報を共有していなかった．しかしIMFとの合意書にある取り決めは，すでにインドネシアの財務大臣との間で交渉を済ませていたADBのプログラムの内容と齟齬があった．IMFプログラムの条件がADBの想定外のものであったため，ADBの融資計画は，理事会による審議から取り下げたうえで一から構築し直さなければならなくなったのである（ADB 2005a）．

このやり直しにより，貴重な時間が費やされてしまった．インドネシアでは政情不安が深刻化し，そのことも理事会への提案書の提示が遅れる要因となった．「金融ガバナンス改革プログラム」の審議のため，ADB首脳陣は異例の措置として2度の理事会審議を設定した．1998年4月21日に予備的審議が行われ，主な懸案事項に関して理事会の意見を聴取した．1カ月後の5月21日，スハルト大統領は辞任した．翌月の6月25日，新大統領のB・J・ハビビ（B. J. Habibie）がジャカルタで組閣を終え，安定化への見通しが改善したことを受けて，理事会は修正された融資案を承認した．

1998年6月から1999年3月の間に，流動性および財政支援の提供を全般的な目的として，ADBはインドネシア向けにあわせて5件の危機支援融資を含む総額28億ドルの支援を承認した（表10.2）．通貨危機によって失業率と貧困率が上昇したため，ADBは貧しい人々の社会的保護を目的とした融資もいくつか供与した[5)]．融資だけでなく幅広い政策支援が行われたことも忘れてはならない．さらに，インドネシア（および韓国）に対して支援プログラムのための特別オフィスを設置するなど，度重なる出張や長期にわたる滞在を通じて多くの職員を動員した．このインドネシアでのADBのプログラムは，2000年以降もなお続いた（ADB 2001e）．

1999年から2001年にかけて，インドネシア各地の州より下位の500を超える地方政府（県，市，郡）に権限を委譲する急進的地方分権化政策によって，援

5） ADBのアプローチに関する情報については，ADB（2001e）参照．

助プログラムの実施はさらに複雑なものとなった[6]. 2003年, インドネシアはついにIMFの経済安定化プログラムを完了したが, これは, 危機に見舞われた代表的な3つの国の中で最も遅かった (ADB 2005a , p. 4).

ADBへの影響

この通貨危機によって, ADBは発生直後にも, そしてその後の期間にわたっても, 大きな影響を受けた. 短期間のうちに, ADBは長期のプロジェクトの支援を柱とする開発銀行としての従来の役割を大きく超え, 通常はIMFが供給する短期的な緊急金融支援の提供へと踏み切った. しかし, ADBとIMFの支援には重要な違いがあった. 危機に見舞われた国々を支援するにあたって, ADBのプログラムは財政支援, 特に社会セクターと構造改革への支出を維持するための財政支援に焦点を当てる一方で, IMFのプログラムは国際収支の支援を目的としていた.

危機の進展に伴い, ADBの理事会は各国におけるADBの対応のあり方に強い関心を示した. 韓国とタイへの融資は1997年12月, インドネシアへの融資は1998年6月にそれぞれ承認されたが, 理事たちは総じてADBの対応を積極的に支持する一方で, 融資が理事会で検討される際には多くの意見を述べた.

例えば, 理事からは, 危機に見舞われている国の政府は改革への取り組みを約束すべきだといった意見が出された. 経営陣はこうした意見が出ることを予期していた. タイへの融資が検討される前, ADBの副総裁, 李鳳瑞 (イ・ボンソ) はタイを訪れており, 彼は理事会に対して, タイ政府から力強い確約を得たと伝えることができた. 同様に, 韓国政府の中枢にあるリーダーたちも, ADBの融資もその一部を構成するIMF主導のプログラムの支持を確約していた. しかしインドネシアでは, 1998年5月半ばに新大統領が国際プログラムの実施を確約するまで, 政治状況は不安定であった.

また, 一部の理事は, 複数の機関が協調することの難しさに言及しつつも, ADBのプログラムとIMFや世界銀行のプログラムとの緊密な連携の必要性を強く訴えた. これに対しADB経営陣は, ADBのプログラムは他の国際機関の業務と協調したものであること, そしてIMFとの間で協力をより強化する

6) アン・ブースは1999年に開始された政府権限の移譲に関する主要ステップをまとめている (Booth 2016, pp. 211-218).

ための方策を協議することを伝えた.

ADBの理事たちはさらに，ADB内における調整は有効に機能したことを認めた．これは，経営陣と職員がタスクフォースを立ち上げ，危機に見舞われた国々それぞれを対象にさまざまな形態の融資を組成し，それらを連携させていたからである．ADBの北米事務所も，ワシントンDCにある米国の政府機関や国際機関との連絡を保つための調整業務に深く関与した.

主な国々（タイ，韓国，インドネシア）で取り組むべき問題はそれぞれまったく異なっており，プログラムと融資もそれに合わせて作成しなければならなかった．タイとインドネシアでは，金融セクターの改革と危機の社会的影響への対応が重要な課題であった．また，これらの国では国内の実施機関の能力にも差があったため，各国の実情を反映した技術協力が必要であった.

1997年と翌年の緊急融資は，ADBの財務運営に劇的な変化をもたらした．1997年11月から12月にかけて，財務局の職員はそうした変化がADBの財務状況にどう影響するのかに注意を払っていた．ADBは常に，国際金融市場において財務面での評価を守り，AAAの格付けを維持することを最優先課題としてきた.

さまざまなニーズに対して財源上の十分な準備金を維持するため，ADBは急きょ国際市場からの借り入れプログラムを拡大した．1997年12月，理事会は，（実際のところ他にほとんど選択肢はなかったのであるが）借り入れプログラムを26億ドルから56億ドルまで，2倍以上に急増させることを承認した．アジアの金融セクターの混乱にもかかわらず，ADBは健全な機関であるとの高い評価を得ていたおかげで，短期間のうちにこの規模の資金を主要国際市場で調達することができた．1998年，借り入れプログラムは再び拡大し，ADBはおよそ96億ドルの資金を調達することになった.

ADBはまた，財務運営に関してさらなる変更を加える必要があった．通貨危機の後，ほどなくしてADBがその融資ポートフォリオに大きなリスクを抱えていることが明らかとなった．そして，巨額な資金調達に関連する支出によって，業務上の経費は危機後に大幅に増大した．こうした理由によって，ADBの純益は徐々に圧迫されつつあった．このため1999年の検討の後，2000年1月にADBは融資手数料に関する新たな方針を導入した．その内容には，融資スプレッド（借り入れ国へ課す利子等とADBの資金調達コストの差額）の拡大や，新規融資に対する1％相当の契約時手数料が含まれていた[7)]．実際の変更はそのような形とはならなかったものの，ADB は実質的に，アジア通貨危機で生じたコスト増を賄うために，融資にかかる手数料を増額しようとしていたのである．

この変更は議論を呼んだ．一時期，理事会と経営陣の間で活発な議論が交わされた．借り入れ国は，融資にかかる手数料は可能な限り少額であるべきであり，ADB はアジア通貨危機で生じたコスト増をカバーする別の方法を見つけるべきだと主張した．経営陣はこれに対し，機関として ADB の財務の健全性への評価が維持されることは，すべての加盟国の利益にかなうと反論した．一部に強く批判的な意見もあったものの，理事会は最終的に融資にかかる手数料の増額を承認した．アジア通貨危機は非常に広範囲に影響を及ぼしたが，ADB にとっても，その財務運営政策に多岐にわたる影響を及ぼしたのであった．

時間の経過とともに，増額されていた融資にかかる手数料は段階的に引き下げられた．借り入れ国大半を対象とする融資スプレッドは2004年に縮小され，2007年には理事会がロンドン銀行間取引金利（LIBOR，ロンドンで日々設定される短期の銀行間融資の基準となる金利）に基づくソブリン融資に対する前払手数料の廃止を承認した．

新興工業経済地域の卒業

通常資本財源（OCR）による融資条件を厳しくすることについての理事会での議論は，アジア開発基金（ADF）の増資交渉のさなかにあるドナー国の動きによって難航した．一部の借り入れ国は，OCR と ADF に関する方針を議論するにあたって，経営陣は先進国に譲歩しすぎているとの見方をしていた．これらの国は，直近の ADF VII の増資交渉において，ドナー諸国が ADF 財源をより効果的に活用するための方策を導入するよう求め，さらに長期的目標として，新規の外部資金なしに ADF 資金の手当てができるようにすべきと主張していたことを指摘した．ドナーは，例えば ADB の純益の一部を ADF に移転することや，借り入れ国の「卒業」に関する方針を策定することを提案した．

前者の提案はすぐに採用された．純益の ADF への移転は設立協定に沿った

7）　この問題については，Erquiaga（2016, Chapter VI）で論じられている．

ものであるとのADB法務部の見解を受けて，総務会は1997年5月に2億3,000万ドルの移転を承認した．それ以降，ADBは定期的にOCRの純益をADFに移転するようになった．

後者，すなわち借り入れ国の「卒業」に関する方針の策定はより対応の難しい課題であった．1977年以来（現在に至るまで），ADBは開発途上加盟国を3つの主なグループに区分していた．グループAは純正なADF適格国（譲許的融資と2005年に導入されたグラントを受けることができる国）であり，グループBはOCRとADFの双方からの借り入れが可能な「ブレンド国」，グループCがOCRからの融資のみ借り入れ可能な国である[8]．1977年に導入したこのアプローチは20年間にわたって効果的に機能してきたが，グループ間での国の移動や借り入れ国からの卒業を可能とする，より定式化されたアプローチを策定すべきときが来たというのがドナーの考えであった．一つの理由として，それまで一つのグループから別のグループへとグループを変えた借り入れ国がまったくなかったということがあった．さらに別の理由として，成功を収めている東アジアの新興工業経済地域（NIEs）でさえ，正式にOCR融資の借り入り資格を持つ状態を卒業してはいなかったのである．実際，この1977年の開発途上加盟国の分類に関する方針では，グループCより上の段階は想定されていなかった．ドナーはこうした状況を変えたいと望んだのだった．

1997年には，アジア通貨危機の混乱が，「卒業」に関する新たな方針の策定を複雑なものとした．韓国に対して40億ドルの緊急融資を行う必要があったことにより，新たな方針にはそうした事態に対応するための柔軟性が求められたのである．ADB理事会が，新たなグループ分けと卒業方針の承認に至るまで，結局2年近くの歳月を要した．

新たな方針は，あるグループから別のグループへの借り入れ国の再分類とOCRからの援助からの「卒業」について規定した．この方針のもとでは，グループAからBへ，さらにはグループBからCへの移行が，借り入れ国の1人当たり国民総生産と債務の返済能力という2つの主要な基準によって決定されることになっていた．OCRの借り入れからの卒業は，1人当たり国民総生産，妥当な条件での民間資金利用の可否，ならびに重要な経済・社会関連の機関が

8）1998年に策定された卒業方針では，借り入れ国を4つのカテゴリーに分け，ブレンド国はグループB1（ADFおよび一定額までのOCR）とグループB2（OCRおよび一定額までのADF）に分類されていた．

一定の能力水準を満たしているかどうか，によって決定される．

NIEsの4カ国（香港（Hong Kong, China），韓国，シンガポール，台湾（Taipei,China））は，ADBの通常融資から正式に卒業するものの，引き続き必要に応じて緊急援助を受ける資格は保持することが合意された（ADB 1993a）．

しかし，NIEsがOCRの借り入れからも卒業するにあたって，ADBとの関係が卒業後どのように変化するかについてさまざまな疑問が浮かび上がった．改訂されたADBの方針では，卒業した加盟国・地域も専門家の助言サービスや技術協力を受けられることが強調された．また，それらの国・地域は地域協力に関する活動や開発プログラムへの協調融資への参加が奨励された．さらに，これらの国・地域が近い将来にADFやその他の基金に資金を拠出することを，従来からのドナー国は明らかに望んでいたのである．今では，こうした卒業国・地域に加え，一部の借り入れ国・地域もADFに資金を拠出している．

政策改革，調査研究，アドボカシー

アジア通貨危機への対応として，ADBは地域全体にわたる組織・制度の強化に向けて活動の幅を広げた．1999年前半には，ASEAN+3（東南アジア諸国連合加盟10カ国と中国，日本，韓国の3カ国）との協力のもと，域内の経済政策や財政状況の監視を行うことを目的として，地域経済調査室（REMU）を設置した．さらに，REMUは同じく新設のアジア復興情報センター（ARIC）の運営も担うことになった．オーストラリア政府の支援により立ち上げられたARICのウェブサイトは，危機によって最も影響を被った国々について，また危機からの経済の再建を支援するプログラムについて，情報を提供した．

2000年，REMUは「アジア復興レポート（Asia Recovery Report）」（後に「アジア経済モニター（Asia Economic Monitor）」と改称）の発行を開始した．また，民間の資金フローなどに関するワークショップを企画したほか，ASEAN+3の財務相からの要請に基づいて，通貨危機に関する早期警報システムの試作を行い，さらにASEAN加盟国が財務省内に監視担当部門を設置することを支援した．加えて，REMUは「アジア債券市場育成イニシアティブ」を支援し，ウェブサイト「AsianBondsOnline」を立ち上げ，現地通貨建て債券市場の発展促進を目指した．これは，アジア通貨危機の原因の一つである，いわゆる通貨と期間の「ミスマッチ」（外貨調達の国内通貨運用という通貨のミスマッチと短期調達の長期運用という期間のミスマッチ）の解消を目指したものである．2005年4月，REMUは地域経済統合室（OREI）へと発展・改組された．OREIは，以後10年間にわたって，アジア全域における地域経済協力の支援においてADB内で重要な役割を果たした．

通貨危機の期間におけるその他の活動として，ADBはセミナーやワークショップの主催・後援，書籍，および論説の発刊・発表を通じて，複数の国での経験を地域全体で共有できるようにした．こうした活動の大半は，経済開発情報センターによって実行された．1998年，通貨危機の原因について理解を深めるため，同センターは金融市場の研究に着手した．

1998年から2000年の危機のさなかにあっても，ADBは主要刊行物である「アジア経済見通し（*Asian Development Outlook*）」の出版を継続し，地域の経済発展に関する意見やその時々の重要な開発課題に関する特集を掲載した．さらに，経済的課題に関する一連の「ブリーフィングノート」を作成したが，その多くは通貨危機に関連する重要なテーマを取り上げた．

また別の取り組みとして，アジア開発銀行研究所（ADBI）を東京に設立した．同研究所は，日本政府からの資金提供により，政策研究の実施と途上国での能力構築を目的としたADBの付属機関として設立された．ADBIは1997年12月10日，「通貨危機とその後（The Currency Crisis and Beyond）」と題するシンポジウムを開催し，それをもって正式に発足した．

1998年，ADBIはマニラ，サンフランシスコ，シンガポール，および東京においてアジア通貨危機に関する一連のラウンドテーブルを開催し，そこで得られた知見を広く伝えるために引き続きいくつかのセミナーを開催した．翌年には東京で，危機に見舞われた国々と日本・英国・米国の中央銀行の関係者や規制当局幹部が集い，変化する銀行規制や将来の危機を予防する施策について考究する政策対話の会議を日本の金融監督庁（当時）と共催した．その他にも，国際決済銀行とともに途上国のための為替制度や銀行規制に関する研究を実施した．

アジアの混乱：何が悪かったのか？

アジア通貨危機の一因として，1990年代に市場志向の政策を強引に推し進めたこともあった．行天豊雄（渡辺武・ADB初代総裁の側近）の言を借りれば，アジアの途上国の多くは「米国のグローバリゼーション唱道者たちの絶え間ない催促」を受け，資本市場を自由化していった（Gyohten 2007, p. 51）．こうした国々は，逃げ足の速い民間資本を磁石のように引き寄せた[9]．ヘッジファンドを含む世界の投資家は，高い収益率と分散投資の機会を求めてアジアへと引き寄せられたのである．彼らを引き付けたのは，固定された為替レートに裏打ちされた高金利だったが，それは一見安全な投資環境を印象付ける誤った感覚を抱かせるものであった．危機に至るまでの数年間，長期の外国直接投資よりも，短期の銀行融資あるいはポートフォリオ投資としてこうした資金の多くが流入していた．インドネシアの場合，流入資金の相当部分が国内の複合企業体への直接融資であった．こうした資金の動きは監視が難しく，域内における政策対応の連携を困難にした．

民間資金の流入が急激に増加したことにより，物価，特に不動産価格が押し上げられた．こうした事態の進展がさらなる資金流入を引き起こし，1996年半ばには資金流入額が史上最高に達した．しかしその後，電子部品に対する世界的な需要が下降の周期に入ったことを受けてバブルが弾けた．輸出の鈍化が経常赤字を拡大させ，その結果，為替レートへの圧力が高まり，ついには1997年7月，タイ・バーツの変動相場制への移行と暴落につながった（図10.1）．

通貨の下落によって経済的信頼が損なわれ，株式と不動産の価格も下落した．それによって，銀行や多くの企業が通貨と期間の深刻な「二重のミスマッチ」にさらされることになった．アジアの多くの投資家は，外貨建て（通常は米ドル）で海外から資金を借り入れており，その資金を長期で流動性の低い（しかも多くの場合，収益は現地通貨となる）プロジェクトに投資していた．海外の貸し手は貸付け先に対する信頼を失い，短期融資のロールオーバー（貸し替え）による継続を拒否し，民間資金の流入は急減するとともに現地通貨への切り下げ圧力が高まったのであった．

このように，アジアにおける通貨危機は，通貨危機が銀行セクターの危機を引き起こしたものだ．こうした事態が負のスパイラルを生み，深刻な経済的，社会的コストをもたらしたのである．GDP 成長率は，特に1998年に著しく鈍化し，失業の蔓延と貧困の拡大につながった．

9）本節の記述は，主に ADB, “The Financial Crisis in Asia,” *Asian Development Outlook 1998*, pp. 19-37にもとづいている．

図10.1　韓国，インドネシア，マレーシア，フィリピン，およびタイに関する主な指標，1992-2002年

(1)ポートフォリオ投資，純流入額

(10億ドル)

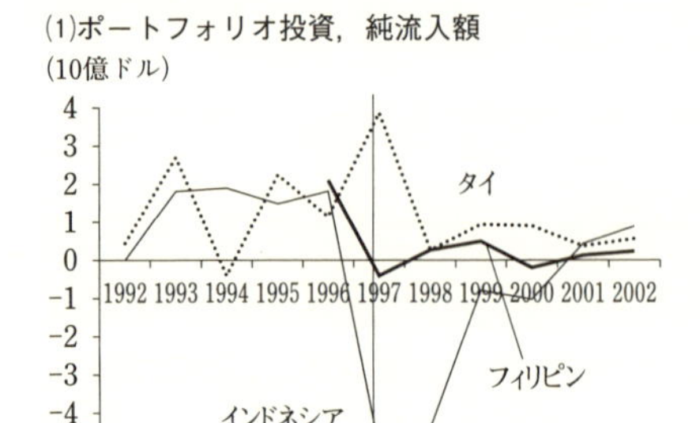

注：マレーシアおよび韓国に関するデータはなし.
出所：世界銀行.

(2)輸出額，年間成長率

(%)

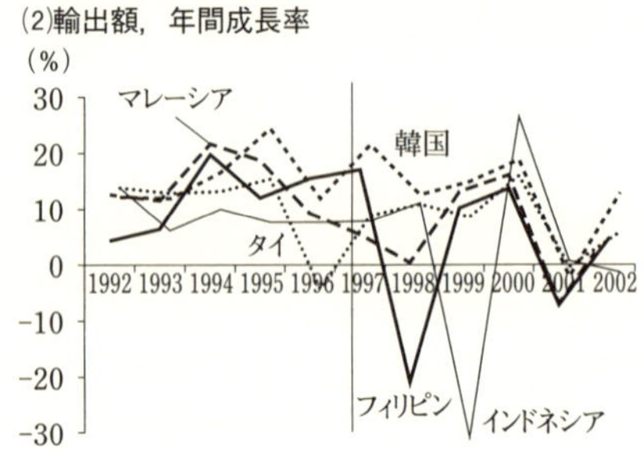

出所：世界銀行.

(3)実行為替レート

(2010年＝100)

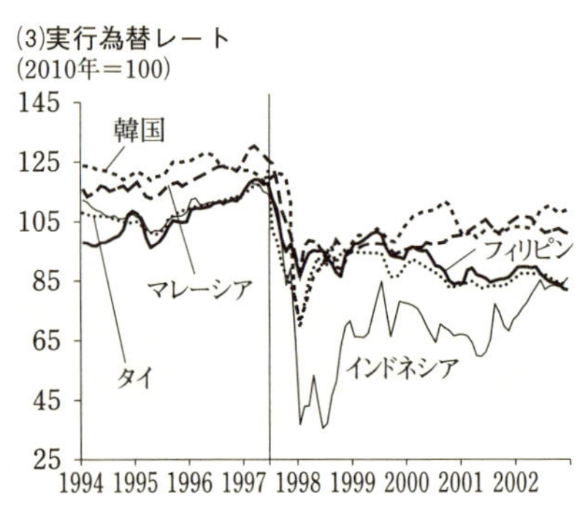

出所：国際決済銀行.

(4)国内総生産，年間成長率

(%)

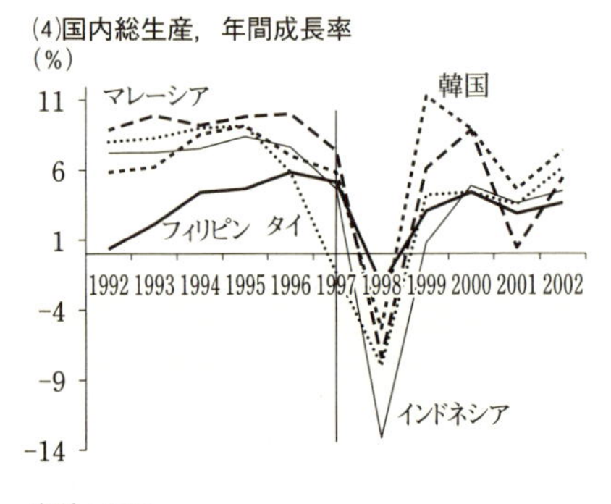

出所：ADB.

(5)不良債権比率

(2010年＝100)

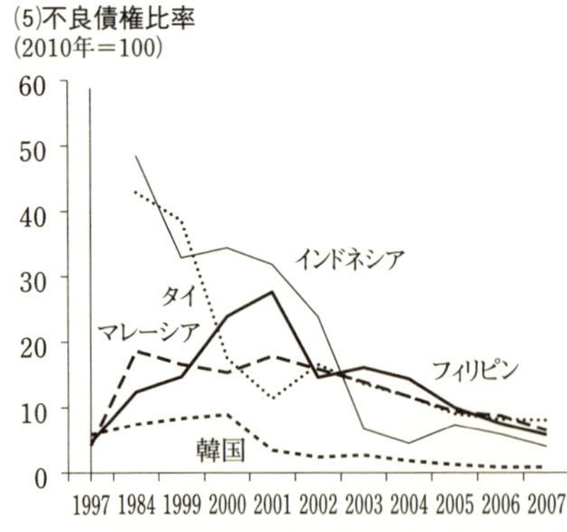

注：不良債権に関する1997年以前の比較可能かつ正確なデータはなし．危機以前，不良債権は多くの場合過小に申告されていた.
出所：世界銀行.

(6)失業率

(1997年＝100)

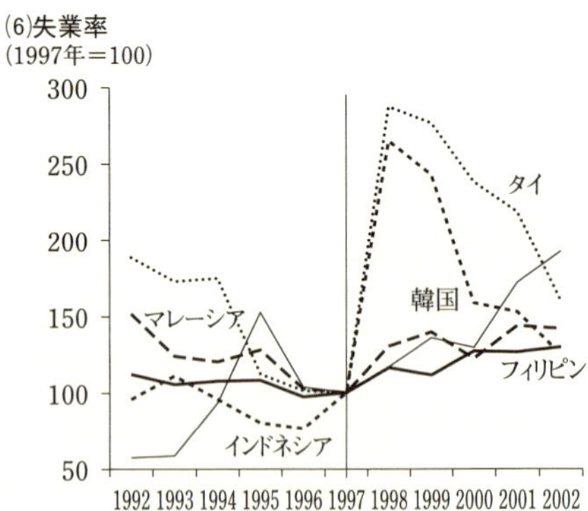

出所：ADB.

脆弱なファンダメンタルズか，投資家のパニックか

通貨危機の後，その原因についての論争が広く行われた[10)]．その説明としては，主に脆弱なファンダメンタルズと投資家のパニックの2つの要因が挙げられた．脆弱なファンダメンタルズを主たる要因とする説明では，構造的・政策的な歪みやガバナンスの脆弱性など，危機に見舞われた国々におけるさまざまな根本的な問題が指摘され，それらにより結果的に市場の信頼が損なわれたとされた．他方，投資家のパニックを主たる要因とする説明では，市場における不規則な期待変化が大きな原因であり，それが地域全体に波及したとされた．この見方も構造的なそしてガバナンス上の問題の存在を認めていたが，それまで各国の経済が好調であった点に注目し，群衆行動が今回の危機と資本逃避の主要因となったと指摘した．アジア域内でも，ヘッジファンドなどによる投機的な攻撃を原因とする見方が多かった．

いずれの説明も，この危機の正しい理解に資するものであった．途上国の多くは構造的・政策的な脆弱性を抱えていた．例えばインドネシアの場合には，危機はガバナンス全体の危機へと拡大し，金融面の脆弱性が，経済ならびに政治上の根本的な問題によってさらに深刻になっていることが明らかであった[11)]．同国では1988年に銀行セクターが自由化されてから，銀行の数が劇的に増加していた．1996年にはその数が240と倍以上に増加し，監督監理上の大きな問題が生じていた（Pangestu and Habir 2002; Hamada 2003）．しかしながら，危機に見舞われた3カ国すべてにおいて，直接の契機となったのは投資家による信頼が崩れたことであり，それが急速かつ想定外の資本逃避につながったのである．

このように，アジア通貨危機は従来の経常収支危機ではなく，資本収支危機であった．資金の借り手も貸し手も，そして国際機関も，この事実をなかなか把握できなかった．さらに，各国の政府と国際機関は金融市場の開放を精力的に推進したのだが，それに際して，自由な資金フローのメリットについて楽観

10）ADBの元総裁・佐藤光夫は通貨危機をめぐる論争に深い個人的関心を抱いていた．彼は当時，問題の本質が資本勘定にあることを強調し，危機を「まったく新しい種類の金融の混乱」と表現した（Sato 1999）．

11）インドネシアにおける危機の原因については，スドラジャッドがすぐれた議論を行っている（Djiwandono 2005, pp. 22-75）．

するあまり，アジアの途上国においてそうしたフローを管理する難しさを著しく過小評価していたのだった（Villafuerte and Yap 2015）.

国際緊急支援への批判

この危機はほとんど予期されていなかったものであり，何が最良の対応方法かについて，すぐに鋭い意見対立が生じた．IMF は1980年代のラテンアメリカと1994年のメキシコ通貨危機の経験を参考に，経済と金融の引き締め政策を対策として処方し，構造改革の実施を求めた．しかし，ラテンアメリカとアジアの状況には重大な相違があった．ラテンアメリカの国々では，多くの場合，放漫な財政や金融政策から，持続不可能な国際収支の赤字が生じてしまっていた．一方，アジア諸国は保守的な財政・金融政策を維持しており，総じて無謀なマクロ経済政策による経常赤字は生じていなかったのである．

アジアの多くの国では，特に（実質的に固定された為替レートによって支えられた）海外からの短期的なポートフォリオ投資と銀行融資によって構成される，多額の資金流入の増大により経済が過熱していた．その結果，経常収支は赤字である一方，資本収支は大幅な黒字となっていた．資金流入ブームは，しばしば過剰投資と不動産価格の高騰を引き起こした．その後，投資家がブームの持続性に疑問を持ち始めると，資金フローは突如として流入から流出へと転じ，国際収支ならびに金融の危機へとつながったのである．アジア通貨危機は資本勘定のボラティリティ（変動）から生じたため，新種の危機とみなされた．莫大な資金流出を受けて，危機に見舞われた国々の国内流動性は急速に枯渇し，経済はたちまち不況に陥るとともに，金融システムには流動性危機が生じた．

その意味では，ラテンアメリカでの経常収支問題に対しては適切であった緊縮的な通貨および財政政策は，アジアの資本勘定危機に対しては誤った処方箋だったのである．速やかに実施された緊縮政策は，アジア諸国の一部がすでに景気後退局面にあったにもかかわらず，さらに総需要を押し下げてしまった．こうした政策は，銀行や非金融セクターの企業のバランスシートにさらなるダメージを与え，広範囲に及ぶ失業と不必要な社会的損害を生み出したのである．

また，インドネシアなどの国々で厳格な構造調整を行うべきとする IMF の主張をめぐっても論争があった（Sakakibara 1999）．その妥当性やプログラムの内容に関しての意見の衝突だけでなく，包括的で厳格な長期的銀行セクター改革を，短期的な問題が山積する危機のまっただ中に実施すること自体に異論が噴出した．そうした批判はやがて，国際社会が通貨危機への対応を再検証することにつながり，それによって生じた変化は，ワシントンDCに本拠を置くブレトンウッズ機関が導入するプログラムに影響を与えた．

アジア独自の危機対応イニシアティブ

IMFの危機への対処法については，アジアの複数の国の政策決定者が懸念を抱いていた．彼らは代替案を検討し，独自の対応プログラムを発表した．危機はアジアの政策決定者たちに，IMFの支援のみに依存するのではなく，自国の政策と制度を強化する必要があることを気づかせた．さらに，金融も経済全般も以前に比べ格段に近隣諸国と緊密に連携していたので，各国政府は危機の防止と管理を目的とした地域的な相互自助メカニズムを検討することに前向きであった．

そうした代替案のうち，最も早期に提案され，かつ最も論議を巻き起こしたものが，日本の提案した「アジア通貨基金（AMF）」構想であった．これは，東アジアの外貨準備をプールする基金を創設し，通貨への投機を防ぐとともに危機に際しての資金調達メカニズムとして活用するというものである．この提案は，1997年9月，香港（Hong Kong, China）で開かれたIMF・世界銀行年次総会において，日本の大蔵省財務官榊原英資により発表された．この提案は多くの人々を驚かせたが，このアイデアは日本の関係者によって少なくとも1年前から検討されており，一部のアジア諸国に対しては非公式に提起されていた．一部の関係者は，IMFは1994年のメキシコ通貨危機の際には力強い支援を行ったものの，IMFの支援がアジアでの危機への対応として十分なものとなるか確証が持てないと指摘した[12)]．こうした懸念は，特にタイの危機の場合において正しかったといえる．

AMF設立の提案には，総額1,000億ドルに上る地域的な外貨準備のプールを創設すること（米国の参加は含まない），（IMFによるサーベイランスと協調して行われる）AMFによるマクロ経済サーベイランス枠組みを策定すること，そして常設の事務局を設立すること，といったIMFの役割を補完するという

12）Blustein（2001, p. 165），Grenville（2004）は，米国が1994年のメキシコ通貨危機の場合と比較して，インドネシアにおける通貨危機への対応に「それほど乗り気ではなかった」と指摘している．

内容が含まれていた．しかし，この提案は香港（Hong Kong, China）での会議において十分な支持を集めることができなかった．米国のローレンス・サマーズ（Lawrence Summers）財務長官は，モラルハザードのリスクおよびIMFの機能との重複の観点から提案に対して強硬に反対し，そのためこの計画は外交上の配慮から棚上げとなった（Blustein 2001, p. 162; Lipscy 2003, p. 94）．しかし，この提案は地域における自助メカニズムを拡大するという方針を明確なものとした．

AMFに関する協議に続いて，後に「マニラ・フレームワーク」と呼ばれることになる別の提案が協議されることになった．1997年11月，フィリピンで開かれたアジア太平洋経済協力（APEC）フォーラムに参加した政府高官が，AMFに関する協議に応える形で，地域の銀行システムおよび金融システム強化のためのフレームワークに合意した．後に米財務長官となるティモシー・ガイトナー（Timothy Geithner）やADB総裁となる中尾武彦をはじめとする参加者たちは夜を徹して声明の草案を検討した．米国を含むメンバーにより合意されたこのフレームワークに関する声明では，IMFに対してより明確に中心的な役割を与えるものとなっていた．その内容には，IMFによる世界各国のサーベイランスを補完するための地域的なサーベイランスの強化，金融部門の監督監理機能を改善するための経済的・技術的協力の拡大，構造調整プログラムのための新たなIMFのメカニズム，IMFの財源を補完する協調的な資金拠出に関する取り決めが含まれていた．

「マニラ・フレームワーク」は1997年11月25日，18のAPEC加盟国の首脳によって承認された．この内容はAMFの提案に類似していたが，フレームワークには常設の事務局の設置や協定にもとづく地域的な資金プールの創設といった提案が盛り込まれていない点で異なっていた．「マニラ・フレームワーク」会合は当初は半年ごと，続いて年に1度開かれ，2004年に終了した．その頃には，ASEAN+3加盟国が採用したチェンマイ・イニシアティブ（CMI）をはじめとする他の取り組みがより重要となっていた（第11章および第13章のCMIについての議論を参照）．

危機への対応を目的としてアジアで政策措置を推進することに，日本は特に積極的であった．1998年10月，日本政府は300億ドルの支援パッケージ，「新宮澤構想」を発表した．この構想は，アジア諸国の中長期的な資金ニーズに応えるための150億ドルに加え，経済改革の実施の際に生じる短期的な資金需要のためにさらに150億ドルを提供するというものであった．1998年12月，宮澤喜一蔵相は東京の日本外国特派員協会での会見においてこの構想を説明し，国際金融システムの３つの根本的問題，すなわち大規模かつ短期的な資金の移動に起因する問題，為替レートの決定，および危機に見舞われた国々への流動性の提供について，概略を説明した（Miyazawa 1998）．

彼は，短期的な資金の移動に起因する問題は群衆心理によって生じることが多く，これが経済のファンダメンタルズにもとづかない，大規模かつ想定外の資本移動を引き起こしていると説明し，この種の資金フローは国家経済を破綻させかねないため，より慎重に監視すべきだと主張した．また，先進国とアジアの途上国の双方において，適切な為替レートの決定を目的とした優れた取り決めが必要であることを指摘した．しかし，これを解決する簡単な公式は存在しなかった．為替レートのより高い安定性が必要なこともあれば，より柔軟性が求められることもあるからである．

第３の優先課題は，危機の際に十分な流動性を提供することであった．アジア通貨危機の間，影響を受けた国々は実質的に資本市場へのアクセスを失い，極度の流動性不足につながった．こうした状況において，IMF をはじめとする国際金融機関は，もっと迅速かつ十分な流動性支援を提供できたはずであった．宮澤は，将来的により多くの流動性を提供するために採用しうる一連の対策の概要を示した．実際，そうしたアプローチを打ち出すことで，彼は IMF および西側諸国の中央銀行が2007年から2008年にかけて先進国において精力的に追求したような政策をいわば先取りしていたのであった．新宮澤構想の一環として，日本は1999年３月，ADB 内に30億ドルのアジア通貨危機支援ファシリティを創設した．その機能には，危機に見舞われた国々による国際金融市場での資金調達を支援するための債務保証と利子補給が含まれていた．

これに続く動きが ASEAN+3の会合で見られた．1999年11月，ASEAN+3の首脳はマニラで会合を開き，金融，通貨，および財政についての共通する課題に対する協調と連携の必要性について声明を発表した．その直後，ASEAN+3の財務大臣はその他のいくつかの取り組みに着手した．その一つが「経済の現状分析および政策対話（Economic Review and Policy Dialogue）」であった．これは2000年５月に導入され，世界，地域そして国家レベルにおける経済と金融の状況分析を目的としていた．その内容は相互のレビューと政策対話に基づいて，資金フローと金融市場の動向を監視し，リスクを管理するとともに，政策や協調行動についての提言を行うというものであった．相互監視によるプレッシャーがより優れたマクロ経済政策および金融政策への刺激となり，同時に地域協力を促進することが期待されたのである．

一方，各国による協力が有意義な形で結実したものがCMIであった．2000年5月に導入されたこのイニシアティブは，ASEAN+3諸国間における，二国間スワップ取り決めのネットワークとして構築され，国際収支上の危機に陥った加盟国に短期的な米ドルの流動性を提供することを目的としていた．CMIには既存の国際金融制度を補完することが期待され，米国とIMFも慎重な態度ながらこのイニシアティブを歓迎した．ADBは，「経済分析および政策対話」とCMIの両者を積極的に支援した．

危機後のアジアとADB

当初，国際メディアの多くは，今回の通貨危機によって「アジアの奇跡」が幻であったことが明らかになったという見方をしていた．しかしその後の経済を見ると，この結論が誤りであることがわかる．危機によっても，アジアにおける持続的成長への推進力は損なわれなかった．1999年になると危機は沈静化し，信頼はほぼ回復した．一部の国では危機によって進歩が一時的に停滞したが，アジアのほとんどの地域で力強い回復が見られた．

しかし，この苦しい経験は価値ある教訓をもたらした．その一つは，大規模かつ複雑な通貨危機に際しては，数多くの国家機関や国際機関の間での効果的な協調が求められるということであった．必要とされる資金の規模は，IMF，さらには世界銀行やADB，主要二国間援助機関といった機関の財源や従来の対応手段では太刀打ちできない可能性が高く，各中央銀行も参加した強力かつ結束した行動，そして創造的で柔軟な対応が必要となる．

アジア各国の政策決定者にとって，この危機は自国の経済政策を再評価し，構造的な弱点の解決に取り組む機会となった．彼らは，中央銀行の役割を含む慎重なマクロ経済政策，資本勘定と資産価格のより厳格な監視，そしてより強力な金融セクターの監督と金融政策といったことの重要性を改めて考え直すこととなった．また，この危機によって，数多くの人々が依然として非常に不安定な状況の中で暮らしていること，各種の危機による社会的影響への対処や貧困の解決が重要であるという事実が表面化した．さらに広く捉えるならば，危機はアジア共通の脆弱性と利害を浮き彫りにするとともに，地域協力への気運をもたらした.

ADB にとって，アジア通貨危機は厳しい試練となったが，その試練を経たことでさらに強力な国際開発機関となった．ADB は国際社会と連携し，その中で銀行業務を拡大して新たな融資手段を活用していたが，それにもかかわらず，他の組織と同様，この危機を予測できなかった．このような事態を繰り返さないためにも，今後予期せぬ通貨危機にどのように対処していくのか，他のパートナーとの協力体制をいかに整えていくかを検討しなければならなかった.

ADB は危機からそうした教訓を得たが，そうした中で新しい総裁を迎えようとしていた．1999年 1 月，佐藤に代わって千野忠男が総裁に就任したとき，彼はさらに幅広く，より複雑な課題を受け継ぐことになったのである.

第4期（1997-2006年）

第11章　アジア：新しい世紀の幕開け

「アジア各国は総じてグローバリゼーションの恩恵を巧みに利用し，急速な経済成長と貧困の削減に成功してきました．一方，グローバリゼーションにはうまく対処しなければならないリスクもあります．なぜなら，グローバリゼーションは，社会的，経済的な緊張に加え，金融上のボラティリティを生み出す可能性があるからです．」

——千野忠男，ADB年次総会における演説，2001年

アジア開発銀行（ADB）が新たな世紀を迎えるなか，通貨危機の影響は次第に薄れ，経済成長の速度は増していった．危機は一部の国の発展を妨げたが，回復は予想よりも早く，力強いものだった（第10章）．中国の成長やインドの台頭，中央アジアや東南アジア各国での経済状況の改善を推進力に，アジアはたくましく前進していた．国際貿易におけるグローバリゼーションの進展，国境を越えた資本フロー，そして人の移動がこうした変化を促進した．

その一方で，グローバリゼーションに反対する人々も存在した．そうしたグループは激しい政策論争を挑み，しばしば抗議行動を組織した（Stiglitz 2002）．根強く残る貧困，格差の拡大，通貨危機の波及，そして地政学上の不安定を，グローバリゼーションの負の側面と捉える人も多かった．恩恵がそうした損失を上回るには，グローバリゼーションを慎重に飼いならさなければならないと考えられた．こうした見方は，開発政策の大幅な再考につながった．主要な国際会議において，ますます幅広いグローバルなアジェンダが提起された．政策決定者たちは，引き続き急速な成長を目指しつつ，これを補完するものとして，格差の是正，社会開発の促進，そして金融不安に対する予防手段の確立といった優先課題に対処しようとした．

アジア諸国の復興と発展

21世紀となって，アジアには活力に満ちた発展の時代が訪れた．危機の発生から2年間のうちに，影響を受けた国のほとんどがほぼ回復していた．先進国における力強い成長は，国際競争上有利な為替レートとともに，アジア諸国の輸出主導による回復に向けての当初の推進力となった．米国経済は好調で，1998年から2000年まで，年率4.0％以上の成長を遂げた．ユーロ圏も，圏内の需要と輸出に支えられ，2000年には成長率が3.5％を超えた．そして，アジア通貨危機の間の不況を経て，日本経済は同年，マクロ経済への刺激策もあり，およそ2.0％の成長を記録した．ADBの開発途上加盟国の成長率は，1998年には0.2％まで落ち込んだが，2000年には7％超と急回復した（ADB, *Asian Development Outlook 2001*）．

しかし，先進国の成長は鈍化し始めた．2000年前半，米国におけるITバブルの崩壊がもたらした経済の減速は，すぐに他の先進国にも波及した．2001年9月11日に起こった米国同時多発テロ事件によって，投資家の市場への信頼はさらに揺らぐことになった．2002年には，イラクでの紛争が予測されたことで回復は思うようには進まなかった．先進国においてより力強い成長が再び始まるのは2004年以降のことであった．

当時は状況が混乱しているかに見えたものの，1980年代半ば以来，先進国は「大いなる安定（Great Moderation）」と形容される時代をたびたび経験していた．2000年代初めには，四半期ごとの実質生産高とインフレーションの双方で，振れ幅の縮小を示す傾向がはっきりと見られた（Blanchard and Simon 2001）．これは，「構造的変化，マクロ経済政策の改善，そして幸運」がそろったおかげであった（Bernanke 2004）．先進国における，長期にわたる成長の後に訪れた2000年代前半の比較的穏やかな景気の減速によって，政策決定者はマクロ経済の変動をより適正に制御できるようになった，との見方を強めた．

こうして経済環境が変化するなか，国によってかなりの違いはあったものの，アジアの途上国の多くは引き続き順調に成長した．世界の生産高に占めるアジアの割合が増大し続けたことにより，世界経済における国際的な影響力のバランスは変化しつつあった．重要な要因となったのが，中国経済の動向であった．中国の政策当局はアジア通貨危機の波及効果を懸念していたが，結果的にはほとんど影響はなかった．2001年の世界貿易機関（WTO）への加盟は，中国の経済的影響力をさらに強くした．WTO加盟に向けた交渉は15年に及び，その間に中国政府は農業，エネルギー，銀行業，小売業の各分野で広範な市場志向の改革実施に合意した[1)]．そうした変化に支えられ，2002年から2006年における中国の年平均成長率は10％を超えた．

南アジアも，アジア通貨危機の影響をほとんど受けなかった．1991年に開始されたインドの構造改革および自由化プログラムがついに成果をあげ始め（ADB, *Asian Development Outlook 1994*），2003年には経済成長率が年率７％に達し，それ以降，この成長率はADBの第４期の10年の残る期間中維持された．南アジアの他の地域でも，将来の見通しが改善しつつあった．バングラデシュ，パキスタン，およびスリランカでは，第４期の前半は比較的成長が伸び悩んだものの，2004年から2006年には成長率がおよそ６％にまで上昇した．

メコン河流域圏では，市場志向型への移行を進める国々は，過去の経済的制約を克服せねばならなかった．50年間にわたって，ベトナム，カンボジア，ラオスは戦争と内紛による制約を受けてきたが，1991年のパリ和平協定（第８章）の締結後，製造業と輸出に大きく依存しつつ急成長を始めた．ADBの第４期の10年のほとんどの期間を通じて，メコン河流域諸国は年率およそ６％から７％の成長を記録した．

2000年には，アジア通貨危機の影響を受けた東南アジア諸国での成長が軌道に乗り始めた．各国の政府は，破綻した金融機関の再編や企業のガバナンスの改善，労働市場の硬直性の緩和，国内市場の規制緩和などの企業および金融の改革によって，通貨の暴落を引き起こした構造的な脆弱性の解決に引き続き取り組んだ（ADB, *Asian Development Outlook 2000*）．

多くの中央アジア諸国（CARs）では，ソビエト連邦時代の中央集権的な経済管理から脱却するなかで将来の展望が改善した．1990年代前半における市場志向型政策への移行は苦難を伴うものであった．市場経済化には，経済構造および価格体系の歪みの是正や，予算編成プロセスや統計制度の改善，予算外支出の抑制などが含まれていた．マクロ経済的に安定した状況が続くなかで，アゼルバイジャンやカザフスタンなどの国々は世界的な資源価格の高騰の恩恵を受け，急速な成長を実現できた．しかし，天然資源に乏しいCARsは困難な

1）　ADB, *Asian Development Outlook 2005*のBox 2.1に，中国がWTO加盟にあたって約束した主な事項のリストと，３年後の2004年末時点でそれらがどう実現したか示されている．

時代を経験することになった．太平洋諸国の成長も比較的低位に推移した．

アジア通貨危機によって，慢性的および一時的な貧困の問題が浮き彫りとなった．1960年代以降，アジアの途上国では着実に貧困が減少していたが，この傾向は通貨危機によって中断された．インドネシアでは，1日1.25ドルの貧困水準（本書p.297の注4参照）を下回る人々の割合が1996年の11％から1998年には16～20％に上昇した．失業率も同様，危機の期間にインドネシア，フィリピン，タイでそれぞれ5.5％，9.6％，5.3％に上昇した（ADB, *Annual Report 1998*, p. 104）．こうした衝撃によって，食糧暴動や労働争議が発生し，社会は混乱した．

各国政府はセーフティーネットを拡大することによってこうした事態に対応した．危機が去ると再び成長が戻り，貧困率も低下に転じた．1999年から2005年の間に，ADBの開発途上加盟国において1日1.25ドルの貧困水準未満で暮らす人々の割合は40％近くから27％未満にまで減少し，3億人以上が絶対的貧困の状態を脱した（ADB 2014b, p. 14）．しかし一方で，中国やインド，インドネシア，バングラデシュといった経済規模の大きな国では，格差の拡大が進行していた（ADB, *Asian Development Outlook 2012*）．こうした貧困や格差の結果が，ADBの戦略に大きな影響を与えることになる（第12章および第14章）．

域内貿易と資本フローの拡大

アジアにおける通貨危機からの回復は，域内貿易と資本フローの活発化を伴うものとなった．域内貿易は1997-1999年の間にわずかに減少したものの，1990年代半ばから2000年代半ばにかけての期間全体で見ると，2倍以上に増大した[2)]．域内での国境を越えた資本の流れは，ADB第4期の10年に3倍以上に拡大した．1980年代から1990年代にかけて急速な成長を遂げたアジアの比較的豊かな国々では失業率が低下し，アジア域内のより貧しい国からの移住者が絶え間なく流入した．

中国は，特に2001年のWTO加盟後，アジアの域内貿易とアジア以外の国々との域外貿易を結ぶ要衝として台頭した（ADB, *Asian Development Outlook 2004*, Box 1.1）．中国は他のアジア諸国からますます多くの中間財を輸入して

2）ADB, Asia Regional Integration Centerデータベース（2016年12月23日にアクセス）のデータに基づいた著者の推計．

それらを加工し，世界の他の地域，特に米国，EU，日本に完成品として輸出した．韓国，マレーシア，台湾（Taipei,China）などからの中間財輸入の増大による産業の後方連関の拡大は，これら諸国における成長への強力な刺激となった．

こうした成長パターンは，雁行型経済発展パラダイムを実証する好例であった．日本の成長は，初めのうちは加工製品の製造と労働集約的な商品の生産拡大によって支えられたが，その後はより資本集約的な産業へと移行した．まずは新興工業経済地域（NIEs）が，続いて他のアジア諸国がその後に続いた（第2章）．ADBの第4期の10年の間，他のアジア諸国も同様に，繊維や衣類，履物の製造からより高度な製品へとバリューチェーンを押し上げていった．そしてこの頃，マレーシア，タイ，ベトナムといったNIEsに比べ低所得の国々が，特に電気機械や輸送機器の部品といった製造業部門をさらに拡大する機会を，中国が提供しようとしていたのである．

アジア通貨危機の後，政策決定者たちは，地域的な経済協力イニシアティブによってグローバリゼーションに伴う外部からのショックを軽減できることを理解した．危機以前のアジアにおける経済協力は，主に貿易上のつながりに重点を置くものであった．それが危機後は，金融面での協力の強化に関心が集まったのである．通貨危機は，東南アジア諸国連合（ASEAN）加盟国に中国，日本，韓国を加えたASEAN+3の枠組みの結成につながった．2000年5月，ASEAN+3の財務相によって，「チェンマイ・イニシアティブ（Chiang Mai Initiative）」として知られる二国間通貨スワップ協定のネットワークが確立された．また，各国経済の監視，金融上の脆弱性の検知，および是正措置の検討のため，「経済レビューおよび政策対話（The Economic Review and Policy Dialogue）」が開始された．このイニシアティブは，サーベイランス（監視）に関しては部分的な成功にとどまったものの，近年では徐々に改善が見られるようになっている．もう一つの大きな措置として，2003年にマニラで開かれたASEAN+3財務相会議では，現地通貨建て債券市場の発展の支援を目的とした「アジア債券市場育成イニシアティブ（Asian Bond Markets Initiative）」が承認された．

グローバル化への対応

グローバリゼーションは新しい現象ではなかったが，ADBの第4期の10年，情報通信技術の普及に支えられて，そのペースを加速させた．ほどなくしてグローバリゼーションは激しい論争の的となった．一部の人々は，このプロセスは「持てる者と持たざる者との間の断絶の深まり」を引き起こしたと考えた（Stiglitz 2002）．グローバリゼーションに批判的な専門家たちは，1990年から2000年までの間に世界の所得が年2.5％で増大したにもかかわらず，世界の貧困減少率はわずか年1％未満にとどまったと指摘した[3]．彼らはこれを，公営企業の民営化，外国資本および競争への市場の開放，資本規制の撤廃，関税その他の貿易障壁の削減，ならびに国内産業保護の撤廃による帰結であると捉えた．彼らにとって，グローバリゼーションとは搾取的な労働条件を創出し，環境の持続可能性を脅かすとともに，その土地固有の伝統的文化を喪失の危機にさらすものであった．

さらに，世界の金融フローの急速な拡大は，投資のための資金を供給する一方で，金融不安定化のリスクを高めることにもなった．そうしたリスクは，1994年のメキシコ通貨危機と1997年のアジア通貨危機において明らかとなった．同様に，国際的な人の移動は何百万人もの人々に雇用機会を生み出す半面，移民を受け入れる国々の労働者や市民の間に不安を呼び起こした．貿易と交通手段の発展は雇用を増大させ，消費財の価格を押し下げて多くの人が入手できるようにしたものの，少なくともこの移行期に職を失った人々があったことも事実であった．

グローバリゼーションをめぐるこうした論争と同時に，開発政策に対する見方の変化も起こった．1980年代の後半には，新自由主義的で市場志向型のアジェンダをまとめたものといわれる「ワシントン・コンセンサス（Washington Consensus）」に関する論争が起こった（第8章）．しかし，アジアの政策決定者の多くは，市場への依存は適切な市場規制とバランスをとる必要があると主張した．この見方によれば，グローバリゼーションは貧しい人々を含めすべての

3） World Bank PovcalNetのデータ（2017年1月10日にアクセス）によれば，1日1.90ドルを貧困線とした場合，世界で貧困状況にある人々の数は，1990年の18億4,000万人から，2000年には16億9,100万人に減少した．

人をより豊かにする可能性を持った，世の中のためになる力となりうるが，すべての人々にとって有益であるためにはそれを適切に管理する必要があった．グローバリゼーションを管理し，うまく利用するためには，各国の政府が適切な国内政策を実施し，恩恵が公平に行き渡るような制度を確立しなければならなかった．また，予想外の国際的事象に対応できる体制を整えなければならなかった（ADB, "Minimizing the Risks," *Asian Development Outlook 2001*, pp. 179-189）．さらに，金融セクターを監督し，短期的な資本の移動に起因するリスクを軽減する必要があった．

また同時に，グローバルな市場に対してはグローバル・ガバナンスが必要であるため，国際金融システムの改善について議論が進められていた（Miyazawa 1998）．一部の研究者は，「グローバル・ガバメント（世界政府）なきグローバル・ガバナンス」は，先進国が優遇され，途上国の利益が損なわれる国際政策につながりかねないと主張した（Stiglitz 2002）．特に，国際金融機関などの外部の機関は，途上国に不適切な改革を押し付けるべきでないとの主張がなされた．さらに，国際開発金融機関は借り入れ国のニーズにより的確に応えられるよう，活動を再編する必要があるというのだった．

この期間には，市民社会組織やNGOの影響力が大きくなった．これらの組織は，概して貧困問題に深い関心を持っているとみなされており，救援や復興，社会開発，人権，環境問題など，さまざまな活動に取り組むことが多かった．1990年代から2000年代に開かれた一連の国際開発会議によって，こうした市民社会グループは，政府やドナー機関と連携する機会が多くなった．

そうした議論が行われるなかで，グローバリゼーションに対する組織的な抗議行動が頻発した．1995年にブレトンウッズ体制が50周年を迎えたことを機に批判が噴出し，中でもNGOは「50年でもうたくさんだ」というスローガンのもとで抗議運動を行った．国際通貨基金（IMF）や世界銀行をはじめ，多くの機関が市場主導の資本主義を推進しているとみなされ，反グローバリゼーション団体の標的となった．1999年にシアトルで開かれたWTO閣僚会議の際のデモは，広くメディアの注目を集めた．こうした動きは2001年のイタリア・ジェノバでの主要8カ国（G8）サミットや2002年の世界銀行・IMF年次総会でも引き続き見られ，多くの途上国でも国内での抗議活動が起こった．

国際開発援助については，その他にも懸念される事項があった．国家予算の引き締めを図る先進国は，援助プログラムの価値と効果を厳しく監視するようになったのである．ドナーの多くが順調に成果をあげている国々に援助を集中させるために，最も貧しい国々が不利益を被っていると見られていた．開発機関は，借り入れ国に対して自分たちが望む目的を押し付けようとしているということでも非難された．借り入れ国の利益に適いつつ，限られた開発資金を最大限に活用するため，開発機関の間でより一層の連携が求められた．そして，援助は健全な政策環境のもとで提供された場合に最も効果的となるため，各機関は開発途上国の政府と緊密に協力し，現地の組織・制度の改善と政策の強化に努めた．

グローバリゼーションに関する論争は，ADBの第４期の10年を通じて続いた．2001年，WTO加盟国は関税障壁の削減と世界貿易の促進を目指してドーハ・ラウンドの交渉を開始し，その結果いくつかのプラスの成果が得られた．例えば2005年12月，香港（Hong Kong, China）で開かれた第６回WTO閣僚会議において新たに「貿易のための援助（Aid for Trade）」プログラムが策定された．しかし，関税や関税以外のさまざまな貿易障壁について，先進国と途上国との間で意見の相違があったため，ドーハ・ラウンドの交渉は行き詰まった．これは，途上国の側に国内産業の崩壊への懸念があったことも一因であった．ADBの第５期の10年には，反グローバリゼーションの抗議行動は途上国から先進国へと拡大していくことになる（第13章）．

開発をめぐる視点の広がりとミレニアム開発目標

こうしたより複雑化した環境に対応するため，国際社会は開発をより広い視点で捉えるようになった．国連のミレニアム・サミットを経て，2001年にはミレニアム開発目標（MDGs）が国際社会によって正式に採用された．このMDGsには幅広いアジェンダが反映されており，2015年までに達成すべき８つの目標と，それを支える，社会・人間開発に関する17のターゲットと48の指標が示されていた．すべての国連加盟国と20を超える国際組織が，MDGsの達成に向けた努力を誓約した．

MDGsは目新しいものではなかったが，貧しい国々の経済と社会の開発に再び関心を向けようとする試みであった．貧困の削減や初等教育の完全普及，ジェンダーの平等といった目標は，国連が長年にわたって推進してきたものであった．事実，開発が初めて国連の行動の中心的テーマとなったのは，国連が

「国連開発の10年」であると最初に宣言した1960年代のことであり，その後，同様の取り組みが開始されたのであった．MDGsは，そうしたさまざまな取り組みを一つの綱領に統合しようとする試みであった．

グローバリゼーションと開発援助に関する論争が続くなかで，21世紀に入る頃には，貧困の削減が最優先課題となるとともに，貧困の概念が拡張された．MDGsの最初のターゲットは，1日1ドル未満（本書p.297の注4を参照）で生活する人々を半減させることであった．多元的な見方をすれば，貧困の削減は開発のほんの一部分に過ぎなかったが，その見方は広範かつ野心的な他のMDGsに反映されていた．同様に，世界銀行の『世界開発報告2000/2001（*World Development Report 2000/2001*）』（World Bank 2001）は貧困を，経済的，政治的，および社会的プロセスの結果として生じる一連の多面的欠乏と捉えた．そして貧困削減に取り組むため，貧しい人々にとっての機会拡大，エンパワーメント（権限を認め，力を発揮できるようにすること），安全保障の拡大を図るための行動を呼びかけた．

グローバルな開発目標に新たに加わったのが，「脆弱な国（fragile states）」への支援に対する関心の高まりであった．数次にわたる国際危機に直面し，国際社会はその関心を平和の維持や紛争の解決，紛争後の復興に向けた．このアジェンダは，米国における2001年9月11日の同時多発テロ事件によってさらに重要性を増した．国際開発プログラム，中でも特に二国間援助において，欧米諸国の対外政策機関は安全保障と紛争に関わる問題により大きな関心を払うようになったのである．また，MDGsの達成には，開発実績が芳しくない国々（その多くが脆弱性や紛争によって影響を被っていた）における特別な取り組みが必要なことも明らかであった（Cammack et al. 2006）．

さらに，自然災害に対する懸念も増大していた．21世紀の初頭，アジアの途上国は一連の大災害に見舞われた．2001年1月，インドのグジャラート州で地震が発生し，およそ1万9,000人が死亡し，20万人が負傷した．2004年12月にはスマトラ沖地震により23万人以上が大津波に飲み込まれた．さらに，2005年10月にはパキスタンを地震が襲い，8万人以上が死亡したほか，およそ280万人が家屋を失った．

これらの一連の災害によって，災害危機管理への関心が世界的に高まった．国連世界防災会議は1994年，横浜で初めて開かれ，2005年には第2回会議が神戸で開催された．当初，この会議に向けた準備の段階ではほとんど国際的な注目を集めていなかった．しかし，会議のわずか1カ月前に発生したスマトラ沖地震と津波によって関心は劇的に高まり，天皇陛下による式辞もあった開会式には4,000人を超える人々が参加した．

国際社会はまた，健康問題が人間の安全保障に及ぼす影響についてますます注意を向け始めた．2003年から2004年にかけて，アジア各地では重症急性呼吸器症候群（SARS）や鳥インフルエンザなどの疾病に対する社会不安が広がった．これら疾病に関するリスクはまもなく軽減したが，疫病の発生は国の保健システムを強化し，国際社会が協調して対応する必要性を浮き彫りにした．

開発機関に向けられた批判と開発アジェンダの広がりは，1990年代半ばに始まった，援助効果向上運動にとって新たな追い風となった．援助の効果を高めるため，ドナー国の政府と援助機関は，相互に，また途上国との間でより緊密な連携を図ることを決意した．2002年にメキシコのモンテレーで開かれた国連の開発資金国際会議において，国際社会は開発資金の拠出を拡大するとともに，援助のより効果的な活用を図ることに合意した．

その後，一連の国際会議および宣言が続いた（表11.1）．そうした議論は，2005年に開かれた「援助効果向上に関するハイレベル・フォーラム」の場において，パリ宣言の採択という形で結実した．同宣言では，援助の活用に関する各国のオーナーシップ，調和化，成果マネジメント，および相互説明責任など多くの事項に関する原則が確立された．援助効果の改善に向けたこうした取り組みは，すでに多岐にわたっていた開発アジェンダに加わり，ADBの第5期の10年に入ってからもしっかりと継続されることになった（第13章）．ADBはこれらのフォーラムに参加し，合意された原則にしたがって行動することを確約した．

変化する金融アーキテクチャー

開発目標の急増は，開発の資金源の多様化を伴った（Kharas and Rogerson 2012）．援助の世界の従来からの担い手は，これまでにない形態の資金を提供する新たな主体と競争することになった．新たな活動の一つが，途上国同士の南南協力であった．これは中所得国が支えたが，それは援助によって他の途上国との貿易や投資のつながりを強化し，自国の影響力を高めることを意図していた．また，慈善活動も急増した．例として，2000年にはビル＆メリンダ・

表11.1　開発効果向上に向けた主な国際的取り組み

年	場所	取り組み
1996年	パリ	**「21世紀に向けて：開発協力を通じた貢献(*Shaping the 21st Century: The Role of Development Cooperation*)」の発表** OECDの開発援助委員会（DAC）による報告書では，国連の諸会議の成果を踏まえて，福祉，社会開発，および環境持続可能性に関する基礎的な目標を提示している．
2000年	ニューヨーク	**国連においてミレニアム宣言を採択** これを受けて，2001年には８つのミレニアム開発目標（MDGs）が設定された．
2002年	モンテレー	**開発資金国際会議（International Conference on Financing for Development）** MDGs達成に向けた資金拠出目標を設定するとともに，それら資金のより効果的な活用を訴える「モンテレー合意」が採択された．
2003年	ローマ	**第１回援助効果向上に関するハイレベル・フォーラム（First High Level Forum on Aid Effectiveness）** 被援助国におけるドナー間の連携改善と援助の受け手の手続きコストの削減がドナーにより合意された．
2005年	パリ	**第２回援助効果向上に関するハイレベル・フォーラム** ドナーおよび途上国によりパリ宣言が採択された．同宣言では，援助の質の向上のための56の行動に向けた公約と14のモニタリング指標が定められた．
2008年	ドーハ	**第２回開発資金国際会議** ドーハ会議は2002年開催の第１回会議のフォローアップとして，モンテレー合意の履行を監視する目的で開かれた．
2008年	アクラ	**第３回援助効果向上に関するハイレベル・フォーラム** ドナーや途上国，さらに市民社会組織から幅広く参加者を集めて開催．パリ宣言の取り組み事項の達成を支援する枠組みである「アクラ行動計画」が採択された．
2011年	釜山	**第４回援助効果向上に関するハイレベル・フォーラム** 援助の達成に向けたこれまでの進捗の評価と，将来に向けたアジェンダの設定に向けた取り組みがなされた．
2015年	アディスアベバ	**第３回開発資金国際会議** 2002年のモンテレー合意からの大幅な転換がなされ，開発金融に対して税金や投資，国際公共財政に基づく広範なアプローチが検討された
2015年	ニューヨーク	**「持続可能な開発目標（SDGs）」の制定** 国連サミットにおいて，17の目標と169のターゲットが合意された．

OECD＝経済協力開発機構．
出所：援助効果に関するOECD開発協力局の報告書，Effective Development Co-operation（http://www.oecd.org/dac/effectiveness/）．

ゲイツ財団が設立され，2006年には著名な世界的投資家ウォーレン・バフェットが同財団に多額の寄付を行った．さらにもう一つの大きな資金源は，海外労働者から母国への国際送金であった．

アジェンダの多様化により，開発が及ぼす社会的影響に取り組む組織の重要性が高まった．ドナーや市民社会組織をはじめ，より多様な組織が，国際開発金融機関の運営に影響力を行使しうる立場となった．このことは国際開発金融機関に改革への圧力を与える一方で，これらの機関を広範囲の要求にさらすことになり，その結果，対応能力は限界に達し，業務の焦点が拡散してしまうことにもなった．ADB はこうした圧力に応えねばならなかった．

1990年代，開発金融にとって大きな問題の一つは，多国間および二国間援助機関からの借り入れ債務の累積であった．最貧国がこうした債務を返済できる見込みはほとんどなかった．市民社会組織の主張に促されたこともあって，IMF と世界銀行は1996年，重い債務を抱える国々に対して，債務の削減と低利率での融資を提供する「重債務貧困国（HIPC）イニシアティブ」を提案した[4)]．しかし，1回限りの債務の削減は，将来的な債務の累積を防ぐことを保証するものではなかった．HIPC イニシアティブは1999年に修正され，債務の持続可能性と貧困の削減という新しい目的が加わった．これにより，支援を受ける国には，貧困の削減と成長の促進に向けた計画を示した「貧困削減戦略ペーパー（PRSP）」を作成することが義務付けられた[5)]．

債務の累積に対する懸念に加え，MDGs 達成に向けた資金需要も高まり，開発援助を融資とグラントのどちらで提供すべきかについての議論が激しさを増した．それまでの融資では，借り入れ国が多額の債務を背負う場合もあった．しかし，グラントへの転換にはマイナスの側面もあった．受け入れ国にとってはプロジェクトへの供与資金が少額となり，さらにグラントの要素が大きくなることで援助への依存度が高まる可能性があったし，ドナー国にとっては，海外援助に対する国民からの支持が減る可能性があった．こうした論争が国際開

4） HIPCイニシアティブのもとで債務削減の資格を満たしたADB加盟国は，アフガニスタン（ADF借り入れ国）のみであった．

5） その後，この文書は，持続的な貧困の削減と成長を実現する戦略を実施する目的で，IMFが支援する低所得国向けプログラムの補強にも利用された．HIPCイニシアティブがほぼ完了し，世界銀行が2014年に国際開発協会（IDA）の援助対象国への譲許的融資による支援を貧困削減戦略アプローチと切り離したため，IMFは2015年6月，低所得国との業務に関してより柔軟な貧困削減戦略方針を採用した．

発金融機関の業務に影響を与え，資金援助の条件が修正されたり，より多くのグラントの提供と債務削減が実施されることになった（第12章）.

ADB 第 4 期

こうして，ADB にとって第 4 期の10年は，アジアの自信の高まり，グローバリゼーションの進展，そして開発アジェンダの多様化を背景に幕を開けた．アジア通貨危機によって深刻な，しかし一時的な影響を受けたが，ADB は地域の急速な変化に対応する戦略を策定する一方，国際開発に関する新たな考え方をうまく取り組み，貧困の削減と経済成長という 2 つの目的の両立を図った．また，1990年代の国際金融機関に対する批判の広がりを受けて，高い援助効果を実証しなければならなかった．さらに，借り入れ国の多くが中所得の水準に達するか，あるいはその水準に近づきつつあったため，そういった国々のニーズを考慮した方針も求められた．そのため，ADB の仕事は，増加する資金需要だけではなく，アジアにおける期待の高まりから生まれた国民の「意識革命」の諸問題にも対処しなければならなかったのである.

フィリピンのコラソン・C・アキノ大統領（左）の除幕によるADBの新本部ビルの落成式．右は垂水公正第5代総裁．フィリピン・マニラにて．1991年5月31日．

ADBが協調融資を行った，中国・上海の南浦大橋プロジェクト．1991年5月28日プロジェクト承認．

ベトナムとラオス国境にあるラオバオ国境検問所は，1992年に始まったメコン河流域圏（GMS）経済協力プログラムのためにADBが資金拠出するプロジェクトの一部として建設された．連結性と競争力の強化を通じて，GMS諸国の経済協力が促進されている．

ADBが融資するネパールのカリ・ガンダキ「A」水力発電プロジェクト．年間約592ギガワット・時の電力を発電することで経済成長に貢献している．送電網に接続された4,142世帯に恩恵をもたらした．1996年7月23日プロジェクト承認．

中央アジア地域経済協力（CAREC）プログラムは1996年，地域協力・統合プロジェクトの一環として策定された．CAREC第一交通回廊のタラズ～コルダイ間道路（カザフスタン・ジャンブル州）を視察するADB職員．

ADBを訪問した緒方貞子・国際連合難民高等弁務官．1998年1月5日．

世界銀行のジェームズ・ウォルフェンソン総裁と会談する佐藤光夫ADB総裁（左）．フィリピン・マニラにて．1998年2月6日．

カンボジアにおけるフィンランド政府との協調融資プロジェクト，トンレサップにおける貧困削減と小規模農民開発プロジェクト．農業生産の拡大を通じて，農民の収入の増加に貢献した．貧困削減は1999年にADBの最優先課題となった．

フィリピン・モンテンルパの都市コミュニティを訪問する千野忠男ADB総裁．2002年4月2日．

カブールのコンクリート柱工場を視察するアフガニスタン現地事務所のハミドゥッラー・デュラーニ（右）．ADBは2002年にアフガニスタンでの業務を再開した．

キルギスの水道プロジェクトを視察する千野忠男ADB総裁．2004年11月5日．

ラオスのナムトゥン2水力発電プロジェクト．2005年4月4日プロジェクト承認．

第4期（1997-2006年）

第12章　ADB：多様化する開発アジェンダ

「アジアにおけるダイナミックな変化は，ADBが変わらなければならないということをも意味しています．開発途上加盟国のミレニアム開発目標達成を支援するため，開発の新たな時代に，ADBは，ニーズに的確かつ迅速に対応し，成果を出すことができる組織となることが求められています．」

——黒田東彦，ADB年次総会における演説，2005年

ADBにとって，第4期の10年は重要な変化が見られた時期であった．ADBは，さまざまな要求に応える必要があった．アジア通貨危機によって，域内の最も貧しい人々の窮状が浮き彫りとなったことで，開発に関わるいわゆる「援助コミュニティ」は，貧困対策により力を注ぐようになっていった．しかし，貧困に焦点を当てた支援は，必ずしも中所得の借り入れ国の期待に沿うものとはならなかった．国際開発アジェンダの進展に伴い，ADBには人間開発の支援，環境の保護，経済成長の促進，そして地域協力プログラムの強化により一層積極的に取り組むことが求められた．また，融資の規模が停滞したこともあって，ADBの業務の実効性に対する批判もあり，ステークホルダーとの関係にも，しばしば問題が生じた．

この10年間に，ADBでは3人の総裁が指揮をとった．アジア通貨危機の中でADBの舵取りを担ったのは佐藤光夫であった（第10章）．1999年に総裁となった千野忠男は通貨危機後の時代にADBを率い，重要な組織改革を行った．そして，2005年に総裁となった黒田東彦はADBを「新たなニーズに的確かつ迅速に対応でき，成果を出すことができる組織」とするため，ADBのそうした変化をその目的に向けてまとめあげた．

千野忠男

1993年11月から約５年間にわたって総裁を務めた佐藤光夫の退任後，1999年１月に千野忠男が新しい総裁としてマニラに着任した．前任者たちと同様，千野もそのキャリアのほとんどを大蔵省（現財務省）で積み，銀行，予算，国際金融に関する部局で要職を歴任した後，1991年に財務官に就任した．1993年に退官したものの，引き続き大蔵省の顧問を務めていた．

千野は，1960年代に国連アジア極東経済委員会（ECAFE，現ESCAP）に出向していた際に，ADBの設立に深く関わった．ADB総裁着任時の理事会に向けた挨拶の中で，彼はECAFE時代の1964年に，ADB設立に関する専門家グループの協議のための資料を作成したことを振り返り，その後の1966年に，当時の赴任先の北日本の地でADBの創立総会の模様をテレビで見て，深い感慨を抱いたと述べた．時を経て，ADB総裁候補となったとき，千野はこれこそ自分の運命であると感じたのであった．

千野の総裁就任は，とりわけメコン河流域と中央アジアの加盟国に歓迎された．1990年代前半，彼は大蔵省の財務官という立場で，これらの国々への二国間援助に携わっていたのである．ADB総裁就任後の公式訪問の際にも彼は温かく迎えられ，キルギス訪問では馬を贈られたこともあった（彼はそれをマニラには持ち帰らなかったが）．また，ウズベキスタンの複数の高官は千野の人物像について，「わが国を訪れたワシントンDCの国際開発金融機関の代表たちは政策問題について講義を始めたがる傾向にありましたが，千野総裁は，それとは対照的に，政府が懸念することについて，じっくりと耳を傾けてくれました」と語っている．このような姿勢こそ，初代の渡辺総裁の時代からの伝統であった．

千野新総裁の控えめで穏やかなリーダーシップは，ADBのリーダーとしての新しいスタイルであった．彼は当時のADB理事会の最古参の理事ジュリアン・ペイン（Julian Payne）に次のように語っている．「私はこんなに大きい家に住んでいますが，誰がこんな大きな家を必要とするのだろうと時々不思議に思うのです．私は日本に帰ったら，川辺の小さな小屋に住みたいと思っています．でも，今の家の寝室のほうが私が望む小屋よりも大きいのです」と（ADB 2009d, p. 156）．千野は途上国を訪問し，アジアのストリートチルドレンたちに会うことを好んだ．職員たちは，彼がカラオケにも積極的に参加する，人から好感を持たれる，親しみやすい人物であったと回想する．また，組織としての目標達成のためには，柔軟に対応する姿勢も備えていた．誠実で勤勉であり，しばしば夜遅くまで，時には（彼の秘書官や補佐官にとっては悩ましいことに）午前3時まで執務室にとどまることもあった．

千野は，困難な時代にADBを指揮した．前総裁時代のアジア通貨危機への迅速な対応を追い風に，ADBは，一部のスタッフが「自画自賛」の時代と呼ぶ時期を経験していた．危機が去った後，ADBには中国やインド，インドネシアが今までと異なる融資形態を望み，また取引コストの削減を望んでいるという事実を十分に理解しないまま，従来の「通常業務」に戻るという誘惑があった．厳しさを増す市民社会組織の監視の目と，ドナーとの意見の相違に直面し，千野はしばしば内外の圧力への対応を余儀なくされた．そうしたなかで，彼は後の総裁たちの業績の足掛かりとなる改革に手をつけることに成功したのだった．

総裁に就任するやいなや，千野はADBの切迫した財務状況への対応を迫られた．1997年の通貨危機への対応で，多額の資金調達が必要となったため，借り入れプログラムは26億ドルから56億ドルにまで膨らんでいた（第10章）．さらに1999年には，過去最高となる96億ドルを資本市場で調達した．一方，ADB自体の純益は，流動資産の運用利回りの低下や借り入れコストの増大により，圧迫されていた．

財務強化のため，ADBは資本基盤を拡大するか，あるいは融資にかかる金利と手数料を引き上げなければならなかった．経営陣は，2000年から融資にかかる金利を20ベーシスポイント引き上げるため，理事会の承認を求めた[1)]．しかしこれは簡単には進まなかった．特に開発途上加盟国は懸念を抱いていた．千野は，増大を続ける投資ニーズにADBが応えるためには，1994年以来の一

1）ADB（1999b）．理事会は，資金プールにもとづくすべての融資（既存および新規融資）について，融資スプレッドを20ベーシスポイント引き上げ，年率0.4％から0.6％にすると決めた．スプレッドの増加は，市場金利ベースの条件での融資を行う公共セクター向け新規融資にも適用されることになった．新規融資に対しては新たに1％の前払手数料が課され，借り入れ国はこの手数料を融資対象コストの一部として融資元本に含めるかどうか選択できることになった．新規のプログラム融資については，それまでと同様，固定で年間0.75％の約定手数料が課され，新規のプロジェクト融資には融資実行残高（コミットした額と実行済の額の差額）に累進的に課される約定手数料については従来通りとされた．融資手数料に関するこの新方針は，2000年1月1日から発効することになった．

般資本増資（GCI）に対する支持を集める必要があることを痛感した．

この時期，アジア経済は予想以上の速さで危機から回復した一方，何百万人もの人々が貧困層へと逆戻りした．また，直接的には危機に見舞われなかった国々にも，まだ多くの貧しい人々が存在していた．千野は，ADBが貧困削減にさらに関心を払わなければならないことを理解していた．彼は貧困削減をグローバルな開発アジェンダの枠で理解する以上に心情的に重要視していた（第11章）．千野は敬虔な仏教徒であり，貧しい人々に深く心を寄せていた．彼は，貧困削減こそが開発金融の目的の中心とならなければならないと考えていたのだった．

ADBの戦略

総裁に就任してまもなく，千野はADBの業務に関する大規模な見直しに着手した．これを受けて，理事会は1999年11月，新たに「貧困削減戦略（PRS: Poverty Reduction Strategy）」を承認した．このPRSによるアプローチは，ADBの戦略の枠組みに大きな変化をもたらした．これ以降，貧困対策は単なる多くの目的の中の一つではなく，最上位の目標となったのである．この目標を実現する方策として，貧困削減のための持続可能な経済成長，社会開発，そしてグッド・ガバナンスという3つの戦略上の柱が定められた．ADBの職員たちは密かに，千野が個人的には持続的な経済成長実現のためにインフラに注力したいと考えており，複数の戦略上の柱を必要とは考えていないのではないか，アジア開発基金（ADF）増資のためのドナー国の支持を得ることを目指してこのPRSを採用したのではないか，との見方をしていた．

PRSの承認後，千野は「この目的を一つに絞ったアプローチによって，貧困削減がADB全職員にとって最優先事項となり，ADBの業務のあり方は劇的に変わりつつある」と述べた．ADBは行動計画を策定し，各国とのパートナーシップ協定やプロジェクトの提案作成の際には貧困の削減により力点が置かれることとなった．2001年までに，新規の公共セクター向け融資の40%以上を貧困対策にあてることが目標とされた．これは，国際開発アジェンダの多様化に伴ってさまざまな開発目標が乱立するという問題を整理する試みであった（第11章）．

しかし現実には，ADBは千野が意図していたほどには一つの目的に専心できたわけではなかった．なぜなら，ADBはそのプログラムに8つのミレニアム開発目標（MDGs）の内容を組み込むことも期待されていたのである[2]．これは，所得上の貧困のみならず，保健や教育，水，衛生面における貧困といった，所得以外の課題も考慮に入れるべきことを意味していた．この目的のため，ADBは優先すべきセクターを特定した．PRSの一環として，環境持続可能性，ジェンダーの平等，グッド・ガバナンス，および民間セクター開発という，分野横断の4つの課題への取り組みが推進された[3]．

そして，PRS承認から約4年後の2004年，進捗が評価された．この検討では，貧困対策が一義的な目的とされていないプロジェクトでも，結果的に，貧困対策として実施されたプロジェクトよりも貧困削減に大きな効果があったことが指摘され，新規の公共セクター向け融資の40％以上を貧困対策にあてるという目標に疑義が示された．さらに，この40％という目標により，貧困に関する取り組みがややもすると形式的にプロジェクトに組み込まれることに陥るとともに，プロジェクトが生み出す成果よりもプロジェクトの内容に関心を集めてしまいがちとなっていた．そこで理事会は，2004年に新たに「強化された貧困削減戦略」を承認した．この戦略では，PRSの戦略上の大きな3つの柱を維持しつつ，優先テーマとして途上国の能力開発を追加した．重要な変更点として，この強化された戦略にはもう「40％目標」は含まれていなかった（ADB 2004e）．

PRSを実施する一方で，ADBは「長期戦略枠組み（LTSF）」を準備していた（ADB 2001a）．これは，GCIへの支持を得るという千野の目的の一環であり，1980年代の取り組み（第7章および第9章）に続いて，LTSFはADBにとって3回目の主要業務戦略となった．以前の戦略策定の際と同様に，この新たな戦略の策定過程ではステークホルダーとの徹底した協議が行われ，また有識者で構成される外部の諮問委員会によって指針が示された．LTSFは，PRSや2000年に定められた民間セクター開発戦略を踏まえるとともに，そこには1997年の調査「台頭するアジア：変化と課題（Emerging Asia: Changes and Challenges）」をはじめとするアジアの途上国に関する近年の研究の成果が取り入れられた．

2）ADBは2002年に業務においてMDGsを正式に採用した（ADB, *Annual Report for 2002*, p. 36）．

3）優先セクターは，農業および農村開発，社会セクター（教育，保健および人口，社会福祉，都市開発），インフラ（交通，通信，エネルギー），および金融であった．

この新しい枠組みは，2001年に「アジア太平洋地域における貧困削減アジェンダの推進（Moving the Poverty Reduction Agenda Forward in Asia and the Pacific）」として発表された（ADB 2001a）．ADBの基本戦略であるLTSFは，組織における高位の戦略文書であり，その少し前に合意されていたMDGsの内容に対応するとともに，2015年までのADB業務の大きな方向性を定めていた．そこでは，「貧困のないアジア太平洋地域」というビジョンが掲げられ，持続可能な経済成長，インクルーシブな社会開発，有効な政策と制度のためのガバナンス，という3つの中核分野への取り組みに注力することとされた．さらに，PRSの戦略上の柱と同様に3つの分野横断的テーマが設定された[4]．

ADBは当初，3期に分かれる5年間ごとの「中期戦略（MTS）」によってLTSFを実施する計画であったが，結果的にはそのうちの2つの中期戦略が実施されることとなった．2001-2005年のMTS Iが2001年に承認され，黒田東彦総裁時代の2006年には2006-2010年のMTS IIが承認されている．

LTSFは，策定当時の優先開発課題を反映していた．しかし，LTSFとPRSの併用，PRSの見直し，そして2つのMTSの策定によって，いくつもの重複する目標が設定されることとなった．ADBの職員にとって，プログラムやプロジェクトの構想に際して，こうした目標のすべてを整合的に組み込むことは，しばしば困難を伴う作業だった．

組織改革

総裁就任から間もなく，千野は自らが率いる組織に根本的な再編が必要であることに気づいた．ADB加盟国が直面する開発課題は，より複雑性を増していた．借り入れ国もドナー国も，それぞれの懸案事項にADBがより迅速に対応することを期待しており，さらに他の多国間および二国間の援助機関も，ADBがそれぞれとより強固なパートナーシップを結ぶことを望んでいた．これに応える形で，千野は一連の改革に着手した．その最初の一歩が，借り入れ国におけるADBのプレゼンスの拡大であった．

4） LTSFは，(1)開発における民間セクターの役割の促進，(2)地域の協力および統合の支援，(3)環境持続可能性への対処という分野を超えた3つのテーマを特定し，さらに(1)開発アジェンダに関する各国のリーダーシップとオーナーシップの確保，(2)開発援助への長期的アプローチの採用，(3)戦略的連携およびパートナーシップの強化，(4)開発がもたらす効果の測定という4つの業務方針を定めていた．

長年にわたって，ADBは国ごとのニーズに対応する「カントリー・フォーカス」の方針をとり，業務の遂行に借り入れ国をより能動的に参加させるべく取り組んでいた．にもかかわらず，活動の多くは，依然として借り入れ国ではなくマニラの本部において決定されているように見えた．物的インフラや社会セクター，農業，金融といった業務を担当する各セクター局が，まだ各国への援助のプログラムの策定を概ね主導していた．

ADBを加盟国により近い存在にするため，千野は現地事務所の役割を拡大した．2000年には，1986年以来見直されていなかった現地事務所の運営方針を発表した（ADB 1986a; ADB 2000g）．現地事務所には，プロジェクトの実施管理を主な業務とするのではなく，より幅広い戦略や方針の策定に関与することが期待されるようになり（ADB 2000g），やがて，この変更による効果が現れ始めた．方針で示された目標がすべて速やかに達成されたわけではなかったが，ADBの第4期の10年が終わりを迎える頃には，ADBは協力相手である借り入れ国のニーズにより効果的に対応できるようになった．こうしたアプローチの変化に合わせて，ADBは2000年代前半に国別戦略文書（Country Strategic Program）を国別パートナーシップ戦略（Country Partnership Strategy）と改称した．

職員と予算の増加とともに，ADBの現地事務所の数は急速に増え，諸機能の現地事務所への分権化が可能となった．第4期の10年の間には14の現地事務所が開設された[5)]．2000年の中国での現地事務所開設は，その重要な一歩であった．中国は最大の借り入れ国の一つであったが，この新しい現地事務所は，ADBと中国政府，現地の金融関係者，その他の重要な機関との関係強化に貢献した．さらに，同年にはマニラの本部内にフィリピン担当事務所も開設された．

2004年，太平洋諸国とより緊密に協力するため，ADBはバヌアツに置かれていた南太平洋地域出張所に代えてフィジーに南太平洋地域事務所を置くとともに，2005年にはシドニーに太平洋連絡調整事務所を開設した．そのほかにも，ジャカルタとソウルでは1997年の通貨危機を受けて，インド西部のグジャラー

5）現地事務所が開設されたのは，カザフスタン，ウズベキスタン，スリランカ（1997年），キルギス（1999年），モンゴル，中国，フィリピン，ラオス（2000年），アフガニスタン，パプアニューギニア（2002年），アゼルバイジャン，タジキスタン，東ティモール（2003年），およびタイ（2004年）である．

ト州では2001年の地震を受けて，それぞれ現地出張事務所を置くなど，現地でのプレゼンスを高めていった．

現地事務所の強化は，ADBの組織的な能力を向上させ，新たなアジェンダを達成するという千野の計画の一環でもあった．2001年1月，千野は大規模な組織再編の基礎となる調査をとりまとめた（ADB 2001c）．2002年1月に実施された組織改革の中心は，東・中央アジア，メコン河流域，太平洋，南アジア，そして東南アジアを担当する5つの新たな地域局の創設であった．従来のセクター別の課はそれぞれの地域局内に分かれて編成された．この結果，加盟国政府の担当者は，国別プログラムとプロジェクトについてそれぞれ別々の担当先と連絡をとるのではなく，ADB内の一つの部局を窓口として連絡調整をすればよくなったのである（ADB 2003b）．

さらに，「民間セクター開発戦略」が承認されたのを受けて，2002年1月には民間部門業務局（PSOD: Private Sector Operations Department）が設立された．この新しい局では新規の職員が採用されたが，その大半は商業銀行業務の経験を有する民間セクター出身者であった．新たな民間セクター戦略の採用後に実施されたこうした変革の結果，ADBの民間業務の規模は2003年に拡大し始めた．

LTSFは，ADBを地域における開発に関わるナレッジ（知識・情報）のリーダー的存在となることを構想していた．2001年の組織再編によって，このアプローチを推進するための変革が実現した．2002年には地域・持続的開発局が設立されたが，このナレッジ・センターには，最高の技術水準を保ち，各セクターおよびテーマに関するナレッジ支援業務を強化するとともに，ADBの国を跨いだ地域開発のための機能を支援することが期待された．そのナレッジ業務を統括する目的で，ADBはセクターおよびテーマ別委員会を組織した．2003年，ナレッジ管理と持続可能な開発に関する活動を指揮するため，4人目の副総裁が任命された．

千野は職員の人事にも気を配っていた．ADBはプロジェクト融資が中心の銀行から，より広範な機能を持つ開発機関へと変貌を遂げつつあり，また多様な開発目標の達成に取り組んでいたため，職員への負荷が高まっていた．千野が総裁に就任する以前の1996年に人事戦略が策定されていたが，改定する必要があった（ADB 1996b）．2004年，理事会はより能力重視で透明性の高い人事方針をとる新戦略を承認した（ADB 2004c）．また，MDGsがジェンダーの平等に関する目標を掲げていたことから，ADBにも組織内のジェンダーバランスに関して監視の目が向けられるようになった．そこで千野は，2003年に第二次ジェンダー行動計画を導入した．彼は後に，ADBでの6年間の任期の間に，女性の比率が国際職員で19％から30％に，上級職員では5.1％から8.6％に上昇したという事実に誇りを抱くことになる．最初の女性副総裁，ラオスのケンペン・フォルセナ（Khempheng Pholsena）が任命されたのは，千野が総裁を務めていた2004年のことである．

脆弱国への支援

ADBの活動における国ごとのニーズを重視する方針は，紛争当事国の紛争終結後の復興活動への支援にも活かされた．ADBの第4期の10年，国際社会は安全保障と平和の問題をますます優先させるようになっていた（第11章）．こうした優先課題の国際的な転換は，千野の強い関心事だった．その中で彼の永く残る貢献の一つは，脆弱で紛争の影響を被った国における問題に関心を向けたことであった．千野はこうした課題に関するいくつかの国際会議に出席するとともに，被害を受けた多くの国々を訪問した．

例えばスリランカでは，政府と「タミル・イーラム解放の虎（LTTE）」との間の20年近くに及ぶ内戦の後，ADBは2001年から2005年にかけてインフラの復興を支援した．2002年2月の停戦合意の直後，千野はスリランカを訪れ，内戦の爪痕が残る地域をはじめ各地を視察し，また2003年3月にも同様の視察を行った．わずかな期間で達成された進歩を目の当たりにして彼は感銘を受けた．2003年にマニラで開かれた年次総会において彼は，平和の配当を広く行き渡らせることは実現したが，スリランカのより明るい未来の実現にはさらに多くの取り組みが必要だと述べた．また，タジキスタンにおいては，1991年のソビエト連邦解体後の独立，そして1992年から1997年まで続いた内戦による大きな混乱の後，ADBは市場経済への移行を働きかけ，紛争後の復興を支援するとともに，インフラの再建を援助した．東ティモールでは，当初国連が管理する紛争終結後の支援プログラムの一環として援助を行い，2002年に東ティモールがADBに加盟した後は復興に向けた支援を行った．

ADBによるこれまでの紛争終結後のプログラムの中でも最も重要なものは，2001年12月以降にアフガニスタンに対して行った援助であった．1966年の

ADB創設メンバーであるアフガニスタンは，1979年までに総額9,500万ドルを超える譲許的融資を受けていた．しかし1979年のソビエト連邦による侵攻に伴いADBの業務は中断された．その後20年間にわたって，アフガニスタンは外部からの侵攻と内戦によって荒廃した．2001年12月，直前のタリバン政権の崩壊を受けて，関係諸国とのボン合意が締結され，アフガニスタン暫定政権の発足につながった．ADBはその後直ちに行動を起こし，同国への支援を再開した．

2002年2月，ADBはアフガニスタンへと戻った．ADBから派遣されたチームが，23年ぶりとなるアフガニスタン政府との公式会議のため，霧のかかった寒い朝に首都カブールに到着したのである．千野もその後すぐにアフガニスタンを訪問し，ハミド・カルザイ（Hamid Karzai）議長と会談した．そしてADBは，深刻な治安上のリスクの中で同国との業務を再開した．2003年9月には，カブール～カンダハール間の道路で，ADBから事業を請け負っていた道路建設業者を警備していたアフガニスタン治安維持部隊を反政府グループが襲撃し，複数の隊員が死亡した．また，そのすぐ後の2003年11月，ADB職員が滞在していたカブールのインターコンチネンタルホテルが爆破されたが，幸いにも負傷者はいなかった．ADBは治安対策を強化し，その後も継続してさらに治安対策の強化につとめることとなった．

こうした状況の中で，アフガニスタンからADBへの融資返済の延滞が長年にわたって積み上がっていた．その弁済のため，2002年に英国政府が手を差し延べ，1,800万ドルを特別に拠出した．これによってプログラム実施のための障害となっていた延滞債務は取り除かれ，ADBは2002年12月，1億5,000万ドル（後に1億6,750万ドルに増額）の紛争後プログラムを承認した．それまで，アフガニスタンに対する国際金融機関のプログラムは20年以上も実施されておらず，ADBが再開第一弾となった．同年，ADBはカブールに現地事務所を設立した．2002年から2006年までに，ADBは10億ドルの金融支援を行ったが，その90%近くがADFから拠出された．その後，黒田総裁時代には，ADBはアフガニスタンを対象とした国際的な債務削減プログラムに参加した（第14章）．

また，ADBは国際社会から，アジア地域を襲った大規模災害への速やかな対応も期待された（第11章）．2001年1月，インド西部グジャラート州での大地震の発生後，ADBは緊急のミッションを現地に派遣した．それから2カ月間のうちに，ADBの理事会は当面の復興と経済活動の復旧に必要な資金として，5億ドルの融資を承認した．これは，地震からの復興を目的とした一国に対する支援としては過去最大のものであった．その後の2004年12月，14カ国に被害を与えたスマトラ島沖地震による津波が発生し，アジアを襲った近年で最も深刻な自然災害となった．この津波は千野の総裁在任期間の終了間近に発生したため，ADBとしての主要な対応は黒田総裁時代に行われた．

千野総裁の時代に，ADBは保健分野に関連した危機対応支援も拡大した．2003年，重症急性呼吸器症候群（SARS）の流行が世界中に衝撃を与え，アジア地域の成長予測にまで影響を及ぼした（第11章）．ADBは複数の国を対象とする技術協力を実施し，保健制度の対応能力強化を通じてSARSの流行の抑制を図った．また，HIV/AIDS対策への支援も行った．

ADBは脆弱国における諸問題への対処にもより多く参画するようになっていった．2004年にリスボンで開催されたADFドナー会議に向けて，新たな政策文書，「パフォーマンスの低い開発途上加盟国に対するアプローチ（Approach to Weakly Performing Developing Member Countries）」が策定された．このアプローチ変更の目的は，紛争その他の破壊的な事象によって進展が阻害された国々でのADBの活動をより実効的なものとすることにあった．2004年，ADBは新たに「災害・緊急支援方針」を採用した（ADB 2004a）．この方針は，自然災害のほか，紛争，食糧価格の高騰，健康危機などの非自然災害へのADBの緊急時準備と事後対策における計画的な対応をその内容としていた[6)]．

持続可能な開発とガバナンスに関する課題

PRSとLTSFでは，環境対策の強化，ガバナンスの向上，ジェンダーの平等の促進といった分野横断的なテーマが強調された．ADBは，一連の政策や戦略の策定において，これらのテーマを業務に取り入れることを目指した．分野横断的な課題に配慮しようとするこのADBのアプローチの転換は，国際開発金融機関がグローバリゼーションの孕むリスクを助長しているとの批判を受けての取り組みの一環でもあった（第11章）．

環境問題に関するADBの方針は，国際的な考え方とともに進化していった．1980年代，その目的は主にADBの活動が深刻な環境悪化をもたらさないよう

6）　例えば2003年，ADBは加盟国の鳥インフルエンザ対策を支援した．

にすることであった．しかし1990年代になると，環境に対する配慮は開発政策についての国際的な議論の中ではるかに大きな関心を集めるようになっていった．これを受け，ADBは持続可能な開発の推進により積極的に取り組むこととなった．2000年に実施されたエネルギー政策の見直しでは，ADBは，クリーンエネルギーの促進，温室効果ガス削減のための京都議定書の枠組みへの支持，そして再生可能エネルギープロジェクトへの融資拡大を図ることを表明した（ADB 2000c）．ADBの環境関連業務では，公的機関や市民社会組織，民間セクターによる国際的なパートナーシップにより創られ，地球環境の改善を目的としたプロジェクトに資金を提供する「地球環境ファシリティ（GEF）」との協力により実施されたものもあった．

2002年，ADBは環境に関する新たな方針を導入したが，その内容はプロジェクトの環境への影響対策のためのセーフガードの重視にとどまらず，主要な開発セクターに対する環境管理の支援を義務付けるものであった7)．この方針の導入目的は，国の機関を支援し，環境と天然資源の管理能力を育成することであった．この方針によって，ADBは，業務全体にわたって環境に関する配慮を統合的に実施していくこととなった．

2つ目の分野横断的な課題は，グッド・ガバナンス，特に市民社会との連携の強化であった（第11章）．1998年には，1987年に定められた非政府組織（NGO）との協力に関する方針が改訂された（ADB 1998c）．ガバナンスに関するその他の課題としては，汚職や資金洗浄の防止などがあった．1998年の方針では，さまざまな汚職事例への対処法を定めており，これは1999年の汚職防止室（現在は汚職防止・公正管理部に改称）の設立につながった（ADB 1998a）．

ADBは長年にわたって，対処すべきガバナンス関連の課題の範囲を拡大していった．最初のガバナンス行動計画は2000年に承認され，各国との対話の機会拡大を目的とする総合的な国別ガバナンス評価をADBが準備することにつながった（ADB 2000f）．2005年に実施された見直し作業により，このガバナンス評価がかなり対象範囲が広く焦点に欠ける傾向があることが判明したため，

7）環境に調和した持続可能な開発を進めることによって貧困を削減するため，この方針では次の5つの主なポイントが示された．(1)直接貧困削減につながることを目的とした，環境・天然資源管理への関与の促進，(2)開発途上加盟国が経済成長において環境上の配慮を重視するための支援，(3)将来的な開発の展望を支える，世界的ならびに地域的な生活支援制度の維持の支援，(4)ADBの融資および融資以外の活動の成果を最大化するためのパートナーシップの構築，(5)ADBのすべての業務にわたる環境上の検討事項の統一．

第二次行動計画が2006年に承認された.

3つ目のテーマであるジェンダーに対するアプローチは，PRSが発効する以前にすでに転換されていた．ADBは1985年に，ジェンダーに関する初の方針である，「開発における女性の役割」を策定した．この方針は，女子教育や女性の健康等に関するプロジェクトを通じて，女性の福祉とエンパワーメントに注力することを目的として策定されており，これにもとづき，ADBは初めてジェンダーの専門家を迎え入れた．1998年，理事会はジェンダーと開発に関する新たな方針を承認したが，その中では，ジェンダーへの配慮を「主流化する」ことが強調されていた（ADB 1998b）．この方針はジェンダーを，すべての社会的・経済的プロセスに影響を与える分野横断的な課題として捉えていた．例えば，地方道路プロジェクトの設計では，職場や市場，学校や保健サービスへのアクセスなどにおける女性のニーズを考慮し，コミュニティへの恩恵を最大化する必要がある．この方針によって変革の気運が生じ，ジェンダーに関する課題に取り組むADBの融資およびグラントの割合は，1998年の40％未満から2003年には70％にまで上昇した．ADB全体の達成目標の設定をはじめとするさらなる取り組みによって，この割合は2013年から2015年の間，平均約70％で推移することとなった.

説明責任が明確で効果的な支援

こうしてADBは，重要な分野横断的テーマを業務に組み込むことによって市民社会組織と連携し，国際的な批判に対処しようとした．しかし，特にこの第4期の10年の前半においては，一部のステークホルダーとの関係は依然として良好とはいえなかった.

2000年にタイのチェンマイで開かれたADBの年次総会には，3,000人近くのタイ人活動家や農民，学生が集まり，「ADBは地獄に落ちろ」といったスローガンを叫びながら交通を遮断した．彼らが抗議を行ったのは，ADBが資金を提供するプロジェクト，特に農業や漁業に従事する人々に移住を余儀なくさせたダム建設や，バンコク近郊のクロンダンに計画されていた大規模な廃水処理施設の建設計画「サムットプラカーン廃水管理プロジェクト」によって，自分たちの生活が脅かされると考えたためであった．彼らは，ADBに処理施設建設への融資を中止するよう要求した．このような動きを受けて，千野は記者会見の際，彼らの要求を検討すると約束した．ADBは，2001年から2002年にかけて，このプロジェクトに関わる問題について創設以来初の独立した第三者専門家委員会による監査を実施し，その後，同プロジェクトはタイ政府によってキャンセルされた．

この出来事は，ADBにとって説明責任を強化し，ステークホルダーの不満に対してより適切に応える必要があることを改めて認識させるものであった．こうした問題を検討するため，千野はADB内にハイレベル委員会を設置した．さらに，ADBはNGOとの連携を強化するため，2001年，本部にNGOセンターを設立した[8]．同センターは同年にホノルルで開かれた年次総会においてステークホルダーとの協議会を主催した．この会議には92のNGOの代表が出席した．

2003年，ADBはアカウンタビリティ・メカニズム（説明責任を執行する手続き・仕組み）を新たに創設した．これには，ADBのプロジェクトによって影響を受ける人々に対する非公式協議の段階と，業務上の方針・規則の違反申し立てについてコンプライアンス審査を行う段階という，2つの補完的な段階から成っている（ADB 2003c）．これにより，ADBは，そうした2つの段階で構成されるメカニズムを公共セクター・民間セクターの両方の業務について構築した初の国際開発金融機関となった[9]．2003年にマニラで開かれた年次総会において，千野は，このメカニズムが「プロジェクトの影響を受ける人々の懸念への私たちの対応力を高め，すべてのステークホルダーへの公正さを確保することにより，ADBが手がける開発の実効性，プロジェクトの質，そして説明責任を強化する」ことになると語った．

ADBは，千野総裁のもとで，環境や社会的な目的の達成に向け，引き続き市民社会組織と協働した．各種の取り組みは，後に黒田東彦，中尾武彦両総裁の時代にも，広報活動や情報公開の改善により強化されることになる．それでもなお，他の国際金融機関と同様に，ADBはその活動内容の改善を訴える批判を受けることが予想された（ボックス12.1）．

8） NGO・市民社会組織センターは，ADBが市民社会組織と協働するための窓口となる組織であり，案件実施部局と緊密に連携し，ADBのプログラムやプロジェクトへの市民社会組織の参加の強化を図っている．

9） 民間部門業務の問題解決のために初めて導入されたのは，国際金融公社のコンプライアンス・アドバイザー／オンブズマンであった．公的部門と民間部門の双方の業務を対象として問題解決のメカニズムを導入したのはADBが初めてであった．

また，開発援助コミュニティは，さまざまな援助プログラムが成果をもたらしていないとの批判にも直面していた（第11章）．このため，一連の国際会議において，「成果重視型マネジメント（Results-Based Management：RBM）」を重視することによってこうした問題に対処する方法が協議された．メキシコのモンテレーで2002年に開かれた開発資金国際会議の後，2003年にADBは，開発成果重視型マネジメント（Managing for Devlopment Results：MfDR）の枠組みを導入した[10]．その目的は，業績をモニターするとともに，ADBのアプローチを明確に定義された成果目標に沿ったものとすることにあった．

ボックス12.1　ステークホルダーとの協力：ナムトゥン２プロジェクトの例

第４期の10年に，アジア開発銀行（ADB）は多くの分野横断的な課題が集約された大規模プロジェクトを支援した．その一つが，2005年にラオスで実施されたナムトゥン２水力発電プロジェクトへの支援であった．これは世界銀行との協調融資による最初の大規模融資案件の一つであり，合計27の国際機関が資金を拠出していた．ADBが行った資金拠出には，プロジェクト実施企業に対する１億ドルの融資および保証のほか，ラオス政府への2,000万ドルの公共セクター向け融資が含まれていた．

ナムトゥン２プロジェクトの重要な特徴は，セーフガードの遵守を目的として立案された一連の包括的な環境・社会面での対策が講じられた点であった．およそ6,300人の現地住民が移転を強いられるため，プロジェクト現場の近隣住民から，1996年にプロジェクトの計画策定のための意見聴取が開始され，数百回に及ぶ公聴会の場で意見を求められた．地域のコミュニティは，高い基準の住民移転プログラムによる恩恵を受けるとともに，自分たちの新しい住居や村落の設計にも参画した．

プロジェクトの運用は2010年に開始された．ラオス最大の水力発電プロジェクトとして，地元の各地域への電力供給に加え，タイにも電力を輸出している．この総額12億5,000万ドルのプロジェクトは，優れたダム建設の基準となるとともに，このようなプロジェクトにおける民間セクター，地域協力，および開発機関間のステークスホルダー協議の重要性を示す例となった．プロジェクトの収益の一部は，環境改善の目的に活用されることとされており，その一例として，東南アジアで現存する数少ない熱帯雨林の原生林の一つであるナカイ・ナムトゥン国立保護区の保護にあてられている．

10)　実効性の強化に向けてADBがとった措置についての議論が，“Policy Overview: Improving Effectiveness,” ADB, *Annual Report 2006*, pp. 21-35に収められている．

しかし，このナムトゥン2プロジェクトにも批判の声がある．開発の段階で，市民社会組織はプロジェクトが設定した基準をこのダムが満たせるのかを疑問視していた．また，最近では2015年に，非政府組織のグループが証拠を示しつつ，このプロジェクトは「所期の開発便益をもたらしていないどころか，人々にさまざまな負の影響を与えている」と指摘した[a]．世界銀行とADBによって，プロジェクトに関する定期的な社会・経済状況モニタリング報告が発表されており，その中では実施中のプロジェクトの影響を受ける現地コミュニティへの支援対策の概要がまとめられている．2013年の世帯調査によれば，移転した家庭の大多数（86%）が，移転の前よりも生活水準が向上したと感じており，初等教育の就学率は3倍に増加したほか，小児死亡率は半分以下に減少した．2014年から2015年にかけて実施された調査では，移転したコミュニティの平均消費が農村平均を大きく上回ることが確認されている．

a “Ten Years after Nam Theun 2, Development Banks Back in Spotlight”, *The Nation*, 8 April 2015. http://www.nationmultimedia.com/opinion/Ten-years-after-NAM-THEUN-2- development-banks-back-30257606.html

出所：ADBのプロジェクト関連書類および更新情報.

2004年2月，ADBに成果管理ユニットが設立されるとともに，MfDRの最初の行動計画が承認された．これ以降，開発プログラムは期待されるアウトプット（直接的な結果），もたらされた成果，そしてインパクト（波及効果），によって次第に定義されることとなっていった．ADB内部でも，MfDRの行動計画が重要なものとなっていく．

大規模な開発プログラムに不可欠な要素が，そのプログラムの事後的な評価である．ADBは1978年に事後評価部を設置していたが，1999年にはその担当職務が拡大され，業務評価部と改称された．さらに2001年3月，同部は業務評価局へと格上げされた．2003年，理事会は評価に関する新たな方針を承認し，業務評価局は総裁ではなく，理事会の開発効果委員会のもとに置かれることになった（ADB 2003a)．同局の提言に対する経営陣の対応は，当初の「ノーコメント」という姿勢から，「熟考された具体的な改善策を約束する……」に変わり，それらは対応策実施記録システムを通じてモニターされることとなった[11]．2009年，業務評価局の独立性の高まりから，その名称は独立評価局へと

11） 同システムは事務総長の指揮のもとにあった．

変更された．

ADBは，借り入れ国とドナーの懸念に対応し，より成果重視の組織へと移行するため，2003年に「革新と効率向上のための取り組み（Innovation and Efficiency Initiative）」を開始した．作業グループにより，業務サイクルにおけるボトルネックが特定された．国別戦略では，予定するプロジェクトのリストの構築とそれらのプロジェクトがもたらす成果をより重視することが求められた．また，ADBから支援を受ける際にかかる高い取引コストを削減するため，ADBの内部手続きの簡素化も重要とみなされた．2004年，ADBはさらに業務手続きの合理化に取り組み，特に調達と文書作成にかかる事務手続きの簡素化を進めた．その後黒田総裁の時代には，特に融資の手段と形態についてなど，さらなる革新性と効率性の向上を図る取り組みが行われることとなった．

3度のアジア開発基金増資

多岐にわたる開発目的に対応する融資を行っていくために，ADBは十分な財源を必要とした．第4期の10年の間，1997年には総額63億ドル（うち26億1,000万ドルはドナーが拠出を約束）のADF VII，2000年には総額56億4,500万ドル（うち29億500万ドルはドナーが拠出を約束）のADF VIII，そして2004年には総額70億3,500万ドル（うち33億4,700万ドルはドナーが拠出を約束）のADF IXと，3度にわたってADFへの増資が行われた（付属資料の表A2.17）．しかし，相次いで行われた増資に関する交渉は次第に複雑なものとなり，ADBの経営陣とドナーとの間には緊張が生じた．ドナー国の代表は次第に協議の対象を拡大し，しばしば政策に関する事柄を超えて，ADB内部運営上の問題などさまざまな問題までも提起したため，ADFの会議はしばしば難航した．

ADF VII（1997-2000年）に関する交渉では，1997年に合意に至るまで，7回に及ぶ会議が行われた．結果としてADF VIIには，アジア域内と域外の加盟国が初めてほぼ同額を拠出することとなった．またこの交渉を受けて，ADBは1998年12月，各援助段階からの借り入れ加盟国の卒業，すなわち，ADFから通常資本財源（OCR）による融資へ，そして最終的にOCR融資からも卒業するための方針を定めた（第10章；ADB 1998e）．この方針において，譲許的資金へのアクセスは，各国の発展に伴い段階的に縮小され，最終的には停止されることが確認された．この方針により，多くの借り入れ国にとってADFと

OCRの融資を受ける資格状況が変化した．特に，4つの国・地域（香港（Hong Kong, China），韓国，シンガポール，台湾（Taipei,China））については，引き続き緊急援助を受けることはできるものの，ADBによる通常の融資からは卒業することとなった．

7回目のADF増資交渉（ADF VIII, 2001-2004年）では5度の会議が行われた．その交渉にあたり，各ドナーにはそれぞれの優先課題があった．PRSのプロセスの一環として，ドナーは民間セクターの発展，ジェンダーに関する問題，環境問題などへの取り組み強化を求めた．また，他の開発機関や融資受け入れ国の政府との連携強化も訴えた．総じて，ドナーは，ADBがより優れた評価システムの導入と現地事務所への権限の委譲拡大により，組織内部のガバナンスを改善するよう望んでいた．

またドナーは，ADF財源の配分方法についても懸念を抱いており，援助供与にあたり，「成果にもとづく配分」のアプローチの採用に関心が高まっていた．「強固な政策と制度を有する国が，最も高い援助効果をあげている」という分析結果から，ドナーは，限られた財源をニーズだけではなく成果にもとづいて配分すべきだと主張した．2001年3月，ADBは，ADF財源について成果にもとづく配分方針を導入し，ADF財源を貧しい国に対して振り向けるとともに，資金が最も効果的に活用されるか否かに応じて配分することとした（ADB 2001b）．ドナーはまた，ADBがADF財源を国を跨る地域協力プロジェクトにも活用することに同意した．

2003年後半に始まった8回目のADF増資（ADF IX, 2005-2008年）をめぐる交渉は，不安の中での幕開けとなった．ドナーは依然としてADBの実効性に疑念を抱いていた．ドナーの懸念を想定して，千野は会議冒頭の声明において，ADBが説明責任や透明性，効率性の強化のためにいかに取り組んでいるか，そして直近の組織再編によりどのような効果が出ているかについての詳細を説明した．彼は，プロジェクトの質，人事，現地事務所への権限委譲，経営陣の任命における透明性など，さらなる改革の実行を約束し，その概要を述べた．千野のスピーチは好評であり，これによって，交渉は良い滑り出しを見せた．しかしドナーは一方で，期限を設けた実施目標の設定を求めた．

ADF IXの交渉は2004年に完了した．この増資においてグラント（無償資金）プログラムが設けられたことは，これまでのADFからの最も重要な変化であったが，この変更は議論を招いた．ADF会議における協議の中で，出席者の間にはいくつか大きな意見の相違が生まれた．譲許的融資ではなくグラントを提供すれば，借り入れ国の利益となり，債務が累積する可能性は減るが，援助への依存を助長してしまうリスクがあった（ADB 2004b）．こうした考え方には，当時の国際的な議論がその背景にあった（第11章）．

グラントの枠組みは当初 ADF IX のみに適用されたが，後に拡張され，世界銀行の国際開発協会（IDA）におけるグラントの枠組みとほぼ規を一にするものとなった．ADF のグラント業務は2005年に開始された．同年には2億5,000万ドル近くの ADF グラントが承認され，そのうち1億ドルがアフガニスタンに提供された．2016年末までの ADF グラントの累計承認総額は70億ドルとなった．

ADF IX の期間中（2005-2008年），ADB は組織全体を対象とした19項目の改革イニシアティブに取り組んでおり，すでにさまざまな変化をもたらしていた．すべてがモニタリングの枠組みに組み込まれており[12]，成果にもとづく配分方針に対しても見直しが実施された（ADB 2004d）．配分の算定方式も修正され，ニーズや成果とのつながりが強化された．また，紛争が終結した国々への配分については，異なる算定方法が導入された．

通常資本財源業務と信託基金の活用

譲許的資金である ADF は，ADB の第4期の10年に3回にわたって補充されたものの，OCR の資本基盤については，10年の間，一度も増資が行われなかった．設立協定において，総務会は資本規模を5年以上の間隔をおいて検討するものと定められていたものの，資本に関する検討は長期にわたり行われないままとなっていた．それまでに行われた検討はすべて増資につながっており，前回のレビューは1994年であった．千野に近い職員は，千野が GCI の実施を希望しており，それに対する支持を獲得する方法の一つとして改革の取り組みを計画したと語っている．しかしながら，ADB は増資について十分な支持を得ることができなかった．第4期の10年は GCI が一度も行われなかった唯一

12）　19項目のイニシアティブの取り組みのリストが“The Reform Ageda” in ADB, *Annual Report 2004*, p. 4に収められている．この年次報告書の第1部「組織の有効性」では，当時 ADB が業務の実効性向上のために行っていた取り組みについて詳細に論じられている（ADB, *Annual Report 2004*, pp. 32-47）．

の10年間となっている．

増資が直ちに行われるという状況にはなかったものの，OCRの融資プログラムについては重要な改革が実施された．千野の任期当初の2000年に，融資にかかる手数料が増額され，融資スプレッド（借り入れと融資の金利差）が20ベーシスポイント（0.2%）引き上げられた[13]．2001年には，ロンドン銀行間取引金利（LIBOR）にもとづく金利による融資（LBL）が導入された[14]．このアプローチにより，より競争力のある条件での融資が可能となり，割り戻しと追加徴収も導入された．その結果，ADBの実際の平均資金調達コストが6カ月LIBORを上回る場合には追加徴収が課される一方，ADBの実際の平均資金調達コストが6カ月LIBORを下回る場合には割り戻しが行われることになった．これ以降，ADBはそれまで提供していた資金プール方式の複数通貨建て融資（ADBが選択するさまざまな通貨で融資の払い込みが行われる）の提供を停止した．

アジア通貨危機によって，域内の政策決定者たちはリスク管理に関する重要な教訓を得た．ADBも，リスク管理システム全体の強化や流動性ポートフォリオ管理の改善，そしてリスクをより適切に測るための新たな手段の導入に向けた施策を行った．千野の後任となる黒田も，こうした改革を足掛かりに経営を担っていくことになる．黒田在任中の2005年8月，ADBにリスク管理ユニットが創設された．同ユニットは，後にリスク管理部へと昇格し，すべてのノンソブリン業務の信用リスク，ADBの財務ポートフォリオにおける市場リスク，そして複数の組織系統にわたる複合業務リスク等，ADB全体の運営にか

13）当時，ADBはOCRに関して，次の3つの融資手段があった．(1)ADBが選択するさまざまな通貨で融資の払い込みが行われる，資金プール方式の複数通貨建て融資（1986年7月導入），(2)資金プール方式の米ドル建て単一通貨融資（1992年7月導入），(3)民間部門の貸出先や公共セクターの金融仲介機関に対して単一通貨（米ドル，日本円またはスイス・フラン，固定または変動金利）で融資を提供する市場金利ベースの融資（1994年導入）．

14）ADB（2001d）．LIBORベースの融資（LBL）は，固定スプレッドや標準市場金利に合わせた金利設定など，市場金利ベースの特徴を持っていた．LBLに関しては，通貨の選択と金利基準，返済スケジュールを貸し手である金融仲介機関の実際の融資の実行とリンクさせるオプション，融資期間中に当初の融資条件（通貨や金利基準）をいつでも変更できること，そして融資期間中を通じて有償で変動融資金利に上限または下限を設定できるオプションといった点で，借り手に高度な柔軟性が与えられていた．LBLのユニークな特徴として，割り戻し（リベート）と追加徴収（サーチャージ）の導入があった．金利設定における資金調達コストの借り手への転嫁の原則を維持するため，ADBの実際の平均資金調達コストが6カ月LIBORを上回る場合には追加徴収が生じ，下回る場合には割り戻しが生じる．融資手数料に関しては，可能な限り低いコストで借り入れ国に資金を提供できるよう，定期的な見直しが行われた．

かわるすべてのリスクの管理を担うことになった．

プロジェクトに対するADBからの資金提供を補完するため，ADBは積極的に二国間や多国間パートナーや民間金融機関などの他の財源との協調融資を模索した．ADBは1970年に協調融資を開始し，1980年代および1990年代にかけて，そうした活動をさらに拡大していった（ADB 2006b）．新たな財源，新たな機関，新たな要件の出現により，状況は複雑さを増したが，1995年に実施された協調融資についての検討では，ADBは協調融資のパートナーとの連携により積極的に取り組むよう提言していた．

ADBはまた，個々の国，あるいは複数の国からなるグループに対して，ADBが管理する特定の目的のための信託基金に資金を拠出するよう働きかけた．業務開始初期においては，発足間もない新しい組織にとって，多数の基金の管理は難しいと思われたことから，少額の信託基金の管理業務の受託には慎重であった．しかし，2000年頃から，数多くの新たな信託基金の創設を伴う取り組みが相次いで行われた．そうした基金には，個々のドナー国によって所定の活動を推進するために設立されるものや，再生可能エネルギー，水，気候変動，貧困削減，ガバナンスといったテーマごとの活動を支援する基金があった．2006年には「ウォーター・ファイナンシング・パートナーシップ・ファシリティ」が，オーストラリア，オランダ，ノルウェーからの資金により設立された．その後さらに，オーストリア，スペイン，スイス，ビル&メリンダ・ゲイツ財団が資金を拠出し，出資パートナーに加わった．また同年，韓国はアジアにおける情報通信技術へのアクセス向上を目的として，「ｅアジア・知識パートナーシップ基金」を設立した．

信託基金の活用について，もう一つの大きな出来事が，貧困削減日本基金（JFPR）の設立であった．2000年５月に創設されたこの基金は，PRSを支援する目的で設立され，ADBによる投融資可能なプロジェクトの組成と人材育成の強化を支援するという，日本の従来からの取り組みを継続するものであった（ADB 2000b；第14章）．

黒田東彦

2005年初めに千野忠男がADBを去り，日本に帰国した．６年間にわたる彼の任期は，内外の大きな圧力にさらされた波乱に満ちたものであった．その中で，千野は多大な業績を残した．彼はADBの組織再編を行い，業務を分権化して，より加盟国との関係を重視する組織にした．総裁就任時に11であった現地事務所の数は，退任時には24にまで増加していた．彼はまた，紛争状態にある国や脆弱国へのアプローチを強化した．しかし，最も記憶に残る彼の業績は，貧困削減をADBの最上位目標と規定したことである．望んでいた一般増資は実現されなかったものの，後任の黒田による施策の足掛かりとなる，多くの重要な改革の基礎をしっかりと築いたのであった．

そして2005年2月，国際金融の分野における輝かしい経歴をもって，黒田東彦がADB総裁に就任した．黒田は，東京大学で法律を学び，オックスフォード大学で経済学の修士号を取得している．1970年代には国際通貨基金（IMF）で勤務し，大蔵省ではアジア地域全体に対する金融危機対応のとりまとめなどに尽力した．黒田は大蔵省の財務官として2000年にADBを訪問し，地域開発銀行の役割について講演を行った．その際，彼はPRSに温かい支持を表明するとともに，ADBがアジア地域においてより中心的な役割を果たすよう求めた．彼は，「世界銀行にはアジア太平洋地域で少し控えめになってもらい，その一方で，ADBにはより一層積極的な機関となる」よう促した．黒田の就任は，日本の政治や行政の中枢における，ADBへの強力な支持を反映していた．

黒田は経済に精通しており，世界的にも幅広い人脈を有していた．IMFの季刊誌が2006年に掲載した経済人のプロフィール紹介記事では，彼を「カリスマ的というよりは読書家で思慮に富む」とし，「知的な議論を好む」と述べている（IMF 2006）．娯楽としての読書では，推理小説のほか，数学や物理に関する本を楽しんでいたという黒田は，思慮深く，慎重で柔和であり，派手さよりも控えめな物言いを好み，そして学究的な正確さで言葉を選んだ．国際的な講演の仕事にも積極的に応じ，総裁在任中には数多くのハイレベル会合やサミット，シンポジウムに参加した．

黒田は総裁として，多様で，しばしば独自の見解に固執するADBの経営陣を指揮していくという課題に上手に対処した．彼の経営スタイルは伝統的かつ規律正しいものであった．内部の会議では，参加者全員にそれぞれの意見を求めた．会議ではいつも最後に，「われわれは次のような統一見解に達したようです」と述べて締めくくり，自らの決定を伝えた．そして一度決定を下すと，その考えがうまくいかないことが余程明確にならない限り，翻すことはなかった．黒田はGCI Vの実現に主導的な役割を果たし，重要な内部改革を推し進めた.

2005年2月1日，総裁としての就任初日に，黒田は理事会，経営陣，そして職員との会議において，アジアの開発課題とADBの役割について自らの考えを述べた．彼は，地域が直面している優先課題は貧困の削減であるとして，ADB初代総裁の渡辺が掲げ，その後の総裁たちもいく度となく提唱した考えを引用し，「『ファミリー・ドクター』としてのADBの役割を強化すべきである」と述べた．しかし彼はまた，ADBは役に立ち，対応の早い，成果を重視する組織とならなければならないとし，変化の必要性をも示唆した．そして，自身の考えを伝えたそれまでの学術論文や新聞への寄稿記事に書かれたように，より高度なアジアの地域統合に取り組む考えを示した.

また，一部ではまだ懐疑的な見方もあった千野の改革を継続する一方，時として緊迫したものとなることもあったステークホルダーとの関係改善にも努めた．黒田は，それまでのADF増資会合においてドナー国が示した懸念事項を認識していたが，同時に，2006年に実施された調査によってOCRの借り入れ国の立場も明らかになった．この調査では，「選択できるADBの融資の手段や形態が限られている一方で，ADBとの取引コストは増加し，サービスの質は低下している」と借り入れ国が認識していることが明らかとなったのだった（ADB 2006c）．さらに，1998年以降，年間融資総額が50億ドルから60億ドルの水準で停滞していたという問題もあった．ドナーの支持が得られるかどうか不透明であったものの，黒田は，ADFの増資とその後にGCIを実現することによってADBの融資を拡大する方針を決めた.

過去の方策を継承して

総裁に就任してすぐに，黒田は恐るべき規模の自然災害に対するADBの対応を担うことになった．2005年の年初，国際社会は協力して，2004年に発生したスマトラ沖地震による津波の被災者への支援を行おうとしていた．同じ年の末には，10月にパキスタンでも大規模な地震が発生し，家屋が倒壊した何百万人もの人々に避難所を提供するための大規模な支援が必要となった．黒田にとって，総裁就任直後の優先課題は，千野によって始められたスマトラ沖地震の津波被害への対応策の実施であった．2005年2月，災害発生から6週間も経たずに，ADBは6億ドルのマルチドナー型グラントファシリティである「アジア津波基金（ATF）」を設立した．これは当時としてはADB史上最大のグラントプログラムであった．3月には，緊急援助におよそ7億7,500万ドルを割り当てた（新規の融資とグラントを6億ドル，既存のプロジェクトとプログラムからの再配分が1億7,500万ドル）．これは，単一の災害に対する対応としてはADB史上最大規模のものであった．同年のパキスタン地震の発生後も，ADBは4億ドル超を緊急援助として拠出し，復興とインフラ復旧を支援した．

また，黒田は千野の「革新性と効率性向上の取り組み」を継続し，借り入れ国のニーズを満たすとともに，プロジェクトに関連する取引コストを削減した．2005年，ADBは新たな金融手法を試験的に採用するとともに，その運用を拡大した．これは後に通常の融資形態の一部となった（ボックス12.2）．

ボックス12.2 「革新性と効率性向上の取り組み」から生まれた主要な融資制度

マルチトランシェ・ファイナンシング・ファシリティ（MFF）．合意された投資プログラム，または相互に関連する複数の投資プロジェクトを対象として一定期間にわたる一連のトランシェ（分割して実施される貸付）により，融資先への資金提供を行うもの．MFFは，国別プログラムにおける不確実性を縮小する（たとえ将来の国別プログラムの総額やプロジェクト構成を変えることになっても，MFFプロジェクトの継続には支障がないように配慮する）とともに，ADBが融資先の長期にわたる資金計画の一部を担うことを保証するものである．2005年には2件，パキスタンの「国有高速道路開発セクター投資プログラム」への7億7,000万ドル，およびインドの「第2期地方道路セクター投資プログラム」への7億5,000万ドルの総額15億2,000万ドルのMFFが試験的に承認された．このファシリティによる個々の融資は，2006年からその承認が開始された．MFFはクライアントに好評であったため，2008年には通常の融資手段の一つとして理事会の承認を受けた．

ノンソブリン公共セクター融資．中央政府などによるソブリン（政府）保証なしに，公共セクターの特定のノンソブリン事業体に直接，融資や保証を提供するもので，2006年に試験的に導入された．その後1年の間に，試験的導入の一環として，ADBの民間部門業務局は，インドの「国営火力発電公社設備能力拡張融資ファシリティ」とインドネシアの「南スマトラ・西ジャワ間第2期ガス・パイプライン・プロジェクト」の2件のノンソブリン公共セクター融資ファシリティを準備し，承認を得た．この2件とも，融資先は国営企業であった．理事会は2011年にこの方法を通常の融資手段の一つとして承認した.

公共セクターに対する現地通貨建て融資.「革新性と効率性向上の取り組み」では，ADBの融資ポートフォリオを拡大し，現地通貨建て融資（LCL）を取り入れるよう求めた．それまで，ADBによる融資は，ソブリン保証により裏付けされたうえで，外貨でのみ提供されていた．借り入れ国の金融ニーズの進化に対応するため，ADBは公共セクター向けに2005年8月にLCLを導入した．LCLは，地方政府や公営企業などの公共セクターの事業体により利用可能であった．LCLは，外貨で借り入れるが収益が現地通貨であることによる通貨のミスマッチの解消を目指すものであった．2005年，ADBはインドの公営有限会社パワーリンクスに対し，およそ7,000万ドル相当のインド・ルピーによる，返済期間15年のLCLを提供した．この資金は，2004年に初めて発行されたADBのルピー建て債券によって調達された．さらに同年には，ドイツのバイエリッシェ・ヒポ・フェラインス銀行が，フィリピン国内の銀行の不良債権ポートフォリオ取得のため，フィリピン・ペソ建てLCLの融資を受けた．ADBは，民間の取引相手との通貨スワップを通じて必要な現地通貨を調達した.

出所：ADB（2005b）.

さらに同年，ADBは補完的融資に関する方針についての見直しを行った．第一次オイルショックを受けて1973年に初めて採用されたこの融資方法は，プロジェクトの超過費用を補塡し，資金ギャップを埋めることを目的としたものであった．それ以来，補完的融資の適応制限の緩和，手続きの簡素化，うまくいっているプロジェクトの活動対象の拡大に適用可能とすることなど，いく度かの改善が図られた結果，補完的融資の利用頻度はいくぶん増加した（ADB 2005e）．特に，成功プロジェクトの活動拡大への支援が可能となったことは大きな変化であった．しかし，補完的融資はしばしば超過費用への資金提供と同義であるとみなされたため，当初想定されたほど広く活用されることはなかった．その後，2010年に，補完的融資に代わる追加融資に関する方針が定められた．この追加融資制度では，より簡素化された業務プロセスによって，金額や期間，提供回数について制約を受けることなく，うまくいっているプロジェクト活動を拡大または修正し，より大きな効果を生み出すことが可能となった.

同じく2005年に，理事会は公共セクター支援における総コストへの融資比率や融資対象となりうる支出項目，そして現地通貨コストへの融資制約の緩和に関する新しい方針の枠組みを承認した．それまでは，すべてのプロジェクトについて，加盟各国の融資上の分類にもとづき，事前に融資比率の上限が定められていたが，この新たな方針により，それぞれの借り入れ国についての融資比率の上限と融資方法は，国別支援戦略の中でその大枠を定められることとなった．この方針によって，ADBの融資方法は他の開発機関と同様なものとなった．

黒田は，特に公開インスペクション関連を含めた説明責任と透明性に関する近年の論議に照らして，対外的な関係を非常に重視した．2005年，ADBは新たな「情報公開政策」を導入し，過去の論争を踏まえて，プロジェクトの準備や実施の段階のものも含めた情報開示の改善を図った（ADB 2005d）．新たな内容として，同政策では，ステークホルダーからの要請を受けて対応するということだけでなく，ウェブサイト上に早い段階から詳細情報を掲示し，一般に閲覧可能とすることとした．この新方針では，それまでの慣行を変更し，ADBが保有する情報のうち明らかに守秘義務の対象となるものを除いては，必ず公開するものとされた．黒田は，2005年にイスタンブールで開かれた年次総会において，この新方針を発表するにあたり，この方針はADBの資料に対する一般からのアクセスを改善し，ADBが公開性と対話を一層強化することを約束するものであると述べた．

同方針ではさらに，一般向けスピーチやメディアへの広報活動を通じ，より積極的な対外発信も求められた．ADBの広報部は広報局へ昇格し，現地事務所は現地レベルでのコミュニケーションを促進するよう求められた．

また，ADBに対するステークホルダーの意識をより的確に把握するため，定期的な独立チームによる意識調査を行うこととなった．最初の調査は2006年，ADB加盟30カ国の政府，市民社会組織，民間セクター，開発パートナーに所属する700名を超えるオピニオンリーダーを対象に実施された．調査報告書によれば，ステークホルダーは，「アジア太平洋地域における開発の進展に果たしたADBの貢献を認識している．（中略）しかしオピニオンリーダーは，ADBの能力が不足しているか，あるいは広げ過ぎた業務に能力を薄く配分しているとも感じている．また，その他の短所として，ADBの業務手続きが官僚主義的すぎるととれるほど煩雑であるとも指摘している」と述べている（ADB 2006a）．その後，この意識調査は2009年と2012年にも実施された．

このほかにも，黒田はさらなるADBの内部改革を推進した．2006年には事業プロセスのレビューが行われ，国別戦略とプロジェクトについて「事前準備段階での質の高さ」を強化するための施策が導入された．

地域協力の再活性化

黒田は後に，ADBの地域協力に関する業務を再び活性化させたことで知られるようになる．ADB設立協定の最初の一文の中では，アジアの経済開発のために「一層緊密な経済協力が重要であること」が言及されているが，黒田は総裁就任後速やかに，地域協力への関心を高め，これを各地域局を越えたアジェンダとした．2005年にマニラのアジア経営大学院で行った講演の中で，黒田は彼の目的が「アジアという砦」を築くことではなく，アジアを外部の世界にも開かれた，統合された地域とすることであると述べ，「アジアは今後ますます，地球規模で考え，地域的に行動していくべきだ」と語った．

黒田の前任である千野の在任中，アジア諸国が変動から身を守るために地域的なつながりを構築しようとするなかで，地域協力のアジェンダは拡大していった（第11章）．ADBは，主に域内協力プログラム（ボックス12.3）を通じて地域協力・統合（RCI）のアジェンダに取り組んだ．さらに1999年には，アジア通貨危機が域内の途上国に及ぼした影響を受けて，地域経済調査室（REMU）が設置された．REMUの主な活動は，東南アジア諸国連合（ASEAN）による通貨危機への対応プロセスへの支援，地域の会合や協議への知見の提供，そして新設されたアジア復興情報センター（ARIC）の運営であった．また，インドネシア，フィリピン，タイの各国がそれぞれの財務省内に経済監視担当部門を設置するにあたって支援を行った．

2004年，ADBは現地通貨による資金調達を開始したが，これは，アジアの債券市場の発展に寄与することになる．現地通貨による初の債券は，インド，香港（Hong Kong, China），マレーシア，シンガポールの国内資本市場で起債され，続いて2005年と2006年にはタイ・バーツ，人民元，ならびにフィリピン・ペソで債券が発行された．

さまざまな経緯はあるものの，大きな流れを見ると，ADBの地域協力活動が著しく拡大したのは黒田総裁の時代であった．2005年4月，総裁就任のわずか2カ月後，黒田は地域経済統合部（OREI）の新設を発表した．2006年，理事会は，国境を跨ぐインフラや関連するソフトウェアについての地域的経済協力，貿易と投資に関する協力と統合，通貨と金融に関する協力と統合，および地域公共財に関する協力という４つの柱からなる「地域協力・統合戦略」を承認した（ADB 2006i）．このRCI戦略では，ADBが資金を提供する銀行，知識を提供する銀行，能力向上の支援者，そして公正な仲介者という４つの異なる役割を果たすことが構想されていた．のちの2008年に発表された業務戦略計画である「ストラテジー2020」とともに，こうしたアプローチによってADBの第５期の10年にADBのRCI活動は大きく拡大した（第14章）．

ボックス12.3　ADBによる地域協力プログラム

ADBは，主にサブ・リージョンと呼ばれる域内のいくつかのグループ国を対象とした地域協力プログラムを通じて地域協力・統合（RCI）の課題に取り組んできた．最初の地域協力プログラムである「メコン河流域圏（GMS）経済協力プログラム」は，1994年のADBによる初のRCI支援方針の策定に先立って，1992年に発足した．GMSプログラムに続き，1995年には「ブルネイ－インドネシア－マレーシア－フィリピン東ASEAN成長地域（BIMP-EAGA）」プログラム，1997年には「中央アジア地域経済協力（CAREC）」そして「ベンガル湾多分野技術経済協力イニシアティブ（BIMSTEC）」プログラムが立ち上げられた．さらに2001年には「南アジア地域経済協力（SASEC）」プログラムが，そして2006年には「インドネシア－マレーシア－タイ成長の三角地帯（IMT-GT）」プログラムが発足した．

メコン河流域圏（GMS）経済協力．1992年，カンボジア，中国（雲南省が中心），ラオス，ミャンマー，タイ，ベトナムの６カ国により発足．2004年には中国の広西チワン族自治区も参加した．同プログラムは，(1)物理的インフラや経済回廊の持続可能な開発を通じた連結性の拡大，(2)国境を越えたヒトやモノの動き，市場の統合，およびバリューチェーンの構築を効率的に促進することによる競争力の向上，(3)課題を共有することによるより強固な共同体意識の涵養，を活動の中心としている．また，同プログラムでは東南アジア諸国連合（ASEAN），ASEAN+3（ASEAN加盟国に加え中国，日本，韓国），およびメコン河委員会との間での戦略的連携の構築を特に重視していた．

ブルネイ－インドネシア－マレーシア－フィリピン東ASEAN成長地域（BIMP-EAGA）．BIMP-EAGAは，開発における地域的な格差の解消を目的として，1995年に発足した．ブルネイ全域，インドネシアのカリマンタン諸州，スラウェシ諸州，マルク州，および西パプア州，マレーシアのサバ州，サラワク州，およびラブアン連邦直轄区，ならびにフィリピンのミンダナオ島およびパラワン州にわたる地域協力プログラム．ADBは2001年からBIMP-EAGAの地域開発アドバイザーを務めている．同プログラムは，⑴連結性強化，⑵食糧生産地化，⑶観光振興，⑷環境保全，⑸貿易と投資の促進，という５つの戦略上の柱に注力している．その長期的目標は，この地域において鉱物資源に依拠しない産業の確立を図ることである．BIMP-EAGAの協力では，地域内外における貿易，観光および投資の拡大と，この地域が持つ資源と既存の相互補完性の最大限の活用を目指している．

中央アジア地域経済協力（CAREC）．CARECは，中央アジア諸国の経済協力促進を目的として，1997年に発足したプログラムである．当初の加盟国はアゼルバイジャン，中国（新疆ウイグル自治区と後に参加した内モンゴル自治区），カザフスタン，キルギス，モンゴル，タジキスタン，ウズベキスタン．2005年にアフガニスタン，2010年にパキスタンとトルクメニスタンが加わり，パキスタンを通じてアラビア海までつながる南北縦断の地域となった．プログラムの目的には，加盟諸国と多国間開発パートナーのグループとの間のパートナーシップも含まれていた．そのパートナーにはADBのほか，欧州復興開発銀行（EBRD），IMF，イスラム開発銀行，国連開発計画（UNDP），世界銀行が含まれ，ADBは2000年以来CARECの事務局を務めている．プログラムの重点セクターは，交通，エネルギー，および貿易（貿易の促進および貿易政策）である．

ベンガル湾多部門技術経済協力イニシアティブ（BIMSTEC）．1997年に開始されたプログラムで，加盟国はバングラデシュ，ブータン，インド，ミャンマー，ネパール，スリランカ，およびタイ．このプログラムの重要な目的の一つが，BIMSTEC自由貿易地域の創設による貿易主導の経済統合である．ADBは，交通とエネルギー貿易に関する地域的な戦略策定をを支援した．

南アジア地域経済協力（SASEC）．2001年に発足したプログラム．当初はプロジェクトベースのイニシアティブとして，バングラデシュ，ブータン，インド，ネパールの４カ国間における，国境を跨いだ連結性の強化と貿易の促進を通じた経済統合を推進した．その後，2014年にスリランカとモルジブが加わった．当初，協力の優先分野は交通，貿易の振興，エネルギー，および情報通信技術（ICT）であったが，後にICTはプログラムの重点分野から外された．

インドネシア－マレーシア－タイ成長の三角地帯（IMT-GT）．1993年，３カ国のうち該当地域にある参加州の経済協力と統合の加速化を図るための地域的な枠組みとして発足した．現在，タイ南部の14州，マレーシア半島の８州，およびインドネシアのスマトラ島にある10州がこのプログラムの対象地域となっている．プログラムの戦略的な目的は，(1)貿易と投資の促進，(2)農業，アグロインダストリー，および観光の振興，(3)インフラのつながりの強化とIMT-GT地域の統合の支援，(4)人材開発，労働，環境など，セクターを跨る課題への対処，ならびに(5)協力のための制度整備とメカニズムの強化，に関するものである．

出所：ADB（2015d）．

さらに2006年，黒田は各地域局の再編を発表した．規模の経済に応じた職員配置を実現し，そしてASEANとのより効果的な連携のため，メコン局と旧東南アジア局を統合し，新たな東南アジア局とした．また，コーカサス諸国，中央アジア諸国，アフガニスタンおよびパキスタン（この2カ国は南アジア局の管轄から移動）向け業務のため，中央・西アジア局が新設された．

また同年，ブルネイ（すでにADBが支援するBIMP-EAGAプログラムで活動していた．ボックス12.3を参照）が正式にADBの域内加盟国となった（ADB 2006g）．

新たな業務方針

その後黒田は，千野を悩ませた財源の問題へと関心を移していった．1997年の通貨危機への対応後，融資は停滞していた（図12.1）．これはADBにとって深刻な懸念事項であったが，その後，2006年にはインド，バングラデシュ，中国，およびパキスタン向けに計8件，総額38億ドルのMFFが承認され，融資は増加した．ADBはその年，たとえ国際的な金融状況が困難なものになったとしても，加盟国からの資金需要に対応できるよう，ADBが独自に設定する健全性を維持できる流動性レベルの最低限のレベルを引き上げた．しかし，そのわずか1年後の2007年には，財務状況がきわめて切迫したものとなったため，黒田は財務局と戦略政策局に対し，将来的に必要となる財源について検討するよう指示した．これが実質的に，2009年の大規模な5回目の一般資本増資（GCI V）へとつながるプロセスの始まりとなった（第14章）．

こうした変化に対応するため，多くの開発課題の優先順位を再検討することが必要となった．2005年初めに総裁に就任した際，黒田は財源追加への支持を得るには，業務戦略の見直しが必要であることを理解していた．彼は2005年にイスタンブールでの年次総会における総裁として初めてのスピーチにおいて，

図12.1　融資承認額（財源別），1997-2006年

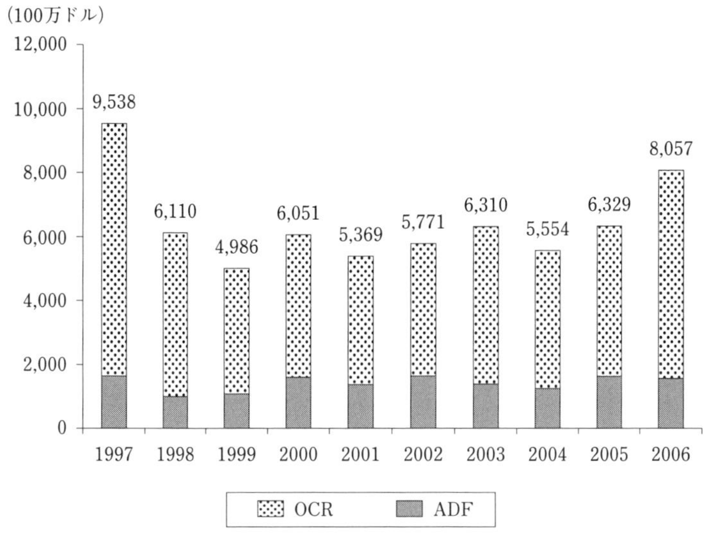

合計：640億7,500万ドル

ADF＝アジア開発基金，OCR＝通常資本財源.
注：融資承認額には，グラント，出資，および債務保証が含まれる.
出所：ADB Operations Dashboard eOperations database; ADB戦略・政策局.

業務の見直しを実施する意向であることに触れた．国際開発目標の多様化によって，ADBは職員が「多面的政策課題」と呼ぶ，およそ30にも及ぶセクターとテーマに関する政策を持つに至ったことを，黒田は指摘した．この数の多さは，明確に定義されたプログラムの運営を困難としていた．黒田は，焦点を絞り，選択を行うべきだと訴えた．この目的のために，彼はADBが第2次中期戦略（MTS II）の中で優先課題を明確化すると発表したのである．

当初，MTS IIは2006-2010年を対象期間とすることになっていた．しかしその後，より野心的な2段階のアプローチがとられることとなった．第1段階は，2006-2008年の比較的短期間の中期戦略であり，第2段階は外部の有識者からなるグループの評価にもとづいた，2020年までのより長期の計画であった．このグループは，域内のより多くの国々が中所得国のカテゴリーへと移行したことを踏まえながら，アジア地域とADBの将来を検討することとなった．2006年6月に任命された有識者グループの委員長には，タイの上級政策決定者で当時国連貿易開発会議（UNCTAD）の事務局長を務めていたスパチャイ・パニチャパック（Supachai Panitchpakdi）が就任し，インドのイシャー・ジャッジ・アルワリア（Isher Judge Ahluwalia），日本の出井伸之，ドイツのカイオ・コッホウェザー（Caio Koch-Weser），中国のジャスティン・リン（Justin Lin），米国のローレンス・サマーズ（Lawrence Summers）の5人の経験豊かな研究者や実務家がメンバーとして彼を補佐した．グループは翌年に報告書を提出した（第14章）．

2006年，インドのハイデラバードで開かれた年次総会において，黒田は総裁として2度目のスピーチを行い，MTS IIを発表した．この戦略は，主要アプローチを「この地域が直面する重要な開発課題を念頭に置いて，ADBの援助プログラムによる貧困削減への効果を強化すること」と定めている点において，1999年のPRSの幅広いアプローチを支持していた．しかし同時に，この中期戦略では「世界のビジネスのあり方を大きく変容させ，新たな国際分業を確立すると見られる」中所得国の成長についても取り上げていた（ADB 2006c）．スピーチの中で黒田は「アジアの2つの顔」について語った．一つは中産階級の顔であり，もう一つは貧困にあえぐ顔であった．そして，その格差は広がりつつあった．「貧困は，そのあらゆる側面において，いまだに私たちの地域の最も困難な問題です」と彼は語ったのだった．

MTS IIは選択と多様性のバランスをとることを目指していた．黒田は，ADBが業務を薄く広げすぎず，限られた優先課題に集中すべきだと考えていた．しかし，多くのステークホルダーにはそれぞれADBに対する要望事項があり，そのため，ADBは再びさまざまな方向へと圧力を受けることになった．徹底した協議の後，MTS IIではステークホルダーの関心事項を包括的に捉えるか，あるいは少なくともその全体像を示そうと試みた．この戦略では，投資の促進，インクルーシブネス（すべての人々にその恩恵が行き渡る包摂性）の強化，地域協力と統合の促進，環境への配慮，そしてガバナンスの改善と汚職の防止という5つの優先課題が示された．その後，第5期の10年に入ると，ADBとしての組織戦略にもとづいて優先セクターや優先課題に固執するのではなく，クライアントの要請にもとづいた柔軟な援助の提供へと意識的に回帰していくことになる．

第４期の業務実績

第４期の10年に，ADBの融資業務はその前の10年間の水準と比較しておよそ50％拡大し，1997-2006年の融資総額は640億ドルとなった．融資のピークは1997年であり，韓国とタイに対するOCRからの多額の金融セクター向け融資が，融資総額を95億ドルに押し上げた（第10章）．アジア通貨危機後，年間融資水準は50億～60億ドル程度で推移したが，2006年には再び業務は拡大した．

地域別には，第３期の10年に比べて第４期は融資が地域全体により平準化されたバランスで配分され，東南アジア，南アジア，および東アジア向けの融資がそれぞれ総額の４分の１以上を占めた（図12.2）[15]．東アジアへの融資は，韓国への多額の危機対応融資と増え続ける中国向け融資により，大幅に増加した．中央・西アジアへの融資も，旧ソビエト連邦諸国が新たに加盟国となったことや，ADBが2002年にアフガニスタンでの業務を再開したことにより増加した．また南アジアへの融資も，特にインドへの融資の増加により拡大した．対照的に，融資総額に占める東南アジアへの融資の割合は低下した．1997年以降，マレーシア向け融資はなくなり，また1999年以降はタイへの新たな公共セクター融資が供与されることはなかった．この10年間の借り入れ上位５カ国は，中国（融資総額の19％），インド（16％），インドネシア（13％），パキスタン（12％），韓国（６％）であった．

1999年のPRSの承認に伴い，ADBは活動をより多様なセクターへと広げていった．交通・ICT分野が融資総額の４分の１以上を占め，金融，エネルギーがそれに続いた（図12.3）．第３期の10年とは異なり，第４期はエネルギーに代わって交通が最大のセクターとなった．また，金融危機への対応のため，金融セクターおよび公共政策管理への融資も急増した[16]．

ADBの支援業務は，引き続き技術協力に支えられた．技術援助の承認額は，直前10年間の８億8,200万ドルと比較して，1997-2006年には合計14億ドルに達した．そのうち，77％は各個別の国に配分され，残りの23％は複数の国を対象とする地域協力のための技術協力に向けられた．地域協力向け技術協力を除く，技術協力の受け入れ上位５カ国は，中国（14％）インドネシア（９％），ベト

15）　図9.3には1987-1996年における融資の地域別内訳が示されている．
16）　図9.4には1987-1996年におけるセクター別の融資の内訳が示されている．

図12.2 融資承認額（地域別），1997-2006年

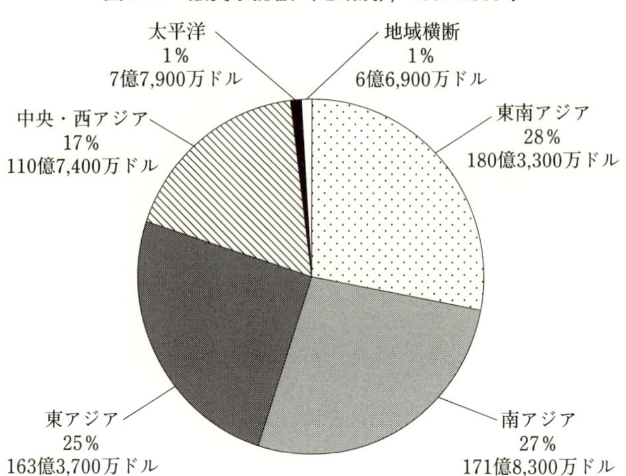

合計：640億7,500万ドル

注：地域的区分は現在の国分類にもとづく．融資承認額には，グラント，出資，および債務保証が含まれる．
出所：ADB Operations Dashboard; ADB戦略・政策局．

ナム（6％），パキスタン（6％），フィリピン（5％）であった．技術協力業務でも，幅広いセクターおよびサブセクターが対象となった．第3期の10年と比較すると，アジア通貨危機を受けて公共政策管理への支援が大幅に増える一方，農業への技術協力は大きく減少した．

第4期には，新たに10カ国がADBに加盟し，2006年末時点での加盟国・地域数は66（域内47，域外19）となった[17]．新加盟国のうち4カ国は中央・西アジアの国であり，ADBの活動がこの地域に拡大するなかで，2006年の組織再編の一環として中央・西アジア局が新設された．ADBの内部管理費予算については，通貨危機の際の慎重なアプローチもあり，その増加はわずかなものにとどまり，第3期の10年における年間増加率が8％であったのに対し，1997-2006年の間の増加率はわずか5％であった．一方で，職員数は着実に増加した．第4期の10年が終わる頃には，ADBは54の加盟国からの2,405名の職員を擁し，

17） 新たに加盟した域内の6カ国と域外の4カ国は以下のとおり．タジキスタン（1998年），アゼルバイジャン（1999年），トルクメニスタン（2000年），ポルトガルおよび東ティモール（2002年），パラオおよびルクセンブルグ（2003年），アルメニア（2005年），ブルネイおよびアイルランド（2006年）．

図12.3　融資承認額（セクター別），1997-2006年

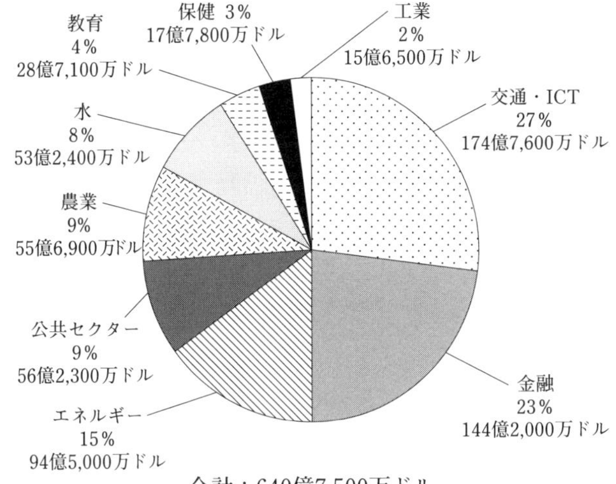

ICT＝情報通信技術.
注：融資承認額には，グラント，出資，および債務保証が含まれる.
出所：ADB Operations Dashboard; ADB 戦略・政策局.

そのうち国際職員・経営陣は861名，現地職員・事務職員は1,544名であった[18].

挑戦と変革の10年

ADBにとって第4期の10年は急速な変化の時代であった．利用できる資源と政策手段が限られたなかで，ADBにはさまざまな目的を達成することが期待された．千野は重要な組織改革を実行し，さらなる変化と拡大に向けた基礎を効果的に築いた．黒田はそうした改革をさらに進めるとともに，後に策定される「ストラテジー2020」を活用して目的を明確化した．

この10年間は，アジアが急速に成長するなかで，楽観的な状況のうちに終わりを迎えた．黒田は，2007年に京都で開かれた年次総会において，地域のニーズが変化しているので，それに対応するためにADB自体も変わっていかなければならないという認識を示した．黒田は，「問題は，そうした変革をどのように行うかを明確にすることです．変化のプロセスは，第2次中期戦略を通じ

18)　直前の10年間（1987-1996年）と比較して22%増となった.

てすでに始まっています．そして，長期戦略枠組みを見直すなかで，私たちは業務をさらに深化させていきます」と述べた．彼は，地域協力と統合の促進，資金の調達と仲介，そしてナレッジの創造と普及という3つの中核分野を設定したが，これらの分野は，次なる第5期の10年におけるADBの業務に色濃く反映されることになる．

表12.1　業務，組織，および財務に関する主要情報，1987-2006年

	1987-1996年（第3期の10年の合計）	1996年（年末時点）	2006年（年末時点）	1997-2006年（第4期の10年の合計）
A．業務に関する主要指標（100万ドル）				
融資承認総額[a]	43,063	5,335	8,057	64,075
財源別				
通常資本財源	30,082	3,669	6,502	50,013
アジア開発基金	12,981	1,666	1,554	14,062
業務別				
ソブリン	41,813	5,156	7,096	60,042
ノンソブリン	1,250	179	960	4,033
技術協力承認額[b]	882	138	148	1,383
技術協力プロジェクト	727	106	94	1,063
地域援助	155	31	54	320
融資残高の内訳		28,577	47,714	
通常資本財源		16,109	26,192	
アジア開発基金		12,468	21,522	
融資およびグラントの実行総額	27,751	3,797	5,793	48,062
通常資本財源	18,154	2,563	4,420	36,551
アジア開発基金	9,597	1,234	1,373	11,511
公的協調融資[c]	4,018	397	891	5,091
民間協調融資	560	92	315	642
B．組織に関する主要指標				
職員に関する情報				
職員総数		1,961	2,405	
国際職員[d]		673	861	
女性職員		1,023	1,358	
女性国際職員		100	249	
駐在員事務所の職員		144	474	
加盟国・地域数		56	66	
現地事務所数		11	26	
内部管理費予算（100万ドル）	1,411	190	313	2,441
C．財務に関する主要指標（100万ドル）				
授権資本[e]		50,103	53,169	
応募済資本[e]		49,368	53,169	
払込済資本		3,472	3,740	
請求払資本		45,896	49,429	
借り入れ額	12,166	584	5,576	45,412

SDR＝特別引出権.

a　1997年から2006年までの数値には，融資，グラント，出資，および債務保証の承認総額が含まれる．データがないため，1987年から1996年のまでのデータに中止となった案件の金額（理事会によって承認されたものの，発効前に中止されたものを除く）は含まれない．

b　技術協力業務には，技術協力特別基金および日本特別基金のみから資金拠出を行ったグラントが含まれる．

c　信託基金ならびに融資，グラント，および技術協力の協調融資を含む．

d　国際職員のデータは経営陣を含む．

e　数値は1996年12月31日（1996年の資本）および2006年12月31日（2006年の資本）の米ドルとSDRの為替レートにもとづく米ドル換算値．

出所：ADB年次報告；ADB予算・人事・経営システム局；ADB会計局；ADB戦略・政策局；ADBの融資，技術協力，グラント，および出資承認額に関するデータベース；ADBの協調融資に関するデータベース．

第５期（2007-2016年）

第13章　アジア：不確実な時代における成長

「世界が不況を脱し始めるなかで，アジアが世界経済を牽引していることは明らかです．（中略）力強い回復にもかかわらず，課題は残っています．（中略）そして先進国には依然として不確実性があり，何が起こってもおかしくはありません．」

――黒田東彦，ADB年次総会における演説，2010年

2007年には生産高が10％を超える伸びを示すなど，ADBの第５期の10年はアジアが力強い成長を遂げつつあるなかで始まった．2008年から2009年にかけて起きた世界金融危機により成長はいくぶん鈍化したものの，危機によるアジアの損失は他の地域の多くの先進国よりも少なかった．2010年，アジアの成長は再び勢いを取り戻した．金融危機後，先進国の成長見込みが弱く，リスクが高まるなかで，アジアでの戦略は，地域に内在する成長の原動力を育成することにより重点を置く必要があった．

第５期の10年，世界の開発アジェンダと開発金融の仕組みは急速に進化した．ミレニアム開発目標（MDGs）に代わる新たな目標である，持続可能な開発目標（SDGs）では，インクルーシブネス（包摂性），持続可能性，そして強靱性により力点が置かれるようになった．新しい機関，特に２つの新しい国際開発金融機関が業務を開始し，アジアに資金を提供し始めた．こうした変化のすべてが，アジア開発銀行（ADB）に対し，多様なグループからなるアジアの借り入れ国のニーズに応えていくという課題を提示したのだった．

多様性を持つ発展，強まる成長の趨勢

この10年間が始まる頃には，世界的にもアジアがますます重要な役割を果た

すようになるとの認識が広く持たれるようになっていた．それ以前は，アジアの途上国の経済展望は主要先進国の経済状況に密接に連動していた．今やその関係が変わりつつあった．アジアは，世界の成長の主要な牽引者となっていた[1]．アジアの途上国は，大幅な経常黒字によって資本の純輸出が世界最大となり，世界の一次産品市場における需要の多くをもたらしていた（ADB, *Asian Development Outlook 2011*, p. 12）．

アジアの成長は，21世紀が「アジアの世紀」になるであろうという多くの楽観的な見方へとつながったが，これは新しい考え方ではなかった．しかし，それ以前の議論は主に日本や新興工業経済地域（NIEs）（香港（Hong Kong, China），韓国，シンガポール，台湾（Taipei,China）），ASEAN４カ国（タイ，マレーシア，インドネシア，フィリピン）など，環太平洋諸国からなる「太平洋の世紀」に焦点を当てていた（Oshima 1993）．これに対し，ADBの第５期の10年になると，アジアの世紀という考え方は南アジア，東南アジア，そして中央アジアの国々を包含する汎アジア的な概念となっていた．

第５期の10年が始まった頃，アジア諸国の間には依然として大きな差異が存在した．「アジア経済見通し 2007年版」で述べられているように，「アジアの輝かしい経済成長は域内の大きな差異を覆い隠し，埋めなければならない格差の全貌から関心をそらしてしまっている」状況だったのである（ADB, *Asian Development Outlook 2007*）．一方，経済協力開発機構（OECD）諸国にすでに追い付いた，あるいは急速に追い付きつつある国々があった．そういった国々には，NIEsのようにすでにほぼ格差を埋め，高所得の水準に達していた国もあった．また，中国，マレーシア，タイといった，いくぶん後れをとっているものの大幅な成長を達成した中所得国もあった．しかし，他の国々の成長はやや立ち遅れていた．

アジアの成長はこの10年間に勢いを増した．インド，インドネシア，フィリピン，ベトナムなどのように大きな人口を抱える中所得国では，市場ベースのアプローチにより，着実で広範な成長が続いた．誕生間もない中央アジア諸国の多くは，それぞれ天然資源関連産業と市場志向の改革の恩恵を最大限に活用したが，経済成長は一次産品価格の変動の影響により，安定的ではなかった．さらに，これらの国々は依然として，制度的な未発達や欠陥をどう是正してい

1）“The Growing Weight of the South” in Part 2: South-South Economic Links in ADB, *Asian Development Outlook 2011*, p. 39.

くかという課題にも直面していた．政治的紛争の克服に向けた動きなど，さまざまな理由で国内情勢が徐々に安定に向かっていたキルギス，ミャンマー，ネパール，パキスタンといった国々は，安定と改革，そしてより確かな成長へと歩みを進めていた．太平洋諸国では，成長が不安定で経済は外部からの衝撃に対して脆弱であったものの，多くの国が，観光や鉱業（特にパプアニューギニアの天然ガス）などのセクターに対する外国からの多額の投資の恩恵を受けていた．

世界金融危機とアジアの強靱さ

第５期の10年が始まった頃，世界経済の中心が東へと移動するなかで，世界経済に暗雲がたれこみ始めていた．主要先進国は，一世代に及ぶ期間の中で最も困難な時代へと突入したのである．西側諸国は「大不況」に陥ろうとしており，「大いなる安定期」が嵐の前の静けさであったことが明らかになってきた（第11章）．状況が悪化し始めたのは，2007年の後半のことである．株式市場は北米でピークを迎えた後，下落し始めた．当初，懸念材料は何もないように思われた．ダウ平均株価は直前６年間で２倍近くも上昇しており，早晩市場では価格調整が起きるだろうと予測されていた．

しかし，株価の下落はそのスピードを速め，ほどなくして，米国の大手金融機関が保有資産の評価損を計上した．問題は他の国にも広がり，世界的な信用収縮の兆しが現れた．最初の事件の一つは英国で起こった．2007年９月，借り入れ比率の高い中堅住宅ローン貸付業者であるノーザン・ロックで取り付け騒ぎが起こったのである．金融機関の多くが，価値の疑わしいサブプライムローンと呼ばれる住宅ローンが証券化されたものを，不良債権として分離せずに「有毒な」ままで資産として保有していることが明らかとなり，問題は金融市場全体に波及していった．その後，2008年９月に，何の前触れもなく，米国の金融システムを象徴する金融機関であるリーマン・ブラザーズが連邦破産法第11章の適用を申請した．この破綻は米国史上最大規模のものであった．

先進国の混乱をよそに，当初アジア経済は堅調さを維持していた．中国とインドは好調であり，他の途上国の成長を牽引した．2007年，アジアはほぼ20年ぶりとなる高成長を記録し，一部の国では成長があまりに急速なため，インフレが懸念されるほどであった．銀行制度の基盤も健全であると見られていた．

これは1997-1998年の危機の後，徹底したリストラと改革を行った結果であった．1999年から2007-2008年の間，アジア全域において不良債権比率は下がり，銀行の総資産利益率は上昇していた．

それにもかかわらず，アジア諸国にとって先進国経済の減速は憂慮すべきことであった．一方，アジアは先進国の成長から切り離されており，独自に揺るぎない成長を追求できる，という楽観的な見方があった．事実，欧米とは異なり，域内の金融機関におけるサブプライムローン証券や関連商品の保有はごく限られていた．しかし，欧米での問題の拡大は必ずやアジアにも負の影響を及ぼすことになる，という別の見方も存在した．実際，2008年半ばには，主に世界的な貿易や投資水準の低下によって，OECD 諸国の減速がアジアの途上国にも波及することが明らかとなった．2008年から2009年にかけて，アジアの途上国の成長率は6～7％に下落した．

ADB の第5期の10年において，最初の数年は，アジアで食糧や燃料の価格が劇的に上昇した．2006年後半には，石油価格の上昇が穀物生産国での干ばつや世界市場の混乱を受けたインフレ圧力とあいまって，食糧価格を押し上げた．「アジア経済見通し2008年版（*Asian Development Outlook 2008*）」は，「金融緩和政策に支えられた，長年にわたる堅調な成長によって総需要が過剰となり，価格上昇圧力を生む要因となった」と指摘している．2008年の第1四半期に，米の世界価格は主要生産国での輸出制限や主要輸入国でのパニック的な買い急ぎもあって，前年比で倍以上になった．小麦，綿，大豆，そして肥料の価格も上昇した．

全体として，アジアの途上国は，こうした経済的な逆風にきわめて適切に対応した．各国政府は，国内需要を喚起するために速やかに景気刺激策を実施するなど，影響を緩和するためにさまざまな方策を検討した．米国の大手投資銀行が破綻した後の混乱もあって，当初の対応は銀行および金融システムの安定性を守ることを目的としたものであった（ADB, *Asian Development Outlook 2009*）．取り付け騒ぎのリスクを削減するため，当局は銀行預金保険の補償限度額を引き上げ，また大手銀行の負債すべてに政府保証を与えた．さらに，域内の中央銀行の多くは流動性の供給のほか，金利の引き下げなど金融政策の緩和により対策を講じた．

一部の国では，輸出需要の減少を相殺し，内需主導へと成長の軸足を移すことを目的として財政刺激策のパッケージを導入した．中国は，インフラと住宅供給，そして社会開発に対する大幅な支出拡大を発表した．インドでは，政府は部分的な減税を行う一方，インフラ投資を拡大した．フィリピンでも，インフラと社会開発プログラムへの支出を拡大した．同様に，インドネシアでは減税やインフラ関連プロジェクトの実施，所得の減少で最も損失を被った人々への援助などの施策が発表された．タイの政策パッケージには，減税や低所得世帯支援のための現金支給などが含まれていた．他の多くの途上国でも，財政刺激策のパッケージや安定化プログラムが適用された．

こうした刺激策は概ね効果的であった．中国とインドは2009年を通じて，そして2010年に入っても堅調な伸びを示し，近隣諸国の成長を牽引した[2)]．世界貿易の伸びが鈍化しているにもかかわらず，アジアの途上国では輸出が拡大した．中央アジアの共和国も，主な輸出品である石油やガス，金属，綿，金の価格上昇による恩恵を受け，全体として好調であった．2010年，アジアは世界的な混乱から脱した最初の地域となり，域内の途上国の成長は9.4％超にまで回復した．世界的な経済の減速は，食料と石油価格の下落をもたらした．国際通貨基金（IMF）は，「アジアのGDP［国内総生産］成長率の趨勢は，過去30年にわたって先進国の成長率を上回ってきたが，今回初めて，世界的な景気回復へのアジアの寄与度が他の地域のそれを上回った」と述べた（IMF 2010）．

経済成長一辺倒から持続的開発へ

しかし，2011年の初めにはリスクが再び高まるように思われた．2011年３月，巨大な地震と津波が発生して日本の東北地方に甚大な被害を与え，日本経済の見通しを後退させた．さらに，賃金インフレスパイラルのリスクとともに，世界的に石油や食糧価格の上昇圧力が生じた．結果的には，一次産品価格の上昇圧力は急速に減退し，インフレの脅威は後退したのであるが，それでもなお，世界の他の地域では依然として多くの金融・財政上の問題が残っていた．北米は回復の兆しを見せていたが，ユーロ圏の一部の国，特にギリシャは深刻な公的債務問題を抱えていた．

アジアでは，変動が大きく経済の不安定化要因になる資本フローにに対する懸念が高まりつつあった．2011年には，短期資本がアジア市場から流出したが，

2） Harris（2014）は，中国の近年および現在の経済的外交政策の概要を示している．

その後，米国で量的緩和が実施されて金利が過去最低水準にまで下落したことが一因となり，再び還流した．さらに，2013年半ばには量的緩和の「テーパリング（段階的縮小）」が予想されたことによって資本はアジアから再び流出し，「テーパー・タントラム（市場の動揺）」が引き起こされた．短期的な資本フローの急激な変動は，アジア各国の通貨の異常な値動きにつながった．続く2014年と2015年においては，一次産品価格の急激な下落を伴って，引き続き国際金融市場全体が不確実性の高い様相を見せ，先行き見通しが困難になり，世界全体の経済環境は依然として厳しいものであった．

アジアの途上国の政策決定者は，この新たな，好ましからざる世界経済の情勢の中でも成長を持続させる方策を検討した．彼らは先進国への依存を減らし，国境を跨ぐ貿易，資本，労働の流れを拡大させることによって途上国間でのつながりを強化しようとした[3]．

アジアでの地域協力は，主に貿易によって推し進められた（第11章）．1990年から2009年にかけて，燃料を除く世界の商品貿易のうち，途上国間の貿易は７％から17％にまで増加した（ADB, *Asian Development Outlook 2011*, p. xvi）．この貿易の伸びの大部分は，アジアの途上国，特に「世界の工場であるアジア」全域での中間財貿易によるものであった．2010年には，アジアの途上国は，世界の南南（途上国間）貿易の４分の３を占め，中国だけでおよそ40％を占めるまでになった．貿易障壁の削減と地域間貿易の促進に向けたさらなる取り組みが，明るい将来を約束する道であるように思われた．

アジアの資本フローも貿易と同様に，域内での動きが重要となっていた．さまざまな国が，海外からの投資の誘致や株式・債券市場の発展，ならびに資本取引の自由化を目的とした投資環境改善のための政策を実施した．こうした政策の成果もあり，アジアの途上国への外国直接投資のうち域内からの投資は，2007年には30％未満であったのに対し，その半分以上を占めるようになった．中国やインド，ASEAN 加盟国といった比較的貯蓄率の高い国々から流出する資本は，ますます域内に投資されるようになった．

グローバリゼーションがモノや資本の市場を開放したように，労働市場も拡大した．アジアの出稼ぎ労働者は，東アジアや東南アジア，特に NIEs およびマレーシアやタイなどの新興国へと向かった．人の移動の増加は海外送金の増

3）　南南関係に関する詳細な議論が，ADB, *Asian Development Outlook 2011* の Part 2: South-South Economic Links, pp. 37-86に収められている．

加を促進した．インド，中国，フィリピン，およびバングラデシュは世界で最も送金受け取り額の大きい国々であり，これらの国々に流入する資金の半分以上がアジアの途上国からのものであった．タジキスタン，ネパール，キルギス，バングラデシュ，フィリピン，そして一部の太平洋諸国にとって，海外送金の受け取りはGDPに対する比率で見ると特に重要であり，出稼ぎ労働者の送金は国に残る家族にとって主要な収入源となっている．

アジアが成長の軸足を国内市場へと移すことに寄与したもう一つの要因は，消費と．国内の消費需要の拡大を牽引している中産階級の台頭であった．アジアの途上国の中産階級（1人当たりの所得が1日につき2～20ドル）は，1990年の5億6,500万人から，2008年には19億人と3倍に増加した（ADB 2010c）．将来を見据えれば，次の10年，世界の中産階級の拡大はその大部分がアジアで起こると見込まれている．2009年，アジアは世界の中産階級人口の28％を占めていたが，2030年にはこの割合はおよそ66％になると見られている（Kharas 2010）．一部の国では，台頭する中産階級の強い願いによって市場志向の改革が促進された．

通貨と金融に関する協力を推進する活動も続けられた．こうした活動は1997-1998年の金融危機後に拡大され，ADBの第4期の10年（第11章）に勢いを得ることとなった．2010年，チェンマイ・イニシアティブは「チェンマイ・イニシアティブのマルチ化」（CMIM）へと拡大され，二国間スワップ協定のネットワークに代わって，ASEAN+3（東南アジア諸国連合の10加盟国に加え中国，日本，韓国）による単一の契約のもとでの多国間通貨スワップ協定となった．CMIMは総額1,200億ドルで発足し，2014年には2,400億ドルに拡大された．CMIMを支援するため，地域経済を分析し，リスクを見つけ，適切な政策提言を行う「ASEAN+3マクロ経済調査事務局（AMRO）」が2011年にシンガポールで発足した．CMIMは始動したが，通貨スワップを活用した資金の融通はいまだ行われていない．例えば韓国とシンガポールは，世界金融危機後に流動性不足に直面した際，それに代わる手段として米連邦準備銀行をはじめとする主要な中央銀行との間で一連の二国間スワップ協定を締結した．

2012年には，米国による経済制裁の解除と，ADBをはじめとする多国間および二国間ドナーとの業務の再開を主な契機として，ミャンマーが数十年にわたる孤立から脱し，地域的なつながりへの展望が大きく好転した．これは2010年に始まった，政府による民主化と民族間の融和の推進，マクロ経済政策の改善（複数為替相場制の撤廃など），構造調整政策の実施，貿易障壁の削減，そして商業活動の自由化といった取り組みによって実現したものであった．これらの取り組みにより，多額の外国直接投資が流入し，経済成長率も７～９％に達した．ミャンマーはメコン河流域圏の一部であり，中国とインドという２つの経済大国の間という，戦略的に意味のある場所に位置している．ミャンマーの開放によって，南アジア，東アジア，そして東南アジアの間の連結性強化につながるさらなる機会が生じることとなった．世界的なバリューチェーンの中で中国の役割が上昇し，より高度な産業に移行しつつあるため，各種製造業はミャンマーをはじめ他の国への移転を促されている．

ADBの第５期の半ばには，より強固になった地域的なつながりに支えられ，アジアの途上国はより身近な場所にある機会を利用するようになっていった．このことは，穏やかではあるが，持続可能な開発を促すことになった．金融危機後，中国やラオス，スリランカなどアジアの８カ国は，ほとんど毎年のように７％を超える成長を遂げた（ADB, *Asian Development Outlook 2015*, p. 10）．中国では，直前の第４期の10年には２桁の伸びを見せていた経済成長が，この10年間の終わりに向かって鈍化し，７％以下となったものの，それと平衡を保つかのようにインドで成長が加速し，2015年には７％を上回った．2012年から2016年にかけて，ADBの開発途上加盟国は平均で年率６％超の経済成長を示した．NIEsを除けば，成長率はさらに高かったが，対照的に，主要７カ国（G７）の経済は同時期におよそ1.5％，EUはおよそ1.0％の成長にとどまった．

格差の拡大と差し迫る環境問題

世界はまさに汎アジア主義の世紀を迎えつつあったのであろうか？ 2011年にADBが委託した研究「アジア2050―アジアの世紀は実現するか（Asia 2050: Realizing the Asian Century）」によれば，「アジアの世紀」というシナリオは実現可能であるが，無条件に必然的に起こるものではないと結論付けている．この研究は格差の拡大，環境の劣化，人口構成の変化，不十分なガバナンスなどを障害として挙げ，注意を喚起した．

2007年に京都で開かれた年次総会において，ADBの黒田東彦総裁はこうした懸念事項のうち２つを特に取り上げた．一つは，社会的一体性を脅かし，経済成長を妨げかねない格差の問題であった．黒田は，アジアは「（前略）ますます２つの顔を持つ地域となりつつあります．活力と富に溢れた輝かしいアジアと，絶望的な貧困が根強く残る陰の部分です」と述べた．２つ目は環境の劣化と気候変動であった．各国が天然資源を賢く使用し，「成長が環境に及ぼす影響の矛先が，貧しい人々に向くことのないようにしなければなりません」と黒田は語った．

アジアで起こっている社会的，経済的な変革がもたらす恩恵が，平等に分配されていないことは明らかであった．1960年代半ば以来，50年にわたる発展を経ても，何百万人もの人々がわずかな恩恵しか受けていなかった．アジアの多くの国々において，不平等性の指標として広く用いられているジニ係数が上昇していた．社会はより不平等になりつつあったのである．1990年代半ばから2000年代後半にかけて，アジア全体のジニ係数は39から46まで，年平均1.4％上昇した．1999年時点では，10億人を超える人々が１日当たり1.90ドル未満で生活していた[4)]．2012年までに，この数はおよそ４億5,000万人にまで減少した．一方，バングラデシュ，中国，インド，インドネシア，パキスタン，フィリピンのアジア６カ国は，今や中所得国に分類されるようになったにもかかわらず，この６カ国だけで，貧困人口が全世界の貧困人口の半分近くを占めていた[5)]．

こうした動向はもう一つの論争を呼び起こした．すなわち，開発援助は貧しい国に向けられるべきか，それとも貧しい人々に向けられるべきか，という論争である（Kanbur and Sumner 2012, pp.686-695）．1990年には，世界の貧しい人々の90％以上が低所得国に住んでいた．しかし2010年には，世界の貧しい人々の４分の３近くが中所得国に住むようになっていたのである．こうした変化は，多くの貧しい人々を抱える国，特にインドと中国の急速な成長によってもたらされていた．中所得国には自国の貧しい人々への対応策をとるだけの資源があるのであるから，そういった国々への開発援助は削減すべきだとの主張がある一方，そうではなく，開発援助は貧困そのもの，さらに援助を受ける

4）世界の貧困率の推計には，国際的に比較可能な貧困ラインの設定が必要となる．最近まで，2005年の購買力平価（PPP）で計測した１日当たり1.25ドルの貧困ラインが国際的に最も広く用いられてきた．この貧困ラインは，2005年のPPP為替レートで共通通貨に換算した，世界で最も貧しい15の国の国内貧困ラインの平均にもとづいている．2015年，国際的な貧困ラインは2011年のPPP換算の１日当たり1.90ドルに更新された．貧困ラインの実質価値は変わらず，2011年に1.90ドルで購入できる財やサービスは，2005年時点の物価水準において1.25ドルで購入できるものに等しい．

5）World Bank, PovcalNet Database（2015年10月８日にダウンロード）．2011年のPPPによる調整にもとづく．

国々の貧困を生み出す制度的欠陥も考慮すべきだとの意見もあった．

期待もまた高まっていた．アジアではますます多くの人々が，国内外の格差を認識し始めた．グローバリゼーション，そしてそれに付随する情報通信技術の普及によって，ニュースや知識は従来よりもはるかに急速に広まるようになった．アジアの何百万人もの若者たちは，教育やキャリア形成に大きな期待を抱いていた．彼らは自国と他の国々の水準を簡単に比較できた．そして彼らはしばしば不満を抱き，政治的，経済的組織への圧力を高めた．例えばミャンマーでは，アウン・サン・スーチー（Aung San Suu Kyi）率いる国民民主連盟が2016年の選挙で大勝して，半世紀ぶりとなる文民政権が組織されるという劇的な政治的変化が起こった．東南アジアでは，2015年末にASEAN経済共同体（AEC）が発効し，すべての加盟国政府が近隣のASEAN諸国に市場を開放するよう迫られた．

急速な都市化を伴うアジアの経済成長は，環境に大きな負荷をもたらした．これに気候変動の影響も加わった．アジア太平洋地域では，人口と経済活動が高度に集中する沿海部が多いが，こうした地域は気候変動の影響に対して脆弱である．1976年から2015年の間に，域内では自然災害により150万人が亡くなっており，これは世界全体の半分以上を占める．ADBの第5期の10年には，気象に関連した大規模で破壊的な災害が複数発生した．2008年，サイクロン・ナルギスがミャンマー南部を通過し，13万人以上が死亡した．2013年にはフィリピンで台風ハイヤン（フィリピン名「ヨランダ」）によって少なくとも6,000人が死亡し，130億ドル相当の被害が生じた．インド，インドネシア，中国，そして太平洋諸国など，他の国々でも大規模な台風，洪水，干ばつが甚大な被害をもたらした．

気候変動対応に求められる行動

科学的研究によって今後環境への負荷が高まることが予測され，気候変動が持続可能な開発と貧困の根絶にとって深刻な障害となることは明らかとなっていた．それまで，アジアの途上国では「まずは経済成長を，環境は成長の後で」，という哲学が広く受け入れられていた．ADBが第5期の10年を迎える頃には，このアプローチに代わって，高成長には環境改善のための取り組みが伴わなければならないという考え方が主流となりつつあった．各国はクリーンエネルギーへの投資のほか，生物多様性や森林生態の保全，そして公共交通システムの改善やよりクリーンな自動車の導入による都市の大気の清浄化に取り組み始めた．従来の資金調達モデルに代わる選択肢として，環境への影響を重視した技術やプロジェクト，そして産業を融資対象とする，グリーン・ファイナンスが現れた．同時に，アジアの途上国では，環境への負荷があるにもかかわらず，エネルギー生産量の拡大の必要性が高まるという状況にあった．

気候はまた，ますます公共財の一つとして認識されるようになっていった．二酸化炭素（CO_2）の排出は地球環境に影響を及ぼすため，気候変動への対応は国際的なものでなければならず，各国の間で共通だが国ごとに差異のある責任にもとづいた地球規模の解決策が求められた．各国は協力して，気候変動耐性のある，低炭素型の開発を進めることが求められた．

しかし，多くの国際的な交渉がそうであったように，これは容易なことではなかった．1992年にブラジルのリオデジャネイロで開かれた地球サミットの結果，温室効果ガスの排出制限を目指す国際条約である国連気候変動枠組条約（UNFCCC）が採択された．地球サミット以降，締約国会議（COP）として知られる，UNFCCC 加盟国による気候変動に関する年次会議が開かれ，取り組みの進捗の評価が行われている．これらの会議のほとんどは拘束力のある，あるいは法的強制力のある行動計画の合意にはつながっていないものの，気候変動に関連する問題を明らかにすることに貢献した．

最も重要な試みの一つが，UNFCCC に関する国際協定として，1997年12月に開かれたCOP3で採択された京都議定書（Kyoto Protocol）であった．同議定書は，国際的拘束力のある排出削減目標を設定することにより，先進国に削減を誓約させた（United Nations 1998）．150年以上にわたる産業活動の結果として現在大気中にある高濃度の温室効果ガスについては，主として先進国が責任を負っていることを認識し，京都議定書は，「共通だが差異のある責任（common but differentiated）」の原則のもと，先進国により重い負担を課していた．しかし，米国が批准しなかったため，この協定は大きな成功とはみなされなかった．さらに，温室効果ガスの排出量の多い国を含め，途上国には，排出削減について何ら数値目標は課されなかった．

2007年にインドネシアで開かれた締約国会議（COP13）では「バリ・ロードマップ」が採択された．このロードマップは，国家として適切な気候変動の緩和に向けた行動や誓約，貧しい国での適応策，世界の温室効果ガス排出の削減，などの課題（「緩和」と「適応」という2つの気候変動対策への取り組みが必要とされる）を網羅したものであり，2009年のコペンハーゲンにおける拘束力のある合意に向けた協議につながるものであった．しかし，2009年にコペンハーゲンで開かれた締約国会議（COP15）では先進国と途上国の間に依然として深い断絶があり，さまざまな意見の相違により会議は難航した．途上国は，地球環境問題に取り組むうえでの主たる責任は，何世紀にもわたって温室効果ガスを排出し，現在の問題の引き起こした先進国が負うべきだと主張した．一方，先進国は過去について論じるのは得策ではなく，施策は将来に目を向けるべきであるとの見方を示した．CO_2の排出は途上国において最も急速に増加することが見込まれるため，先進国と途上国の双方で排出量を削減することが不可欠であった．メディアは，締約国がお互いを非難し合い，会議は「混乱のうちに」閉会したと報じた．

2009年の会議の結果，「コペンハーゲン合意」が成立したものの，締約国による全会一致での採択ではなく，合意に「留意する」とされたにすぎなかった．この合意文書では，気候変動が世界の最も重要な問題の一つであることを認め，気温の上昇を2℃未満に抑えるために行動することが求められた．「コペンハーゲン合意」は重要な第一歩であり，気候変動の緩和に関して，主要国による自主的で拘束力を持たない誓約を呼びかけた．先進国は，途上国における気候変動の緩和と適応の対策のため，2020年まで年間1,000億ドルの資金を提供することに合意した．一方，中国とインドは2020年までに，GDP1単位当たりCO_2排出量を2005年の水準と比較して，それぞれ40～45％と20～25％減らすことに同意した．ウズベキスタンはエネルギー効率に関する施策を採用し，アルメニアとフィリピンは再生可能エネルギーに関する法律を制定した．インドネシアは，森林破壊の削減に取り組むことを決定した．

6年後の2015年，パリで国連気候変動枠組条約第21回締約国会議（COP21）が開催された．合意形成のための取り組みとして，COP21に先立って何度か会議が開かれ，そのうちの2015年10月にボンで開かれた「強化された行動のためのダーバン・プラットフォーム特別作業部会」では協定書の草案が作成された．世界中で，強力な協定を求めるデモが行われた．COP21の議長国，フランスはコペンハーゲン会議のような対立を巧みに避けて交渉を主導し，「パリ協定」の採択を実現した．同協定により，締約国は温室効果ガスの排出のピークを「できるだけ早期に」実現するとともに，地球規模の温暖化を「2℃より十分低く保つとともに，1.5℃に抑える努力を追求すること」に合意した．一部の国の代表は，この協定が歴史的な転換点であると考えたが，協定のほとんどは義務ではなく．達成義務を負わない公約を記したものであるとし，冷淡に反応した代表もいた．それでもなお，今や国際的な行動への圧力は高まったのである．世界の温暖化ガス排出量のうち60％近くを排出する74カ国が「パリ協定」を批准し，2016年11月に発効した．

持続可能な開発目標（SDGs）

2015年に採択された新たな世界的開発目標には，環境保護と環境持続可能性の理想が色濃く反映されることになった．2001年，国際社会は８つの「ミレニアム開発目標（MDGs）」を採用し，2015年までに達成すべき18のターゲットを定めた（第11章）．貧困に焦点を当てることに加えて，MDGs は社会的な目標にも高い優先順位を与えていた．そうした目標の達成に MDGs がどれほど有効であったかは正確には判断できなかったものの，世界の開発コミュニティを共通の目標に向かって結束させることに貢献したといえる．MDGs の達成期限である2015年が近づくと，新たな目標を設定するという考えに幅広い支持が集まった．

「持続可能な開発目標（SDGs）」のリストを新たに策定するため，2012年，国連の事務総長がハイレベル・パネルを任命した．このパネルには，インドネシアのスシロ・バンバン・ユドヨノ（Susilo Bambang Yudhoyono）大統領も３人の共同議長のうちの一人として加わった[6]．パネルは他の多くの機関と協力し，一連の SDGs を策定した．2015年９月，193の国連加盟国は，2030年までに貧困を根絶し持続可能な未来を目指すという，野心的な新たな世界的アジェンダを支持し，SDGs を全会一致で採択した．

MDGs に比べて，SDGs はより広範かつ多岐にわたるものであった．SDGs では経済発展，環境持続可能性，社会的インクルージョン（包摂性）を組み合わせた「トリプル・ボトムライン（３つの最終目標）」の考え方が採用された．特に，MDGs と比較して，SDGs は環境に関連する目標を強調した．しかし，一部の専門家（例えば Kenny 2015）は，SDGs には17もの目標とそれに関連す

6）　他の共同議長はリベリアのエレン・ジョンソン・サーリーフ（Ellen Johnson Sirleaf）大統領と英国のデイビッド・キャメロン（David Cameron）首相であった．

図13.1 ミレニアム開発目標（MDGs）と持続可能な開発目標（SDGs）との比較

MDGs　SDGs

1. 極度の貧困と飢餓の撲滅
   - 1. 貧困―あらゆる場所で，あらゆる形態の貧困に終止符を打つ
   - 2. 食糧―飢餓に終止符を打ち，食糧の安定確保と栄養状態の改善を達成するとともに，持続可能な農業を推進する

2. 初等教育の完全普及の達成
   - 4. 教育―すべての人に包摂的かつ公平で質の高い教育を確保し，生涯学習の機会を促進する

3. ジェンダーの平等の推進と女性の地位向上
   - 5. 女性―ジェンダーの平等を達成し，すべての女性と女児のエンパワーメントを図る

4. 乳幼児死亡率の削減
   - 3. 保健―あらゆる年齢のすべての人々の健康的な生活を確保し，福祉を推進する

5. 妊産婦の健康状態の改善
   - 3. 保健―あらゆる年齢のすべての人々の健康的な生活を確保し，福祉を推進する
   - 5. 女性―ジェンダーの平等を達成し，すべての女性と女児のエンパワーメントを図る

6. HIV/AIDS，マラリア，その他の疾病のまん延防止
   - 3. 保健―あらゆる年齢のすべての人々の健康的な生活を確保し，福祉を推進する

8. 開発のためのグローバルなパートナーシップの推進
   - 17. 持続可能性―持続可能な開発に向けて実施手段を強化し，グローバル・パートナーシップを活性化する

- 16. 制度―持続可能な開発に向けて平和で包摂的な社会を推進し，すべての人々に司法へのアクセスを提供するとともに，あらゆるレベルにおいて効果的で責任ある包摂的な制度を構築する

7. 環境の持続可能性の確保
   - 6. 水・衛生―すべての人々に水と衛生へのアクセスと持続可能な管理を確保する
   - 7. エネルギー―すべての人々に手ごろで信頼でき，持続可能かつ近代的なエネルギーへのアクセスを確保する
   - 8. 経済―すべての人々のための持続的，包摂的かつ持続可能な経済成長，生産的な完全雇用とディーセント・ワーク（働きがいのある人間らしい仕事）を推進する
   - 9. インフラ―強靭なインフラを整備し，包摂的で持続可能な産業化を促進するとともに，技術革新の推進を図る
   - 10. 不平等―国内および国家間の不平等を是正する
   - 11. 住居―都市と人間の居住地を包摂的，安全，強靭かつ持続可能なものにする
   - 12. 消費―持続可能な消費と生産のパターンを確保する
   - 13. 気候―気候変動とその影響に立ち向かうため，緊急に対策を取る
   - 14. 海洋資源―海洋と海洋資源を持続可能な開発に向けて保全し，持続可能な形で利用する
   - 15. 生態系―陸上生態系の保護，回復および持続可能な利用の推進，森林の持続可能な管理，砂漠化への対処，土地劣化の阻止・回復，ならびに生物多様性損失の阻止を図る

MDGs＝ミレニアム開発目標，SDGs＝持続可能な開発目標.

出所：アジア開発銀行の目標，ミレニアム開発目標，および持続可能な開発目標. (a)http://www.un.org/millenniumgoals/ および(b)http://www.un.org/sustainabledevelopment/ sustainable-development-goals/ を参照.

る数値目標が169もあることで焦点がぼやけてしまうと主張した（図13.1）．当時の開発課題を反映して，17のSDGsのうち11が持続可能性に言及していた．

開発金融の新たな財源

直前の10年間（第11章）と同様に，第5期の10年にも開発金融では新たな財源が利用できるようになった．従来からのドナーが多くの専門機関へとその資金拠出を分散する一方，途上国側から，開発協力に関してそれぞれ独自のアプローチをとる新たな二国間ドナーが現れた．今や途上国は，市場ベースの資金をはじめ，より多様な財源にアクセスできるようになったのである．慈善基金や非政府組織，宗教団体やコミュニティグループなどの民間組織が，より多くの資金を提供するようになったが，開発援助活動が分散したり激しく変動する傾向を強めた（Kharas 2007）．一方，ドナーである先進国が財政赤字に直面し，また欧州ではこの10年間の終わりにかけて，移民に関連した危機対応への資金需要が急速に高まったこともあって，アジアへの政府開発援助は低迷した（Center for Global Prosperity 2013）．

2015年にはインフラに資金を提供する新たな2つの機関が設立され，アジアの借り入れ国にとっての選択肢が広がった．その1つは，北京に本部を置くアジアインフラ投資銀行（AIIB）であり，もう一つは，ブラジル，ロシア，インド，中国，南アフリカによって設立され上海に本部を置く新開発銀行（NDB，いわゆるBRICS銀行）であった．後者は，新興国のみによって設立された最初の国際開発金融機関となった．

両機関とも，プロジェクトの環境的，社会的な影響からのセーフガード（保全・予防措置）と，公正かつ透明な調達制度について，既存の国際開発金融機関と同レベルの基準を採用した．2016年にNDBは，インド，中国，ブラジル，南アフリカに対する4件の再生可能エネルギープロジェクトを承認した．インドのプロジェクトでは，再生可能エネルギー分野のベンチャー企業向け融資のために，国営のカナラ銀行に2億5,000万ドルのマルチトランシェ融資が供与された．AIIBは，バングラデシュ，インドネシア，パキスタン，タジキスタンにおいてスラム開発，高速道路建設，電力網整備といったプロジェクトを承認し，その多くは世界銀行，ADB，および欧州復興開発銀行との協調融資であった．

グローバル化をめぐる課題

ADB の第５期の10年には，グローバリゼーションに関して不確実性の高まり，あるいは見方によっては逆行とも見える状況が起こった．格差の拡大，一部セクターにおける雇用の喪失，金融市場の不安定性の高まり，環境の劣化などの問題に関して，グローバリゼーションはさらに激しい批判にさらされている．2016年の，英国における国民投票による欧州連合からの離脱（ブレグジット（Brexit）として知られる）決定と米国の大統領選挙結果は，グローバリゼーションに対する幅広い懸念の存在を再確認させる出来事となった．

実際，先進国の大部分の人々は，グローバリゼーションによる恩恵を享受しなかった．「米国では，１世紀の３分の１にわたって下位90％の人々が所得の低迷に見舞われてきた．男性フルタイム労働者の収入の中央値は，実質ベース（物価調整後）で42年前よりも低い．最底辺では，実質賃金は60年前の水準と同じである」との見方もある（Stiglitz 2016）．所得に関して，1998年から2008年までの期間における主たる勝者は，世界で最も裕福な１％と，新興国の中産階級であったことを示す実証データがあり，一方で，敗者には先進国の中産階級と労働者階級が含まれていた（Milanovic 2016）．

第２の「グローバリゼーションに刺さったナイフ」は，移民に関する脅威の拡大である（Kharas 2016）．先進国の多くは中東からの難民に門戸を開いたが，突発的に起こるテロによって国民の怒りがかき立てられた．世界貿易機関のドーハ・ラウンドが結論を見出せないこと，あるいは大西洋横断貿易投資パートナーシップ協定（TTIP）や包括的経済貿易協定（CETA）など，先進国が参加する貿易協定案に対する政治的障壁があることを考えれば，グローバリゼーションに対する反発は今後ますます広がる恐れがある．

グローバリゼーションに関する論争はいまだに続いている．多くの政策当局にとっての解決策は，グローバリゼーションに対する人々の支持が失われないように，グローバリゼーションをより適切に管理・制御することにある．多くの研究者は，グローバリゼーションはポジティブ・サム・ゲームであり，共通の利益にかなうものであるが，誰もがその恩恵を享受するための制度を構築しなければならないと考えている（Piketty 2014）．グローバリゼーションは依然としてアジアの途上国に多くの利益をもたらしているが，そうした変化によって生じている問題により関心を向けていく必要がある.

アジアの着実な経済成長

ADBの第5期の10年の終わりの時点において，アジアの途上国（ADBによる援助を卒業したNIEsを含む45のADB域内開発途上加盟国・地域からなる）は，世界金融危機前の数年間よりは低いものの，総じておよそ6％という高い成長率を維持していた．ADBの第9代総裁，中尾武彦は「アジアにおいては，過剰な悲観論は当を得ていない」と強調した（Nakao 2017）.

確かに，中国経済は，国内消費・サービス部門主導かつ環境配慮型の新たな経済モデルへの移行することにより減速しつつある．また，中国は労働人口の減少，賃金の上昇，そして世界金融危機後に行った巨額の投資の反動にも直面している．その規模を考えれば，中国の減速は資源価格の下落や貿易の縮小などを通じて，アジア地域および世界の経済に影響を及ぼすことになる．しかし，中国は依然として中所得国であり，まだ大きな成長の余地がある.

インド，バングラデシュ，ベトナム，ミャンマーは，民間セクターや外国直接投資の拡大を重視した政策により年率約7％の経済成長を続けている．資源価格の下落により打撃を受けたインドネシアは，主として内需の拡大により年間5％の成長を示している．フィリピンは消費とサービスセクターの拡大により，年率6％の成長を記録している．これらの国々は多くの若年人口を抱えており，優れた教育と就業機会を提供できれば，しばらくの間はいわゆる「人口ボーナス」の恩恵が得られるであろう．より小さな国々の中では，人口2,000万人のスリランカが，長期間にわたり多くの犠牲者を出した紛争が2009年に終結した後，2010年から2012年にかけて8～9％の高成長を果たし，その後も5％程度の成長を実現している．「国民総幸福量」という指標を発案したことで知られるブータンも，改革主義的な政策にもとづく安定した立憲君主制のもとで力強い成長を遂げた.

総じて，アジアにおける中産階級の増加は，力強い消費を維持することで経済に推進力をもたらした．エアコンや自動車，化粧品といった商品が手に入るようになったことによって人々の生活様式が向上すると，そうしたプロセスは戻ることもとどまることもできなくなる．これは日本，NIEs，そして北米や欧州の先進国ですでに見られた現象であった．そのため，アジアにおける成長は，地域全体に広がったサプライチェーンに支えられ，国内と地域内の需要をベースにしたものとなった．その成長のパターンは，それまでの雁行型経済発展パラダイムよりもネットワーク型に近いものである．アジアにおける成長と社会開発は，インドのナレンドラ・モディ（Narendra Modi）首相，インドネシアのジョコ・ウィドド（Joko Widodo）大統領，そしてミャンマーのアウン・サン・スー・チー国家顧問兼外相など，民主的に選出された新しい改革派の指導者たちによっても推進されている．

アジア地域が今後も安定的に成長し続けるためには，現状に満足してはならない．中尾総裁は，次に挙げるような適切な政策を強化することが不可欠であると強調している（Nakao 2015）．それは，堅実なマクロ経済政策，インフラへの投資，教育や保健など人的資本への投資，開放的な貿易・投資体制，グッド・ガバナンス，社会のインクルーシブネス（根強く残る貧困やジェンダーの問題への対処）と持続可能性（気候変動対策），将来へのビジョン，そして政治的安定と周辺国との良好な関係，である．

ADBの第5期

ADBの第5期の10年において，アジアは依然として上昇を続けた．しかし，一部の国は成長を維持し，さらに成長を加速させていたものの，アジアの地域的そして国内的な要因によって，より緩やかな成長という現実に着地しようとしていた．絶対的貧困は減少したものの，政策当局は，根強く残る貧困や不平等，そして環境の持続可能性といった問題にまだ焦点を合わせる必要があった．

さらに，開発のパラダイムはより野心的なものとなった．ADBの加盟国，特に中所得国は，ADBがそれぞれの国の多様なニーズに応え，適応することを期待した．そのためADBは，より多くの資金を開発のために仲介し，地域的活動の主催者としての役割を果たし，そして知識と政策的助言を提供することが求められた．ADBの経営陣は，ADBが開発途上加盟国にとって最も身近で頼りがいのある機関であり続けられるようにするために，第5期の10年の大半を費やしたのだった．

第5期（2007-2016年）

第14章　ADB：より強く，より良く，より速く

「私はADBに，より強く，より良く，より速くなってほしいと考えます．第1に，私たちはより強力な財務基盤を備え，それを正しく運用できるようにします．第2に，より良い知識サービスや，革新的な解決策を提供できるようにします．そして第3に，顧客により迅速に対応できるようにします．」

――中尾武彦，ADB年次総会における演説，2015年

アジア開発銀行（ADB）は，アジアという躍動的な地域が抱える多様なニーズに応える必要に迫られつつも，より高い水準のパフォーマンスを目指しながら第5期の10年を迎えた．2007年に京都で開催された年次総会において，黒田総裁は「劇的な変革を遂げたアジアは，同様に変革を遂げた開発パートナーとしてのADBを必要とするでしょう」と，その認識を示した．そして2013年4月，黒田の後任として総裁に就任した中尾武彦は，2015年の年次総会で，ADBには「より強く，より良く，より速く」動く組織になることが求められると述べたのだった．

この頃になると，ADBはすでに，地域の急速な変化と国際的な開発に関する考え方の変化に対応できるだけの戦略の構築に習熟していた．ADBの第4期の10年には，1997年のアジア通貨危機に伴う混乱を経験し，援助の実効性の重視，地球環境政策，国連のミレニアム開発目標（MDGs）をはじめとする世界的な開発アジェンダの拡大といった動きがあった．変化への圧力が高まるなかで，第5期の黒田・中尾両総裁はADBのさらなる改革に着手するとともに，資本金の拡大に向けた対策を進めた．

新たな長期戦略枠組み

黒田総裁は，2006年に新たな業務戦略の策定を開始し，ADBの進むべき方向について検討するために有識者のグループを任命した（第12章）．このグループは，2007年3月に報告書「新しいアジアにおける新しいアジア開発銀行に向けて（Toward a New Asian Development Bank in a New Asia）」を総裁に提出し，報告書は数カ月後に京都で開かれた年次総会で討議された（ADB 2007e）．この報告書では，2020年にはアジアのほとんどの国が，経済的にも社会的にも依然として難しい問題を抱えてはいるものの，蔓延する絶対的貧困を克服しているだろうと予測していた．そのうえで，「変革を遂げたこのアジアでは，伝統的な開発銀行のモデルである国外からの公的資金の移転という役割は不要となるであろう」との認識にたって，ADBの対応についての枠組みを示していた．今にして顧みれば，そうした見方は当時の，良好な世界の金融状況を反映したものだったのかもしれない．いずれにせよ，報告書はADBに，「劇的に変革し，開発銀行の活動に関する新たなパラダイムを取り入れること」を促していた．

報告書では3つの互いに補完的な戦略的方向転換が提言されていた．すなわち，蔓延する貧困との闘いからより迅速でインクルーシブ（包摂的）な成長を目指す支援へ，単なる経済成長の追求から環境的に持続可能な成長の確保へ，そして個別の国への注力から地域，そしてさらには世界規模の視点へ，と焦点を移すというものであった．また，報告書はADBがより選択的となることを求め，そのビジネス・モデルの転換を提言していた．ADBが依然として「世界銀行のようなグローバルな機関」を模した「フルサービスの」開発銀行であり続けるべきなのか，それともより専門的な機関となるべきなのかという問いも提起された（ADB 2007e, p. 13）．

黒田は，ADBには新たな業務戦略が必要だと考えており，ADBがアジアで起こっている急速な変化に対応する必要があることを強調するこの報告書は，彼の考えを後押しするものであった．前回の長期戦略は，アジア地域がまだ1997年のアジア通貨危機の影響を受けていた2001年に策定されたものであり，その当時の優先課題を反映して，貧困の削減に焦点を当てていた．しかし，状況はそれ以降変化していた．また，ADBでは数多くの戦略文書が作られ，相互に内容の重複や矛盾があり，混乱が生じているという問題もあった．新たな核となる戦略文書がないため，ADB のどの部局も自分たちの進めたいプログラムの根拠となる都合の良い文書を安易に引用できていた．黒田はまた，新戦略の策定を増資への支援を得るための材料の一つとも捉えていた（第12章）．

ADB は新戦略の策定のためにタスクフォースを立ち上げ，2007年の 1 年間を通して幅広い関係者との協議を行った．その成果が，新たな長期戦略枠組み「ストラテジー 2020」であり，2008年初めに理事会の承認を受け，マドリードで開かれた同年の年次総会で討議された．「ストラテジー 2020」は，「貧困のないアジア太平洋地域」というビジョンを強調していたが，貧困問題のみならず，人々の生活環境や生活の質の向上といった広範な課題にも重点を置き，その中には，ガバナンスやジェンダーの平等も含まれていた．さらに，こうしたアプローチを支えるため，3 つの相互補完的なアジェンダをも設定していた．すなわち，インクルーシブ（包摂的）な成長，環境と調和した持続可能な成長，地域協力と統合の促進である．これらの達成に向けて，「ストラテジー 2020」は，インフラ，環境（気候変動を含む），地域協力・統合，金融セクター，そして教育の 5 分野を，中核的業務分野として特定した．また，業務上の目標となる指標も定めており，その一つとして，2012年までに，業務の80％を 5 つの中核的業務分野に向けることを目指すという数値目標を設定していた[1]．

「ストラテジー 2020」の特筆すべき特徴は，ADB が「成長」に対するアプローチを変更した点であった．それまでの ADB は「貧困層のための成長」を目指してきた（第12章）．アジア地域における格差の拡大を受け，この「ストラテジー 2020」が目標としたのは「インクルーシブな成長」という，すべての社会階層，とりわけ貧困層，が成長をもたらす活動に参加し，その恩恵を受けるべきだという，「貧困層のための成長」とはやや意味合いの異なるコンセプトであった．これにより，ADB のアプローチは 3 つの柱にもとづいたものとなった．第 1 の柱は，経済的機会の拡大のための持続可能な高成長であり，第 2 の柱は，人的能力の強化による経済的機会へのより広範なアクセス，そして第 3 の柱は，極度の貧窮に陥ることを防ぐためのセーフティーネットなどの社会福祉であった．

以前の業務戦略では，インフラおよび社会セクターへの大規模な投資を行い，

1）保健，農業，災害，および 緊急時の支援などの分野に関するサポートは，選択的に提供されることとなった．

貧困対策に最も大きな効果をもたらすであろう農村開発や農業などのセクターに財源を振り向けることを求めていた．これに対して，「ストラテジー2020」では，特に貧困層における食糧安全保障に重点を置いており，農業だけでなく教育や保健，水，インフラ，災害・緊急支援など幅広い分野に対する支援を含むマルチセクターの観点からの食糧安全保障を強調した．

しかしADB内では，「インクルーシブな成長」に対するアプローチについて大きな論争が生じていた．一つの見方は，大部分の融資をインフラに振り分けることと考え合わせると，このアプローチはインクルーシブな成長を促す第1，第2の柱と比較して，第3の柱である社会福祉の部分への関心が薄れることになる，との懸念であった（ADB 2014a）．他方，「ストラテジー2020」の選択と集中のアプローチにしたがって，ADBはインクルーシブな成長のあらゆる要素に取り組む必要はなく，より大きな効果をもたらすことのできる分野に注力すべきだとの考え方も存在した．ドナー国もADBに対して，業務における「インクルーシブネス」の解釈と測定方法を明確化するよう求めた．これを受けて，ADBはここ数年，業務活動をよりインクルーシブなものとするよう取り組むとともに，この問題に関するADB内部用の指針を作成した．しかし，これは明らかに今後，より注意を払っていく必要がある問題である．

持続的な成長を支援するため，ADBは環境に優しい技術の活用を加速させるとともに，プロジェクトに起因する環境・社会問題を未然に防ぐセーフガードのための方針とその確実な実施のための手続きを強化した．1997年の京都議定書の採択，およびその2005年の発効を受けて，ADBは気候変動対策のための融資を拡大した．ADBの第5期の10年には，気候変動関連の課題がさらに重視されるようになった．2009年，理事会は新たな「エネルギー政策」を承認し，2013年までにクリーンエネルギー（再生可能エネルギー，エネルギー効率の向上，天然ガス，およびよりクリーンな石炭など）への投資を年間20億ドルにするという目標が設定された．また，ADBは総合的災害リスク管理の強化や貧困国に災害後の復興援助を提供する特別な援助枠組みを創設することで，自然災害や環境リスクに対する途上国の脆弱性の緩和を図ることにした（ADB 2012d; ADB 2014d）．

黒田総裁時代にはまた，地域協力に関する業務が従来以上に重視された．それまでのADBの取り組みは各地域局ごとに断片的に実施されており，貿易や投資への支援は限られていた．「ストラテジー2020」では，国外に起因する経済的ショックを予測・緩和する対策を講じつつ，地域協力のための政策や制度作りとその運用のための能力開発や，経済回廊および地域的バリューチェーン構築の推進への支援を拡大することを構想していた．ADBは地域協力への支援を2020年までに援助額全体の30%以上に拡大するという目標を設定した．この比率は，2014-2016年に，すでに27%に達しており，目標の達成に向けた活動は順調に進められている．ADBはアジア開発銀行研究所（ADBI）とともに，地域的な政策協力の枠組みの強化，地域の成長を支援する物的インフラネットワークの構築，およびアジア経済共同体の支援のための制度・機関の強化という3部構成の地域研究にも着手した（ADB 2008a; ADB and ADBI 2009; ADB 2010b）．

ADBが推進した大規模な地域協力プロジェクトの一つが，官民連携の枠組みによるトルクメニスタン―アフガニスタン―パキスタン―インド（TAPI）天然ガスパイプライン・プロジェクトであった（ボックス14.1）．

ボックス14.1　ADBによるトルクメニスタン―アフガニスタン―パキスタン―インド天然ガスパイプラインへの支援

アジア開発銀行（ADB）は，トルクメニスタンからアフガニスタンを経由し，パキスタンとインドに至る天然ガス輸送を目的とした「トルクメニスタン―アフガニスタン―パキスタン―インド（TAPI）天然ガスパイプライン」の開発を進めている．総額100億ドルを超えるこのプロジェクトは，4つの国をつなぐスケールの大きな地域協力の機会をもたらしている．新たな市場ができることにより，内陸国であるトルクメニスタンは，ガスの輸出先を東方へと多角化することが可能となる．アフガニスタン，パキスタン，およびインドは安価なガスの安定的な供給を得られるようになり，それぞれの国の拡大する経済に電力を供給することが可能となる．

このプロジェクトは1995年3月，トルクメニスタンとパキスタンとの間での覚書の締結をもって開始された．その後のアフガニスタンの政情不安により計画は延期されたが，タリバン政権崩壊後，地域の治安状況が改善されたことを受けて，プロジェクトに関わる各国は全長1,600kmのパイプライン建設というこの野心的な計画を推し進めることを決定した．

関係各国政府の要請により，ADBは2003年からTAPIプロジェクトの事務局を務めている．このプロジェクトは，ADBの支援を受け，4つのフェーズにより実施されている．フェーズ1は2010年12月，ガス・パイプラインに関する枠組み協定の締結によって完了し，フェーズ2は2012年，ガスの売買協定の締結により完了した．TAPIプロジェクトを運営する特定目的コンソーシアムの設立のためのフェーズ3でも，関係各国はADBに対し，引き続き事務局を務めるとともに，コンソーシアムを主導する企業を選定し，運営協定の最終案をまとめるよう要請した．パイプラインはフェーズ4で建設する予定であり，2015年12月にトルクメニスタンで建設が開始された．

ADBは，これまで14年間にわたってこのプロジェクトに参加して，当事者間の利害関係の調整を行っている．ADBは，関係各国の閣僚レベルの監理委員会と技術作業グループを組織しており，また技術的調査や協定の草案作成にも資金を提供している．さらに，2013年11月にはこのプロジェクトに関するトランザクション・アドバイザーに指名され，TAPIパイプライン会社の設立に関する助言を行った．2015年には，トルクメンガス社のプロジェクトのコンソーシアム・リーダーとしての承認や，株主間契約の締結の手助けをした．また，融資協定をまとめる段階では，トランザクション・アドバイザーとしての役割にとどまらず，金融機関としてADBが各国政府にプロジェクトへの出資のための資金を貸し付けたり，民間セクターの参加パートナーに融資するなどの役割を担うこともありうる．

出所：ADB（2012），*Technical Assistance Report: Turkmenistan–Afghanistan–Pakistan–India Natural Gas Pipeline Project, Phase 3.* https://www.adb.org/sites/default/files/project-document/73061/44463-013-reg-tar.pdf（2017年2月26日にアクセス）；ADB（2016），*Infographic: ADB TAPI Gas Pipeline.* https://www.adb.org/news/infographics/tapi-gas-pipeline（2017年2月26日にアクセス）．

「ストラテジー2020」は，「ADBは卒業国，中所得国，低所得国，脆弱国の4つのグループに大別された国々に対して異なるアプローチを採用しなければならない」ともしていた．中でも特筆すべきは，「ストラテジー2020」が，卒業国となった加盟国とのより強力な関係の構築を推奨していたことである．これらの国々は，経験にもとづくベストプラクティスを他の域内国における政策改革に応用できるよう提示したり，プロジェクトへ直接融資をしたり，ADBが支援するプロジェクトへの協調融資に参加するという貢献が可能であった．

「ストラテジー2020」は，ハイレベルの業務文書でもあった．その実施のための職員への指針として，第5期の10年には数多くの業務計画や方針が策定された．これらの文書には多くの場合，複数の目的があったため，職員はしばしば，さまざまなADBの活動全体の整合性を確保するうえで困難に直面することとなった．

世界金融危機への対応

「ストラテジー 2020」が策定された直後，突然数々の経済問題が生じてADBの計画は想定された方向からそれ始めた．この戦略が発表されようとするまさにそのとき，2008年の世界金融危機が先進国で顕在化し始めたのである．「ストラテジー 2020」は農業にさほど関心を払っていなかったため，突如として地域を襲った食糧や燃料価格の上昇にADBがどのように対応すべきかについて何の指針も示されていなかった（第13章）．そうした課題に対処するため，マドリードでの2008年の年次総会に向けて，インフレーションの原因と影響，ならびにそれへの対応方針を示したペーパーが急遽作成された（ADB 2008b）．

「ストラテジー 2020」が採択されたこの2008年の年次総会において，黒田は世界経済の困難な時代について語り，ADBが提供できる支援についての概略を説明した．2009年の初頭までに，アジアからの輸出品への需要が急減してからは特に，危機の影響が域内でも感じられるようになった．「ストラテジー 2020」の採択から1年後の2009年，バリで開かれた年次総会において，黒田は次のように述べた．「世界的な景気の後退がアジア経済に大きな打撃をもたらしていることは疑うべくもありません．金融へのアクセスはより難しくなりました．そして，輸出需要の急減が地域の生産ネットワークに深刻な影響を及ぼしています．」そして，食糧（Food），金融（Finance），そして燃料（Fuel）の「3つのF」の危機に直面して，アジアの多くの国々はADBからの借り入れに期待を寄せた．

当時，ADBには十分な財源があったため，アジアの国々の期待に対応することができた．譲許的融資のためのアジア開発基金（ADF）と，通常資本財源（OCR）の両方が活用できた．2008年，低所得国の支援のため，ドナーは9回目のADF増資（ADF X）を承認した．さらに重要であったのは，2009年，黒田，そして前任の千野忠男が取り組んでいた大規模な一般増資（GCI V）を加盟国が承認したことであった．これらの財源を活用し，新たな活動が速やかに承認された．2008年には113億ドルだった融資承認額は，2009年には158億ドルへと急増した．資金は財政支援のための融資のほか，需要の下支えや雇用の創出，社会的セーフティーネットの強化，および民間セクターの投資意欲の向上を目的とした官民両セクターのプロジェクトに活用された．

速やかな対応により借り入れ国のニーズに適したパッケージを用意できるよう，ADBはさまざまな手段を活用した．2009年6月，OCR融資の対象国に対する新たな融資制度として「景気循環対策支援ファシリティ（CSF: Coutercyclical Support Facility）」が導入された（ADB 2009b）．このファシリティは財政支援のための時限的な融資手段であり，流動性不足の解決のために速やかな資金提供を行うものである．CSFのための資金プールは限られていたため，借り入れ国からの支援要請を抑制するため，借り入れ金利は通常のOCR融資よりも高く設定されていた[2)]．CSFは通常の政策支援融資と異なり借り入れ国の構造調整のための政策改革を融資条件として課していなかったため，高い借り入れ金利はCSFが「手軽に借りられる資金」とみなされることによるモラルハザードのリスクを回避するために課されたのである．さらに，ADBの融資能力にマイナスの影響をもたらすことのないよう，CSFによる融資の償還期間は5年と短くなっていた．

CSFの導入決定から1カ月のうちに，複数の開発途上加盟国からCSF融資の申請があったため，ADBは各国が利用可能な上限額を定めることとした．2009年12月までに，バングラデシュ，インドネシア，カザフスタン，フィリピン，およびベトナムの各国に対して，それぞれ5億ドル相当のCSF融資が承認された．CSFはその後，ADBの時限的融資手段から常設のメニューの一つとなった（ADB 2011b）．2015年，中尾総裁の任期中に，ADBはカザフスタンに対し，国際原油価格の急激な下落と近隣諸国の成長の減速によって生じた財政問題への支援として，10億ドルのCSFを承認した．続いて2016年末には，アゼルバイジャンに5億ドルのCSF融資が実施された．CSFに関する方針は2016年に改定され（ADB 2016e），融資の適格基準が明確化されるとともに，危機に見舞われた国における包括的な構造改革と国際通貨基金（IMF）との緊密な連携の重要性が強調された．

また，OCR資金を利用できない低所得国の金融危機対応を支援するため，ADBはADFの財源を活用した．2009年6月，財政難に直面する国々の支援のため，4億ドルの融資が追加で承認された．アルメニア，ジョージア，モン

2） 融資条件は，ロンドン銀行間取引金利（LIBOR）に200ベーシスポイントのスプレッドを上乗せした金利と，ADBの資金コストを賄う追加手数料または融資額からの割り戻し，3年間の猶予期間を含む5年の償還期間，および75ベーシスポイントの未使用資金枠に対する手数料で構成されていた．

ゴル，パプアニューギニアには，それぞれ年間利用限度額を上回る額の融資が複数年分の融資枠の前倒しの形で承認された（ADB, *Annual Report 2009*）．また，世界銀行やイスラム開発銀行に加え，中国，日本，および韓国のパートナー機関との協調融資を拡大するため，より一層の取り組みを行った．

このようななかで，貿易金融の提供は，2008年にアジアの途上国への世界的な景気後退の影響を和らげるうえできわめて重要であった．危機の拡大に伴い，先進国の銀行や輸出入業者はリスク回避的な姿勢を強めるようになり，途上国との貿易のために承認する資金提供額を制限したため，すでに深刻な状況にあった各国の中小企業の業況はさらに悪化した．ADBはすでに2003年，民間銀行が一部の途上国との貿易に信用状を発行する際に保険の一種である弁済保証を提供するため，貿易金融プログラム（TFP）を立ち上げていた．2009年，ADBはTFP全体としての融資上限額を1億5,000万ドルから10億ドルに引き上げ，景気変動の影響を緩和するより実効的な手段とした（*ADB Trade Finance Program*）．TFPの利用は2009年中に急速に拡大し，ネパール，スリランカ，ベトナムをはじめとする国々の中小企業の国際貿易活動を支えた（ADB 2012b）．

また，ADBは政策協議への支援をさらに拡大した．2009年には，ADBと東京のADBIが，大学やシンクタンクなど他のパートナーとの協力により，年間を通して20以上のセミナーを途上国で開催し，金融危機への対応について議論した．これらの中には，金融危機の影響に関する南アジアでの複数の討論会や，ベトナムでの貧困と持続可能な開発についての会議などがあった．ADBの現地事務所も，それぞれの国に政策助言を提供した．

結果的に，世界金融危機はアジアに当初想定されたほどの影響をもたらさなかった（第13章）．ADBは2009年のアジアの途上国の経済成長率を3.4%と予測していたが（ADB 2009c），実際には6.0%となり，2010年には9.4%と，成長は加速した．ADBが採用した新たな融資方式が，困難な時期においてアジアの経済成長に寄与したのだった．

一般資本増資

2008年には，拡大したADBの活動のための資金需要の高まりを受けて，ADBが新規資本の導入，すなわち増資を必要としていることが明らかとなった．実際のところ，世界金融危機のかなり以前から，千野も黒田も増資への支持を得るための取り組みを進めていた．将来を見据えて，彼らはADBの融資の継続的な拡大を望んでいたが，増資なしではADBの貸し出し余力は限界に近づき，新規融資を抑制せざるをえなくなることを懸念していた．しかし，前回の一般増資（GCI IV）が承認されたのは1994年であり，再度の増資に関する合意を求める取り組みに対して，ADBの主要な出資国である国々からの反応は鈍かった（第12章）[3]．

黒田は，ADBが加盟国のニーズに応えるには，より多くの財源が必要になると考えていた．2008年の世界金融危機の以前からすでに，MDGsの達成を目標とするOCR借り入れ国ではその実現に向けて大きな資金ギャップが想定されていた．ADBの第4期の10年の終わり頃には，黒田の指示により，ADBの職員は100％，150％，および200％の増資を行った場合についての3つの財務シナリオを用意した．当初の期待は非常に控えめなものであり，職員は「100％を検討」するよう指示された．妥協できる増加は小幅になるかもしれないと予測していたが，出資国との最初の議論からの好感触を受けて，増資の想定シナリオの水準は150％程度までに引き上げられた．

しかし，出資国の姿勢は2008年に世界金融危機が世界市場に影響を及ぼし始めたことで一変することとなった．世界的な景気後退が予測され，アジアの途上国はADBに支援を求めた．これに応えて，ADBは2009年から2010年にかけて，危機に見舞われた借り入れ国に対し，当初の計画のほぼ5割増しとなる70億～80億ドルのOCR融資を追加で提供した．しかしADBでは，GCI Vが実施されない場合には，2010年以降のOCR融資は40億ドル未満にまで急激に削減せざるをえないと予測していた（ADB 2009c）．アジアでの金融支援のニーズが早急に差し迫ったものとなったにもかかわらず，ADBの財源が非常に限られたものとなるという見通しは，大幅なGCIを求める論拠を急速に補強することとなった．

このような状況の中で，2008年11月に，ワシントンDCで主要国の首脳によるG20の会合が開かれ，世界金融危機に対して国際開発金融機関が協調して対応すべきであるという点で意見の一致を見た．こうした国際的な流れを反映して，一部のADB理事は，200％もの大規模な増資を行うことへの支持を表明

3） 2006年に一般増資の必要性が提起されたが，経営陣は一部の主要国が支持していないとの理由から，一般増資を前に進めないことを決定した．

した．マニラのソフィテルホテルで開かれた理事会と経営陣との研修会では，一部の理事が依然として増資に慎重であった．賛成側は，増資のうち，払込済資本の割合はわずか４％にとどまり，残りの96％は借り入れ国に大規模な債務不履行が生じた場合にのみ払い込みが求められる請求払資本となる点を説明した．ADBでは過去に請求払資本への払い込みを求めたケースはなく，そのリスクはきわめて小さいものだった．こうしていく度かの協議が重ねられた後，ドナーの多くは国際的な危機が進行中であることを考慮すれば，大規模な増資は適切であり，G20の合意内容とも整合すると判断した．日本もこうした大規模な増資の提案に賛成した．黒田は自ら米国財務省を訪れて支持を訴え，その結果，米国も，より強力な制度改革を条件として，彼に同意した．

2009年４月，経営陣は正式に，ADBの授権資本を３倍に拡大する200％の増資を提案した（表14.1）．払込済資本の割合は４％で，その総額は80億ドルに増加すること，金融危機への対応のため，増資分は前倒しで融資にあてられ，セクターごとの配分は「ストラテジー2020」の優先度によることとされた．また，GCI Vの交渉の過程で，ADBは人材の強化，組織としての実効性の向上，および環境・社会セーフガードの強化など，さまざまな制度改革の導入に同意した．

GCIに関する協議は世界金融危機以前に始まっていたのだが，危機の発生が結果的に増資への支持拡大のための追い風となったのは確かである．2009年４月，ADB加盟国の圧倒的多数の支持によりGCI Vが承認された．これはADB史上最大の一般資本増資（GCI）であり，金融危機発生後に主要な国際開発金融機関で行われた最初の増資でもあった．同年にインドネシアのバリで開かれた年次総会において，黒田は「ほんの数日前，ADBの授権資本が３倍となることが承認されました．これは，経済成長と貧困の削減に対する障害を克服するための，この地域の能力への明確な信任投票です」と宣言した．

アジア開発基金第９次および第10次増資

ADBの第５期の10年には２回にわたってADF増資が行われ，さらに多くの譲許的融資のための財源が確保された．第４期の10年の間，ADF増資をめぐる協議ではしばしば論争が生じた（第12章）．これを受けて，ADBは千野総裁の主導のもと，一連の改革を実施することに合意したが，第５期の10年にな

表14.1　一般資本増資と資本構成（授権資本）

	当初の出資額	GCI I	GCI II	GCI III	GCI IV	GCI V
決議日	1966年 8月22日	1971年 11月30日	1976年 10月29日	1983年 4月25日	1994年 5月22日	2009年 4月29日
資本の増加						
増加率（%）	0	150	135	105	100	200
新規発行株式数	110,000	165,000	414,800	754,750	1,770,497	7,092,622
資本構成（%）						
請求払資本	50	80	90	95	98	96
払込済資本	50	20	10	5	2	4
資本の構成要素（%）						
交換可能通貨	50	40	40	40	40	40
自国通貨	50	60	60	60	60	60
資本構成，増加分						
単位：100万SDR	**1,100**	**1,650**	**4,148**	**7,547**	**17,705**	**70,926**
請求払資本	550	1,320	3,733	7,170	17,351	68,089
払込済資本	550	330	415	377	354	2,837
単位：100万ドル	**1,100** [a]	**1,650** [b]	**4,790** [c]	**8,163** [d]	**25,043** [e]	**106,272** [f]
請求払資本	550	1,320	4,311	7,755	24,542	102,021
払込済資本	550	330	479	408	501	4,251
資本構成，累計 [g]						
単位：100万SDR	**1,100**	**2,750**	**7,221**	**14,768**	**34,910**	**106,389**
請求払資本	550	1,870	5,823	12,993	32,480	101,084
払込済資本	550	880	1,398	1,775	2,430	5,306
単位：100万ドル	**1,100** [a]	**2,750** [b]	**8,338** [c]	**15,974** [d]	**49,378** [e]	**159,408** [f]
請求払資本	550	1,870	6,724	14,054	45,941	151,459
払込済資本	550	880	1,614	1,920	3,437	7,950

GCI＝一般資本増資，SDR＝特別引出権，ドル＝米ドル

注：数字を端数処理したため，合計とは一致しない場合がある．

a　1966年8月22日時点のSDR対ドルの為替レート，SDR＝1米ドルで換算．ADB発足当時における当初の授権資本は米ドル換算で10億ドルであった．このうち5億ドルは払込済資本であり，残りの5億ドルは請求払資本であった．1966年11月，総務会は授権資本の1億ドル増額を承認した．

b　1971年11月30日時点の為替レート，SDR＝1米ドルで換算．

c　1976年10月29日時点の為替レート，SDR＝1.15471米ドルで換算．

d　1983年4月29日時点の為替レート，SDR＝1.08163米ドルで換算．ブルームバーグでは1983年に関して1日当たりのレートがなく，月末のレートのみが入手可能となっている．

e　1994年5月20日時点の為替レート，SDR＝1.41445米ドルで換算．

f　2009年4月29日時点の為替レート，SDR＝1.49835米ドルで換算．

g　新規および既存の加盟国による特別増資を含む．

出所：ADB会計局およびADB, *Annual Reports.*

ると，ADBに対するドナーの評価はより肯定的なものになり，実施中の改革についても幅広く満足の意が表明された．

2008年，ドナーはADF第9次増資（ADF X，2009-2012年）として，合計113億ドル規模の増資を決議し，このうち，ドナーは42億ドルの拠出を約束した．交渉は「ストラテジー2020」の策定中に行われたため，ADFの枠組みはインクルーシブな成長，環境的に持続可能な成長，地域統合，の3つの中核的項目を含み，「ストラテジー2020」の優先課題を反映したものとなった（ADB 2015b, Chapter 3）．ドナーはさらに，「ストラテジー2020」の5つの中核的業務分野にも同意した．ドナーからの要請により，ADBは世界銀行などの他の機関と協力し，重債務貧困国（HIPC）イニシアティブのもとでアフガニスタンに対する債務削減を行った（第11章）[4]．

次の増資（ADF XI，2013-2016年）は2012年に決定され，同意された総額124億ドルのうち，ドナーは46億ドルの拠出を約束した．通例にしたがって，ドナーはこの機にADBの業務，政策，および実効性に関する検証を実施し，「ストラテジー2020」の優先課題を継続するとともに，食糧安全保障，脆弱国，ジェンダーの平等，およびガバナンスに関する課題に対処するよう求めた．この増資はMDGsの達成目標年である2015年前の最後の増資であったため，ADBとしても各国のMDGs達成を支援するために，ADF XIに対する手厚い資金拠出を求めた．ドナーはさらに，自然災害によるリスクの増大を指摘し，2013-2016年の期間，各国に対する通常の開発実績にもとづく融資配分とは別に，緊急資金を提供することを目的とした「災害対応ファシリティ」の試験的運用に合意し，これは，後にADF 12（2017-2020年）のもとで通常のADF業務の中に組み込まれることとなった．ADF XIの期間中でも，ADBにとって特に重要な展開は，ミャンマーへの融資の再開であった．

4）国際開発協会（IDA）とIMFは，世界の最貧国が抱える過剰な債務を削減するため，1996年に「HIPCイニシアティブ」を開始した．このイニシアティブでは，HIPCへの債務削減が恒久的なファシリティとなるのを防ぐとともに，モラルハザードを抑制するため，「サンセット条項（廃止期日が明記され条項）」が設けられた．サンセット条項は数回にわたって延長され，最近では2004年末時点のデータを利用して，所得水準と債務比率に関する基準を満たす国々のみに適用を限定する試みが行われた．HIPCの債務削減の資格要件を満たしかつ適用を申請した唯一のADF借り入れ国がアフガニスタンであった．

ASEANインフラ基金と信用保証・投資ファシリティ

ADBは，第5期の10年もこれまでに引き続き東南アジア諸国連合（ASEAN）およびASEAN+3（ASEAN加盟国に加え中国，日本，韓国）地域における地域協力を推進した．「チェンマイ・イニシアティブのマルチ化（CMIM）」の実施のため，ADBは「ASEAN+3マクロ経済調査事務局（AMRO）」の設立を支援するとともに，「アジア債券市場育成イニシアティブ（ABMI）」のもとでの現地通貨による債券市場の整備を支援した（第13章）．

また2012年には，ADBはASEANと協力して，域内の貯蓄（外貨準備も含む）をインフラ開発に活用する「ASEANインフラ基金（AIF）」を設立した．AIFが資金を提供するプロジェクトは，すべてADBとの協調融資案件とされた．AIFはヒト，モノ，サービス，資本の域内での移動をより容易にするという目的で設計された「ASEAN連結性マスタープラン」を支援しており，2016年12月時点で，インドネシア，ラオス，ミャンマー，およびベトナムでの7件のプロジェクトに資金を提供している．

2010年，ADBはASEAN+3と協力し，アジアでの債券に対する信用保証を目的としたADBの信託基金である「信用保証・投資ファシリティ（CGIF）」を設立した．2016年12月時点で，CGIFは5つの現地通貨建て債券市場（タイ・バーツ，インドネシア・ルピア，シンガポール・ドル，ベトナム・ドン，およびフィリピン・ペソ）において，12の発行体による16の債券発行に保証を提供した．

支援成果と説明責任の改善

ADBの創立当初から，ドナーは一貫してADBに対し支援プロジェクトの成果を向上させることを求めてきた．1974年，クアラルンプールで開かれた第7回年次総会において，米国のジョージ・P・シュルツ（George P. Shultz）財務長官（米国からのADB総務でもあった）は，開発援助に対する米国内の一般的な態度は懐疑的なものであるとの見解を示したうえで，参加者に「（前略）私たちは，これらの［国際的］プログラムへの支持が，ADBをはじめすべての援助機関が継続的に成果をあげることと，その成果を，具体的かつ理解可能な言葉で実証する私たちの能力にかかっているという基本的な事実を無視することはできない」と語り，注意を喚起した．

こうした国際的な関心を理解したうえで，歴代の総裁はADBの効率化に努力した．にもかかわらず，ドナー国の援助疲れもあって，ADBは依然として，支援の成果をいかに向上させ，「成果主義革命」を実現しているかを実証するようプレッシャーを受け続けていた（ADB 2006e, p. 3）．実効性を求めるこうした圧力は，2001年になってさらに勢いを増した．国連でMDGsが策定されたことで，目標実現への進捗の定期的な評価が求められたのである．一連の国際会議の議論は，国際機関に対し，計測可能な開発目標を設定し，「開発実績を基準とする経営管理（MfDR）」と呼ばれる手法によって進捗を監視するよう，より強く求めたのであった（第12章）[5]．

ADBは第4期の10年の間にMfDRを導入したが，第5期には「ストラテジー2020」によってそれを補強した．2008年には，ADBは成果フレームワークを組織として採用した最初の国際開発金融機関となった．それより前，2007年に，ADBは年次の「開発効果の検証（DEfR: Development Effectiveness Review）」を発表した．この検証作業は，やがてアジア地域の目標実現の進捗の確認とADBによる「ストラテジー2020」の実施状況の評価もカバーすることになる．スコアカード（点数表）を採用することで，この検証はほどなくADBの毎年の開発効果の調査と報告のシステムの中の重要な部分となった．しばしば不備な点を率直に指摘したDEfRは，経営陣や出資国，ドナー，その他のステークホルダーにとってADBの実績を見るための重要な情報源となった．国連でMDGsの後継である持続可能な開発目標（SDGs）が採択された2015年になると，国際社会はMfDRのアプローチを国際開発の取り組みの中核的な要素とみなすようになっていた．

黒田は，引き続き説明責任と透明性の問題を非常に重く捉えていた．もともとは千野によって2003年に導入されたアカウンタビリティ・メカニズムについて，さらなる改訂が2012年に承認された（第12章；ADB 2012a）．この改訂では，プロジェクトによって負の影響を被った人々がコンプライアンス審査を直接請求したり，苦情に関する一元化された窓口としての苦情対応担当者の任命などが含まれていた．2005年に導入された情報公開政策は2011年に修正され，情報

5）詳しくは，"Historical Context of Managing for Development Results," in ADB（2011c）参照．MfDRのアプローチの概要はOECD（2009）に収められている．

へのアクセスの拡大および情報提供の迅速化が図られた（ADB 2011a）．その後，中尾総裁のもとでは，開示に関するさらなる改善が計画されている．

業務評価局は，2008年に行われたその役割の検討結果を受けて独立評価局と改称され，さらにその機能が強化された．理事会は，ADB総裁と協議のうえ，開発効果委員会の推薦にもとづいて同局の局長を任命することになった．「ストラテジー2020」に沿って，ADBはプロジェクトの計画作成と実施過程において，より積極的に市民社会組織と連携することも約束した．

人材の拡充

歴代の総裁と同様，黒田もADBの人材の拡充に高い優先順位を与えていた．新たな戦略の実施のため，彼が開始した職員配置計画の見直しにより，ADBにはより多くの職員が必要となることがすぐに明らかとなった．職員や予算の拡大の必要性については，それを裏付ける確かな根拠があった．「ストラテジー2020」の策定，成果フレームワークの採用，GCI Vの完了などの実績がその根拠として挙げられた．2009年，業務の効率化対策と内部の職員の再配置を考慮したうえで，2010-2012年の間に500名分のポストを追加するという予算請求が行われた．その結果，2009年末から2012年末までに職員数は18%増加し，現場に近い部局への権限移譲を促進するため，新たなポストの大部分は各地域局と現地事務所に割り当てられた[6)]．

また，職員の質の向上を目的としたさらなる取り組みもなされた．2010年に採用された人事戦略「われらのピープルストラテジー」は，「モチベーションの高い人材を引き付け，とどめるとともに，そうした人材が地域の発展に最善を尽くせるような環境を創出するための取り組み」の枠組みを示したものであった[7)]．さらに，ジェンダーバランスの改善のため，2008年から2012年にかけ

6）現地事務所に多くの新たな職員ポストを増やしたのは，2002年，2007年，および2008年における現地事務所運営方針の見直しを受けた現地事務所のさらなる強化の必要性と，権限移譲モデルへの対応のためであった．さらに，人事関連のいくつかの改革も権限移譲モデルの実施の成功に貢献した．現地事務所に国際職員を配置するインセンティブは増大し，現地職員の昇進制度もより明確に定義された．現地事務所の組織・管理の構造は，副所長という役職の創設などによって改善された．現地事務所の内部組織は，(1)国別プログラムの策定および経済分析，(2)国別融資，(3)経理および総務の3つの中核的機能に沿って整理・簡素化された．

7）2010年5月2日，ウズベキスタンの首都タシケントで開かれたADBの第43回年次総会における黒田総裁の開会の挨拶より．

て3度目となるジェンダー行動プログラムを実施し，すべての職員区分と職位で女性の比率が上昇した（ADB 2011d）．また，外部の専門家に委託して，2008年から定期的に（通常は2年に1度）職員意識調査を実施し，組織上の問題やスタッフの満足度を判定している[8]．2012年にはオンブズパーソン部（内部職員による苦情・告発受付のための窓口）を設置し，職場における諸問題の解決のために，秘密を厳守し，偏見のない，形式張らない手助けを職員に提供している．

黒田総裁の時代には，「ストラテジー2020」の実施を推進するため，2名の新しい副総裁のポストが設けられた．2010年，民間セクターおよび協調融資の業務を所掌する新たな副総裁が置かれ，2013年1月，財務および総務を担当する副総裁のポストが，財務・リスク管理担当[9]と総務・組織運営担当[10]の2つの副総裁のポストに分割されたのである．これにより，ADB副総裁の数は6名に増加した．

中尾武彦

2013年2月，日本の安倍晋三首相は黒田を日本銀行の次期総裁候補に指名した．国際メディアが数週間前からすでにその憶測を伝えていたため，この人事は驚きとは受け取られなかった．3月中旬，国会の同意を得て，日本政府は黒田を正式に日銀総裁に任命した．これにより，第8代ADB総裁としての黒田の任期は終了した．

黒田の任期は8年間にわたり，ADB総裁として最長の在任期間となった．彼は組織に力強い足跡を残した．黒田のリーダーシップのもとで，ADBは融資額をほぼ倍増させ，長期戦略である「ストラテジー2020」を策定するとともに，多くの組織改革を実行した．14年ぶりとなる一般資本増資を主導し，その結果ADBの資本金は3倍となった（表14.1）ほか，2度にわたるADFの増資によって計235億ドル超の拠出金が補充された．さらに，2008年の世界金融危機への対応を指揮し，ADBは景気循環対策支援ファシリティの創設や貿易

8）これは2003年に実施された調査を引き継いで行われたものである．
9）財務局，会計局，およびリスク管理部で構成される．
10）予算・人事・経営システム局，業務サービス・財務管理局，総務サービス部，法務部，および官房で構成される．

金融プログラムの拡大を通じて，各国が切望していた支援を提供した．また，黒田によるその他の業績として，20年以上も中断されていたミャンマーへの融資の再開などがある．退任までに，黒田はADBを，地域協力や拡大するアジアの役割についての国際的な議論に，より積極的に関与させた．彼の在任中，ADBはより透明性があり，高度な説明責任を果たす機関となったのである．

2013年4月，黒田に代わり，国際金融に関する豊富な経験を有する中尾武彦が第9代ADB総裁に就任した．中尾は，1990年代の3年間ワシントンDCのIMFに勤務し，その後，歴代の多くの総裁と同様，財務省の財務官を務めた．彼がADB総裁就任までに取り扱ってきた事案には，IMFや国際開発金融機関，G7およびG20の会合，為替レート，外貨準備管理，アジアにおける地域的および二国間の金融協力などがあった．中尾は東京大学で経済学を学んだ後，カリフォルニア大学バークレー校で経営学の修士号を取得しており，財務省国際局長在任時には東京大学大学院で国際経済の客員教授を務めた．彼はワークライフバランスを重視しており，週末にはいつも料理に腕を振るうという．

中尾はADB総裁としてアジアの開発に取り組むことを快諾した．着任のわずか数日後，インドの首都デリーで開かれたADBの第46回年次総会において，彼は国際的な影響力を高め「より革新的で，よりインクルーシブな，そしてより統合された」アジアについてのビジョンの概要を提示した．中尾は学ぶこと，情報を収集することに熱心であり，聞き上手であることも疑いない．例えば2013年6月にモンゴルを訪問した際に，ある大臣が，ADBを「あまりに規模が小さくて，あまりに遅く，あまりに自己中心的」だと考えている，と発言した．このコメントは軽い気持ちでの批判であったかもしれないが，中尾は変革が必要であるという深刻なシグナルであると捉えていた．

実際，中尾はそれまでの歴代の総裁の中でもかなり頻繁に太平洋諸国を含めた開発途上加盟国を訪問した．特に借り入れ額の多い国へは複数回にわたって訪問し，首脳や閣僚，その他の高官との間で緊密な対話を行った．例えば，ミャンマーへの融資の再開後，中尾は同国を2014年に2度訪れ，2016年6月にも訪問してアウン・サン・スーチー（Aung San Suu Kyi）国家顧問と会談している．また，先進加盟国を定期的に訪問することも重要視し，政府関係者や民間セクターとの間でADBの役割を話し合った．さらに中尾は，ADBとメディアとの意思疎通をきわめて重要なものとみなしており，言葉の選択やメッセージに非常に気を配っていた．彼はしばしば，開発に関するトピックについての意見を表明する論考を執筆し，職員にもそうすることを奨励した．シンクタンクや大学，国際フォーラムでの講演も行った．

総裁に着任してから３年余りの間に，彼は，すべてに自ら断を下す経営・管理スタイルと細部への配慮，そして改革への深い関与で知られるようになった．訪問したすべての国で記者会見を開き，現地事務所の職員と面談を行った．さらに，職員との頻繁な意思疎通を通じて，ADBの業務戦略と改革の作業に自ら関わった．理事たちも，重要事項について理事会を早くから関与させ，緊密な協議を行う彼の手法を歓迎しており，2016年８月，中尾はADBの総務による全会一致で再選され，同年11月からの５年間の任期を引き続き務めることとなった．

「ストラテジー2020」の中間見直し

2013年に総裁に就任した際，中尾はADBには融資業務および財務上の改革が必要であると判断した．「ストラテジー2020」はADBに大きく貢献していたが，その採用後の５年間にADBと国際経済には少なからず変化が生じていた．中尾は「ストラテジー2020」の中間見直しを要請し，まず，アジア地域および各国との協議，それからさまざまな関係者や職員との話し合いからとりかかった．そうした協議や話し合いには多くの意見が寄せられた．中には批判的なものもあったが（ADB 2014e），これらの協議の内容は，2014年４月に公表された「ストラテジー2020の中間見直し（MTR）」に盛り込まれた（ADB 2014b）．

MTRは「ストラテジー2020」を大枠において是認し，必要な手直しをするものであったが，ADBが急速に変化する地域に適応する必要があると指摘し，加盟国に対するサービスの向上のための10項目の優先事項について，その概略を説明していた[11]．2014年７月，中尾はこれに対応する行動計画を策定し，これにより，ADBの業務の改善，スキルの構築，およびクライアントに対するサービスの向上のための詳細なアジェンダが示されるとともに，改革の進捗を

11）　10項目の戦略的優先事項は，⑴貧困削減とインクルーシブな経済成長，⑵環境と気候変動，⑶地域協力・統合，⑷インフラ整備，⑸中所得国，⑹民間セクターの開発と民間融資業務，⑺ナレッジ・ソリューション，⑻財源とパートナーシップ，⑼ADBにおけるバリュー・フォー・マネーの実現，および⑽新たな課題に対応できる組織体制であった．

監視するうえでの透明性のある指標と改革項目ごとの明確な責任部局やスケジュールが設定された．

MTRは「ストラテジー2020」から大きく外れる改革は導入しなかったが，一部の優先事項により重要性を持たせた．地域が直面する深刻な環境問題を踏まえて，気候変動対策，クリーンエネルギーの促進，およびエネルギー効率の向上が重視されたのである[12]．また，貿易政策と手続きの地域内での統一化，投資環境の改善，金融へのアクセスの向上，技能の開発のための改革を含めた地域の連結性に対して，より関心が払われるよう構想していた．2003-2007年と2008-2012年の期間を比べると，ADB業務における教育と金融分野の割合は減少していた．そこでMTRでは，保健セクターや急速な都市化などの新しい開発課題を含めた社会セクターをより重視することを提案した．保健セクターは，「ストラテジー2020」の5つの中核的専門分野には含まれていなかったが，中尾が各国を訪問した際に一部の国がADBの関与を望んでいることを知った分野であった（ボックス14.2）．

「ストラテジー2020」と比較して，MTRは中所得国により多くの関心を払っていた．「ストラテジー2020」が採用された当時，国際社会は貧しい国にのみ開発援助を提供すべきか，それとも中所得国の人々も含めた貧困層を支援すべきかについて論争していた（第13章）．また，一部の理事は，ADBに対して借り入れ国の卒業に関する方針（第10章）にしたがって，急成長を遂げつつある中所得国への援助を削減するよう求めていた．

中尾自身も，ADBに着任する以前，高中所得国に対して援助を提供することが，限られた財源の最良な活用方法なのかという疑問を抱いていた．しかし，実際にADBにおいて高中所得の国々とともに働いたことで，彼はADBがそれらの国々への支援を継続すべきであること，ただし気候変動や環境保護，その他の世界または地域の公共財となる分野に対してより戦略的に援助を提供すべきであることを確信した．中国をはじめとする中所得国への支援を継続することが，ADBにとってそれらの国に対する重要かつ効率的な関与の手段となるとともに，ADBの融資ポートフォリオの多角化にもつながるというのが彼の考えであった．

12）ADBは1990年代前半からこれらの問題に対処してきた（ADB 2007a）．

ボックス14.2　ADBによる都市セクターのプロジェクト

アジア開発銀行（ADB）の都市開発への支援は，1968年，マレーシアのペナン州での水道プロジェクトをもって始まった．それ以来，ADBの支援は上水道や廃棄物処理，道路整備など特定の都市インフラプロジェクトへの資金提供から，都市サービス全般の改善に向けた長期的で総合的なアプローチの採用へと展開した．その中では，関係機関の各種サービス提供能力の強化と，セクターやテーマ横断的な解決法の提供を目指している．ADBの目標は，環境的に持続可能で耐性のある都市の建設を支援し，急速な都市化や気候変動の影響に対処することである．

バングラデシュの首都ダッカでは2008年以来，7億ドルに上る一連の融資および技術協力を提供し，ダッカ上下水道公社の業務を改善している．これらの援助により，およそ1,300万人の人々が清潔な水を利用できるようになり，公社の財務的健全性も向上した．このプロジェクトは，メーターによる区域配水管理方式の導入と漏水箇所の修理により，無収水を50％から15％にまで減少させた．さらに，ADBはフランス開発庁および欧州投資銀行（EIB）との協調融資を組成し，ダッカに水を供給するための取水施設，水処理施設，および配水施設の整備を支援した．また，顧客サービス改善のための職員の能力の向上や財務管理も支援し，その結果，料金収集率が64％から98％まで向上した．

2010年以降，ADBはジョージアの首都トビリシにおける都市交通システムとその連結性の向上を支援している．3億ドルのマルチトランシェ融資ファシリティ（MFF）により，ADBはトビリシ市内の地下鉄網を2㎞延伸するとともに，同市と急速に発展する衛星都市であるルスタビを21㎞のアクセス道路で連結する事業を支援している．また，オーストリアおよびドイツとの協力により，ADBはトビリシにおいて，バス高速輸送システムと地下鉄を連結する総合公共交通システムの整備に関わるフィージビリティ・スタディを開始した．

ベトナムでは，ADBは2010年以来，総合的アプローチを採用し，総額15億ドルの2件のMFFを通じて，ホーチミン市における都市サービスを支援している．水道セクターでは先進的なトンネル掘削技術を用いて，一部がサイゴン川の川底を通る11㎞の配水パイプラインの建設が行われており，交通セクターでは，全長13㎞（うち9㎞は地下）の大量高速輸送システムにより，ホーチミン市北西部と中心部を結ぶ予定である．また今後数年以内に，英国，スイス，およびロックフェラー財団の拠出による信託基金を利用した技術協力により，ホーチミン市の下水処理および排水施設の改善を目的とした新たなプロジェクトを計画している．

出所：ADB.

「より強く，より良く，より速い」ADBとなるために

中尾は，2014年にカザフスタンの首都アスタナで開かれた年次総会において，アジア太平洋地域へのさらなる支援のため，ADBが「より強く，より良く，より速い」組織になるための改革を行いたいと表明した．彼の全体的なスタンスは，美辞麗句ではなく具体的な行動，現場での実効的かつ効率的な仕事，そして各部局や本部，現地事務所を通じた「一つのADB」というアプローチを重視することであった．彼は特に，財源の動員，融資制度と手続き，そして職員のアイディアとスキルという３つの領域における革新を目指していた．この目標に向かい，ADBはMTRに示された具体的なアイデアに沿って，セクターやテーマを跨ぐさまざまな改革を導入していった．

MTRには「インフラは引き続きADBの業務の中心となる」と記されていたが，ADBはインフラの分野で，革新的な技術の促進をより重視する取り組みに乗り出した（ボックス14.2）．中尾は，北欧の一部の国やスペイン，ポルトガルを訪問した際に，革新的な技術を活用して橋梁や発電所，水道システムを建設している企業の幹部と会談した．彼らはアジアの開発にもっと関わることを望んでいた．ADBのクライアント国もまた，自国のインフラプロジェクトにおいてより高度な技術仕様を採用したいと望んでいたが，利用可能な選択肢を把握していなかったり，高額な初期費用のためにその利用に躊躇したりしていた．2016年，ADBはプロジェクト立案能力の向上，調達手続きにおける品質面のさらなる重視，そして各国が最高の専門知識へアクセスすることへの支援を通じ，先進技術をプロジェクトに組み入れる新たな取り組みを開始した．

MTRは，気候変動への対処の重要性を再確認していた．気候関連の災害は頻発しており，多くの場合その被害は甚大であった（第13章）．総裁に就任してほどなく，中尾はフィリピンに上陸した観測史上世界最大級の台風ハイヤン（アジア共通名，フィリピン名は「ヨランダ」）への対応を指揮した（ボックス14.3）．アジアが全体としてより強力な気候変動への適応策（頻発する台風・洪水，海面上昇等の対策）を必要としていることは明らかであった．MTRのもと，ADBは気候変動耐性の確保されたインフラや気候変動対応型農業，および気候関連の災害への備えの充実を通じて，適応のためにより多くの支援を提供することを各国に約束した．すべてのプロジェクトについて，気候変動リ

ボックス14.3　台風ハイヤン（2013年）へのADBの対応

2013年11月８日，観測史上最大級の台風の一つ，台風ハイヤン（フィリピン名「ヨランダ」）がフィリピンを襲い，壊滅的な被害をもたらした．死者は6,000人，負傷者は数千人に上り，何百万人もの人々が家を失い，インフラの損害は130億ドルを超えた．

アジア開発銀行（ADB）は，自らが本部を置くホスト国の支援のため速やかに行動を起こし，台風の上陸前からすでに内部でのモニタリングを開始した．災害支援に経験を有する40名超の上級職員からなるチームが組織され，対応策の調整にあたった．中尾総裁は，「フィリピンはADBにとってホームともいえる国です．ですからADBは他の開発パートナーと協力しつつ，フィリピンの政府および国民に対して，必要な救援と復興の迅速な実施のため十分な支援を提供します」と約束した．

救難活動を支援するため，ADBは直ちに緊急支援ファシリティである「アジア太平洋災害対応基金（APDRF）」から300万ドルのグラント（無償資金）を提供した．また，日本政府が資金を拠出する信託基金，「貧困削減日本基金（JFPR）」からも2,000万ドルのグラントが提供された．さらにADBは，災害後の復旧および復興支援のために，速やかに支払われる５億ドルのプログラム融資を提供する用意をしており，中尾は11月13日にフィリピンの大統領であるベニグノ・S・アキノ３世（Benigno S. Aquino III）と会見し，援助パッケージについて協議した．

さらに同月中に，ADBは特に被害の大きかった地域での最初の調査を完了し，レイテ，サマール，ロハス，およびセブの各島で緊急災害状況評価を実施した．こうしたアプローチが，再建の当面の費用に充当される５億ドルの緊急援助融資の基礎となった．さらに，深刻な被害を受けた地域での基礎的な社会サービスのため，３億7,210万ドルの追加融資が提供された．

フィリピンを襲ったこの災害への全体的な対応には，ドナー間の緊密な連携を必要とした．合わせて15の多国間および二国間機関が復興のための資金の拠出を約束し，そのうち，拠出額が多かった上位３機関は，ADB，世界銀行，国際協力機構（JICA）であった．ADBによる2013年の援助総額は９億ドルに達した．

出所：ADB（2014），*Typhoon Yolanda—One Year On: From Relief to Recovery to Reconstruction*, November. https://www.adb.org/sites/default/files/publication/154514/typhoon-yolanda-one-year.pdf（2015年６月14日にアクセス）；ADB（2014），*Typhoon Yolanda (Haiyan) Asian Development Bank Assistance*, November. https://www.adb.org/publications/typhoon-yolanda-haiyan-asian-developmentbank-assistance（2015年11月26日にアクセス）．

スク審査が義務付けられた．同時に，ADBは気候変動緩和（温室効果ガス排出削減措置）への支援を強化することとし，クリーンなエネルギー源の開発やエネルギー効率向上のためのプロジェクトを実施している．

2015年9月，国連で「持続可能な開発目標（SDGs）」が採択される直前，そしてパリで国連気候変動枠組条約第21回締約国会議（COP21）が開かれる2カ月ほど前に，中尾はADBが2020年までに気候変動関連の年間融資額を60億ドル（うち緩和に40億ドル，適応に20億ドル）へと倍増させると発表した．2011-2015年には，ADB自身の資金から気候変動関連への支援として計134億ドルが承認されたが，2016年には気候変動関連事業に37億ドル（うち緩和に26億ドル，適応に11億ドル）の融資を承認し，2020年までの目標達成に向けて順調な歩みを進めている．

ADBによる気候変動関連の支援の好例としては，2015年に承認された，中国の北京～天津～河北広域首都圏の大気質改善を目的とする3億ドルの政策支援融資があげられる．この融資は，大気汚染の原因となる産業に対する監視の強化や石炭からガスへの転換のためのガイドラインの策定といった政策措置を支援するもので，気候変動の緩和にも貢献している．

途上国の気候変動対策支援には，さらに多くの資金が，「気候投資基金（CIF）」や「地球環境ファシリティ（GEF）」，ADBが管理するドナーからの拠出による信託基金など，複数の経路を通じて拠出されている．14のドナーが拠出した資金により設立されたCIFは，世界銀行が受託機関となり，ADBなどの5つの国際開発金融機関が融資実施機関となっており，ADBの気候変動関連業務への協調融資の財源としては最大規模のものである．

2015年，ADBは国際開発金融機関として初めて，気候変動に取り組む「緑の気候基金（GCF）」からの資金を受託する資格を認定された．GCFは「国連気候変動枠組条約（UNFCCC）」のもと，途上国における気候変動ファイナンスのための中心的な国際的投資機関として2010年に設立された．2015年から2016年にかけて，ADBは太平洋島嶼国に対して2件のGCFとの協調融資による気候変動関連プロジェクト（適応と緩和それぞれ1件ずつ）を承認した．

さらに，ADBは2015年に初めて5億ドルのグリーン・ボンドを発行した．これは認証されたグリーン・ボンドの原則にもとづき，低炭素化および気候耐性強化に資する投資を促進するADBプロジェクトに資金を提供することを目指すものである．2016年には，ADBはさらに13億ドルのグリーン・ボンドを発行した.

2016年，ADBはフィリピンの民間企業が地熱発電の拡張のために発行したアジア太平洋地域における初の気候変動ボンドを支援し，その債券の元本と利子の75%を保証するという形で信用強化を提供した.

中尾が強くこだわったアジェンダの一つが，開発途上加盟国に対する質の高い知識サービス提供の推進と，プロジェクトの形成，実施についてのADBの暗黙知的な知識や明示的な知識の統合である．銀行の融資業務に，知的支援とそのためのファイナンスを提供するため，ADBはその知識サービスを再編していた（ADB 2013d）．2002年に設立された地域・持続的開発局は，知識と業務のつながりを強化する目的で再編され，2015年には持続的開発・気候変動局と改称された.

同じく2015年に，ADBは7つのセクターグループ（教育，エネルギー，金融，保健，交通，都市開発，水）と8つのテーマ別グループ（気候変動・災害リスク管理，ジェンダーの平等，ガバナンス，社会開発，環境，農村開発および食糧安全保障，地域協力・統合，官民連携）を設立した．それぞれテクニカル・アドバイザーがトップを務める事務局を持つこれらのグループには，複数の業務担当部局を跨る知識の共有，職員の専門知識の強化，業務への専門的なサポートの提供，そして世界各地のセンター・オブ・エクセレンス（中核的研究拠点）のほか，学術界や民間セクターとの知識パートナーシップの強化が期待されている.

2016年前半，セクターおよびテーマグループとの会合において，中尾は次のように述べた．「多くの開発途上加盟国が債券市場を通じて必要な資金にアクセスできるようになった今，融資業務を各セクターおよびテーマの強力な専門技能，知見そして創意工夫と融合させることができなければ，ADBの存在意義は低下することになるでしょう．この点において，ADBの将来的な成功は，セクターグループとテーマグループの成功にかかっているのです」．この動きを維持するため，彼は定期的にセクターおよびテーマグループと会合を開き，進捗を協議した.

また，顧客に対してより迅速に対応するため，ADBは融資業務手続きの改善を目的とした改革を行った．ADBのステークホルダーは，しばしばADBの手続きが煩雑であると不満を表明していた．この問題に対処するため，2014年には健全な財務管理と調達原則の遵守を維持する一方で，物品・サービスの調達に要する時間を短縮することを目指して，10項目からなる行動計画が承認された．これにより調達契約の処理が迅速になり，制度改革も一層促進された．こうした変革の一環として，現地事務所により大きな権限が委譲され，職員は顧客である諸機関とより緊密に協力できるようになった．

ADBは民間セクターとの関わり方にも，より関心を払うようになった．2008年に示された「ストラテジー2020」の計画では，2020年までに民間セクター関連の支援総額をOCR融資の50％にまで拡大するという意欲的な目標が設定された．この目標には，直接的な民間セクター業務（ADBによる出資，ノンソブリン融資，および民間セクター企業への債務保証が含まれる）と民間セクターの発展を促進するための活動（特に，事業環境改善を目的とした政策ベース融資などのソブリン業務）の両方が含まれていた．その後，民間セクター業務のみについての目標が25％に設定された．しかし，2011-2013年の間，この割合はまだ15％ほどでしかなかった．民間部門業務局（PSOD）は従来からの年間OCR資金の配分額の制約を受けていたため，ADBは2015年にエコノミック・キャピタル・プランニングという資産リスク管理モデルの適用を開始し，その中で各資産ごとのリスク分析にもとづいて資金を配分することとなった（訳注：金融機関が経営を行ううえで市場リスク，信用リスク，オペレーショナルリスクなどのリスクをカバーする「エコノミック・キャピタル」を保有しなくてはならないが，リスクの種類を考慮した計量モデルを使って必要な資本量を推計しなくてはならない）．この新しいアプローチのもと，PSODは，年度ごとではなく，複数年にわたる資金の利用可能性にもとづいて事業案件を組成できるようになった．

2015年には，小規模な民間セクター・プロジェクトに関する承認手続きを合理化するための，さらなる改革にも着手した．これらの改革に支えられ，OCR融資に占める民間セクターへの融資の割合は2015年に20％にまで増加した．さらに，次節で述べる財務改革を反映した2017年以降のOCR財源の劇的な増加により，ノンソブリン融資の対象はさらに大きく拡大する見込みである．

ADBはまた，官民連携（PPP）への参画を拡大した．このアプローチには高度に専門的なスキルが求められた．MTRでは，必要なスキルを持つ職員が複数の部局に分散していることが判明し，ADBのPPPサービスを一部局に集約し一元化することが提言されていた．これを受けて，2014年，官民連携部（OPPP）が新たな職員を加えて新設され，2015年から業務を開始した．新設された官民連携部では，各地域局のPPP業務の支援に加えて，各国へのトランザクション・アドバイザリー・サービス（TAS）も提供している[13]．最初のTASは，2015年に締結されたフィリピンの鉄道プロジェクトについての契約であった．これは，それまで同国で入札が行われたPPPプロジェクトとしては最大のものであった．また，ADBはOPPPの責任のもとで「アジア太平洋プロジェクト組成ファシリティ」（AP3F）を運営している．AP3Fは，2015年，民間セクターの資金を採算のとれるインフラ開発プロジェクトへと媒介する手段として，オーストラリア，カナダ，および日本からの資金拠出によって創設され，プロジェクトの提案のあった国々への法律的，技術的，財務的な専門知識を事業の初期段階において提供している．

新たな融資手法も導入された．2013年，ADBは融資の支払いを成果とリンクさせる成果支援融資のアプローチの試験的運用を行った．最初の成果支援融資は同年6月にスリランカ政府による中等教育制度の近代化の支援のために承認された2億ドルの融資で，その後，成果ベース融資はアルメニア，中国，インド，インドネシア，フィリピン，ソロモン諸島，スリランカに対して承認された．成果支援融資という選択肢は，取引コストを削減し，プログラムの管理をより効率化するとの期待から，すぐに人気の高い融資方法となった．この融資の運用初期の経験から，融資資金の支払い基準となる指標を適切に選択することと，プロジェクトのインプットとアウトプット，および成果に関して実施機関と詳細にわたる協議を行うことがきわめて重要であることがわかっている．

中尾は，MTRの実施と財務改革による業務の拡大には，より多くの職員が必要になることを認識していた．歴代の総裁と同様，中尾も「多様でインクルーシブな職員がADBをより創造的で平等な，そして生産的な職場にする」と考えており，千野と黒田の両総裁のもとでのジェンダー行動計画の成功を足掛かりに，2013-2016年を対象に「多様性・インクルージョン・フレームワーク」が導入された（ADB 2013b）．このフレームワークには，職場において職員がお互いにより大きな敬意を示す必要性や管理職の適性といった，職員意識調査で指摘されたジェンダー関連以外の問題も含まれていた．組織内のジェンダーの平等の強化に向け，ADBは現在もさらなる具体的な対策を講じている．

13）トランザクション・アドバイザリー・サービスは，PPP案件に関わる準備，資金繰り計画作成，および調達などのあらゆる種類の活動を対象に，ADBが手数料をとって提供するアドバイザリーサービスである．

革新的な財務改革：アジア開発基金の融資機能と通常資本財源との統合

中尾がADB総裁に就任して以後の取り組みで群を抜いて最も特筆すべきものが，ADFの融資業務とOCRを統合するという提案であった．

伝統的に慎重な金融機関であるADBにとって，ADFの融資業務をOCR財源と統合するというアイデアは驚くべき提案であった．数十年間にわたって，主要な国際開発金融機関はレバレッジをかけた通常融資（資本金にもとづく債券の発行）と，レバレッジをかけない（より条件の緩い融資やグラントなどの）譲許的融資（債券を発行せず，ドナーが拠出した資金を利用）の2つの資金の流れを活用してきた．この2つの資金の流れを統合した国際開発金融機関はそれまで存在しなかったのである．中尾は，この革新的なアイデアについての議論を促した．

統合の論理は単純かつ説得力のあるものであった．ADBはOCRのバランスシートに対してしか財源にレバレッジをかけることができない．ADFにはADFのドナーのグループがあり，またADFの財源には請求払資本も信用格付けもないため，レバレッジをかけられなかったのである．1973年にADFが創設された際，これは制約とはみなされていなかった．当時，アジアの貧しい国々への融資の財源として使われる債券を購入しようとする国際投資家はほとんどおらず，ADBがあえて債券を発行して資金を調達したとしても，調達コストはADF融資の金利よりもはるかに高いものになったであろう．しかし，ADF創設以来，その借り手は良好な返済実績を示してきた．このようなADFの財務状況にもかかわらず債券を発行できないことは，機会の逸失とみなされるようになったのである．ADFの融資資産をOCRに移すことで，ADBの自己資本は大幅に拡大し，融資業務のために財源にレバレッジをかける基盤が拡大することになる．それによって，ADFのドナーからの拠出への依存度が軽減することにもなるのである．

財務局長の柏木幹夫は2012年，予想されたADBの貸し出し余力の低下への対策の一つとして，ADFとOCRの統合の可能性を初めて提起した．統合の実施方法として，多くの選択肢が提案され，その中には，ADFのドナーに対し，それまでのADFへの拠出額に応じて普通株式および特別株式を発行したうえでADFを清算し，その資産をADFドナーに分配したうえで，ドナーからOCRへ戻してもらうという案もあった．

統合のアイデアは，従来は思いもつかないものであった．統合はADBの設立協定上の明確な制約を受けるだけでなく，技術的，会計上，および政治的な多くの障害も克服不可能なものであるように思われていた．ADFのドナーに対して新たに株式を発行することは，政治的にも戦略的にも実行不可能であった．最も大きく裕福な加盟国の投票権が劇的に増加してしまい，他の加盟国の資本分配率が縮小してしまうからである[14)]．また，ドナーに資産を分配する仕組みがどのようなものであれ，（通常はドナー国における立法を通じて）一旦清算して分配した資金をADBに再度拠出するための予算支出が承認される必要があったが，多くのドナー国にとってそれは実質的に不可能であった．

このような状況の中で総裁に就任した中尾は，就任後間もなく，ADFとOCRのバランスシートの統合はADBにとって大きなチャンスをもたらすことを感じ取った．その新鮮な視点と日本の財務省勤務時代に国会で議員に対応した経験から，中尾はADFの融資業務の資産をOCRのバランスシートに直接移転し，対応する自己資本をOCRの資本の「準備金」に移すことで，ADFのドナーの投票権への影響を回避することを提案した．この統合により，ADBの自己資本（払込済資本および準備金）は劇的に増加し，ADBは一般資本増資やADFへのドナーからの追加の資金拠出なしに，融資額を大幅に拡大できることになる．統合に関する詳細な協議は2013年8月に始まった．

中尾は，この提案に複雑な技術的課題があるにもかかわらず，この統合は，ADFが対象とする低所得国にとっても，OCRが対象とする中所得国等にとっても，また，ADFのドナーにとっても，ウィン・ウィン・ウィンの条件であるため，ドナーや株主が支持してくれるようになるだろうと考えていた．なぜなら，第1に，この提案は低所得国への支援の拡大を可能とするものであった．新たなADFの手続きは（OCR業務の拡大によって増加する純利益のADFへの移転などにより），グラント業務の拡大を可能にすることと，OCR全体の融資残高の増加が譲許的融資の拡大も可能にするのである．第2に，統合によって，ADBは増加したOCRの資本を利用して非譲許的融資を大幅に増やすことができる．これは，より信用力に劣るADF融資の借り手をOCR業務の対象に加えた場合でも，AAA格付けを引き続き維持できるように，必要最低限

14）　例えば，日本のADFへの累計拠出額は総額の36.3%であったが，ADBの自己資本に対する持ち分は15.6%であり，投票権は12.8%であった．

の自己資本・融資比率を25%から35%へと引き上げたとしても充分可能である．そして最後に，ADF 増資のために将来ドナーが拠出する資金が減ることになり，多くの国が財政上の厳しい制約に直面しているなかで，統合は ADF ドナーの負担を軽減することになる．

中尾はまた，ADF が（世界銀行グループの IDA の場合のように法的な別主体ではなく）ADB 内に設立され，ADB が管理する特別基金であるため，この提案が設立協定の改定を必要としないことも認識していた．さらに，ドナーから拠出された ADF 財源が，引き続きドナーの資金拠出の当初の意図と目的に沿って低所得の加盟国の支援に利用される限り，ドナー国政府が議会に再度承認を求める必要はないとも見込んでいた．

2013年9月中旬，中尾は職員に統合の詳細な提案を作成するよう指示した．ADB 内部で「ギャラクシー・プロジェクト」と名づけられたこの提案の作成には，すべての関係部局が緊密に協力し合った．法務部長のクリストファー・スティーブンス（Christopher Stephens）は，ADB 設立協定の柔軟かつ妥当な解釈を示し，特筆すべき貢献を行った．中尾はまた，ADF ドナーの過去の拠出金は，OCR の資本準備金に移管された後も，ADB の財務諸表に拠出国と拠出額を明記しておくべきだと考えた．さらに，OCR が将来的に清算される理論上の可能性を考慮して，彼は過去の ADF への拠出額を別途ドナーである株主の払込済資本と併記するよう指示した．

ADF 融資と OCR の統合についての ADF ドナーとの協議は2013年の秋に始まったが，当初の協議は不調であった．2013年10月に行われた中尾と米国高官との会議において，ADB の提案は「考慮に値しない」として退けられた．しかしその後，米国はこの提案を強力に支持することになる．複数のドナーが，当初この提案を出来過ぎで現実性がない話だと考えていた．中尾はなおも提案を推し進め，幹部職員は2013年から2014年にかけて支持を集めるためドナー国を訪問した．同時に，ADB は開発途上加盟国の間での合意形成を図り，市民社会組織との協議により社会一般の支援を得ようとした．

ADB の財務モデルの根本的な変革という提案を前にした ADF ドナーは，提案についての独立した評価を要請した．独立評価は2014年，ワシントン DC を本拠とする世界開発センター（CGD）によって実施され，肯定的な結果が得られた（Birdsall, Morris, and Rueda-Sabater 2014）．このレビューは「（前略）提案が約束する主たる事項は妥当であると判断しており，そのため［CGD］は

ADF のドナーに対し，ADF 財源にさらにレバレッジをかけることによって得られる便益を最大限に享受するため，速やかに提案を承認するよう提言する．しかしより根本的な点として，［CGD の見解では］この提案は，ADB の基本モデルのさらなる革新へ向けた素晴らしい出発点であり，国際開発金融機関のすべてが新鮮な発想をすることに道をひらく可能性がある」としている．

さらに ADB は，主要な格付け機関に対し，ADB が重要視する AAA 格付けに統合が与える影響についての評価を依頼した．格付け機関は，ADB が AAA 格付けを維持できるだけでなく，ADF の融資ポートフォリオが OCR に追加されることによるポートフォリオの分散化などにより，ADB の財務健全性がむしろ強化されると結論付けた．ADB はまた，監査人との間で資産の移転や算定に関する財務上の取り扱いや報告方法についてのさまざまな会計上の課題について協議を行った．

2013年末から2014年にかけて，統合支持に対する気運は着実に高まった．2015年３月までに，ADB は67の ADB 資本参加国すべてと34の ADF 拠出国のすべてから，ADF 融資と OCR の統合についての提案に対する支持を得た．この改革は総務会によって2015年４月に承認され，2017年の１月に正式に発効した．

この統合によって，ADB がアジアの借り入れ国に追加的融資を提供する能力が大幅に強化された．ADB のバランスシートは一変し，「資金その他の資源を地域の内外から動員すること」という ADB の設立協定に掲げられた目標を達成する能力が強化された．こうした ADF と OCR の統合は国際開発金融機関でもユニークなものであり，これに触発されて他の国際開発金融機関も同様のアプローチについて議論をすることとなった．G20首脳陣は，2014年11月の声明の中で統合を支持し，「バランスシートを最大限に活用して追加的な貸付を提供する」ために国際開発金融機関と協力し続けていく，と述べた．

2017年１月１日，ADF から308億ドルの ADF 融資その他の資産が移転されたことにより，OCR の自己資本は172億ドルから480億ドルへと３倍近く増加した．ADF のうち25億ドルの資産はグラント業務のため ADF に残された．新たに拡大された OCR 融資枠から，貧しい国に対してそれまでの ADF 融資と同じ条件で譲許的融資を提供する一方，残された ADF は以後グラントのみを提供することになった．この改革によって，ADB の融資およびグラントの年間承認額は2014年の135億ドルから2020年には200億ドルへと，目標である50

％の増加を達成できる見込みである．

統合の効果は，それが発効する以前にすでに明らかとなっていた．ADB は直ちに，2015年と2016年に融資承認額（融資，グラント，債務保証，および出資を含む）を拡大するための準備作業に着手した．2014年から2015年の間に，承認総額は20％超上昇して163億ドルに拡大し（図14.1），2016年には，承認総額はさらに７％増加し，175億ドルとなった．このように，統合の発効に先立って承認総額の増加が可能だったのは，承認された融資が実際に支払われるまでにはある程度の時間を要することと，融資資本比率の制約は実行済融資額（から返済額を差し引く）により算定されるものであり，承認額に対してではないためである．

図14.1　融資承認額（財源別），2007-2016年

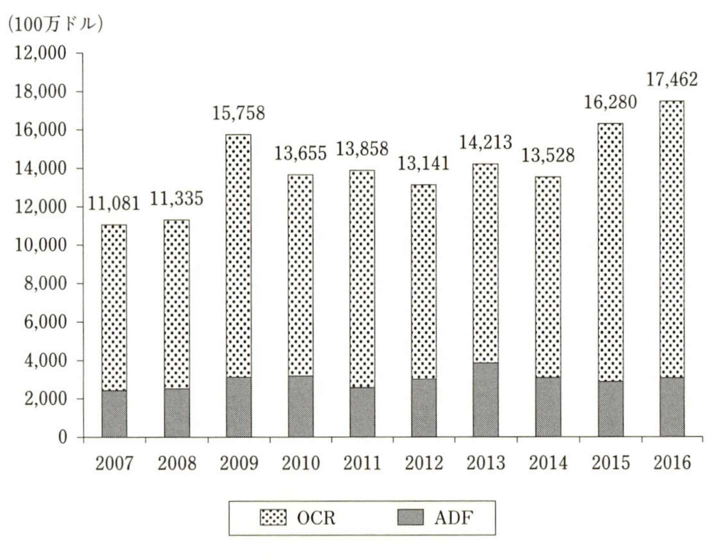

合計：1,403億1,100万ドル

ADF＝アジア開発基金，OCR＝通常資本財源

注：融資承認額には融資，グラント，出資，および債務保証が含まれる．データは2017年１月20日時点のもの．

出所：ADB Operations Dashboard; ADB戦略・政策局.

アジア開発基金第11次増資

中尾は，ADF XI の期間中に総裁に就任し，ミャンマーへの融資再開を指揮したことによって2013年の ADF の融資承認額は史上最大となった（ボックス14.4）．また，2015年以降，彼は11回目の ADF 増資（ADF 12）を主導した．これは，ADF 融資と OCR のバランスシートの統合を発表してから初めての ADF 増資であり，統合前の増資と区別するために略称の末尾の数字がローマ数字からアラビア数字に変更された．

ボックス14.4　ADBによるミャンマーへの支援再開

ミャンマーは1973年にADBに加盟した．1973-1986年の期間に，ADBは同国の29のプロジェクト向けに32件，総額5億3,100万ドルに上る融資を行った．ミャンマー向けのADBの融資と技術協力（TA）プロジェクトの形成業務は1988年に中断されたが，ADBの職員は定期的にミャンマーを訪問して最新の状況の把握に努めるとともに，毎年のIMF 4条協議にも参加していた．また，ADBのメコン河流域圏（GMS）地域協力プログラムにはミャンマーの政府代表がオブザーバーとして引き続き参加しており，地域協力の計画についての対話は継続していた．

支援再開活動の枠組み．ミャンマー政府の包括的な改革への取り組みと2012年初頭における国際社会への復帰を受けて，ADBは支援再開に向けた活動を開始した．2012-2014年を対象とした暫定国別援助戦略が2012年10月に承認され，その後，同戦略の期間は2016年までに延長されて支援再開への枠組みを提供した．この戦略の中で，人材の育成や能力開発，経済活動を促進しうる諸環境の整備，およびアクセスと連結性の創出などの戦略的目標が設定された．

延滞債務の解消．ADBによるミャンマーへの支援再開には開発パートナーからの寛大な支援が不可欠であったが，これにより2013年に融資を再開することができた．ADBは他の主要な債権者，特に日本および世界銀行と緊密に連携し，パリクラブ（公的債務の主要債権国会議）との政府債務の再編（debt-restructuring：債務削減と返済期限延長）に沿ってミャンマーの延滞債務を解消した．また，2013年1月，日本の国際協力銀行（JBIC）はミャンマー政府に対し，ADBと世界銀行に対する同国の延滞債務を清算するためのつなぎ融資を提供した．これにより，ADBと世界銀行からの政策支援融資の実行が可能となり，つなぎ融資は直ちに返済された．日本からの譲許的融資（円借款）に対する延滞債務も，商業銀行数行からのつなぎ融資のほか，国際協力機構（JICA）による新たなプログラム融資，さらに部分的な債務削減の取り決めにより解消された．ADBによるADFからの5億1,200万ドルの政策支援融資「インクルーシブな成長に向けたミャンマーの改革支援」も，ADBに対する延滞債務の解消に寄与するとともに，政策枠組み改善の基礎となった．

ADFの特別割り当て．ADFのドナーはミャンマーへの支援再開の重要性を認め，同国向けに特別財源の割り当てを行った．1人当たりの所得が低いため，ミャンマーはグループA（ADFのみ，譲許的融資の対象国）に分類された．2013年から2016年にかけて総額10億2400万ドルに上るADFの特別割り当て（延滞債務の解消を目的としてすでに支払い済みの5億1,200万ドルの融資を含む）がドナーによって合意され，2013年8月に理事会によって承認された．2016年に終了したADF第11次増資（ADF 12）の交渉過程で，ドナーと理事会は2017-2020年の期間にミャンマーへ14億ドルの譲許的融資を追加割り当てすることに合意した．

現地事務所．2012年8月1日，ADBはミャンマーに出張事務所を置いた．これに続き，ADB理事会は2013年10月，ミャンマーに正式な現地事務所を設立することを承認し，首都ネピドーと，商業の中心であり大半の開発パートナーが本拠とするヤンゴンに，それぞれオフィスが置かれることとなった．

出所：ADB（2014c）．

2016年5月にフランクフルトで開かれたADFドナー会合では，32のドナーが2017-2020年の4年間に供与されるADF 12を承認した．これによりADFに33億ドル，技術協力特別基金に5億ドルの新たな資金が拠出されることになった．ADF XIまでが対象としていた譲許的融資がOCRと統合されたため，ADF 12は最貧国との過重債務に苦しむ加盟国を対象としたグラント業務のみに資金を供給することとなり，総額は融資業務も含んでいた前回の増資よりもかなり少ないものとなった．

ADF 12の総額38億ドルの増資は，ドナーからの新たな拠出金（約25億ドル），OCRからの純利益の移転（約10億ドル），およびADFの流動性資金の投資利益（約2億ドル）によって賄われることになった．このADF 12の増資の重要な特徴の一つが，アジアの新興国であるドナーからの拠出割合がADF

XI（2013-2016年）の6.9％から11.7％に増加したことであった．

ADF 12の期間に，ADB が提供予定の最貧国へのグラントは33億ドルとなり，直前の４年間の資金提供と比較して70％の増加となる．同期間における貧困国への支援は，ADF からのグラントと ADB の譲許的融資を合わせて40％超の増加となる160億ドル超となり，とりわけ，小さい島嶼国への援助は150％以上も増加する．また，ADF 12ではドナーの負担がほぼ半減した．ADF の中核的活動のための33億ドルの財源に加えて，一部のドナーは地域の保健安全保障をのための ADF 特別基金に最大１億5,000万ドルを拠出することに合意した．

増資のための会合では，ADB が ADF XI で試験的に運用された災害対応ファシリティを活用して災害に迅速に対応していたことが，特に注目された．ADB は2013-2014年に，サモアでのサイクロン・エヴァン，カンボジアでの洪水，トンガでのサイクロン・イアン，およびソロモン諸島でのサイクロン・イタによる被害に対して，４件のプロジェクトを承認し，災害対応ファシリティから5,700万ドルを割り当てた．また，2015年のネパール地震への緊急対策として，道路，学校その他の公共施設の再建に同ファシリティから１億2,000万ドルを，さらに，熱帯サイクロン・パム発生後の支援として，ツバルとバヌアツにそれぞれ300万ドルと560万ドルを割り当てた．これらの実績に鑑みて，ADF 12の期間からは，それまで時限措置であった災害対応ファシリティが常設の通常業務の一環となった．

このように災害に対する脆弱性が顕在化するなかで，ドナーは「災害リスク削減融資メカニズム」を立ち上げることに合意した．このメカニズムは，災害リスク削減への投資にインセンティブを付与し，それをより幅広い公共支出に恒常的に組み入れることを目的として，ADF 12の期間中に総額最大２億ドルのグラントを各国（非譲許的融資しか借り入れできない国を除く）に提供するものである．

協調融資と信託基金の歴史

ADB は設立以来50年間にわたって，融資業務を支えるために「公的協調融資」と「民間協調融資」の双方を活用している．

ドナー国政府や二国間援助機関，国際開発金融機関，民間財団といった「公的協調融資」のパートナーが，ADBのソブリン融資業務に対して（過去10年においてはノンソブリン融資業務に対しても）支援を提供してきた．公的協調融資の提供は，ADBの長年にわたる経験とクライアントである開発途上加盟国についての深い知識によって支えられてきた．

（承認された財源の割り当てにもとづいて）公的協調融資の獲得を手助けしているのが協調融資業務部である．過去50年の間，公的協調融資は飛躍的に増大し，第５期の10年には353億ドルに達した（表14.2）．ADB全体の融資に占めるその割合は，第１期の10年の１％未満から第５期の10年には25％にまで増加している．

公的協調融資による貢献は，エネルギー，交通，教育といったADB業務の中核セクターにとって不可欠のものである．

過去50年間にADBで承認された公的協調融資の総額は，技術協力に対する協調融資20億ドルを含め，累積で450億ドルに上る．ローンによる協調融資は総額の83％を占め，日本のJICA，フランス開発庁，ドイツ復興金融公庫（KfW），および韓国輸出入銀行（KEXIM）などの二国間開発機関や，世界銀行，イスラム開発銀行，および欧州投資銀行などの国際開発金融機関によって提供されている．さらに協調融資の12％を投資プロジェクトへのグラントが占めており，英国，オーストラリア，日本の各政府が上位３カ国のグラント提供国である．

公的協調融資の重要な部分は，ADB加盟国（単一または複数のパートナー）が拠出し，ADBが管理する「信託基金」の形で運営されている（付属資料の表A2.19）．信託基金が初めて設立されたのは1980年で，技術協力に対してスイスから拠出されたものであった．これより以前には，ADBの設立協定にもとづく「特別基金」が存在した（第５章）．特別基金（日本特別基金を除く）は，ADBがOCRからの資金移転によって拠出するものである．この特別基金の例として，ADFとアジア太平洋災害対応基金がある．

ADBは第５期までに，保健，地域協力，民間セクター開発，災害リスク管理，気候変動，エネルギー，水，都市開発，金融，情報技術の活用など，数多くの課題を対象とした信託基金を設立してきた．2016年には，信託基金に対するパートナーからの約定総額はおよそ32億ドルとなっていた．

信託基金の一つであるアフガニスタン・インフラ信託基金（AITF）は，開発パートナーが交通，エネルギー，農業および天然資源に関するインフラプロ

表14.2　1967-2016年における協調融資

（単位：100万ドル）

	1967-1976年	1977-1986年	1987-1996年	1997-2006年	2007-2016年	合計
協調融資総額	**29**	**612**	**4,578**	**5,733**	**68,301**	**79,253**
公的協調融資	**29**	**576**	**4,018**	**5,091**	**35,329**	**45,044**
ソブリン融資	29	576	4,018	5,091	34,699	44,413
信託基金[a]		11	28	494	1,741	2,274
二国間	1	9	3,770	4,007	13,759	21,545
多国間	28	556	220	588	18,169	19,563
その他[b]				1	1,029	1,030
ノンソブリン融資				1	630	631
信託基金[a]				1	263	264
二国間					97	97
多国間					270	270
民間協調融資		**36**	**560**	**642**	**32,972**	**34,209**
ADBによる資金拠出[c]	**3,386**	**16,166**	**43,945**	**66,139**	**142,058**	**271,695**
OCR	2,466	10,758	30,082	50,013	110,663	203,983
ADF	895	5,283	12,981	14,062	29,648	62,868
TASFおよび他の特別基金	25	125	882	2,064	1,747	4,844
協調融資とADBの資金提供の総額[c]	**3,416**	**16,778**	**48,523**	**71,872**	**210,359**	**350,948**

ADB＝アジア開発銀行，ADF＝アジア開発基金，OCR＝通常資本財源，TASF＝技術協力特別基金．

a　信託基金からのグラントおよび技術協力への割り当て承認額．

b　「その他」には，財団や企業の社会的責任（CSR）プログラムを通じた民間セクターの協調融資のほか，各国の開発銀行などすべての公的財源を含む．

c　1997-2016年のADBによる融資，グラント，出資，および債務保証業務（OCRおよびADF）の額は承認総額にもとづく．

出所：ADB, *Annual Reports*; ADB（2016b）；ADB website（www.adb.org）．

ジェクトの支援に向けて協働するための基金として2010年に設立された．2016年12月時点で，AITF ドナーによる拠出約定総額は6億9,400万ドルであった．

都市気候変動耐性信託基金は，スイス，英国の両政府とロックフェラー財団の支援により2013年に設立された．この信託基金は，7つの開発途上加盟国において急成長する都市の，洪水や干ばつなど気候変動による影響に対する耐性強化の支援を目的としている．

同じく2013年に設立された「マラリアその他の感染症の脅威に対する地域信託基金」は，オーストラリア，カナダ，英国が資金を拠出する複数パートナーによる信託基金である．同基金は，開発途上加盟国，特にメコン河流域圏の諸国が，薬物耐性マラリアなどの感染症の問題に対して国境とセクターを跨る対応策を整備するうえでの支援を行っている．

「貧困削減日本基金（JFPR）」は，1997年のアジア通貨危機が脆弱国に与えた破壊的な影響への対応として2000年に創設された信託基金である．JFPRは，1988年に設立された2つの日本の基金を拡大したものである．一つは日本特別基金（JSF）であり，11億ドルを拠出してADBの技術協力プログラムを支援した．もう一つは，当初46名の受給者を対象に始まった日本奨学金プログラム（JSP）で，現在は毎年およそ150名の開発途上加盟国の受給者に対して，大学院での研究を支援している．これまで，JSPは各国の発展を支える3,000名を超えるプログラム修了生を送り出している．

JFPRは，グラント（後に技術協力も含む）の提供により，将来的に拡張した規模での採用やADBの通常業務への統合が可能な，革新的なアプローチの活用を促進することを目的として設立された．例えば，2009年には，モンゴルに提供された300万ドルのグラントにより，遊牧民の児童のための135のゲル（テント）の幼稚園が設けられた．2016年時点で，JFPRは特に市民社会組織とのパートナーシップにより，174件のグラント・プロジェクトおよび224件の技術協力プロジェクトに対して総額7億8,900万ドルを提供している．その中には，2015年のネパール地震や，2013年にフィリピンを襲った台風「ハイヤン」，そして2004年のスマトラ沖地震による津波という自然災害被害への緊急援助が含まれる．

2016年に設立された革新的な信託基金，「アジアインフラパートナーシップ信託基金（Leading Asia's Infrastructure Fund：LEAP）」は，JICAが出資を約束した15億ドルを活用し，ADBのノンソブリン融資を補完して，アジアの民間インフラプロジェクトに資金を提供することを目的としている．2016年に，LEAPはインドとインドネシアにおけるADBの2件のクリーン・エネルギー・プロジェクトに協調融資を行った．

韓国や中国など，ドナー国となった新興国の政府も信託基金の設立を開始した．2005年に設立され，2016年末までに総額4,000万ドルの拠出があった，中国の「貧困削減・地域協力基金」は技術革新と地域協力を促進している．韓国は2006年に総額7,200万ドルを拠出して「eアジア・知識パートナーシップ基金」を創設し，デジタルディバイド（情報格差）の縮小と貧困の緩和に向けた知識共有とパートナーシップの促進を行っている．さらに最近では，民間財団も信託基金に資金を拠出している．

民間協調融資はADBのノンソブリン業務を補完している．協調融資のパートナーは，商業銀行，保険会社その他の民間法人のほか，欧州復興開発銀行（EBRD）をはじめとする国際開発金融機関である．民間のパートナーにとって，ADBとの協調融資は単体での融資よりも融資対象の信用度を強化できるという利点がある．2008-2009年の世界金融危機以来，各国の国内銀行および国際的な銀行と提携した貿易金融プログラムは民間協調融資の重要な部分を占めるようになってきている．民間協調融資に主たる責任を負っているのは民間部門業務局（PSOD）である．

「ストラテジー2020」は，パートナーとの提携と協調融資の重要性を強調しており，2020年までに年間協調融資総額（公的融資と民間融資の合計）がADB自身の融資を上回るようにするという野心的な目標を掲げていた．そこでADBは，幅広い機関とのパートナー提携を結ぶ取り組みを拡大し，その結果，2016年，公的協調融資（技術協力を除く）は83億ドル，民間協調融資は56億ドルとなった．協調融資の総額は139億ドルで，融資およびグラント業務に対するADB自身の財源175億ドルの80％に達しており，目標達成にむけて順調な進捗となっている．さらに，パートナーからはADBの技術協力に対して1億4,800万ドルが提供された．

新たな国際開発金融機関との協調

ADBは最近設立されたアジアインフラ投資銀行（AIIB）および新開発銀行（NDB：BRICSによる国際開発金融機関）との緊密な協力を開始した．これらの新しい機関の出現によって，アジアにおける膨大なインフラのニーズへの資金提供の機会が増加しており（第13章），ADBは，AIIBやNDBと法務や財務などさまざまな分野において，これまでの経験と専門知識を共有している．

2016年にフランクフルトで開かれたADB年次総会の場で，中尾はAIIBの金立群（Jin Ligun）総裁と協調融資に関する覚書に署名した．2015年から2016年にかけて，中尾と金は9回の二者会談を行い，協調融資の機会だけでなく，資金調達や民間セクター業務，現地通貨建て融資，環境・社会的な影響に対するセーフガードについての方針，人材管理など，両機関に共通する政策上の問題についても協議した．金はかつてADBの副総裁を務めた経験があり，2016年12月にはADB本部を訪問した．ADB理事との会議において，彼はAIIBがインフラ投資に注力し，譲許的融資業務，社会セクター，政策支援融資，および研究業務には関与しない方針であること，また常勤の理事を置かず，よりスリムな機関となることを目指していると強調した．こうした性格上の相違により，ADBとAIIBがお互いに協力し，補完し合える範囲は大きいと思われる．

また，中尾とNDBのK・V・カマート（K. V. Kamath）総裁は，2016年7月にマニラで覚書に署名し，協力の分野を明確化した．カマートは，この覚書により「知識を共有し，協調融資の機会を探る基盤が創出される」と述べた．

2016年，ADBはAIIBとの2件の協調融資を承認した．一つはパキスタンでの高速道路プロジェクトであり，両機関がそれぞれ1億ドルを提供する．もう一つはバングラデシュでの天然ガスプロジェクトであり，ADBが1億6,700万ドルを融資し，AIIBの融資は6,000万ドルとなる見込みである．

第5期の業務実績

1997-2006年の融資承認額と比較して，2007-2016年における融資承認額は640億ドルから1,400億ドルへとほぼ2倍に増加し，そのうちADFの割合は21％であった．公共セクターおよび政府保証付き融資が全体のおよそ86％を占め，そのほかはノンソブリン融資であった．この期間の中でも注目すべき年が2年ある．1度目は2009年であり，世界金融危機に対応するため融資承認額は前年比39％増加した．次は2015年で，ADF融資とOCRの統合が承認されたことを受けてADBが活動を拡大させるなかで，融資承認額が過去最高に達した．

2015年における融資の増加は，同年4月に発生したネパール地震や3月にバヌアツを襲ったサイクロンをはじめ，自然災害への対応を目的とした支援や，一次産品価格の下落や金融市場の変動による影響を受けたカザフスタンやモンゴルなどへの財政支援など，借り入れ国の需要を反映していた．中でもカザフスタンに対しては，政府による通貨の安定化と原油価格急落の影響緩和のための対策を支援するため，10億ドルという大規模な景気循環対策支援融資が提供された．また，この年には，中国に対する初の政策支援融資として3億ドルの拠出が承認された．この融資は，北京首都圏で長年問題となっている大気汚染への対策を支援するものであった．この後もADBの融資は引き続き増加し，翌2016年には過去最高の175億ドルに達した．

地域別の配分としては，第5期の10年には南アジアおよび東南アジアに対して最も多くの融資が行われた（図14.2）．東アジアの割合は，第4期における緊

図14.2　融資承認額（地域別），2007-2016年

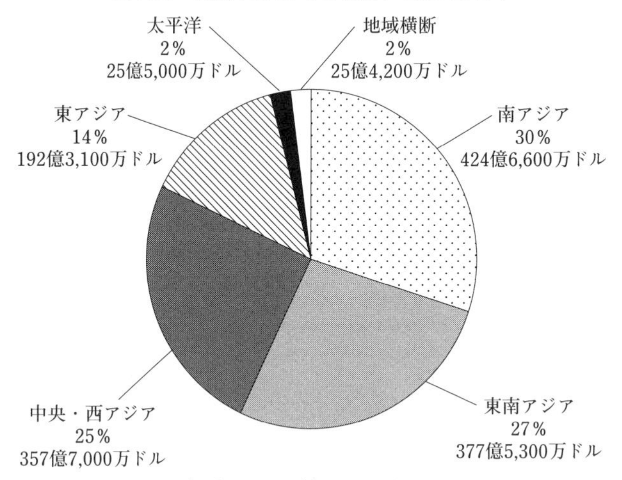

合計：1,403億1,100万ドル

注：地域区分は現在の国分類にもとづく．
　融資承認額には，グラント，出資，および債務保証が含まれる．データは2017年1月20日時点のもの．
出所：ADB Operations Dashboard; ADB戦略・政策局.

急援助（第10章）の実施後，韓国への融資がなくなったことを反映して，第4期（1997-2006年）の25%から，第5期（2007-2016年）には14%に減少した．また，中央・西アジアは比較的最近になって加盟した国々（ジョージア，カザフスタン，キルギス，およびウズベキスタン）が安定的な借り入れを行うようになったため，その割合が上昇した．2007-2016年の国別融資額の上位5カ国は，インド（融資総額の18%），中国（13%），パキスタン（9%），ベトナム（9%），インドネシア（8%）であった．

2013年には，ブルネイを借り入れの卒業国に分類することがADB理事会で承認された[15]．実際，ブルネイは2006年に加盟して以来，ADBから一度も借り入れを行っていなかった．2016年8月，中尾は覚書への署名のために同国を訪問し，国王その他の政府高官と会見した．覚書では，教育の質の向上，民間セクターの支援，および地域経済協力の拡大を目的とした，知識創出および能力開発の分野における継続的な協力が取り決められた．

融資のセクター別配分の傾向は，第5期の10年における業務の方向性を反映

15）　承認は2016年の覚書への署名によって発効した．

図14.3　融資承認額（セクター別），2007-2016年

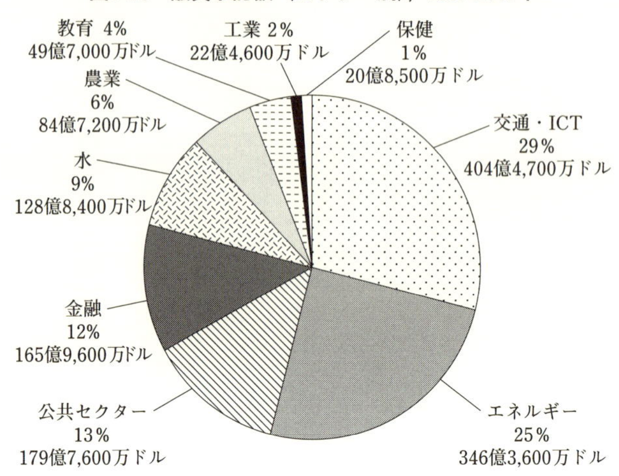

合計：1,403億1,100万ドル

ICT＝情報通信技術
注：融資承認額には，グラント，出資，および債務保証が含まれる．データは2017年1月24日時点のもの．
出所：ADB Operations Dashboard; ADB戦略・政策局．

している．2007-2016年においても，最も重要なセクターはこれまでに引き続きインフラであり，そのうち特に交通・情報通信技術（ICT）とエネルギーの分野に多くの支援が行われた（図14.3）．食糧安全保障関連の融資額は年間20億ドルを超え，2011年以降は，クリーンエネルギーについても融資目標である年間20億ドルを継続して達成している．

また，第5期に，技術協力の承認総額はおよそ15億ドルとなり，第4期の10年をやや上回った．そのうち，62%は個別の国に配分され，残りの資金は複数の国の地域協力のための技術協力業務にあてられた．地域技術協力を除いて，技術協力の受け入れ上位5カ国は，中国（18%），インド（10%），ベトナム（8%），バングラデシュ（6%），パキスタン（6%）であった．第4期の10年と比較して，農業支援からのさらなる転換が見られ，技術協力の最も重要なセクターは公共政策管理，交通・ICT，マルチセクター，エネルギーとなった．

職員と加盟国・地域の数もそれぞれ増加した．2007年にはジョージアが加盟し，加盟国・地域数は67（域内48，域外19）となった．第5期（2007-2016年）において，内部管理費予算の増加は第4期の10年間の年率5%に対し同7.4%

となった[16)]．2016年末において，ADBは60の加盟国出身の3,092名の職員を擁しており，その内訳は国際職員・経営陣が1,110名，現地職員・事務職員が1,982名であった[17)]．

未来に向かって

2015年，マニラで開かれたADF 12の増資に関する最初の会合において，ADBの新たな業務戦略に関する協議が開始された．また，同年に開かれたアゼルバイジャンの首都バクーでの年次総会で，中尾総裁は，「私たちは，ADBの業務規模を拡大する具体的な計画を策定するとともに，2020年以後の新たな戦略についての検討を開始する予定です」と語った．OCRとADF融資の統合以降の業務拡大の指針となる，新たな戦略が求められおり，その戦略は，新たに設定されたSDGsと，2015年のパリ気候変動会議で採択された目標にも対応するものとなる．またADBは，新たな新興の開発パートナーとの関係を定義し，中所得国との最良な形での協力のあり方を確立する必要がある．

2008年に「ストラテジー2020」で採用されたアプローチからの転換として，新たなADB業務戦略では中核とその他のセクターを区別しない見込みである．2016年9月，中尾は，フィリピン・タガイタイのタール・ビスタ・ホテルで開かれた理事と経営陣の研修会において，ADBが毎年すべてのセクターですべての借り手を支援することは不可能であるものの，ADBの資金的および人的な資源を考慮したうえで，可能な限りそれぞれの要請にもとづいてクライアントを支援する必要があると語った．

中尾は，「ファミリー・ドクター」としてのADBという組織文化を踏まえて，ADBが信頼できる融資機関として，金融の触媒的存在として，そして地域協力の調整役として，包括的なサービスを提供し，地域の一流の開発機関としてより大きな役割を果たすことができると考えていた．さらに彼は，ADBは統合的な技術ソリューションの提供者として，優れた政策の支援者として，そして市民社会組織や民間セクターその他の開発パートナーとの協力の促進者

16）　2010年から2012年にかけて，ADBはポストを増やして新たに約500名を採用したため，内部管理費が10～13％上昇した．

17）　第4期の10年の終わりの時点では，職員数は54の加盟国出身の2,405名（専門職員861名，補助職員1,544名）であった．

としての役割も果たすことができる，とも考えていた.

ADBは,「より強く，より良く，より速い」組織となるという中尾の目標に向けた取り組みを進めてきた．そして今後も，アジアという，世界で最も活力のある地域の主な課題に応えていく必要がある．2016年7月，中尾は新たな5年間の任期に向け，10項目の優先事項を示したビジョンステートメントを発表した（Nakao 2016)．この中で中尾は，ADBの拡大された年間融資承認額の目標を達成するだけでなく，それをさらに上回るとともに，貧困削減と気候変動行動目標の達成のために資金を有効活用することを目指している．彼は，優先順位の高いインフラ開発を支援し，民間セクター業務を拡大するとともに，ADBの知識機関としての評価を高めることを約束した.

また中尾は，各国の首脳や関係当局とのハイレベルな対話の継続も約束している．加えて，人材管理の向上を図り，人事の流動性の強化，ジェンダーバランスの向上，互いを尊重する職場の確立，そして革新志向の文化と「部署や部門に捉われない一枚板のADB」というアプローチの推進などを実施していくとした．同時に，管理予算の手堅い運用，調達手順の一層の簡素化と各国の調達制度のさらなる活用，より効果的な情報技術システムの構築，そして組織としての耐性の一層の強化によって，ADBの効率性の維持を図っていくものとしている．さらに，ADBの報酬および福利厚生パッケージは最良の人材を引き付けるのに足る魅力的なものであると同時に，維持可能で公正であり，ADBの任務とも合致し，国際的なトレンドにも整合したものでなければならないともしている．そして，新たな長期戦略の策定を優先課題とするとしている．最後に，開発パートナーとの緊密な連携や対外関係の強化など，ADBの強力なガバナンスを維持したいとの希望を表明している.

2016年11月24日に中尾は総裁に再任され，彼の設定したこれらのアジェンダがADBの新たな業務戦略，そして第6期の10年におけるADBの役割についての指針となるのである.

表14.3　業務，組織，および財務に関する主要情報，1997-2016年

	1997-2006年（第４期の10年の合計）	2006年（年末時点）	2016年（年末時点）	2007-2016年（第５期の10年の合計）
A．業務に関する主要指標（100万ドル）				
融資承認総額[a]	64,075	8,057	17,462	140,311
財源別				
通常資本財源	50,013	6,502	14,389	110,663
アジア開発基金	14,062	1,554	3,073	29,648
業務別				
ソブリン	60,042	7,096	14,96	120,902
ノンソブリン	4,033	960	2,502	19,409
技術協力承認額[b]	1,383	148	162	1,540
技術協力プロジェクト	1,063	94	89	948
地域援助	320	54	72	593
融資残高の内訳		47,714	94,914	
通常資本財源		26,192	67,547	
アジア開発基金		21,522	27,367	
融資およびグラントの実行総額	48,062	5,793	12,253	93,746
通常資本財源	36,551	4,420	9,763	71,433
アジア開発基金	11,511	1,373	2,490	22,314
公的協調融資[c]	5,091	891	8,464	35,329
民間協調融資	642	315	5,596	32,972
B．組織に関する主要指標				
職員に関する情報				
職員総数		2,405	3,092	
国際職員[d]		861	1,110	
女性職員		1,358	1,804	
女性国際職員		249	375	
現地事務所の職員		474	753	
加盟国・地域数		66	67	
現地事務所数		26	31	
内部管理費予算（100万ドル）	2,441	313	636	4,988
C．財務に関する主要指標（100万ドル）				
授権資本[e]		53,169	143,022	
応募済資本[e]		53,169	142,699	
払込済資本		3,740	7,154	
請求払資本		49,429	135,545	
借り入れ額	45,412	5,576	22,932	143,685

SDR＝特別引出権.

a　表内の数値には，融資，グラント，出資，および債務保証の承認総額が含まれる.

b　技術協力業務には，技術協力特別基金および日本特別基金のみから資金拠出を行ったグラントが含まれる.

c　信託基金ならびに融資，グラント，および技術協力の協調融資を含む.

d　国際職員のデータは経営陣を含む.

e　数値は2006年12月31日（2006年の資本）および2016年12月31日（2016年の資本）の米ドルとSDRの為替レートにもとづく米ドル換算値.

出所：ADB, *Annual Reports*; ADB予算・人事・経営システム局; ADB会計局；ADB戦略・政策局; ADBの融資，技術協力，グラント，および出資承認額に関するデータベース; ADBの協調融資に関するデータベース.

スマトラ沖地震による津波の被害を視察する黒田東彦第８代総裁. インドネシアのバンダ・アチェにて. 2005年３月９日.

黒田東彦第８代総裁がスマトラ沖地震による津波の緊急支援プロジェクトの現場を訪問. インドのナーガパティナムにて. 2007年10月13日.

ADBによるグラント・プロジェクト「農村地方電気技師研修プログラム」では, ブータン僻地の農村を太陽光発電により電化するために女性たちに研修を行っている. 女性たちは46の村の504世帯の屋根にソーラーパネルを設置し, 学生たちが夜間に学習したり, 各家庭の夕食の調理ができるように照明を提供している. 2008年.

インドネシアにおける「マドラサ教育開発プログラム」は，多数のマドラサ（イスラム教系の学校）において教育の水準を向上させ，施設の改修を行うとともに，宗教関連以外のカリキュラムの実施や教師のスキルの向上を支援している．2009年．

「山岳地方道路改善投資プログラム」の受益者である現地住民を訪問するADBのアラン・リー（左）．パプアニューギニアにて．2009年8月3日．

ADBは，ウズベキスタンにおいて，発電容量80万キロワットのコンバインドサイクルガスタービン発電所の建設による電力供給の効率化を支援している．首都タシケントの南西440kmに位置するこの新施設は，クリーンな発電によりエネルギー効率を向上させることになる．2010年4月20日．

国連の世界交通安全大使を務める女優のミシェル・ヨー氏を出迎えるADB地域・持続的開発局のシャンビン・ヤオ局長．フィリピンのマニラにて．2010年５月26日．

ADBが支援したモンゴルのキオスクで水を汲む，南部の町サインシャンドに住む22歳の女性，ブルマー・ネルグイさんと彼女の２歳の娘ビルグーンちゃん．2010年９月30日．

ADBは頻繁に職員向けのセミナーや知識フォーラムを主催し，地域や世界の問題，組織の課題，その他の重要なトピックに関する理解の促進に努めている．演壇に立っているのは，ADBのウルスラ・シェーファー＝プロイス知識管理・持続的開発担当副総裁．2011年６月28日．

ADBの民間部門業務局の支援するタイの「テパナ風力発電プロジェクト」は，再生可能エネルギーによる発電能力を向上させ，エネルギーミックスを多角化することで，2021年までに一次商用エネルギーの25％を再生可能エネルギー源由来にするというタイの目標達成に貢献する．2012年11月20日．

ベトナムの「ハノイ都市鉄道システム・プロジェクト」は，５つの地区において統合された持続可能な公共交通を提供する．2013年開始．

台風ハイヤン（フィリピン名ヨランダ）の被害を受けた地域を訪問する中尾武彦第９代総裁．フィリピン・レイテ島のタクロバンにて．2014年２月11日．
フィリピン政府による台風の被害地域におけるインフラ復旧活動を支援するため，ADBはこれまでおよそ９億ドルを提供している．

中尾武彦第9代総裁がミャンマーのアウン・サン・スー・チー国家顧問を訪問．ネピドーにて．2016年6月14日．

上空から撮影したマニラのADB本部ビル．右の建物屋上のソーラーパネルは年間817メガワット・時を発電し，ADB本部の年間電力消費の5％を賄っている．2016年4月14日．

ADB理事会，2016年

後列左から：(副総裁たち) イングリッド・ヴァン・ウィー，ディワーカル・グプタ，張文才，スティーブン・グロフ，バンバン・スサントノ，デボラ・ストークス，(事務総局長) フアン・ミランダ
中列左から：(理事代理たち) ムハンマド・サミ・サイード，スコット・ドーソン，田部真史，ヨハネス・シュナイダー，ウェンシン・パン，(官房長) ウーチョン・ウム，(理事代理たち) マリオ・ディ・マイオ，ヨア・ストランド，フィリップ・ローズ，ロキア・ハジ・バダル，マイケル・ストラウス，シャラフィオン・シェラリエフ
前列左から：(理事たち) ポール・ドミンゲス，マシュー・フォックス，長谷川浩一，ウォンモク・チェ，マウリジオ・ギルガ，王忠晶，(総裁・理事会議長) 中尾武彦，(理事たち) ビマンタラ・ウィジャジャラ，デビッド・マーチソン，フィラスラク・ユカセムウォン，スワティ・ダンデカル，クシャトラパティ・シヴァジ．2016年12月12日．(写真外：(理事) マリオ・サンダー)

ADB50周年ローンチイベント．ADB本部ヘリポートにて．2016年４月20日．

第15章　エピローグ：50年のその先に

「アジアの開発を取り巻く状況には，この数十年間で大きな変化がありました．めざましい経済成長は，同じくめざましい貧困削減をもたらしました．（中略）しかしながら，アジア太平洋地域の発展の道のりはまだまだ先が長いのです．（中略）アジアの多くの人々が，1日2ドル未満で暮らしており，まだまだ外からのショックに対して非常に脆弱な状況にあります．（中略）経済の成長が続くなかで，アジア地域は環境的に持続可能な開発をこれまで以上に重視していかなくてはなりません．」

――中尾武彦，総裁メッセージ，*ADB Annual Report 2013*

アジア開発銀行（ADB）は，今から50年前の1966年11月24日，東京で開かれた創立総会において発足した．東京の芝公園にある東京プリンスホテルに初代総務たちが集まり，それぞれ正式な声明を発表し，この新しい機関への期待を表明するとともに，渡辺武をADB初代総裁に選出した．日本の佐藤栄作首相はアジア各国のリーダーや域外諸国の代表に歓迎の意を表したうえで，開式の辞を述べた．彼は創立総会を，「アジアの歴史における，新たな時代の輝かしい幕開けとなる行事」と形容し，地域開発銀行の設立というアイデアは，アジア各地で長い間温められてきた希望であり，「その希望の実現は，この地域の人々にとって大きな喜びをもたらすものです」と述べた（ADB 1967, p. 9）．

将来に目を向けたとき，アジア太平洋地域の途上国の展望についても，同じように楽観的になれるかもしれない．「アジアの世紀」が盛んに議論され，過去10年間に，世界全体の成長に対するアジアの貢献は50％を大きく上回るものとなっている．さらに，近年のADBの研究「アジア2050―アジアの世紀は実現するか（*Asia 2050: Realizing the Asian Century*）」はアジアで生じている歴史的な変革について論じ，アジアが近年の成長軌道に乗り続けるとすれば，1人当たりの平均所得は2050年までに購買力平価で6倍となる可能性があると指摘している（Kohli, Sharma, and Sood 2011, p. 47）．このシナリオでは，世界の国内総生産の総計に占めるアジアの割合は急速に上昇し，2010年の28％程度から2050年には50％を超える．世界人口の半分がアジアにいることを踏まえれば，この地域がかつて産業革命以前に占めていた経済的地位を取り戻すことは充分合理的な想定だ．

しかし，アジアの地位の上昇はさらなる努力なしに必然的に起こるものではない．ADBの中尾武彦総裁は，過去50年間におけるアジアの発展に寄与し，今後アジアの成長の気運を維持するためにも必要となる8つの条件を論じた．この条件には，安定的なマクロ経済運営，インフラへの投資，保健や教育など人的資本への支出，開放的な貿易・投資体制の継続的な推進などが含まれる．さらに，政府の良好なガバナンスは成長促進に寄与し，インクルーシブな社会と持続可能な環境は経済的成果の質を向上させるだけでなく，堅実で持続的な成長の基礎でもある．また，政府は信頼できる国家的ビジョンを，それを実現する戦略とともに提示しなければならない．これらの要素を支える前提として，地域全体，そして国内における治安と政治の安定を維持する必要がある．政情不安や紛争が生じれば，苦労して実現した成長と貧困削減も急速に失われてしまう可能性がある（Nakao 2015）．

アジアの国々は，これら良い政策を維持・強化するとともに，域内における既存の，そして新しい数多くの課題に対処していかなければならない．貧困はいまだに根強く残っている．大きなインフラ不足が，経済発展と貧困削減，そして人々の福祉の改善を阻んでいる．2015年の国連サミットで採択された持続可能な開発目標（SDGs）と，国連気候変動枠組条約第21回締約国会議（COP21）で合意された気候変動行動計画を実施していくことは，アジア諸国全体にとっての優先課題である．ジェンダーの平等も推進すべきである．アジアはこのほかにも，都市化，高齢化，格差の拡大，保健関連の問題，「中所得国の罠」など多くの課題に直面している．民間セクターはさらなる発展が必要であり，アジアの開発ニーズを満たすためにはより多くの民間の財源を開発投資に利用すべきである．

ADBは，次の50年間も，各国によるこうした課題への対処を支援していかなければならない．そのために，中尾総裁が本書の序文において語った，3つに集約される機能，すなわち資金と専門的知識を組み合わせて途上国へ提供すること，良い政策を促進すること，そして地域協力プログラムを拡大すること，の達成に向けた取り組みを強化していく必要がある．この役割を効果的に果たすために，ADBは自らを変革しなければならない．充分な財源の確保，人材管理の向上，加盟国での業務から得られる知識と専門的知見の集積，業務プロセスの迅速化，そして市民社会組織などのパートナーとの協働関係のさらなる活用を目指す必要がある．

これまで本書で論じてきたように，過去50年間にわたって，ADBはアジアの変化するニーズに対応しつつ進化してきた．ADBはアジアの人々の共通の願いによって生まれた機関であり，その期待に応えていかなければならない．自らの改革に向けた努力を継続しつつ，ADBはアジアの第一級の国際開発金融機関として，次の50年も，躍動的でインクルーシブな，そして持続可能なアジア太平洋地域の構築に不可欠な役割を果たしていくことだろう．

付属資料

1．アジア：地域概況表

2．ADB：主要な組織，業務，および財務諸表

1．アジア：地域概況表

表A1.1　総人口（年央）[a]

（100万人）

域内加盟国・地域	1966	1976	1986	1996	2006	2015
開発途上加盟国・地域						
中央・西アジア[b]	**102.9**	**132.4**	**167.8**	**212.3**	**256.1**	**305.3**
アフガニスタン	10.1	12.8	11.4	17.5	25.2	28.6
アルメニア	2.3	2.9	3.4	3.2	3.0	3.0
アゼルバイジャン	4.7	5.8	6.8	7.8	8.5	9.7
ジョージア[c]	4.0	4.3	4.7	4.6	4.1	3.7
カザフスタン	11.9	13.9	15.6	15.6	15.3	17.5
キルギス	2.7	3.4	4.1	4.6	5.2	5.9
パキスタン	52.2	68.8	95.2	125.7	156.5	191.7
タジキスタン	2.6	3.5	4.7	5.9	6.9	8.6
トルクメニスタン	1.9	2.6	3.3	4.3	4.8	5.4
ウズベキスタン	10.6	14.4	18.6	23.2	26.5	31.3
東アジア[b]	**784.2**	**988.9**	**1,134.9**	**1,293.3**	**1,391.6**	**1,459.0**
中国	735.4	930.7	1,066.8	1,217.6	1,311.0	1,374.6
香港(Hong Kong, China)	3.6	4.5	5.5	6.4	6.9	7.3
韓国	29.4	35.8	41.2	45.5	48.4	50.6
モンゴル	1.1	1.5	2.0	2.3	2.6	3.0
台湾（Taipei,China）	14.6(1970)	16.3	19.3	21.4	22.8	23.5
南アジア[b]	**589.0**	**736.9**	**929.0**	**1,141.2**	**1,353.2**	**1,491.0**
バングラデシュ	57.7	72.9	95.6	121.0	144.8	157.9
ブータン	0.3	0.4	0.5	0.5	0.7	0.8
インド	508.4	636.2	799.6	979.3	1,162.1	1,283.0
モルジブ	0.1	0.1	0.2	0.3	0.3	0.5
ネパール	11.1	13.6	17.1	21.9	25.8	28.0
スリランカ	11.4	13.7	16.1	18.2	19.5	21.0
東南アジア[b]	**252.4**	**326.0**	**407.7**	**490.9**	**567.1**	**626.1**
ブルネイ	0.1	0.2	0.2	0.3	0.4	0.4
カンボジア	6.6	7.4	8.0	11.0	13.5	15.1
インドネシア	103.1	134.0	168.4	199.9	229.3	255.2
ラオス	2.4	3.1	3.8	5.0	5.8	6.5
マレーシア	9.8	12.6	16.2	21.3	26.3	31.0
ミャンマー	24.6	31.4	39.3	45.3	50.4	52.5
フィリピン	31.9	42.5	55.8	71.4	87.6	101.0
シンガポール	1.9	2.3	2.7	3.7	4.4	5.5
タイ	32.8	43.4	53.0	59.9	66.2	67.2
ベトナム	39.1	49.2	60.2	73.2	83.3	91.7

表A1.1　総人口（年央）[a]（つづき）

（100万人）

域内加盟国・地域	1966	1976	1986	1996	2006	2015
太平洋[b]	**3.81**	**4.86**	**6.07**	**7.59**	**9.35**	**11.83**
クック諸島	…	0.02(1975)	0.02	0.02	0.02	0.02
フィジー	0.48	0.59	0.72	0.78	0.83	0.87
キリバス	0.05	0.06	0.07	0.08	0.09	0.11
マーシャル諸島	0.02	0.03	0.04	0.05	0.05	0.05
ミクロネシア連邦	0.05	0.06	0.09	0.11	0.11	0.10
ナウル	0.01	0.01	0.01	0.01	0.01	0.01
パラオ	0.01	0.01	0.01	0.02	0.02	0.02
パプアニューギニア	2.21	2.89	3.77	4.84	6.24	8.23
サモア	0.13	0.15	0.16	0.17	0.18	0.19
ソロモン諸島	0.14	0.20	0.28	0.37	0.48	0.59
東ティモール	0.56	0.65	0.67	0.86	1.00	1.25
トンガ	0.08	0.09	0.09	0.10	0.10	0.10
ツバル	0.01	0.01	0.01	0.01	0.01	0.01
バヌアツ	0.08	0.10	0.13	0.17	0.21	0.28
開発途上加盟国・地域[b, d]	**1,732.2**	**2,189.1**	**2,645.5**	**3,145.2**	**3,577.4**	**3,893.3**
世界人口に占める割合(%)	51.0	52.9	53.7	54.3	54.2	53.0
域内先進加盟国[b]	**114.1**	**129.9**	**140.8**	**147.8**	**152.7**	**155.3**
オーストラリア	11.7	14.0	16.0	18.3	20.7	23.8
日本	99.8	112.8	121.5	125.8	127.9	127.0
ニュージーランド	2.7	3.1	3.2	3.7	4.2	4.6
世界人口に占める割合(%)	3.4	3.1	2.9	2.6	2.3	2.1
域内加盟国・地域[b, e]	**1,846.4**	**2,319.0**	**2,786.2**	**3,293.0**	**3,730.2**	**4,048.6**
世界人口に占める割合(%)	54.4	56.0	56.5	56.9	56.6	55.1
世界人口（単位：10億人）	**3.4**	**4.1**	**4 9**	**5.8**	**6.6**	**7.3**

…＝データなし，

a　2015年に関して，ジョージアおよびキルギスは1月1日，アフガニスタンは5月1日，ミクロネシア連邦は9月30日，インドおよびミャンマーは10月1日，キリバスは11月7日，中国は12月31日の時点における推定人口数を記載．当該年についてデータがない場合，その前後で最も近い年のデータを示した．

b　地域別の合計については，表中の各年または最も近い年の利用可能なデータを使用して算出している．また，地域別の合計は，少なくともその地域の80%以上の人口を占める3分の2以上の国についてデータが確認できる場合に集計している．

c　2015年の推定人口は2014年の国勢調査にもとづく．2014年以前の修正推計人口は，まだ利用可能となっていない．

d　数値はADBの開発途上加盟国・地域の合計人口の和．

e　数値はADBの開発途上加盟国・地域および域内先進加盟国の合計人口の和．

出所：アジア開発銀行，統計データベースシステム，http://sdbs.adb.org（2017年1月20日にアクセス）．世界銀行，世界開発指標データベース，http://data.worldbank.org（2017年1月20日にアクセス）．ADBによる推計．

表A1.2　国内総生産[a]

（2010年米ドルベース，100万ドル）

域内加盟国・地域	1966	1976	1986	1996	2006	2015
開発途上加盟国・地域						
中央・西アジア	…	…	…	**213,618**	**394,290**	**616,605**
アフガニスタン	…	…	…	…	10,305	20,737
アルメニア	…	…	…	3,554	8,680	11,457
アゼルバイジャン	…	…	…	9,467	33,290	59,025
ジョージア	7,539	13,664	20,046	5,325	9,903	14,754
カザフスタン	…	…	…	59,422	121,197	186,232
キルギス	…	…	3,788	2,613	3,979	6,059
パキスタン	20,696	33,814	63,589	105,001	159,256	215,035
タジキスタン	…	…	6,454	2,138	4,388	7,913
トルクメニスタン	…	…	9,506（1987）	9,223	15,301	37,278
ウズベキスタン	…	…	17,897（1987）	16,875	27,989	58,114
東アジア	…	…	**1,068,685**	**2,596,955**	**5,554,521**	**10,843,840**
中国	148,200	244,985	616,801	1,625,871	4,023,920	8,795,129
香港(Hong Kong, China)	17,964	36,557	79,674	140,520	201,916	264,271
韓国	41,411	113,680	257,792	590,829	941,020	1,266,580
モンゴル	…	…	3,507	3,428	5,702	11,694
台湾(Taipei,China)	…	…	110,911	236,308	381,963	506,165
南アジア	**196,863**	**279,010**	**430,882**	**742,648**	**1,380,088**	**2,554,298**
バングラデシュ	22,995	24,645	36,747	55,328	91,589	156,630
ブータン	…	…	263	534	1,077	2,049
インド	163,579	239,510	370,104	649,877	1,227,441	2,295,155
モルジブ	…	…	…	…	1,845	2,905
ネパール	3,234	3,922	5,602	9,083	13,311	19,661
スリランカ	7,056	10,933	18,166	27,825	44,826	77,899
東南アジア	…	**302,138**	**542,748**	**1,133,398**	**1,620,279**	**2,527,784**
ブルネイ	…	8,533	9,302	11,528	13,848	13,638
カンボジア	…	…	…	3,857	9,015	15,930
インドネシア	57,546	116,999	225,214	471,391	602,627	987,514
ラオス	…	…	1,672	2,840	5,266	10,378
マレーシア	17,276	33,900	59,387	141,477	216,303	329,954
ミャンマー	3,916	5,504	8,831	11,325	33,103	70,538
フィリピン	37,495	64,824	77,566	111,364	165,099	265,832
シンガポール	8,170	22,839	45,289	109,941	185,843	287,018
タイ	24,583	49,540	91,515	221,897	297,868	392,475
ベトナム	…	…	23,972	47,778	91,308	154,509

表A1.2 国内総生産[a]（つづき）

（2010年米ドルベース，100万ドル）

域内加盟国・地域	1966	1976	1986	1996	2006	2015
太平洋	…	…	…	**12,208**	**17,447**	**24,639**
クック諸島	…	…	…	…	289	317
フィジー	812	1,561	1,990	2,538	3,088	3,844
キリバス	…	183	129	129	155	182
マーシャル諸島	…	…	104	145	155	177
ミクロネシア連邦	…	…	203	282	298	292
ナウル	…	…	…	…	…	114
パラオ	…	…	…	194	207	222
パプアニューギニア	2,314	3,545	4,327	7,118	7,442	13,313(2014)
サモア	…	…	395	439	639	716
ソロモン諸島	…	…	…	595	574	790
東ティモール	…	…	…	…	3,622	3,504(2014)
トンガ	…	…	244	292	353	386
ツバル	…	…	…	23	30	37
バヌアツ	…	…	347	452	596	747
開発途上加盟国・地域	…	…	…	**4,698,826**	**8,966,625**	**16,567,166**
世界のGDPに占める割合(%)	…	…	…	10.9	14.9	22.1
域内先進加盟国	**1,631,831**	**2,887,908**	**4,381,487**	**6,038,018**	**6,918,006**	**7,103,321**
オーストラリア	253,862	390,415	523,795	714,579	1,021,939	1,301,412
日本	1,377,970	2,497,493	3,773,795	5,220,783	5,572,856	5,632,781
ニュージーランド	…	…	83,897	102,656	143,211	169,128
世界のGDPに占める割合(%)	10.6	12.0	13.5	13.9	11.5	9.5
域内加盟国・地域[b]	…	…	…	**10,736,844**	**15,884,632**	**23,670,487**
世界のGDPに占める割合(%)	…	…	…	24.8	26.4	31.6
世界のGDP	**15,402,533**	**24,019,438**	**32,529,704**	**43,300,988**	**60,229,092**	**74,888,840**

…＝データなし，GDP＝国内総生産．

a　当該年についてデータがない場合，その前後で最も近い年のデータを示した．地域別の合計は，少なくともその地域の80%以上の人口を占める3分の2以上の国についてデータが確認できる場合に集計している．地域別の合計を算定する際，欠落しているデータに対する補完は行っていない．ただし，2015年の太平洋，開発途上加盟国・地域，および域内加盟国・地域の合計はパプアニューギニア（2014年）および東ティモール（2014年）のデータを含んでいる．

b　数値はADBの開発途上加盟国・地域および域内先進加盟国のGDPの和．

出所：アジア開発銀行，統計データベースシステム，http://sdbs.adb.org（2017年1月20日にアクセス）．行政院主計総処，http://eng.dgbas.gov.tw/mp.asp?mp=2（2017年2月21日にアクセス）．世界銀行，世界開発指標データベース，http://data.worldbank.org（2017年2月21日にアクセス）．ADBによる推計．

表A1.3　1人当たり国内総生産[a]

（2010年米ドルベース）

域内加盟国・地域	1966	1976	1986	1996	2006	2015
開発途上加盟国・地域						
中央・西アジア	…	…	…	**1,097**	**1,540**	**2,019**
アフガニスタン	…	…	…	…	409	725
アルメニア	…	…	…	1,120	2,891	3,813
アゼルバイジャン	…	…	…	1,220	3,924	6117
ジョージア	1,900	3,147	4,261	1,154	2,394	3,973
カザフスタン	…	…	…	3,814	7,917	10,618
キルギス	…	…	931	565	763	1,028
パキスタン	397	491	668	835	1,017	1,122
タジキスタン	…	…	1,376	365	631	925
トルクメニスタン	…	…	2,872（1987）	2,161	3,187	6,935
ウズベキスタン	…	…	960（1987）	727	1,057	1,857
東アジア	…	…	**942**	**2,008**	**3,991**	**7,432**
中国	202	263	578	1,335	3,069	6,398
香港（Hong Kong, China）	4,949	8,091	14,422	21,835	29,446	36,173
韓国	1,407	3,171	6,255	12,978	19,454	25,023
モンゴル	…	…	1,775	1,480	2,229	3,863
台湾（Taipei,China）	…	…	5,733	11,021	16,736	21,573
南アジア	**334**	**379**	**464**	**651**	**1,020**	**1,713**
バングラデシュ	399	338	385	457	632	992
ブータン	…	…	544	1,043	1,615	2,706
インド	322	376	463	664	1,056	1,789
モルジブ	…	…	…	…	5,540	6,228
ネパール	291	288	328	415	516	703
スリランカ	617	797	1,130	1,528	2,296	3,716
東南アジア	…	**1,135**	**1,358**	**2,309**	**2,857**	**4,038**
ブルネイ	…	51,008	40,547	38,115	37,614	32,689
カンボジア	…	…	…	350	667	1,058
インドネシア	558	873	1,337	2,358	2,629	3,870
ラオス	…	…	442	572	902	1,598
マレーシア	1,755	2,691	3,661	6,654	8,236	10,644
ミャンマー	159	175	225	250	657	1,345
フィリピン	1,177	1,527	1,390	1,559	1,885	2,632
シンガポール	4,223	9,959	16,569	29,951	42,224	51,855
タイ	750	1,142	1,727	3,706	4,501	5,837
ベトナム	…	…	398	653	1,096	1,685

表A1.3　1人当たり国内総生産[a]（つづき）

（2010年米ドルベース）

域内加盟国・地域	1966	1976	1986	1996	2006	2015
太平洋	…	…	…	**1,822**	**1,867**	**2,232**
クック諸島	…	…	…	…	12,144	16,855
フィジー	1,706	2,658	2,769	3,235	3,732	4,421
キリバス	…	3,263	1,967	1,634	1,643	1,656
マーシャル諸島	…	…	2,598	2,825	2,969	3,285
ミクロネシア連邦	…	…	2,310	2,606	2,817	2,853
ナウル	…	…	…	…	…	10,465
パラオ	…	…	…	10,970	10,364	12,600
パプアニューギニア	1,048	1,227	1,147	1,471	1,193	1,784（2014）
サモア	…	…	2,463	2,564	3,531	3,698
ソロモン諸島	…	…	…	1,611	1,194	1,332
東ティモール	…	…	…	…	3,636	2,891（2014）
トンガ	…	…	2,588	3,033	3,477	3,706
ツバル	…	…	…	2,528	3,063	3,386
バヌアツ	…	…	2,611	2,631	2,778	2,692
開発途上加盟国・地域	…	…	…	**1,503**	**2,506**	**4,256**
域内先進加盟国	**14,643**	**22,775**	**31,125**	**40,853**	**45,294**	**45,728**
オーストラリア	21,789	27,821	32,700	39,025	49,374	54,713
日本	13,809	22,147	31,062	41,515	44,996	44,367
ニュージーランド	…	…	25,844	27,507	34,223	36,801
域内加盟国・地域[b]	…	…	…	**3,279**	**4,258**	**5,848**
世界の国民1人当たりGDP	**4,536**	**5,804**	**6,602**	**7,480**	**9,133**	**10,194**

…＝データなし，GDP＝国内総生産

a　当該年についてデータがない場合，その前後で最も近い年のデータを示した．地域別の国民1人当たり平均GDPは，少なくともその地域の80％以上の人口を占める3分の2以上の国についてデータが確認できる場合に集計している．地域別の合計を算定する際，欠落しているデータに対する補完は行っていない．地域別の平均は，各参照年におけるデータによる各国の平均を指す．ただし，2015年の太平洋，開発途上加盟国・地域，および域内加盟国・地域の平均はパプアニューギニア（2014年）および東ティモール（2014年）のデータを含んでいる．

b　数値は，ADBの開発途上加盟国・地域および域内先進加盟国の国民1人当たりGDPの平均．

出所：アジア開発銀行，統計データベースシステム，http://sdbs.adb.org（2017年1月20日にアクセス）．行政院主計総処，http://eng.dgbas.gov.tw/mp.asp?mp=2（2017年2月21日にアクセス）．世界銀行，世界開発指標データベース，http://data.worldbank.org（2017年2月21日にアクセス）．ADBによる推計．

表A1.4a　第1次産業（農林水産業）付加価値額[a]

（GDPに占める割合，%）

域内加盟国・地域	1966	1976	1986	1996	2006	2015
開発途上加盟国・地域						
中央・西アジア[b]	…	…	**27.6**	**23.8**	**17.2**	**16.3**
アフガニスタン	…	…	…	38.5（2002）	29.2	22.9
アルメニア	…	…	17.4（1990）	36.8	20.5	19.0
アゼルバイジャン	…	…	29.0（1990）	27.5	7.5	6.8
ジョージア	…	24.8（1980）	26.8	34.1	12.8	9.2
カザフスタン	…	…	26.7（1992）	12.8	5.9	5.0
キルギス	…	…	33.5（1990）	49.7	32.8	15.9
パキスタン	37.1	31.6	27.6	25.5	23.0	25.5
タジキスタン	…	32.7（1985）	33.1	39.0	24.2	25.0
トルクメニスタン	…	…	26.9（1987）	13.3	17.4	8.5（2014）
ウズベキスタン	…	…	27.6（1987）	26.1	27.9	19.0（2013）
東アジア[b]	…	…	**18.4**	**12.1**	**7.7**	**7.8**
中国	37.2	32.4	26.6	19.3	10.6	9.3
香港（Hong Kong, China）	…	…	0.4	0.1	0.1	0.1（2014）
韓国	36.5	24.1	11.1	5.5	3.0	2.3
モンゴル	…	16.7（1981）	18.7	41.0	19.6	14.8
台湾（Taipei,China）	12.7（1975）	11.4	5.4	3.1	1.6	1.8
南アジア[b]	…	…	**30.3**	**26.8**	**18.3**	**16.7**
バングラデシュ	53.9	51.9	34.1	24.5	19.0	15.5
ブータン	…	43.6（1980）	42.1	31.2	22.1	17.7（2014）
インド	41.8	35.8	29.7	27.1	18.3	17.0
モルジブ	…	…	11.5（1995）	10.7	6.4	3.4（2014）
ネパール	70.5	69.3	51.5	41.5	34.6	31.8
スリランカ	28.7	29.3	27.5	22.5	11.3	8.7
東南アジア[b]	…	…	**22.6**	**20.3**	**10.7**	**11.2**
ブルネイ	1.3（1974）	1.1	1.9	1.1	0.7	1.1
カンボジア	…	…	46.5（1993）	46.6	31.7	28.2
インドネシア	50.8	29.7	24.2	16.7	13.0	14.0
ラオス	…	…	60.6（1989）	53.3	35.3	24.8（2014）
マレーシア	31.5	29.4	20.2	11.7	8.6	8.6
ミャンマー	41.5（1970）	46.6	50.2	60.1	43.9	26.7
フィリピン	27.1	29.3	23.9	20.6	12.4	10.3
シンガポール	2.2（1975）	2.1	0.7	0.2	0.1	0.0
タイ	33.4	26.7	15.7	9.1	9.4	9.1
ベトナム	…	40.2（1985）	38.1	27.8	18.7	18.9

表A1.4a　第1次産業（農林水産業）付加価値額[a]（つづき）

（GDPに占める割合，%）

域内加盟国・地域	1966	1976	1986	1996	2006	2015
太平洋[b]	…	…	**30.4**	**28.9**	**19.9**	**12.1**
クック諸島	…	14.5(1985)	13.9	10.3	5.5	8.1
フィジー	32.0	25.8	20.9	20.1	14.5	11.5(2014)
キリバス	…	19.6(1978)	26.8	27.4	23.2	23.5(2014)
マーシャル諸島	…	…	…	…	9.3	14.3
ミクロネシア連邦	…	…	25.3(1995)	24.6	24.4	27.8
ナウル	…	…	27.9(1987)	6.7(1994)	7.8	2.6(2012)
パラオ	…	…	18.5(1992)	3.9	4.8	3.4
パプアニューギニア	43.0	33.6	35.3	33.3	21.2	20.2(2013)
サモア	…	…	22.5(1994)	18.5	12.0	9.3
ソロモン諸島	…	…	28.9(1990)	41.1	35.7	28.0(2014)
東ティモール	…	…	…	…	5.1	6.7(2014)
トンガ	50.1(1975)	45.8	38.9	23.8	18.6	19.4(2014)
ツバル	…	8.0(1981)	18.4	25.1	24.1	24.5(2012)
バヌアツ	…	22.0(1979)	23.9	17.6	23.8	26.8(2014)
開発途上加盟国・地域[b]	…	…	**22.5**	**16.8**	**10.2**	**9.6**
域内先進加盟国[b]	…	**4.8**	**2.8**	**1.9**	**1.5**	…
オーストラリア	7.0(1972)	6.3	5.1	3.7	3.0	2.3
日本	5.1(1970)	4.4	2.5	1.7	1.2	1.2(2014)
ニュージーランド	11.6(1971)	10.9	6.2	7.0	5.4	6.1(2012)
域内加盟国・地域[b]	…	…	**9.2**	**7.4**	**6.3**	…
世界	…	…	**5.8**	**4.1**	**3.4**	**4.3**

…＝データなし，0.0＝採用単位の半分未満の値，GDP＝国内総生産.

a　当該年についてデータがない場合，その前後で最も近い年のデータを示した.

b　地域別の合計は，各年の利用可能なデータを使用して算出し，欠落しているデータに対する補完は行っていない．また，地域別の平均の数値は，3分の2以上の国が含まれる場合に示している.

出所：アジア開発銀行，統計データベースシステム，http://sdbs.adb.org（2017年1月19日にアクセス）．国連統計部，UNDATA，http://data.un.org/（2016年12月27日にアクセス）．世界銀行，世界開発指標データベース，http://data.worldbank.org（2017年2月20日にアクセス）．ADBによる推計.

表A1.4b　第2次産業（鉱業，製造業，建設業）付加価値額

（GDPに占める割合，%）

域内加盟国・地域	1966	1976	1986	1996	2006	2015
開発途上加盟国・地域						
中央・西アジア[b]	…	…	**23.4**	**26.9**	**32.2**	**29.3**
アフガニスタン	…	…	…	23.7（2002）	28.8	22.9
アルメニア	…	…	52.0（1990）	32.6	44.7	28.2
アゼルバイジャン	…	…	…	39.1	68.9	50.2
ジョージア	…	35.2（1980）	37.0	23.7	24.9	24.5
カザフスタン	…	…	44.6（1992）	26.9	42.1	33.2
キルギス	…	…	35.0（1990）	18.3	20.1	26.9
パキスタン	20.6	24.3	23.4	24.2	20.9	19.0
タジキスタン	…	…	40.1	31.6	31.1	28.0
トルクメニスタン	…	…	38.5（1987）	68.8	36.3	63.0（2014）
ウズベキスタン	…	…	38.3（1987）	30.5	29.9	33.2（2013）
東アジア[b]	…	…	**41.5**	**41.6**	**42.1**	**39.7**
中国	37.9	45.0	43.5	47.1	47.6	40.7
香港（Hong Kong, China）	…	…	30.5	14.7	8.2	7.2（2014）
韓国	22.1	29.1	37.2	37.8	36.9	38.0
モンゴル	…	25.0（1981）	28.3	25.2	43.0	34.1
台湾（Taipei,China）	39.9（1975）	43.2	45.8	32.5	32.4	35.4
南アジア[b]	…	…	**25.4**	**26.2**	**28.5**	**29.5**
バングラデシュ	10.3	14.4	20.8	22.8	25.4	28.2
ブータン	…	11.7（1980）	20.1	33.8	39.0	42.9（2014）
インド	20.1	23.4	25.9	26.6	28.8	29.7
モルジブ	…	…	13.5（1995）	12.8	13.5	18.5（2014）
ネパール	9.3	8.9	15.9	22.9	17.2	14.9
スリランカ	20.3	27.4	27.0	26.6	30.6	30.7
東南アジア[b]	…	…	**33.4**	**34.3**	**41.1**	**36.2**
ブルネイ	90.5（1974）	90.5	58.8	56.3	73.2	60.2
カンボジア	…	…	13.0（1993）	15.7	27.6	29.4
インドネシア	11.9	34.1	33.7	43.5	46.9	41.3
ラオス	…	…	13.4（1989）	21.1	27.7	34.7（2014）
マレーシア	29.6	37.3	39.2	43.5	46.1	39.6
ミャンマー	13.3（1970）	11.5	12.2	10.4	19.2	34.5
フィリピン	30.9	36.2	34.6	32.1	33.5	30.8
シンガポール	32.4（1975）	33.2	34.4	33.6	31.7	26.4
タイ	22.5	27.6	33.1	37.3	39.3	35.7
ベトナム	…	27.4（1985）	28.9	29.7	38.6	37.0

表A1.4b　第2次産業（鉱業，製造業，建設業）付加価値額（つづき）

（GDPに占める割合，%）

域内加盟国・地域	1966	1976	1986	1996	2006	2015
太平洋 [b]	…	…	**26.5**	**29.6**	**27.8**	**17.3**
クック諸島	…	8.5(1985)	11.1	7.1	8.7	8.9
フィジー	24.7	22.4	20.1	24.1	18.9	18.7(2014)
キリバス	…	57.0(1978)	8.8	8.6	8.0	14.6(2014)
マーシャル諸島	…	…	…	…	12.1	10.6
ミクロネシア連邦	…	…	7.3(1995)	7.9	4.4	6.5
ナウル	…	…	8.8(1987)	14.5(1994)	2.1	66.2(2012)
パラオ	…	…	12.6(1992)	9.1	13.6	8.7
パプアニューギニア	21.1	26.6	31.2	36.6	36.3	27.0(2013)
サモア	…	…	28.0(1994)	27.4	29.7	24.2
ソロモン諸島	…	…	5.0(1990)	15.8	6.8	15.0(2014)
東ティモール	…	…	…	…	84.9	72.5(2014)
トンガ	10.4(1975)	10.6	14.6	22.3	18.2	18.2(2014)
ツバル	…	9.8(1981)	16.9	11.2	6.0	5.6(2012)
バヌアツ	…	6.0(1979)	10.2	10.6	9.2	8.7(2014)
開発途上加盟国・地域 [b]	…	…	**35.2**	**37.0**	**39.5**	**37.6**
域内先進加盟国 [b]	…	**39.3**	**37.7**	**31.4**	**27.1**	…
オーストラリア	39.1(1972)	39.0	37.0	28.5	27.9	23.8
日本	43.7(1970)	39.4	37.8	31.7	28.1	26.9(2014)
ニュージーランド	35.9(1971)	35.8	32.7	27.1	24.9	23.0(2012)
域内加盟国・地域 [b]	…	…	**36.9**	**33.5**	**34.0**	…
世界	…	…	…	**29.8**	**29.4**	**26.3**

…＝データなし，GDP＝国内総生産.

a　当該年についてデータがない場合，その前後で最も近い年のデータを示した.

b　地域別の合計は，各年の利用可能なデータを使用して算出し，欠落しているデータに対する補完は行っていない．また，各合計は3分の2以上の国についてデータが確認できる場合に示している.

出所：アジア開発銀行，統計データベースシステム，http://sdbs.adb.org（2017年1月19日にアクセス）．国連統計部，UNDATA，http://data.un.org/（2016年12月27日にアクセス）．世界銀行，世界開発指標データベース，http://data.worldbank.org（2017年2月20日にアクセス）．ADBによる推計.

表A1.4c　第3次産業（その他）付加価値額[a]

（GDPに占める割合，%）

域内加盟国・地域	1966	1976	1986	1996	2006	2015
開発途上加盟国・地域						
中央・西アジア[b]	…	…	**49.0**	**49.3**	**50.6**	**54.4**
アフガニスタン	…	…	…	37.8(2002)	41.9	54.2
アルメニア	…	…	30.7(1990)	30.6	34.9	52.8
アゼルバイジャン	…	…	38.1(1990)	33.4	23.6	43.0
ジョージア	…	40.0(1980)	36.2	42.1	62.3	66.3
カザフスタン	…	…	28.7(1992)	60.3	52.0	61.8
キルギス	…	…	31.4(1990)	32.0	47.2	57.1
パキスタン	42.3	44.2	49.0	50.4	56.0	55.5
タジキスタン	…	25.0(1985)	26.8	29.5	44.7	47.1
トルクメニスタン	…	…	34.6(1987)	17.8	46.3	28.6(2014)
ウズベキスタン	…	…	34.1(1987)	43.4	42.2	47.8(2013)
東アジア[b]	…	…	**40.1**	**46.2**	**50.2**	**52.6**
中国	24.9	22.6	29.8	33.6	41.8	50.0
香港(Hong Kong, China)	…	…	69.1	85.2	91.8	92.7(2014)
韓国	41.4	46.8	51.7	56.7	60.2	59.7
モンゴル	…	58.3(1981)	53.1	33.8	37.4	51.1
台湾(Taipei,China)	47.4(1975)	45.5	48.7	64.4	66.1	62.8
南アジア[b]	…	…	**44.3**	**47.0**	**53.2**	**53.8**
バングラデシュ	35.7	33.6	45.0	52.7	55.6	56.4
ブータン	…	44.6(1980)	37.8	35.1	38.9	39.4(2014)
インド	38.1	40.8	44.4	46.3	52.9	53.2
モルジブ	…	…	75.0(1995)	76.5	80.1	78.1(2014)
ネパール	20.2	21.9	32.7	35.6	48.2	53.3
スリランカ	51.0	43.3	45.6	50.9	58.0	60.6
東南アジア[b]	…	…	**44.0**	**45.3**	**48.2**	**52.6**
ブルネイ	8.1(1974)	8.4	39.3	42.6	26.1	38.7
カンボジア	…	…	40.5(1993)	37.7	40.8	42.3
インドネシア	37.3	36.3	42.0	39.9	40.1	44.7
ラオス	…	…	26.0(1989)	25.6	37.0	40.5(2014)
マレーシア	38.8	33.3	40.6	44.8	45.3	51.8
ミャンマー	45.2(1970)	41.9	37.6	29.5	36.8	38.7
フィリピン	41.9	34.6	41.5	47.3	54.1	58.9
シンガポール	65.4(1975)	64.7	64.9	66.2	68.2	73.6
タイ	44.1	45.7	51.3	53.6	51.3	55.1
ベトナム	…	32.5(1985)	33.1	42.5	42.7	44.2

表A1.4c　第3次産業（その他）付加価値額[a]（つづき）

（GDPに占める割合，%）

域内加盟国・地域	1966	1976	1986	1996	2006	2015
太平洋[b]	…	…	**43.1**	**41.5**	**52.3**	**70.6**
クック諸島	…	77.1(1985)	75.0	82.6	85.8	83.0
フィジー	43.3	51.8	59.0	55.9	66.6	69.9(2014)
キリバス	…	23.4(1978)	64.4	64.0	68.8	62.0(2014)
マーシャル諸島	…	…	…	…	78.5	75.1
ミクロネシア連邦	…	…	67.3(1995)	67.5	71.2	65.8
ナウル	…	…	63.3(1987)	78.8(1994)	90.1	31.2(2012)
パラオ	…	…	68.9(1992)	87.0	81.6	87.9
パプアニューギニア	35.9	39.8	33.5	30.1	42.5	52.8(2013)
サモア	…	…	49.5(1994)	54.2	58.3	66.6
ソロモン諸島	…	…	66.1(1990)	43.1	57.6	57.0(2014)
東ティモール	…	…	…	…	10.0	20.8(2014)
トンガ	39.5(1975)	43.6	46.5	53.9	63.2	62.4(2014)
ツバル	…	82.2(1981)	64.7	64.0	69.9	70.0(2012)
バヌアツ	…	72.0(1979)	65.8	71.8	67.0	64.5(2014)
開発途上加盟国・地域[b]	…	…	**42.3**	**46.2**	**50.3**	**52.8**
域内先進加盟国[b]	…	**55.9**	**59.6**	**66.6**	**71.5**	…
オーストラリア	53.9(1972)	54.7	57.9	67.8	69.1	73.9
日本	51.2(1970)	56.2	59.7	66.6	70.7	72.0(2014)
ニュージーランド	52.5(1971)	53.3	61.1	66.0	69.7	70.9(2012)
域内加盟国・地域[b]	…	…	**54.0**	**59.1**	**59.7**	…
世界	…	…	…	**66.1**	**67.3**	…

…＝データなし，GDP＝国内総生産.

a　当該年についてデータがない場合，その前後で最も近い年のデータを示した.

b　地域別の合計は，各年の利用可能なデータを使用して算出し，欠落しているデータに対する補完は行っていない．また，各合計は3分の2以上の国についてデータが確認できる場合に示している.

出所：アジア開発銀行，統計データベースシステム，http://sdbs.adb.org（2017年1月19日にアクセス）．国連統計部，UNDATA，http://data.un.org/（2016年12月27日にアクセス）．世界銀行，世界開発指標データベース，http://data.worldbank.org（2017年2月20日にアクセス）．ADBによる推計.

表A1.5　国内総生産に占める財・サービスの輸出額の比率[a]

（GDPに占める割合，%）

域内加盟国・地域	1966	1976	1986	1996	2006	2015
開発途上加盟国・地域						
中央・西アジア						
アフガニスタン	8.6	13.2	…	…	24.9	7.0
アルメニア	…	…	35.0（1990）	23.2	23.4	29.8
アゼルバイジャン	…	…	43.9（1990）	29.5	66.5	37.8
ジョージア	…	…	41.5（1987）	13.3	32.9	45.0
カザフスタン	…	…	74.0（1992）	35.3	51.0	28.5
キルギス	…	…	29.2（1990）	30.7	41.7	36.2
パキスタン	9.2（1967）	10.7	11.9	16.9	14.1	10.9
タジキスタン	…	…	35.2（1988）	76.6	58.2	11.3（2014）
トルクメニスタン	…	…	39.0（1991）	74.6	73.1	73.3（2012）
ウズベキスタン	…	…	28.8（1990）	27.7	37.0	19.3
東アジア						
中国	3.5	4.6	10.5	17.6	35.7	22.4
香港（Hong Kong, China）	75.9	89.4	109.3	136.4	201.8	201.6
韓国	10.0	28.3	33.1	25.7	37.2	45.9
モンゴル	…	23.9（1981）	30.2	35.5	59.4	44.9
台湾（Taipei,China）	…	51.5（1980）	56.5	46.8	65.8	64.6
南アジア						
バングラデシュ	10.3	4.7	5.2	9.7	16.4	17.3
ブータン	…	13.6（1980）	17.6	35.5	54.4	36.3（2014）
インド	4.1	6.6	5.1	10.2	21.1	19.9
モルジブ	…	153.5（1980）	68.1	91.7	53.0	…
ネパール	5.6	10.8	11.7	22.8	13.4	11.7
スリランカ	22.4	29.0	23.7	35.0	30.1	20.5
東南アジア						
ブルネイ	…	93.7	61.8（1989）	59.9	71.7	52.2
カンボジア	7.8	…	…	25.4	68.6	…
インドネシア	14.1	25.9	19.5	25.8	31.0	21.1
ラオス	…	…	3.6	22.7	40.4	…
マレーシア	43.4	52.1	56.5	91.6	112.2	70.9
ミャンマー	…	…	…	…	0.2	17.4
フィリピン	20.4	19.3	26.3	40.5	46.6	28.2
シンガポール	123.3	149.5	148.9	176.1	230.1	176.5
タイ	17.6	20.2	25.6	39.0	68.7	69.1
ベトナム	…	…	6.6	40.9	67.8	89.8

表A1.5 国内総生産に占める財・サービスの輸出額の比率[a]（つづき）

（GDPに占める割合，%）

域内加盟国・地域	1966	1976	1986	1996	2006	2015
太平洋						
クック諸島	…	…	…	…	…	…
フィジー	43.4	37.7	41.7	62.8	47.2	51.8
キリバス	…	56.4	32.0	13.4	11.1	…
マーシャル諸島	…	…	…	…	27.6	52.6(2014)
ミクロネシア連邦	…	…	3.4(1983)	…	…	…
ナウル	…	…	…	…	…	…
パラオ	…	…	20.4(1991)	12.9	43.0	…
パプアニューギニア	16.8	41.8	43.6	59.4	72.2(2004)	…
サモア	…	…	…	31.5	28.9	…
ソロモン諸島	…	36.9(1981)	36.7	34.4	35.4	54.4(2014)
東ティモール	…	…	…	…	96.9	92.7(2014)
トンガ	…	26.9	25.7	20.4	14.4	18.5(2014)
ツバル	…	…	…	…	…	…
バヌアツ	…	33.2(1980)	34.8	46.0	41.3	48.7(2014)
開発途上加盟国・地域[b]	**8.4**	**16.8**	**21.6**	**35.7**	**46.3**	**32.7**
域内先進加盟国[b]	**10.6**	**13.6**	**11.6**	**10.7**	**17.0**	**17.8**
オーストラリア	12.9	13.5	15.0	18.9	19.6	19.8
日本	10.6	13.3	11.1	9.7	16.2	17.9
ニュージーランド	…	26.7	26.6	28.3	29.6	28.1
域内加盟国・地域[b]	**9.4**	**14.8**	**14.7**	**19.7**	**33.2**	**29.2**
世界	**11.8**	**17.9**	**17.0**	**21.5**	**29.1**	**28.9**

…＝データなし，GDP＝国内総生産.

a 当該年についてデータがない場合，その前後で最も近い年のデータを示した.

b 地域別の合計は，各年の利用可能なデータを使用して算出し，欠落しているデータに対する補完は行っていない．また，各合計は3分の2以上の国についてデータが確認できる場合に示している.

出所：アジア開発銀行，統計データベースシステム，http://sdbs.adb.org（2017年1月12日にアクセス）．世界銀行，世界開発指標データベース，http://data.worldbank.org（2017年1月21日にアクセス）．ADBによる推計.

表A1.6　国内総生産に占める財・サービスの輸入額の比率[a]

（GDPに占める割合，％）

域内加盟国・地域	1966	1976	1986	1996	2006	2015
開発途上加盟国・地域						
中央・西アジア						
アフガニスタン	18.6	14.9	…	…	69.6	49.3
アルメニア	…	…	46.3（1990）	56.0	39.3	42.0
アゼルバイジャン	…	…	39.2（1990）	55.5	38.8	34.8
ジョージア	…	…	40.8（1987）	32.4	57.0	64.9
カザフスタン	…	…	75.3（1992）	36.0	40.5	24.7
キルギス	…	…	49.6（1990）	56.6	79.0	72.2
パキスタン	…	19.4	22.7	21.4	21.5	17.1
タジキスタン	…	…	46.2（1988）	80.0	83.0	58.5（2014）
トルクメニスタン	…	…	27.1（1991）	75.4	34.9	44.4（2012）
ウズベキスタン	…	…	47.8（1990）	34.2	30.1	18.5
東アジア						
中国	3.2	4.3	11.2	15.9	28.4	18.8
香港（Hong Kong, China）	79.4	78.8	100.2	137.8	190.6	199.3
韓国	20.1	30.2	28.4	29.0	36.4	38.9
モンゴル	…	71.0（1981）	81.4	42.4	53.5	42.0
台湾（Taipei,China）	…	52.6（1980）	37.7	43.5	60.0	51.6
南アジア						
バングラデシュ	12.7	17.6	11.8	16.4	21.8	24.8
ブータン	…	37.7（1980）	52.4	45.7	59.2	57.3（2014）
インド	6.6	6.0	6.9	11.3	24.2	22.5
モルジブ	…	205.1（1980）	60.7	73.1	71.0	…
ネパール	8.8	14.2	20.3	35.6	31.3	41.7
スリランカ	25.8	31.4	35.3	43.9	41.1	28.0
東南アジア						
ブルネイ	17.4（1974）	18.3	35.2（1989）	60.6	25.2	32.7
カンボジア	12.8	…	…	43.8	76.0	66.6（2014）
インドネシア	20.9	21.5	20.5	26.4	25.6	20.8
ラオス	…	…	7.7	41.1	45.9	…
マレーシア	39.2	41.5	50.4	90.2	90.4	63.3
ミャンマー	13.7	6.6	6.7	1.5	0.1	27.9
フィリピン	18.3	25.2	22.4	49.3	48.4	33.5
シンガポール	130.6	156.4	146.2	159.9	200.3	149.6
タイ	17.9	22.7	23.6	45.3	65.4	57.7
ベトナム	…	…	16.6	51.8	70.7	89.0

表A1.6 国内総生産に占める財・サービスの輸入額の比率[a]（つづき）

（GDPに占める割合，%）

域内加盟国・地域	1966	1976	1986	1996	2006	2015
太平洋						
クック諸島	…	…	…	…	…	…
フィジー	48.0	42.4	39.5	58.8	68.3	62.8(2014)
キリバス	…	35.7	42.0	92.4	90.9	…
マーシャル諸島	…	…	…	…	88.9	102.8(2013)
ミクロネシア連邦	…	…	84.3(1983)	…	…	…
ナウル	…	…	…	…	…	…
パラオ	…	…	…	66.9	76.5	…
パプアニューギニア	40.1	40.8	51.4	48.4	58.9(2004)	…
サモア	…	…	…	50.4	52.6	…
ソロモン諸島	…	79.3	74.9	55.8	55.9	66.2(2014)
東ティモール	…	…	…	…	26.1	57.4(2014)
トンガ	…	56.6	69.9	58.4	51.2	56.5(2014)
ツバル	…	…	…	…	…	…
バヌアツ	…	…	64.8	53.1	48.3	51.1(2014)
開発途上加盟国・地域[b]	**9.6**	**16.7**	**23.0**	**36.8**	**42.0**	**29.3**
域内先進加盟国[b]	…	**13.0**	**8.4**	**10.3**	**16.2**	**19.4**
オーストラリア	15.1	13.4	18.1	19.3	21.4	21.2
日本	9.0	12.6	7.2	9.2	14.9	18.9
ニュージーランド	21.7(1971)	29.3	26.1	26.8	30.0	27.5
域内加盟国・地域[b]	…	**14.4**	**12.9**	**19.9**	**30.4**	**27.0**
世界	**11.8**	**18.1**	**17.5**	**21.1**	**28.6**	**28.1**

…＝データなし，GDP＝国内総生産．

a　当該年についてデータがない場合，その前後で最も近い年のデータを示した．

b　地域別の合計は，各年の利用可能なデータを使用して算出し，欠落しているデータに対する補完は行っていない．また，各合計は3分の2以上の国についてデータが確認できる場合に示している．

出所：アジア開発銀行，統計データベースシステム，http://sdbs.adb.org（2017年1月12日にアクセス）．世界銀行，世界開発指標データベース，http://data.worldbank.org（2017年1月21日にアクセス）．ADBによる推計．

表A1.7　貧困および不平等[a]

	1日当たり1.90ドル未満で生活している人々の割合(2011年の購買力平価にもとづく)		1日当たり3.10ドル未満で生活している人々の割合(2011年の購買力平価にもとづく)		ジニ係数	
	1996年[b]	最近年	1996年[b]	最近年	1996年[b]	最近年
開発途上加盟国・地域						
中央アジア						
アフガニスタン	…	…	…	…	…	…
アルメニア	17.9	2.3(2014)	40.4	14.6(2014)	0.444	0.315(2014)
アゼルバイジャン	7.3(1995)	0.5(2008)	24.8(1995)	2.5(2008)	0.347(1995)	0.318(2008)
ジョージア	6.0	9.8(2014)	17.2	25.3(2014)	0.371	0.401(2014)
カザフスタン	6.3	0.0(2013)	22.9	0.3(2013)	0.354	0.263(2013)
キルギス	30.6(1998)	1.3(2014)	51.5(1998)	17.5(2014)	0.464(1998)	0.268(2014)
パキスタン	15.9	6.1(2013)	60.5	36.9(2013)	0.287	0.307(2013)
タジキスタン	54.4(1999)	19.5(2014)	86.1(1999)	56.7(2014)	0.295(1999)	0.308(2014)
トルクメニスタン	42.3(1998)	…	69.1(1998)	…	0.408(1998)	…
ウズベキスタン	45.5(1998)	66.8(2003)	69.2(1998)	87.8(2003)	0.447(1998)	0.353(2003)
東アジア						
中国	42.1	1.9(2013)	71.5	11.1(2013)	0.428(2008)	0.422(2012)
香港(Hong Kong, China)	…	…	…	…	…	…
韓国	…	…	…	…	0.307(2012)	0.302(2014)
モンゴル	13.9(1995)	0.2(2014)	36.9(1995)	2.7(2014)	0.332(1995)	0.320(2014)
台湾(Taipei,China)	…	…	…	…	0.336(1995)	0.337(2015)
南アジア						
バングラデシュ	35.1(1995)	18.5(2010)	73.2(1995)	56.8(2010)	0.329(1995)	0.321(2010)
ブータン	35.2(2003)	2.2(2012)	60.9(2003)	13.3(2012)	0.468(2003)	0.388(2012)
インド	45.9(1993)	21.2(2011)	79.6(1993)	58.0(2011)	…	0.352(2011)
モルジブ	10.0(2002)	7.3(2009)	36.5(2002)	23.3(2009)	0.413(2002)	0.384(2009)
ネパール	61.9(1995)	15.0(2010)	85.5(1995)	48.4(2010)	0.352(1995)	0.328(2010)
スリランカ	8.9(1995)	1.9(2012)	38.9(1995)	14.6(2012)	0.354(1995)	0.392(2012)
東南アジア						
ブルネイ	…	…	…	…	…	…
カンボジア	30.1(1994)	2.2(2012)	67.0(1994)	21.6(2012)	0.382(1994)	0.308(2012)
インドネシア	45.9	8.3(2014)	77.6	8.3(2014)	…	0.395(2013)
ラオス	30.7(1997)	16.7(2012)	67.9(1997)	46.9(2012)	0.349(1997)	0.379(2012)
マレーシア	1.8(1995)	0.3(2009)	10.7(1995)	2.7(2009)	0.485(1995)	0.463(2009)
ミャンマー	…	…	…	…	…	…
フィリピン	17.7(1997)	13.1(2912)	41.7(1997)	37.6(2012)	0.460(1997)	0.430(2012)
シンガポール	…	…	…	…	…	…
タイ	2.3	0.0(2013)	13.9	0.9(2013)	0.429	0.379(2013)
ベトナム	34.8(1998)	3.1(2014)	3.1(2014)	12.0(2014)	0.354(1998)	0.376(2014)

表A1.7 貧困および不平等[a]（つづき）

	1日当たり1.90ドル未満で生活している人々の割合(2011年の購買力平価にもとづく)		1日当たり3.10ドル未満で生活している人々の割合(2011年の購買力平価にもとづく)		ジニ係数	
	1996年[b]	最近年	1996年[b]	最近年	1996年[b]	最近年
太平洋						
クック諸島	…	…	…	…	…	…
フィジー	5.5(2002)	4.1(2008)	21.9(2002)	18.5(2008)	0.396(2002)	0.428(2008)
キリバス	…	14.1(2006)	…	34.7(2006)		0.376(2006)
マーシャル諸島	…	…	…	…	…	…
ミクロネシア連邦	11.4(2005)	17.4(2013)	28.5(2005)	39.4(2013)	0.431(2005)	0.425(2013)
ナウル	…	…	…	…	…	…
パラオ	…	…	…	…	…	…
パプアニューギニア	53.2	39.3(2009)	70.2	64.7(2009)	0.554	0.439(2009)
サモア	…	0.8(2008)	…	8.4(2008)	…	0.427(2008)
ソロモン諸島	45.6(2005)		69.3(2005)	…	0.461(2005)	…
東ティモール	44.2(2001)	46.8(2007)	72.8(2001)	80.0(2007)	0.376(2001)	0.316(2007)
トンガ	2.8(2001)	1.1(2009)	7.6(2001)	8.2(2009)	0.378(2001)	0.381(2009)
ツバル	…	2.7(2010)	…	16.3(2010)	…	0.411(2010)
バヌアツ	…	15.4(2010)	…	38.8(2010)	…	0.372(2010)
域内先進加盟国						
オーストラリア	…	…	…	…	0.337(1995)	0.349(2010)
日本	…	…	…	…	…	0.321(2008)
ニュージーランド	…	…	…	…	0.323(2011)	0.333(2012)

…＝データなし，0.0＝採用単位の半分未満の値.

a 貧困の推計は消費ベース．ただし，アルメニア（1996年）およびマレーシアは所得ベース．不平等の推計も消費ベースだが，アルメニア（1996年），韓国，マレーシア，ニュージーランド，および台湾（Taipei,China）は所得ベース．韓国とニュージーランドに関して，ジニ係数は税・社会保障による再分配後の可処分所得にもとづく．台湾（Taipei,China）に関して，ジニ係数は可処分所得にもとづく．

b 1996年のデータがないため，直近のデータを使用した．

出所：ADB（2016），*Key Indicators for Asia and the Pacific 2016*，行政院主計総処（台湾（Taipei,China））．http://eng.dgbas.gov.tw/mp.asp?mp=2（2016年11月8日にアクセス）．OECD所得分布・貧困データベース，http://www.oecd.org/social/inequality-and-poverty.htm（2016年11月8日にアクセス）．世界銀行，世界開発指標データベース，http://databank.worldbank.org/data/reports.aspx?source=world-development-indicators（2016年11月8日にアクセス）．

表A1.8　出生時平均余命

（年）

域内加盟国・地域	1966	1976	1986	1996	2006	2014
開発途上加盟国・地域						
中央・西アジア[a]	**53**	**57**	**61**	**62**	**64**	**67**
アフガニスタン	35	40	46	54	57	60
アルメニア	68	71	69	69	74	75
アゼルバイジャン	63	65	66	65	69	71
ジョージア	66	69	70	70	73	75
カザフスタン	61	64	69	64	66	72
キルギス	59	62	65	67	68	70
パキスタン	50	56	59	62	64	66
タジキスタン	59	61	63	63	67	70
トルクメニスタン	57	60	62	63	65	66
ウズベキスタン	61	64	67	66	67	68
東アジア[a]	**52**	**64**	**68**	**70**	**74**	**76**
中国	51	64	68	70	74	76
香港（Hong Kong, China）	70	73	77	80	82	84
韓国	58	64	69	74	79	82
モンゴル	53	57	59	61	66	69
台湾（Taipei,China）	…	…	74(1992)	75	78	80(2013)
南アジア[a]	**46**	**52**	**56**	**61**	**65**	**69**
バングラデシュ	49	50	56	63	68	72
ブータン	35	42	49	57	66	69
インド	45	52	56	61	65	68
モルジブ	41	49	58	66	75	77
ネパール	38	44	51	59	66	70
スリランカ	62	67	69	69	74	75
東南アジア[a]	**55**	**59**	**64**	**67**	**69**	**70**
ブルネイ	65	69	72	74	76	79
カンボジア	42	21	52	56	64	68
インドネシア	52	58	62	65	67	69
ラオス	45	48	52	57	62	66
マレーシア	63	67	70	72	74	75
ミャンマー	48	53	57	61	64	66
フィリピン	60	62	64	66	67	68
シンガポール	67	71	74	77	80	83
タイ	58	63	69	70	73	74
ベトナム	62	63	69	72	74	76

表A1.8 出生時平均余命（つづき）

（年）

域内加盟国・地域	1966	1976	1986	1996	2006	2014
太平洋[a]	**46**	**50**	**56**	**59**	**63**	**65**
クック諸島	…	…	70（1992）	71	74	75
フィジー	58	62	65	67	69	70
キリバス	52	56	58	63	65	66
マーシャル諸島	…	…	63（1998）	67	70	73
ミクロネシア連邦	60	64	66	67	68	69
ナウル	…	…	58（1992）	59	64	66
パラオ	…	…	67（1990）	67	70	73
パプアニューギニア	43	50	55	58	61	63
サモア	53	58	63	68	71	74
ソロモン諸島	52	58	57	60	66	68
東ティモール	37	34	45	55	65	68
トンガ	64	67	69	70	72	73
ツバル	…	…	61	62	63	66
バヌアツ	50	56	62	66	70	72
開発途上加盟国・地域[a]	**50**	**59**	**63**	**66**	**69**	**71**
域内先進加盟国[a]	**71**	**75**	**78**	**80**	**82**	**83**
オーストラリア	71	73	76	78	81	82
日本	71	75	78	80	82	84
ニュージーランド	71	72	74	77	80	81
域内加盟国・地域[a]	**51**	**60**	**64**	**67**	**70**	**72**
世界	**56**	**61**	**65**	**67**	**69**	**71**

…＝データなし．

a　地域の合計は，表内に示した各年について利用可能なデータを基にした推定人口加重平均．地域別の合計は，少なくともその地域の80％以上の人口を占める3分の2以上の国についてデータが確認できる場合に集計している．

出所：ADB（2016），*Key Indicators for Asia and the Pacific 2016*，行政院主計総処（台湾）．http://eng.dgbas.gov.tw/mp.asp?mp=2（2016年11月8日にアクセス）．世界銀行，世界開発指標データベース，http://databank.worldbank.org/data/reports.aspx?source=world-development-indicators（2016年11月8日にアクセス）．ADBによる推計．

表A1.9　乳幼児（5歳以下）死亡率[a]

（新生児1,000人当たり）

域内加盟国・地域	1966	1976	1986	1996	2006	2015
開発途上加盟国・地域						
中央・西アジア[b]	…	…	**132.6**	**114.5**	**90.5**	**70.8**
アフガニスタン	328.7	273.6	209.2	148.6	116.3	91.1
アルメニア	…	88.1	59.1	36.8	22.2	14.1
アゼルバイジャン	…	108.2(1982)	99.0	92.1	48.6	31.7
ジョージア	68.6(1975)	66.3	49.8	43.0	22.7	11.9
カザフスタン	84.5(1971)	76.4	57.5	51.8	30.3	14.1
キルギス	112.6(1975)	110.0	75.0	58.9	37.9	21.3
パキスタン	209.8	169.6	148.7	123.0	99.3	81.1
タジキスタン	152.8(1972)	136.0	118.3	116.2	61.5	44.8
トルクメニスタン	…	138.8(1977)	100.0	88.7	68.0	51.4
ウズベキスタン	…	126.7(1979)	80.8	68.7	52.5	39.1
東アジア[b]	…	…	**52.6**	**43.8**	**21.5**	**10.6**
中国	119.1(1969)	79.8	53.7	45.6	21.9	10.7
香港(Hong Kong, China)	…	…	…	…	…	…
韓国	77.8	23.5	9.3	5.3	5.2	3.4
モンゴル	…	179.9(1978)	130.0	80.3	40.3	22.4
台湾(Taipei,China)	…	…	…	…	…	…
南アジア[b]	…	…	**143.5**	**104.6**	**69.6**	**46.0**
バングラデシュ	232.3	214.5	167.7	108.6	63.0	37.6
ブータン	278.6(1969)	228.4	158.8	99.8	54.8	32.9
インド	226.3	188.6	141.2	105.3	71.5	47.7
モルジブ	297.9	193.4	114.5	65.8	20.1	8.6
ネパール	293.1	234.2	169.5	101.8	56.6	35.8
スリランカ	78.9	61.4	26.9	19.5	13.2	9.8
東南アジア[b]	…	…	**84.2**	**56.3**	**38.1**	**27.1**
ブルネイ	…	16.8(1982)	14.1	10.3	9.0	10.2
カンボジア	310.0(1975)	285.6	119.6	122.6	60.4	28.7
インドネシア	188.2	136.5	99.5	63.6	39.6	27.2
ラオス	…	208.3(1978)	178.1	135.5	93.5	66.7
マレーシア	67.3	39.9	20.5	12.9	8.1	7.0
ミャンマー	187.5(1968)	155.3	121.3	92.7	68.1	50.0
フィリピン	90.4	82.0	71.6	44.0	34.9	28.0
シンガポール	33.6	16.0	10.4	5.0	2.9	2.7
タイ	118.6	73.7	46.0	27.0	17.0	12.3
ベトナム	91.8	75.9	58.5	39.5	27.7	21.7

表A1.9 乳幼児（5歳以下）死亡率[a]（つづき）

（新生児1,000人当たり）

域内加盟国・地域	1966	1976	1986	1996	2006	2015
太平洋[b]	…	…	**99.1**	**78.8**	**64.6**	**51.1**
クック諸島	71.0	36.8	26.5	20.9	12.2	8.1
フィジー	58.5	51.6	34.1	25.8	23.8	22.4
キリバス	160.7	124.8	111.9	79.4	64.8	55.9
マーシャル諸島	101.1	76.0	58.7	41.9	39.9	36.0
ミクロネシア連邦	…	57.2(1981)	58.6	55.9	45.9	34.7
ナウル	…	…	56.9(1990)	46.4	39.0	35.4
パラオ	…	41.8(1984)	39.9	30.4	22.1	16.4
パプアニューギニア	165.0	119.9	95.5	82.0	72.9	57.3
サモア	…	39.0(1984)	35.8	24.9	19.1	17.5
ソロモン諸島	141.4	68.4	43.3	34.8	33.4	28.1
東ティモール	…	…	210.0	134.0	78.5	52.6
トンガ	66.7	35.3	24.8	18.6	16.7	16.7
ツバル	83.9(1975)	80.3	59.3	49.7	35.6	27.1
バヌアツ	128.1	84.8	44.6	29.9	28.0	27.5
開発途上加盟国・地域[b]	**201.9**	**135.2**	**101.3**	**82.2**	**54.0**	**36.5**
域内先進加盟国[b]	**22.5**	**13.0**	**7.9**	**5.8**	**4.1**	**3.1**
オーストラリア	22.1	16.2	11.0	6.8	5.6	3.8
日本	22.6	12.5	7.1	5.5	3.6	2.7
ニュージーランド	22.5	17.7	13.4	8.4	6.5	5.7
域内加盟国・地域[b]	**191.9**	**131.1**	**99.2**	**80.5**	**53.0**	**35.8**
世界	**171.2**	**126.6**	**98.6**	**84.0**	**60.1**	**42.5**

…＝データなし.

a 当該年についてデータがない場合，その前後で最も近い年のデータを示した.

b 各年に関する年間生児出生にもとづく推定加重平均.

出所：国連小児死亡率推計に関する機関間グループ，http://www.childmortality.org（2016年12月28日にアクセス）．世界銀行，世界開発指標データベース，http://data.worldbank.org（2016年12月28日にアクセス）．ADBによる推計.

表A1.10　初等教育純就学率（調整後）[a]，男女計

（当該年齢グループに占める割合，%）

域内加盟国・地域	1966	1976	1986	1996	2006	2014	2015
開発途上加盟国・地域							
中央・西アジア	…	…	…	…	**71**	**74**	…
アフガニスタン	…	27(1974)	…	29(1993)	…	…	…
アルメニア	…	…	…	87(2002)	90	…	96
アゼルバイジャン	…	…	92(1991)	93	84	95	94
ジョージア	…	…	…	84	95	99(2011)	…
カザフスタン	…	…	…	94(2000)	98	99	100
キルギス	…	…	…	92	96	98	…
パキスタン	…	…	…	59(2002)	66	73	74
タジキスタン	…	…	…	94(2000)	97	97	98
トルクメニスタン	…	…	…	…	…	…	…
ウズベキスタン	…	…	…	…	97(2007)	97	97
東アジア	…	…	**91**	**91**	**96**	**97**	…
中国	…	…	94(1987)	91	…	…	…
香港(Hong Kong, China)	…	…	…	…	…	…	…
韓国	97(1971)	97	99	99	100(2007)	96(2013)	…
モンゴル	…	…	…	85	97	96	97
台湾(Taipei,China)	…	…	…	…	…	…	…
南アジア	…	**67**	**73**	**82**	**95**	**98**	…
バングラデシュ	51(1970)	76	60	72(1990)	96	95(2010)	…
ブータン	…	23(1978)	…	55(1998)	77	89	…
インド	61(1971)	…	77(1990)	84(2000)	97(2007)	95	…
モルジブ	…	…	…	93(1997)	98	97(2009)	…
ネパール	…	59(1983)	67(1988)	66(1999)	81(2004)	95	97
スリランカ	…	78(1977)	98	100(2001)	97	97	…
東南アジア	…	**80**	**93**	**93**	**92**	**95**	…
ブルネイ	…	90(1977)	80	99(1995)	…	…	…
カンボジア	…	…	…	83(1997)	94	95	89
インドネシア	70(1971)	76	97	93	94	93	…
ラオス	…	…	65(1988)	69	82	95	93
マレーシア	84(1970)	85(1972)	…	96(1994)	98	98	98
ミャンマー	61(1971)	65(1978)	…	90(2000)	89	95	…
フィリピン	…	97	94	96	87	97(2013)	…
シンガポール	94(1970)	100	98(1984)	89(1995)	80(2007)	79(2009)	…
タイ	76(1973)	76(1974)	…	…	94	92	91
ベトナム	…	97(1977)	91(1985)	99(1998)	92	98(2013)	…

表A1.10 初等教育純就学率（調整後）[a]，男女計（つづき）

（当該年齢グループに占める割合，%）

域内加盟国・地域	1966	1976	1986	1996	2006	2014	2015
太平洋	…	…	…	**74**	**59**	**89**	…
クック諸島	…	…	…	91(1998)	98(2010)	98	97
フィジー	…	…	97(1992)	93	99	97(2013)	98
キリバス	…	99(1979)	97	98	…	98	97
マーシャル諸島	…	…	…	…	98(2002)	100(2011)	78
ミクロネシア連邦	…	…	…	…	…	87	84
ナウル	…	…	…	…	77(2012)	87	…
パラオ	…	…	…	…	…	99	80(2016)
パプアニューギニア	…	…	…	…	…	87(2012)	…
サモア	…	…	…	93(1994)	98(2007)	97	97
ソロモン諸島	…	…	…	…	81	…	…
東ティモール	…	…	…	…	77(2008)	98	97
トンガ	88(1970)	97(1975)	97	95(1998)	99	99	…
ツバル	…	…	…	…	…	96	98
バヌアツ	…	85(1981)	75(1989)	98(1998)	99(2005)	…	…
域内先進加盟国	…	**100**	**100**	**99**	**99**	**99**	…
オーストラリア	96(1971)	98	96	95	96	97	…
日本	100(1971)	100	100	100(1995)	100	100	…
ニュージーランド	100(1970)	100	100	99	99	98	…
世界	**72**(1970)	**78**	**81**	**82**	**89**	**91**	…

…＝データなし．

a　当該年についてデータがない場合，その前後で最も近い年のデータを示した．地域の合計は，ユネスコ統計研究所によって算定された数値であり，当該年のみに関するものである．

出所：国際連合教育科学文化機関（UNESCO）統計研究所，http://data.uis.unesco.org/Index.aspx（2017年2月17日にアクセス）．

2．ADB：主要な組織，業務，および財務諸表

表A2.1　域内および域外加盟国・地域，加盟年

（2016年12月31日現在）

域内	
加盟国・地域	加盟した年
アフガニスタン	1966
オーストラリア	1966
カンボジア	1966
インド	1966
インドネシア	1966
日本	1966
韓国	1966
ラオス	1966
マレーシア	1966
ネパール	1966
ニュージーランド	1966
パキスタン	1966
フィリピン	1966
サモア	1966
シンガポール	1966
スリランカ	1966
台湾（Taipei,China）	1966
タイ	1966
ベトナム	1966
香港（Hong Kong, China）	1969
フィジー	1970
パプアニューギニア	1971
トンガ	1972
バングラデシュ	1973
ミャンマー	1973
ソロモン諸島	1973
キリバス	1974
クック諸島	1976
モルジブ	1978
バヌアツ	1981
ブータン	1982
中国	1986
マーシャル諸島	1990
ミクロネシア連邦	1990
モンゴル	1991
ナウル	1991
ツバル	1993
カザフスタン	1994
キルギス	1994
ウズベキスタン	1995
タジキスタン	1998
アゼルバイジャン	1999
トルクメニスタン	2000
東ティモール	2002
パラオ	2003
アルメニア	2005
ブルネイ	2006
ジョージア	2007

域外	
加盟国	加盟した年
オーストリア	1966
ベルギー	1966
カナダ	1966
デンマーク	1966
フィンランド	1966
ドイツ	1966
イタリア	1966
オランダ	1966
ノルウェー	1966
スウェーデン	1966
英国	1966
米国	1966
スイス	1967
フランス	1970
スペイン	1986
トルコ	1991
ポルトガル	2002
ルクセンブルク	2003
アイルランド	2006

出所：ADB.2016. About ADB – Members. https://www.adb.org/about/members（2016年12月12日にアクセス）.

表A2.2　応募済資本および議決権の割合

（2016年12月31日現在）

	加盟した年	応募済資本[a]（合計に占める割合，%）	議決権[b]（合計に占める割合，%）
域内			
アフガニスタン	1966	0.034	0.326
アルメニア	2005	0.298	0.537
オーストラリア	1966	5.786	4.928
アゼルバイジャン	1999	0.445	0.654
バングラデシュ	1973	1.021	1.115
ブータン	1982	0.006	0.303
ブルネイ	2006	0.352	0.580
カンボジア	1966	0.049	0.338
中国	1986	6.444	5.454
クック諸島	1976	0.003	0.301
フィジー	1970	0.068	0.353
ジョージア	2007	0.341	0.572
香港（Hong Kong, China）	1969	0.545	0.734
インド	1966	6.331	5.363
インドネシア	1966	5.446	4.655
日本	1966	15.607	12.784
カザフスタン	1994	0.806	0.944
キリバス	1974	0.004	0.302
韓国	1966	5.038	4.329
キルギス	1994	0.299	0.538
ラオス	1966	0.014	0.310
マレーシア	1966	2.723	2.477
モルジブ	1978	0.004	0.302
マーシャル諸島	1990	0.003	0.301
ミクロネシア連邦	1990	0.004	0.302
モンゴル	1991	0.015	0.311
ミャンマー	1973	0.545	0.734
ナウル	1991	0.004	0.302
ネパール	1966	0.147	0.416
ニュージーランド	1966	1.536	1.527
パキスタン	1966	2.178	2.041
パラオ	2003	0.003	0.301
パプアニューギニア	1971	0.094	0.374
フィリピン	1966	2.383	2.205
サモア	1966	0.003	0.301
シンガポール	1966	0.340	0.571
ソロモン諸島	1973	0.007	0.304
スリランカ	1966	0.580	0.762
台湾（Taipei,China）	1966	1.089	1.170
タジキスタン	1998	0.286	0.528
タイ	1966	1.362	1.388
東ティモール	2002	0.010	0.306
トンガ	1972	0.004	0.302
トルクメニスタン	2000	0.253	0.501
ツバル	1993	0.001	0.300
ウズベキスタン	1995	0.674	0.837
バヌアツ	1981	0.007	0.304
ベトナム	1966	0.341	0.572
小計		**63.533**	**65.155**

表A2.2　応募済資本および議決権の割合（つづき）

（2016年12月31日現在）

	加盟した年	応募済資本[a]（合計に占める割合，%）	議決権[b]（合計に占める割合，%）
域外			
オーストリア	1966	0.340	0.571
ベルギー	1966	0.340	0.571
カナダ	1966	5.231	4.483
デンマーク	1966	0.340	0.571
フィンランド	1966	0.340	0.571
フランス	1970	2.328	2.161
ドイツ	1966	4.326	3.759
アイルランド	2006	0.340	0.571
イタリア	1966	1.807	1.744
ルクセンブルク	2003	0.340	0.571
オランダ	1966	1.026	1.119
ノルウェー	1966	0.340	0.571
ポルトガル	2002	0.113	0.389
スペイン	1986	0.340	0.571
スウェーデン	1966	0.340	0.571
スイス	1967	0.584	0.765
トルコ	1991	0.340	0.571
英国	1966	2.042	1.932
米国	1966	15.607	12.784
小計		**36.467**	**34.845**
合計		**100.000**	**100.000**

注：端数処理の結果，合計とは一致しない場合がある．その他の詳細については，「年次報告2016」の財務諸表中にある「資本への応募および議決権に関する明細（OCR-8）」を参照．

a　応募済資本とは，加盟国により応募のあったADBの株式資本を指す．

b　各加盟国・地域の議決権は，基礎票数と比例票数の合計である．各加盟国・地域の基礎票数は，合計議決権の20%をすべての加盟国・地域で均等に分配される票数である．比例票数は，各加盟国の持株数に比例して割り振られる．

出所：ADB会計局．

表A2.3　理事が代表する加盟国・地域の構成の変遷

1966	1971	1987	2016
域内 韓国， 台湾（Taipei, China）， ベトナム	韓国， 台湾（Taipei, China）， ベトナム	韓国，パプアニューギニア，スリランカ，台湾（Taipei,China）， **バヌアツ**	韓国，パプアニューギニア，スリランカ，台湾（Taipei,China）， **ウズベキスタン**，バヌアツ，ベトナム
フィリピン，パキスタン	フィリピン，パキスタン	フィリピン，**モルジブ**，パキスタン	フィリピン，**カザフスタン**，モルジブ，**マーシャル諸島**，**モンゴル**，**東ティモール**，パキスタン
オーストラリア	オーストラリア，**香港（Hong Kong, China）**，**パプアニューギニア**	オーストラリア，香港（Hong Kong, China），**キリバス**，**ソロモン諸島**	オーストラリア，**アゼルバイジャン**，カンボジア，ジョージア，香港（Hong Kong, China），キリバス，**ミクロネシア連邦**，**ナウル**，**パラオ**，ソロモン諸島，ツバル
インドネシア，アフガニスタン，カンボジア，スリランカ，ラオス，ネパール	インドネシア，フィジー，ニュージーランド，サモア	インドネシア，**クック諸島**，フィジー，ニュージーランド，トンガ，サモア	インドネシア，**アルメニア**，クック諸島，フィジー，**キルギス**，ニュージーランド，トンガ，サモア
ニュージーランド，マレーシア，タイ，シンガポール，サモア	マレーシア，ネパール，シンガポール，タイ	マレーシア，**ミャンマー**，ネパール，シンガポール，タイ	マレーシア，**ブルネイ**，ミャンマー，ネパール，シンガポール，タイ
インド	インド	インド，**バングラデシュ**，**ブータン**，ラオス，ベトナム	インド，アフガニスタン，バングラデシュ，ブータン，ラオス，**タジキスタン**，**トルクメニスタン**
日本	日本	日本	日本
		中国	中国
	スリランカ，アフガニスタン，カンボジア，ラオス		
域外 カナダ，デンマーク，フィンランド，ノルウェー，スウェーデン，英国	カナダ，デンマーク，フィンランド，オランダ，ノルウェー，スウェーデン	カナダ，デンマーク，フィンランド，オランダ，ノルウェー，スウェーデン	カナダ，デンマーク，フィンランド，**アイルランド**，オランダ，ノルウェー，スウェーデン
米国	米国	米国	米国
ドイツ，イタリア，オランダ，オーストリア，ベルギー	ドイツ，オーストリア，英国	ドイツ，オーストリア，英国	ドイツ，オーストリア，**ルクセンブルク**，**トルコ**，英国
	フランス，ベルギー，イタリア，**スイス**	フランス，ベルギー，イタリア，**スペイン**，スイス	フランス，ベルギー，イタリア，**ポルトガル**，スペイン，スイス

注：太字は期間中（当該年の左の年から当該年まで）の新規加盟国・地域．カンボジアは1975年から1993年まで，アフガニスタンは1987年から1994年まで，それぞれ理事会に関与していなかった．
出所：ADB官房．

表A2.4　理事会メンバーおよび代表する加盟国・地域

（2016年12月31日現在）

理事	理事代理	代表する加盟国
チョ・ウォンモク（韓国）	M・P・D・U・K・マパ・パサーラーナ（スリランカ）（2016年6月30日退任）	韓国，パプアニューギニア，スリランカ，台湾（Taipei,China），ウズベキスタン，バヌアツ，ベトナム
パウル・ドミンゲス（フィリピン）	モハメド・サミ・サイード（パキスタン）	カザフスタン，モルジブ，マーシャル諸島，モンゴル，パキスタン，フィリピン，東ティモール
マシュー・フォックス（オーストラリア）	スコット・ドーソン（オーストラリア）	オーストラリア，アゼルバイジャン，カンボジア，ジョージア，香港（Hong Kong, China），キリバス，ミクロネシア連邦，ナウル，パラオ，ソロモン諸島，ツバル
ビマンタラ・ウィジャヤラ（インドネシア）	マリオ・ディ・マイオ（ニュージーランド）	アルメニア，クック諸島，フィジー，インドネシア，キルギス，ニュージーランド，サモア，トンガ
ツォンジン・ワン（中国）	ウェンシン・パン（中国）	中国
フィラスラク・ユッカセンウォン（タイ）	ロキア・ヒ・バダール（ブルネイ）	ブルネイ，マレーシア，ミャンマー，ネパール，シンガポール，タイ
クシャトラパティ・シバジ（インド）	シェラフィ・シェラリエフ（タジキスタン）	アフガニスタン，バングラデシュ，ブータン，インド，ラオス，タジキスタン，トルクメニスタン
長谷川浩一（日本）	田部真史（日本）	日本
デイビッド・マーチソン（カナダ）	ヨアー・ストランド（ノルウェー）	カナダ，デンマーク，フィンランド，アイルランド，オランダ，ノルウェー，スウェーデン
スワティ・ダンデカール（米国）	マイケル・ストラウス（米国）	米国
マウリツィオ・ギルガ（イタリア）	ヨハネス・シュナイダー（スイス）	ベルギー，フランス，イタリア，ポルトガル，スペイン，スイス
マリオ・サンダー（ドイツ）	フィリップ・ローズ（英国）	オーストリア，ドイツ，ルクセンブルク，トルコ，英国

出所：ADB官房.

表A2.5 歴代総裁一覧

氏名	年	在任期間
1 渡辺武	1966年11月24日～1971年11月23日	6年間
	1971年11月24日～1972年11月24日	
2 井上四郎	1972年11月25日～1976年11月23日	4年間
3 吉田太郎一	1976年11月24日～1981年11月23日	5年間
4 藤岡眞佐夫	1981年11月24日～1986年11月23日	8年間
	1986年11月24日～1989年11月23日	
5 垂水公正	1989年11月24日～1991年11月23日	4年間
	1991年11月24日～1993年11月23日	
6 佐藤光夫	1993年11月24日～1996年11月23日	5年2カ月
	1996年11月24日～1999年1月15日	
7 千野忠男	1999年1月16日～2001年11月23日	6年間
	2001年11月24日～2005年1月31日	
8 黒田東彦	2005年2月1日～2006年11月23日	8年2カ月
	2006年11月24日～2011年11月23日	
	2011年11月24日～2013年3月18日	
9 中尾武彦	2013年4月28日～2016年11月23日	
	2016年11月24日～現在	

出所：ADB, About ADB. https://www.adb.org/about（2016年11月15日にアクセス）.

表A2.6　年次総会の開催地および開催期間

年	通算回数	開催期間	開催国／開催地
1966	創立総会	11月24～26日	日本，東京
1968	第１回	４月４～６日	フィリピン，マニラ
1969	第２回	４月10～12日	オーストラリア，シドニー
1970	第３回	４月９～11日	韓国，ソウル
1971	第４回	４月15～17日	シンガポール，シンガポール
1972	第５回	４月20～22日	オーストリア，ウィーン
1973	第６回	４月26～28日	フィリピン，マニラ
1974	第７回	４月25～27日	マレーシア，クアラルンプール
1975	第８回	４月24～26日	フィリピン，マニラ
1976	第９回	４月22～24日	インドネシア，ジャカルタ
1977	第10回	４月21～23日	フィリピン，マニラ
1978	第11回	４月24～26日	オーストリア，ウィーン
1979	第12回	５月２～４日	フィリピン，マニラ
1980	第13回	４月30日～５月２日	フィリピン，マニラ
1981	第14回	４月30日～５月２日	米国，ホノルル
1982	第15回	４月28～30日	フィリピン，マニラ
1983	第16回	５月４～６日	フィリピン，マニラ
1984	第17回	４月25～27日	オランダ，アムステルダム
1985	第18回	４月30日～５月２日	タイ，バンコク
1986	第19回	４月30日～５月２日	フィリピン，マニラ
1987	第20回	４月27～29日	日本，大阪
1988	第21回	４月28～30日	フィリピン，マニラ
1989	第22回	５月４～６日	中国，北京
1990	第23回	５月２～４日	インド，ニューデリー
1991	第24回	４月24～26日	カナダ，バンクーバー
1992	第25回	５月４～６日	香港
1993	第26回	５月４～６日	フィリピン，マニラ
1994	第27回	５月３～５日	フランス，ニース
1995	第28回	５月３～５日	ニュージーランド，オークランド
1996	第29回	４月30日～５月２日	フィリピン，マニラ
1997	第30回	５月11～13日	日本，福岡
1998	第31回	４月29日～５月１日	スイス，ジュネーブ
1999	第32回	４月30日～５月２日	フィリピン，マニラ
2000	第33回	５月６～８日	タイ，チェンマイ
2001	第34回	５月９～11日	米国，ホノルル
2002	第35回	５月10～12日	中国，上海
2003	第36回	６月30日	フィリピン，マニラ
2004	第37回	５月15～17日	韓国，済州
2005	第38回	５月４～６日	トルコ，イスタンブール
2006	第39回	５月４～６日	インド，ハイデラバード
2007	第40回	５月６～７日	日本，京都
2008	第41回	５月５～６日	スペイン，マドリード
2009	第42回	５月４～５日	インドネシア，バリ
2010	第43回	５月３～４日	ウズベキスタン，タシケント
2011	第44回	５月５～６日	ベトナム，ハノイ
2012	第45回	５月４～５日	フィリピン，マニラ
2013	第46回	５月４～５日	インド，デリー
2014	第47回	５月４～５日	カザフスタン，アスタナ
2015	第48回	５月４～５日	アゼルバイジャン，バクー
2016	第49回	５月３～５日	ドイツ，フランクフルト
2017	第50回	５月４～７日	日本，横浜
2018	第51回	５月３～６日	フィリピン，マニラ

出所：ADB, All Annual Meetings, https://www.adb.org/about/all-annual-meetings（2018年８月25日にアクセス）.

表A2.7　職員数（年末時点）

	1966	1976	1986	1996	2006	2016
総職員数	**40**	**760**	**1,604**	**1,961**	**2,405**	**3,092**
区分						
経営陣	2	2	4	4	5	7
国際職員	11	288	599	669	856	1,103
現地および事務職員	27	470	1,001	1,288	1,544	1,982
勤務場所						
本部						
経営陣	2	2	4	4	5	7
国際職員	11	288	591	639	756	949
現地および事務職員	27	470	986	1,174	1,170	1,383
現地事務所						
国際職員	0	0	8	30	100	154
現地および事務職員	0	0	15	114	374	599
性別						
女性	15	308	740	1,023	1,358	1,804
国際職員	1	5	25	100	249	375
男性	25	452	864	938	1,047	1,288
国際職員	10	283	574	569	607	728
国籍，地域別						
アジア太平洋	39	669	1,383	1,707	2,056	2,665
開発途上加盟国	33	614	1,268	1,567	1,872	2,413
域外	1	91	221	254	349	427
職員の出身加盟国	6	33	37	43	54	60

注：スタッフに関する情報には，経営陣，国際職員，現地および事務職員を含む．その中には，理事補や理事室アシスタント，長期特別休職（無給）中の職員，出向扱いの職員を含む．職員に関するデータは予算・人事・経営システム局の提供によるもので，別の区分方法による職員データを用いたADB年次報告の数とは正確に一致しない場合がある．経営陣には総裁および副総裁が含まれる．

出所：ADB予算・人事・経営システム局．

表A2.8　各年の職員数（年末時点）[a] および内部管理費予算

年	職員数				予算
	経営陣	国際	現地および事務	合計	内部管理費（1,000ドル）
1966	2	11	27	40	
1967	2	56	132	190	3,040
1968	2	94	204	300	5,215
1969	2	143	289	434	6,484
1970	2	159	328	489	7,363
1971	2	191	358	551	8,562
1972	2	207	379	588	10,142
1973	2	222	400	624	10,664
1974	2	231	412	645	13,472
1975	2	254	437	693	17,332
1976	2	288	470	760	19,694
1977	2	304	499	805	22,628
1978	3	333	540	876	25,957
1979	3	359	647	1,009	32,604
1980	3	416	731	1,150	42,372
1981	3	467	798	1,268	58,746
1982	3	517	864	1,384	68,585
1983	3	552	941	1,496	77,524
1984	4	573	954	1,531	82,639
1985	4	586	985	1,575	87,918
1986	4	599	1,001	1,604	89,265
1987	4	601	1,025	1,630	94,242
1988	4	606	1,053	1,663	98,446
1989	4	600	1,061	1,665	109,405
1990	4	604	1,063	1,671	120,052
1991	4	613	1,106	1,723	135,280
1992	4	632	1,149	1,785	145,612
1993	4	645	1,253	1,902	161,930
1994	4	660	1,281	1,945	168,259
1995	4	656	1,278	1,938	188,266
1996	4	669	1,288	1,961	189,881
1997	4	666	1,302	1,972	199,497
1998	4	682	1,293	1,979	204,817
1999	4	681	1,288	1,973	206,969
2000	4	728	1,325	2,057	215,363
2001	4	759	1,400	2,163	226,905
2002	4	790	1,424	2,218	239,992
2003	5	831	1,475	2,311	258,740
2004	5	855	1,534	2,394	279,539
2005	4	883	1,569	2,456	296,770
2006	5	856	1,544	2,405	312,897
2007	5	847	1,591	2,443	332,864
2008	5	874	1,626	2,505	357,150
2009	5	927	1,670	2,602	388,868
2010	6	1,024	1,803	2,833	439,488
2011	6	1,055	1,897	2,958	496,352
2012	6	1,076	1,969	3,051	544,797
2013	7	1,083	1,886	2,976	576,604
2014	7	1,074	1,916	2,997	598,388
2015	7	1,104	1,994	3,105	617,701
2016	7	1,103	1,982	3,092	635,624

a　金額は計画上の内部管理費であり，実際の支出額ではない．

出所：ADB予算・人事・経営システム局．

表A2.9 現地事務所の設立

年	現地事務所
1982	バングラデシュ
1984	南太平洋地域事務所[a]
1987	インドネシア
1989	ネパール
1989	パキスタン
1992	インド
1995	駐北米代表事務所
1996	駐欧州代表事務所
1996	カンボジア
1996	駐日代表事務所
1996	ベトナム
1997	カザフスタン
1997	スリランカ
1997	ウズベキスタン
1999	キルギス
2000	ラオス

年	現地事務所
2000	フィリピン
2000	中国
2000	東ティモール[b]
2000	モンゴル
2002	アフガニスタン
2002	パプアニューギニア
2003	アゼルバイジャン
2003	タジキスタン
2004	太平洋地域事務所
2004	タイ
2005	太平洋連絡調整事務所
2008	アルメニア
2008	ジョージア
2008	トルクメニスタン
2013	ブータン
2014	ミャンマー

注：上記の設立年は各ホスト国との合意が締結された年を示すが，不明の場合，理事会に回付・承認された理事会文書にもとづいて記載した．

a バヌアツに置かれていた南太平洋地域事務所は2005年に閉鎖され，同時にフィジーに太平洋地域事務所が置かれるとともに，シドニーの太平洋連絡調整事務所（PLCO）が業務を開始した．

b 2000年6月，太平洋局の下に東ティモール特別事務所（SOTL）が設立され，2002年の東ティモール加盟後は現地事務所として機能している．ADBと東ティモールは2003年1月9日にホスト国協定を締結し，それに従ってADBは現地事務所を含む「代表事務所」を設立する権利を得ている．2013年10月，理事会は東ティモールでの現地事務所設立を承認し，SOTLは東ティモール現地事務所に改称された．

出所：ADB（2016），"Establishment of Field Offices," *The ADB Archives Gallery*. https://www.adb.org/sites/default/files/publication/176469/adb-archives-gallery.pdf

表A2.10　主要財務指標，2012-2016年

（100万ドル）

	承認額				
	2012[a]	2013[a]	2014[a]	2015[a]	2016[a]
融資，グラント，その他					
財源別					
通常資本財源	**10,136**	**10,363**	**10,438**	**13,413**	**14,389**
融資	9,602	10,186	10,233	12,938	13,797
債務保証	403	35	20	341	515
出資	131	142	185	134	77
アジア開発基金	**3,005**	**3,850**	**3,091**	**2,867**	**3,073**
融資	2,312	3,008	2,686	2,514	2,556
グラント	693	843	405	353	518
特別基金[b]	**4**	**7**	**0**	**7**	**9**
グラント	4	7	0	7	9
小計	**13,145**	**14,219**	**13,529**	**16,287**	**17,471**
業務別					
ソブリン	**11,300**	**12,611**	**11,610**	**13,655**	**14,970**
融資	10,607	11,768	11,205	13,301	13,943
債務保証	–	–	–	–	500
グラント	693	843	405	353	527
ノンソブリン	**1,841**	**1,602**	**1,919**	**2,626**	**2,502**
融資	1,307	1,425	1,714	2,150	2,410
出資	131	142	185	134	77
債務保証	403	35	20	341	15
小計	**13,141**	**14,213**	**13,529**	**16,280**	**17,471**
技術協力					
技術協力特別基金	142	148	152	139	162
特別基金[c]	9	7	7	3	7
小計	**151**	**155**	**158**	**141**	**169**
協調融資（信託基金を含む）					
ソブリン	**2,155**	**3,714**	**4,216**	**6,142**	**8,225**
ADBが管理する信託基金	206	299	147	205	402
二国間	944	1,753	902	2,232	3,263
多国間	939	1,655	2,733	3,492	4,250
その他[d]	65	6	434	213	311
ノンソブリン[e]	**6,117**	**2,933**	**5,006**	**4,593**	**5,836**
小計	**8,272**	**6,647**	**9,222**	**10,735**	**14,061**
合計	**21,568**	**21,021**	**22,909**	**27,163**	**31,701**

－＝ゼロ，0＝50万ドル未満．

注：端数処理の結果，合計とは一致しない場合がある．

a　融資承認額（融資，グラント，債務保証，および出資）は承認総額にもとづく．

b　アジア太平洋災害対応基金や気候変動基金など，ADF以外の特別基金．

c　技術協力特別基金以外の特別基金には，気候変動基金や金融セクター開発パートナーシップ特別基金，地域協力・統合基金などが含まれる．

d　「その他」には，財団や企業の社会的責任（CSR）プログラムによる民間セクターの協調融資のほか，公的協調融資に該当しない各国の開発銀行などすべての公的財源を含む．

e　ノンソブリン協調融資には，貿易金融プログラムによる協調融資，Bローン，パラレルローンをはじめとする民間協調融資が含まれる．

表A2.11 融資承認額（国別・10年期毎），1967-2016年

（100万ドル）

開発途上加盟国	1967-1976	1977-1986	1987-1996	1997-2006	2007-2016	合計	総額に占める割合（%）
インド	–	250	6,338	10,478	25,032	42,097	15.8
中国	–	–	6,346	11,969	18,076	36,390	13.6
インドネシア	377	3,398	9,313	8,462	11,622	33,172	12.4
パキスタン	431	2,800	5,769	7,673	13,074	29,746	11.1
バングラデシュ	190	1,737	2,999	3,468	9,998	18,392	6.9
フィリピン	464	1,964	3,695	3,430	7,959	17,512	6.6
ベトナム	45	–	967	3,138	12,019	16,170	6.1
スリランカ	76	493	1,260	2,130	4,259	8,217	3.1
タイ	313	1,417	2,100	1,634	1,396	6,861	2.6
韓国	552	1,518	262	4,015	–	6,347	2.4
ウズベキスタン	–	–	50	925	5,370	6,345	2.4
カザフスタン	–	–	230	555	4,560	5,344	2.0
ネパール	102	448	954	885	2,519	4,907	1.8
アゼルバイジャン	–	–	–	119	4,241	4,360	1.6
アフガニスタン	59	36	–	1,026	2,873	3,995	1.5
地域	–	–	241	669	2,542	3,452	1.3
ラオス	12	60	574	654	1,513	2,813	1.1
カンボジア	2	–	246	714	1,501	2,463	0.9
パプアニューギニア	36	237	273	397	1,368	2,311	0.9
ミャンマー	113	418	–	–	1,733	2,264	0.8
ジョージア	–	–	–	–	2,153	2,153	0.8
マレーシア	294	989	667	–	10	1,960	0.7
モンゴル	–	–	315	353	1,155	1,823	0.7
キルギス	–	–	160	469	1,076	1,705	0.6
タジキスタン	–	–	–	308	1,112	1,420	0.5
アルメニア	–	–	–	–	1,186	1,186	0.4
ブータン	–	25	27	125	536	713	0.3
フィジー	7	54	61	129	269	519	0.2
東ティモール	–	–	–	10	303	313	0.1
サモア	14	37	40	40	147	277	0.1
モルジブ	–	3	31	98	124	255	0.1
ソロモン諸島	4	25	15	36	132	212	0.1
シンガポール	128	53	–	–	–	181	0.1
トルクメニスタン	–	–	–	–	125	125	0.0
トンガ	1	10	37	10	61	118	0.0
香港(Hong Kong, China)	42	60	–	–	–	102	0.0
台湾（Taipei,China）	100	–	–	–	–	100	0.0
バヌアツ	–	5	24	22	48	99	0.0
マーシャル諸島	–	–	31	47	20	98	0.0
クック諸島	–	3	21	6	57	87	0.0
ミクロネシア連邦	–	–	17	58	9	84	0.0
パラオ	–	–	–	–	70	70	0.0
キリバス	2	1	2	10	37	52	0.0
ツバル	–	–	–	8	19	27	0.0
ナウル	–	–	–	5	11	16	0.0
総計	**3,361**	**16,041**	**43,063**	**64,075**	**140,311**	**266,851**	**100**

–＝ゼロ．

注：1997年から2016年までの数値には，融資，グラント，出資，および債務保証の承認総額が含まれる．1968年から1997年のまでのデータに中止額は含まれない（ADB理事会によって承認されたものの，発効前に中止されたものは除かれている）．

出所：1967年から1996年に関して：ADBの融資，技術協力，グラントおよび出資承認額に関するデータベース．1997年から2016年に関して：ADB's eOperations Dashboard, Cognos database および ADB戦略・政策局．

表A2.12　融資承認額（財源・種類別），1967-2016年

（100万ドル）

年	通常資本財源			アジア開発基金			ADB合計
	ソブリン	ノンソブリン	合計	融資	グラント	合計	
1968	42	–	42	–	–	–	42
1969	76	–	76	22	–	22	98
1970	212	–	212	34	–	34	246
1971	203	–	203	52	–	52	254
1972	222	–	222	94	–	94	316
1973	303	–	303	118	–	118	421
1974	375	–	375	173	–	173	548
1975	494	–	494	166	–	166	660
1976	540	–	540	236	–	236	776
1977	615	–	615	272	–	272	886
1978	778	–	778	381	–	381	1,159
1979	835	–	835	416	–	416	1,252
1980	958	–	958	477	–	477	1,436
1981	1,147	–	1,147	531	–	531	1,678
1982	1,138	–	1,138	546	–	546	1,684
1983	1,190	3	1,193	703	–	703	1,896
1984	1,551	0	1,551	684	–	684	2,235
1985	1,171	3	1,175	637	–	637	1,811
1986	1,357	12	1,369	636	–	636	2,005
1987	1,463	46	1,509	958	–	958	2,466
1988	1,958	94	2,051	1,083	–	1,083	3,135
1989	2,171	157	2,328	1,363	–	1,363	3,691
1990	2,419	109	2,528	1,480	–	1,480	4,008
1991	3,247	177	3,424	1,347	–	1,347	4,771
1992	3,904	55	3,960	1,154	–	1,154	5,114
1993	3,730	203	3,933	1,298	–	1,298	5,230
1994	2,502	49	2,551	1,177	–	1,177	3,728
1995	3,963	167	4,130	1,455	–	1,455	5,585
1996	3,490	179	3,669	1,666	–	1,666	5,335
1997	7,749	169	7,919	1,620	–	1,620	9,538
1998	4,859	264	5,123	987	–	987	6,110
1999	3,762	154	3,916	1,070	–	1,070	4,986
2000	4,102	356	4,458	1,592	–	1,592	6,051

表A2.12 融資承認額（財源・種類別），1967-2016年（つづき）

（100万ドル）

年	通常資本財源			アジア開発基金			ADB合計
	ソブリン	ノンソブリン	合計	融資	グラント	合計	
2001	3,940	68	4,008	1,362	–	1,362	5,369
2002	3,898	241	4,138	1,633	–	1,633	5,771
2003	4,539	393	4,931	1,379	–	1,379	6,310
2004	3,705	607	4,312	1,242	–	1,242	5,554
2005	3,885	822	4,707	1,376	247	1,622	6,329
2006	5,542	960	6,502	1,279	275	1,554	8,057
2007	7,347	1,321	8,669	1,893	519	2,412	11,081
2008	6,924	1,913	8,838	1,790	707	2,497	11,335
2009	10,902	1,735	12,637	2,210	911	3,122	15,758
2010	8,629	1,846	10,475	2,213	967	3,180	13,655
2011	9,201	2,106	11,306	1,955	597	2,552	13,858
2012	8,295	1,841	10,136	2,312	693	3,005	13,141
2013	8,761	1,602	10,363	3,008	843	3,850	14,213
2014	8,519	1,918	10,438	2,686	405	3,091	13,528
2015	10,788	2,626	13,413	2,514	353	2,867	16,280
2016	11,887	2,502	14,389	2,556	518	3,073	17,462
合計	**179,286**	**24,697**	**203,983**	**55,833**	**7,035**	**62,868**	**266,851**

－＝ゼロ，0＝50万ドル未満.

注：1．1997年から2016年までの数値には，融資，グラント，出資，および債務保証の承認総額が含まれる．1968年から1997年のまでのデータに中止となった案件の金額は含まれない（ADB理事会によって承認されたものの，発効前に中止されたものは除かれている）．

2．アジア開発基金（ADF）に関するデータには，1968年に共にADBの特別基金として設立された農業特別基金（ASF）および多目的特別基金（MPSF）からの承認額を含む．ASFは1973年初めに正式に廃止され，その財源はMPSFに統合された．同年，ADB総務会はADF設立の承認を決議した．1975年，総務会はMPSFの財源をADFに移転する決議を採択した．

出所：1967年から1996年に関して：ADBの融資，技術協力，グラントおよび出資承認額に関するデータベース．1997年から2016年に関して：ADB's eOperations Dashboard, Cognos databaseおよびADB業務計画・調整課，戦略・政策局．

表A2.13　融資残高ポートフォリオおよび融資・グラント実行額

（100万ドル）

年	実行額				融資残高		
	OCR融資	ADF		合計総額	OCR融資	ADF融資	合計総額
		融資	グラント				
1968	2	–	–	2	1	–	1
1969	7	0	–	8	8	0	8
1970	16	2	–	17	23	2	25
1971	44	5	–	49	64	7	71
1972	50	11	–	61	118	19	137
1973	120	26	–	147	235	46	281
1974	160	27	–	188	380	72	451
1975	285	77	–	362	626	133	759
1976	263	63	–	327	881	198	1,079
1977	273	84	–	356	1,203	325	1,528
1978	295	167	–	462	1,605	554	2,159
1979	361	125	–	486	1,799	606	2,405
1980	429	150	–	579	2,099	709	2,897
1981	518	149	–	667	2,334	872	3,206
1982	620	175	–	795	2,685	986	3,670
1983	715	222	–	937	3,106	1,176	4,282
1984	702	298	–	1,001	3,287	1,366	4,653
1985	620	390	–	1,010	4,539	2,000	6,539
1986	612	413	–	1,024	5,998	2,751	8,749
1987	693	539	–	1,232	7,678	3,913	11,591
1988	957	692	–	1,649	7,524	4,476	12,000
1989	1,347	888	–	2,235	7,521	4,999	12,520
1990	1,689	1,063	–	2,752	9,391	6,371	15,762
1991	2,066	1,037	–	3,104	11,043	7,612	18,654
1992	1,880	888	–	2,767	12,023	8,183	20,206
1993	2,016	925	–	2,941	13,718	9,376	23,094
1994	2,501	1,186	–	3,688	16,499	11,357	27,856
1995	2,442	1,145	–	3,587	17,530	12,310	29,840
1996	2,563	1,234	–	3,797	16,109	12,468	28,577
1997	5,304	1,154	–	6,458	18,839	12,266	31,105
1998	5,623	1,144	–	6,766	24,760	14,324	39,084
1999	3,710	1,114	–	4,824	28,344	15,960	44,304
2000	2,884	1,135	–	4,019	28,231	15,532	43,762

表A2.13 融資残高ポートフォリオおよび融資・グラント実行額（つづき）

（100万ドル）

年	実行額				融資残高		
	OCR 融資	ADF 融資	ADF グラント	合計総額	OCR 融資	ADF 融資	合計総額
2001	2,850	1,024	–	3,874	28,739	14,832	43,571
2002	3,067	1,136	–	4,202	29,234	17,233	46,467
2003	2,688	1,128	–	3,816	25,506	20,047	45,552
2004	2,508	1,055	–	3,563	24,309	21,627	45,936
2005	3,498	1,247	1	4,747	23,569	20,238	43,807
2006	4,420	1,338	34	5,793	26,192	21,522	47,714
2007	5,234	1,618	63	6,914	30,256	24,018	54,274
2008	6,472	2,043	177	8,692	35,851	26,427	62,278
2009	7,898	2,201	347	10,446	41,732	27,959	69,691
2010	5,944	1,571	358	7,873	45,933	28,977	74,910
2011	6,337	1385	510	8,232	49,729	29,515	79,244
2012	6,764	1286	532	8,583	52,814	29,165	81,979
2013	5,985	1975	576	8,536	53,051	28,680	81,731
2014	7,368	2203	429	10,000	55,845	27,604	83,449
2015	9,667	2048	503	12,217	61,889	27,270	89,159
2016	9,763	2027	463	12,253	67,547	27,367	94,914
累計	**132,230**	**41,812**	**3,993**	**178,035**	**67,547**	**27,367**	**94,914**

ADF＝アジア開発基金，OCR＝通常資本財源.

注：上記の融資実行額にはソブリン・ノンソブリン業務の両方を含む．端数処理の結果，合計とは一致しない場合がある.

出所：ADB会計局.

表A2.14　一般増資と資本構成（授権資本）

	当初の出資額	GCI I	GCI II	GCI III	GCI IV	GCI V
総務会の決議日	1966年 8月22日	1971年 11月30日	1976年 10月29日	1983年 8月25日	1994年 5月22日	2009年 4月29日
資本の増加						
増資の割合（%）	0	150	135	105	100	200
発効新株式数	110,000	165,000	414,800	754,750	1,770,497	7,092,622
資本の内訳（%）						
請求払資本	50%	80%	90%	95%	98%	96%
払込済資本	50%	20%	10%	5%	2%	4%
資本の構成要素						
交換可能通貨	50%	40%	40%	40%	40%	40%
自国通貨	50%	60%	60%	60%	60%	60%
資本の内訳，増加分						
単位：100万SDR	**1,100**	**1,650**	**4,148**	**7,547**	**17,705**	**70,926**
請求払資本	550	1,320	3,733	7,170	17,351	68,089
払込済資本	550	330	415	377	354	2,837
単位：100万米ドル	**1,100** [a]	**1,650** [b]	**4,790** [c]	**8,163** [d]	**25,043** [e]	**106,272** [f]
請求払資本	550	1,320	4,311	7,755	24,542	102,021
払込済資本	550	330	479	408	501	4,251
資本の内訳，累計額 [g]						
単位：100万SDR	**1,100**	**2,750**	**7,221**	**14,768**	**34,910**	**106,389**
請求払資本	550	1,870	5,823	12,993	32,480	101,084
払込済資本	550	880	1,398	1,775	2,430	5,309
単位：100万米ドル	**1,100** [a]	**2,750** [b]	**8,338** [c]	**15,974** [d]	**49,378** [e]	**159,408** [f]
請求払資本	550	1,870	6,724	14,054	45,941	151,459
払込済資本	550	880	1,614	1,920	3,437	7,950

GCI＝一般増資，SDR＝特別引出権．

注：端数処理の結果，合計とは一致しない場合がある．

a　1966年8月22日時点のSDRの対ドル為替レートであるSDR＝1ドルで換算．ADB発足当時における当初の授権資本は10億ドルであった．このうち5億ドルは払込済資本であり，残りの5億ドルは請求払資本であった．1966年11月，総務会は授権資本の1億ドル増額を承認した．

b　1971年11月30日時点の為替レートであるSDR=1ドルで換算．

c　1976年10月29日時点の為替レートであるSDR=1.15471ドルで換算．

d　1983年4月29日時点の為替レートであるSDR=1.08163ドルで換算．
ブルームバーグでは1983年に関して日次のレートがなく，月末のレートのみが入手可能となっている．

e　1994年5月20日時点の為替レートであるSDR=1.41445ドルで換算．

f　2009年4月29日時点の為替レートであるSDR=1.49835ドルで換算．

g　新規および既存の加盟国の特別増資を含む．

出所：ADB会計局および年次報告．

表A2.15　アジア開発基金に対するドナーからの拠出額（増資別）

（100万ドル）

	ADF I[a] 1973－1975	ADF II 1976－1978	ADF III 1979－1982	ADF IV 1983－1986	ADF V 1987－1990	ADF VI 1992－1995	ADF VII 1997－2000	ADF VIII 2001－2004	ADF IX 2005－2008	ADF X 2009－2012	ADF XI 2013－2016	ADF 12[b] 2017－2020	合計	%
域内	**364**	**320**	**907**	**1,458**	**1,631**	**1,901**	**1,325**	**1,387**	**1,633**	**2,201**	**3,041**	**1,743**	**17,909**	**50.61**
日本	320	273	792	1,212	1,321	1,583	1,019	1,061	1,178	1,612	2,035	1,125	13,532	38.24
オーストラリア	37	42	111	230	287	272	175	185	218	299	640	337	2,834	8.01
韓国	－	－	－	4	5	15	54	81	122	154	168	89	692	1.96
中国	－	－	－	－	－	－	－	－	30	35	45	100	210	0.59
ニュージーランド	7	5	4	6	14	11	23	20	25	32	33	8	190	0.54
台湾(Taipei,China)	－	－	－	2	－	15	15	15	18	22	23	12	122	0.34
香港(Hong Kong, China)	－	－	－	1	1	3	15	16	19	26	33	－[c]	115	0.33
インド	－	－	－	－	－	－	－	－	－	－	30	42	72	0.20
マレーシア	－	－	－	－	－	－	10	－	5	6	10	5	36	0.10
インドネシア	－	－	－	3	2	－	10	－	－	－	－	14	29	0.08
シンガポール	－	－	－	－	－	－	－	4	4	6	9	5	27	0.08
ブルネイ	－	－	－	－	－	－	－	－	10	6	6	1	22	0.06
タイ	－	－	－	－	－		4	3	3	4	5	3	21	0.06
カザフスタン	－	－	－	－	－	－	－	－	－	－	6	3	9	0.02
ナウル	－	－	－	－	－	0.4	－	－	－	－	－	－	0.4	0.00
域外	**346**	**441**	**1,234**	**1,802**	**2,011**	**2,312**	**1,363**	**1,540**	**1,777**	**2,029**	**1,788**	**838**	**17,479**	**49.39**
米国	150	180	445	520	584	680	400	412	461	461	360	190	4,842	13.68
カナダ	35	76	171	283	299	307	126	133	179	207	193	102	2,111	5.96

ドイツ	53	53	141	211	236	276	177	165	195	222	194	87	2,009	5.68
英国	42	42	113	133	137	165	103	137	202	233	315	166	1,787	5.05
フランス	–	–	105	188	194	216	140	126	148	160	129	57	1,463	4.13
イタリア	22	31	76	135	159	186	108	111	131	138	92	48	1,238	3.50
オランダ	16	13	50	78	90	106	66	83	98	108	81	16	804	2.27
スウェーデン	–	11	26	44	49	84	40	39	53	63	80	24	513	1.45
スペイン	–	–	–	29	28	34	14	129	67	129	65	–[d]	495	1.40
スイス	7	8	26	42	44	55	36	35	41	48	53	28	423	1.20
ノルウェー	4	6	15	25	28	38	24	27	37	45	50	26	326	0.92
オーストリア	–	7	18	30	31	37	23	25	29	42	43	23	309	0.87
デンマーク	6	7	16	29	32	42	24	25	34	21	25	13	275	0.78
ベルギー	7	7	18	29	29	31	19	21	24	33	35	18	271	0.77
フィンランド	4	–	14	26	29	11	18	14	19	33	29	13	210	0.59
トルコ	–	–	–	–	40	47	16	5	6	6	6	2	128	0.36
アイルランド	–	–	–	–	–	–	–	–	28	45	27	15	115	0.33
ポルトガル	–	–	–	–	–	–	30	17	20	28	1	0.3	96	0.27
ルクセンブルク	–	–	–	–	–	–	–	35	4	5	11	9	64	0.18
合計拠出額	**710**	**761**	**2,141**	**3,260**	**3,642**	**4,212**	**2,688**	**2,926**	**3,410**	**4,229**	**4,829**	**2,580**	**35,389**	**100.00**

–＝ゼロ，0.00＝0.001，ADF＝アジア開発基金.

注：1．ドナーからの実際の拠出額は拠出証書にもとづく．ただし，ADF 12については，ほとんどの場合2017年3月30日時点での約定額を記載している．特定の増資に対する拠出額には，技術協力特別基金への割り当て分を含む.

2．ドナーからの実際の拠出額のドル換算額については，該当する総務会決議の為替レートを用いて算出した.

3．ドナーからの実際の拠出額には，各増資終了後に新たなADFドナーから追加で拠出された額を含む.

4．端数処理の結果，合計とは一致しない場合がある.

a　ADF Iには，多目的特別基金への拠出額の移転分2億2,300万ドル相当を含む.

b　ADFの融資業務のOCRへの統合をADB総務会が承認してから初めてのADF増資である．それ以前の増資と区別するため，末尾の数字をローマ数字からアラビア数字へと変更した.

c　香港（Hong Kong, China）は，議会の承認を得たうえで，ADF 12への資金拠出を行いたいとの意向を表明している．拠出額は未定.

d　ADF 12に関して，スペインは新政府が成立し，すべての必要な承認が得られるまでは拠出額について決定を行えない.

出所：ADB.

表A2.16　アジア開発基金の増資（財源別）

（100万ドル）

	ADF I[a] 1973－1975	ADF II 1976－1978	ADF III 1979－1982	ADF IV 1983－1986	ADF V 1987－1990	ADF VI 1992－1995	ADF VII 1997－2000	ADF VIII 2001－2004	ADF IX 2005－2008	ADF X 2009－2012	ADF XI 2013－2016	ADF 12[b] 2017－2020
1．ドナーからの拠出（a＋b）	**710**	**761**	**2,141**	**3,260**	**3,642**	**4,212**	**2,688**	**2,926**	**3,410**	**4,229**	**4,829**	**2,580**
a．ADFへの割り当て	710	761	2,141	3,260	3,569	4,072	2,688	2,926	3,189	3,890	4,453	2,119
b．TASFへの割り当て					73	140			221	339	376	461
2．ADF内部の財源[c]	3	61	141	153	462	1,101	2,231	3,695	4,821	8,355	8,594	180[d]
3．OCRの純益の移転額							230	350	160	480	480	1,038[e]
4．留保財源[f]	57											
増資総額（1＋2＋3＋4）	**770**	**822**	**2,282**	**3,413**	**4,104**	**5,313**	**5,149**	**6,971**	**8,391**	**13,064**	**13,903**	**3,798**

ADF＝アジア開発基金，OCR＝通常資本財源，SDR＝特別引出権，TASF＝技術協力特別基金．

注：1．実際のドナーからの拠出額は拠出証書にもとづく．ただし，ADF 12については，概ね2017年3月30日時点での約定額にもとづいている．いくつかの増資に対する拠出額には，技術協力特別基金（TASF）への割り当て分が含まれている．

2．ドナーからの拠出額のドル換算額については，該当する総務会決議の為替レートを用いて算出した．

3．ドナーからの実際の拠出額には，各増資終了後に新たなADFドナーから追加で拠出された額が含まれている．

4．端数処理の結果，合計とは一致しない場合がある．

a　ADF Iには，多目的特別基金への拠出額の移転分2億2,300万ドルならびに融資および投資による利益300万ドルを含む．

b　これは，ADFの融資業務のOCRへの統合をADB総務会が承認してから初めてのADF増資である．それ以前の増資と区別するため，末尾の数字をローマ数字からアラビア数字へと変更した．

c　ADF内部の財源には，借り手からの融資の返済（元本および利子），流動性資産の投資による利益，およびADFの流動性資産の引き出しが含まれる．

d　ADF 12（グラントのみの業務）に関して，2017年1月1日にADF融資がOCRに統合されて以降は融資の返済がOCRの譲許的業務の一部となるため，1億8,000万ドルには流動性資産の投資による利益のみが含まれる．

e　アジア開発銀行総務会の承認にもとづく．

f　OCRの払込済資本からの移転額4,760万SDR.

出所：ADB.

表A2.17　アジア開発基金増資の沿革

増資対象期間	概要
1973-1975	**アジア開発基金（ADF）の創設と最初の資金拠出（ADF I）** 主要課題：拠出総額，各国の拠出額の水準，基金設立の手続きなどの技術的事項． ドナー会合での合意事項：総額5億2,500万ドル，うちドナーの拠出額：5億2,500万ドル 実際の増資額：総額7億7,000万ドル（通常資本財源［OCR］の留保財源5,700万ドル相当を含む），うちドナーからの実際の拠出額：7億1,000万ドル（多目的特別基金の拠出額の移転額2億2,300万ドル相当を含む） **ADFが正式に創設される** 当初の拠出額が2億6,000万ドルに達し，基金の法的な発効に必要な条件が満たされた．
1976-1978	**第1次ADF増資（ADF II）** 主要課題：ソフト・ローンの対象となる国の資格，譲許的融資は特殊な困難を抱える国々に対して実行されるべきとの合意，および米国の負担割合の29%から22%への減少． ドナー会合での合意事項：総額8億3,000万ドル，うちドナーの拠出額：8億3,000万ドル 実際の増資額：総額8億2,200万ドル，うちドナーからの実際の拠出額：7億6,100万ドル
1979-1982	**第2次ADF増資（ADF III）** 主要課題：米国によるADF IIへの拠出の1年間の遅延，および同国がADF IIIへの拠出を無条件で約束できないことについて． ドナー会合での合意事項：総額21億5,000万ドル，うちドナーの拠出額：21億5,000万ドル 実際の増資額：総額22億8,200万ドル，うちドナーからの実際の拠出額：21億4,100万ドル
1983-1986	**第3次ADF増資（ADF IV）** 主要課題：ドナー国が以前の分担額の水準を維持することが困難となったこと（開発途上加盟国が初めてADF増資に参加）． ドナー会合での合意事項：総額32億500万ドル，うちドナーの拠出額：32億500万ドル 実際の増資額：総額34億1,300万ドル，うちドナーからの実際の拠出額：32億600万ドル
1987-1990	**第4次ADF増資（ADF V）** 主要課題：ADFの融資条件を厳しくする可能性，ADBによる民間セクターへの支援，国別戦略および政策対話，技術協力業務，プロジェクトの質，および人事政策． ドナー会合での合意事項：総額36億ドル，うちドナーの拠出額：36億ドル 実際の増資額：総額41億400万ドル，うちドナーからの実際の拠出額：36億4,200万ドル

表A2.17 アジア開発基金増資の沿革（つづき）

増資対象期間	概要
1992-1995	**第5次ADF増資（ADF VI）** 主要課題：貧困および社会セクター関連の課題（環境，人口，開発における女性など），途上国での政策改革，ADBの戦略的計画立案，組織体制，および国別プログラムの策定プロセス. ドナー会合での合意事項：総額42億ドル，うちドナーの拠出額：42億ドル 実際の増資額：総額53億1,300万ドル，うちドナーからの実際の拠出額：42億1,200万ドル
1997-2000	**第6次ADF増資（ADF VII）** 主要課題：（ADB自身による資金の自己調達の強化を目的とした）ADF財源に関する新たな計画の枠組み，およびADF関連その他の財務方針に関するレビュー. ドナー会合での合意事項：総額63億ドル，うちドナーの拠出額：26億1,000万ドル 実際の増資額：総額51億4,900万ドル，うちドナーからの実際の拠出額：26億8,800万ドル **ADF VII中間見直し** ADFに関する初の正式な中間見直し．ADF VIIで約束されている拠出の進捗状況，ADF VIIに対するアジア通貨危機の負の影響，ならびにADF VIIに関する計画およびスケジュールを議論.
2001-2004	**第7次ADF増資（ADF VIII）** 主要課題：貧困削減戦略に沿って，ADBには社会開発，グッド・ガバナンス，民間セクター開発，ジェンダー，環境，地域協力をより一層支援するとともに，より強固なパートナーシップ構築に向けた取り組みを実行することが求められた. ドナー会合での合意事項：総額56億4,500万ドル，うちドナーの拠出額：29億500万ドル 実際の増資額：総額69億7,100万ドル，うちドナーからの実際の拠出額：29億2,600万ドル
2005-2008	**第8次ADF増資（ADF IX）** 主要課題：開発効果とミレニアム開発目標達成に向けた進捗，各国の特別なニーズへの対応（紛争からの移行，債務に関する問題など），地域協力の強化，新たな戦略的改革プログラム実施の約束. ドナー会合での合意事項：総額70億3,500万ドル，うちドナーの拠出額：33億4,700万ドル 実際の増資額：総額83億9,100万ドル，うちドナーからの実際の拠出額：34億1,000万ドル **ADF IX中間見直し** 変革を通じた，そしてパフォーマンスの弱い国々における開発効果の検証，成果主義の政策の実施，新たな人事政策，独立評価局の独立性，および開発パートナーとの協力.
2009-2012	**第9次ADF増資（ADF X）** 主要課題：ADF業務の実効性，ADF対象国におけるパリ宣言の履行，およびADBの改革アジェンダ．ADF Xに関する交渉は，ADBの長期戦略枠組みに関するレビューと並行して進められた.

表A2.17　アジア開発基金増資の沿革（つづき）

増資対象期間	概要
2009-2012	ドナー会合での合意事項：総額112億8,300万ドル，うちドナーの拠出額：41億9,100万ドル 実際の増資額：総額130億6,400万ドル，うちドナーからの実際の拠出額：42億2,900万ドル **ADF X中間見直し** ADBの改革アジェンダの進捗を評価するとともに，ADFの成果に関する枠組みについて修正すべき点が提案された．気候変動の緩和と適応，脆弱な，あるいは紛争による影響を被っている状況（FCAS），ならびに地域協力・統合（RCI）の文脈において開発効果を検証．
2013-2016	**第10次ADF増資（ADF XI）** 主要課題：ADBによる食糧安全保障確保のための業務，FCAS，危機への備えと対応，ならびに気候変動の適応と緩和に関する業務 ドナー会合での合意事項：総額123億9,500万ドル，うちドナーの拠出額：46億4,600万ドル 実際の増資額：総額139億300万ドル，うちドナーからの実際の拠出額：48億2,900万ドル **ADF XI中間見直し** 改革アジェンダの進捗状況の確認，ADFの成果枠組みの修正，気候変動の緩和と適応の促進に関するADF業務の戦略的方向性，FCASとRCIにおけるADBの業務，ならびに債務救済状況のアップデートなどが検討の対象となった．
2017-2020	**第11次ADF増資（ADF 12[a]）** ADFとOCRの統合承認後初の増資．ADFはグラントのみの業務． 主要課題：FCASおよび主要優先課題に重点を置き，譲許的支援のみを提供する国々におけるインクルーシブかつ持続可能な開発，業務におけるジェンダーの主流化，食糧安全保障の促進，民間セクター開発の支援，ガバナンスおよび能力の向上，気候変動や災害への予防対策と業務対応の強化，ならびに地域共通の公共財構築の推進． ドナー会合での合意事項：総額37億6,400万ドル（ADFグラント業務の財源），うちドナーの拠出額：25億4,600万ドル（ADF XIよりも額が少ないのは，ADFとOCRの統合によりドナーの負担が減ったことを反映している）． 実際の増資額（2017年３月30日時点）：総額37億9,800万ドル，うちドナーの拠出約定額：25億8,000万ドル

注：1．ドナーからの実際の拠出額は拠出証書にもとづく．ただし，ADF 12については，概ね2017年３月30日時点での約定総額を記載している．各増資に対する拠出額には，技術協力特別基金への割り当て分を含む．

2．ドナーからの拠出額のドル換算額については，該当する総務会決議の為替レートを用いて算出した．

3．ドナーからの実際の拠出額には，各増資終了後に新たなADFドナーから追加で拠出された額を含む．

a　ADFの融資業務のOCRへの統合をADB総務会が承認してから初めてのADF増資である．それ以前の増資と区別するため，末尾の数字をローマ数字からアラビア数字へと変更した．

出所：ADB.

表A2.18a　二国間パートナーからの公的協調融資，1967-2016年

（100万ドル）

資金拠出パートナー	信託基金への拠出額[a]	個別プロジェクトへの協調融資額		
		融資[b]	グラント	TA
オーストラリア	181	695	621	206
オーストリア	9			12
ベルギー	64			0.2
カナダ	115		187	32
中国	40			0.04
デンマーク	15	200	55	10
フィンランド	70		47	33
フランス	31	2,788	1	8
ドイツ	0.1	2,546	40	1
インド		59		1
インドネシア	0.5			
アイルランド	2			
イタリア	3			
日本	2,831[c]	10,956	33	1
韓国	94	1,344	4	1
クウェート		17	15	
ルクセンブルク	33			1
オランダ	69		346	44
ニュージーランド	0.5		100	13
ノルウェー	87		218	36
ポルトガル	15			
サウジアラビア		20		
シンガポール				5
スペイン	59			1
スウェーデン	108	158[d]	142	68
スイス	37		36	22
台湾（Taipei,China）		7		1
アラブ首長国		60		
英国	593	94[e]	905	115
米国	156		12	7
ウズベキスタン		340		
合計－二国間	**4,611**	**19,283**	**2,760**	**618**

TA＝技術協力．

注：端数処理の結果，各数値の和と合計が一致しない場合がある．

a　ADBが管理する単一または複数パートナーの信託基金への拠出約定額．アジア開発基金および技術協力特別基金を除く．

b　政府開発援助，国家開発銀行，およびソブリン・ウェルス・ファンドによる譲許的協調融資．

c　日本特別基金への拠出額11億2,500万ドル，および日本奨学金プログラムへの拠出額1億7,200万ドルを含む．

d　ソブリン・ポートフォリオに関するリスク移転協定を含む．

e　ノンソブリン・ポートフォリオにおける資本参加．

出所：ADB協調融資業務部．

表A2.18b　多国間パートナーからの公的協調融資，1967-2016年

（100万ドル）

資金拠出パートナー	信託基金への拠出額[a]	個別プロジェクトへの拠出額			合計
		融資	グラント	TA	
世界銀行		10,879	174	1	11,054
イスラム開発銀行		1,735			1,735
欧州投資銀行		1,711	7	1	1,719
OPEC国際開発基金		1,038			1,038
クリーンテクノロジー基金		804	5	14	823
欧州連合			606	93	699
国際農業開発基金		478	28	1	507
ユーラシア開発銀行		435			435
戦略気候基金		91	231	43	365
ASEANインフラ基金		320			320
欧州復興開発銀行		216	11	0.01	227
地球環境ファシリティ			145	78	223
教育のためのグローバル・パートナーシップ			197	0.4	197
アジアインフラ投資銀行		160			160
北大西洋条約機構（同機構のアフガニスタン国軍（ANA）支援信託基金を通じて）	140				140
国連開発計画				116	116
北欧開発基金	8	11	18	36	73
世界農業食糧安全保障プログラム			39		39
アジア投資ファシリティ			36		36
緑の気候基金			31		31
森林信託基金			8	8	16
太平洋地域インフラ・ファシリティ			12		12
近隣諸国投資ファシリティ			8		8
国連児童基金			4	0.2	4
国際赤十字赤新月社連盟			2		2
官民インフラ助言ファシリティ				1	1
イスラム金融サービス委員会				1	1
都市同盟				1	1
世界保健機関			0.5		0.5
市場メカニズム導入準備基金				0.3	0.3
地球機構				0.3	0.3
世界交通安全パートナーシップ				0.2	0.2
国連人口基金				0.1	0.1
英連邦事務局				0.1	0.1
合計－多国間	**148**	**17,877**	**1,562**	**394**	**19,981**

ASEAN＝東南アジア諸国連合，OPEC＝石油輸出国機構，TA＝技術協力.

a　単一または複数パートナーの信託基金への拠出約定額.

出所：ADB協調融資業務部および会計局.

表A2.18c 民間財団からの協調融資，1967-2016年

（100万ドル）

資金拠出パートナー	信託基金への拠出額[a]	個別プロジェクトへの拠出額		合計
		グラント	TA	
気候セント基金	26			26
POSCO	20			20
ビル＆メリンダ・ゲイツ財団	15		3	18
Eneco Energy Trade B.V.	15			15
Phu Bia Mining Limited		6		6
ロックフェラー財団	5			5
その他			1	1
シェブロン		1		1
クレディ・スイス			0.1	0.1
合計－民間財団	**81**	**7**	**4.1**	**92**

TA＝技術協力.

a　単一または複数パートナーの信託基金への拠出約定額.

出所：ADB協調融資業務部.

表A2.19　運用中および運用が終了した信託基金・特別基金一覧

（2016年12月31日現在，100万ドル）

運用中の信託基金・特別基金

基金名	パートナー	累計拠出約定額	創設年
単一パートナーの信託基金			
日本奨学金プログラム	日本	172.5	1988
技術協力グラントファンド（フランス）	フランス	25.8	1989
技術協力グラントファンド（フィンランド）	フィンランド	12.5	1990
技術協力グラントファンド（ノルウェー）	ノルウェー	4.2	1991
オーストラリア技術協力グラント	オーストラリア	62.4	1993
技術協力グラントファンド（ベルギー）	ベルギー	2.4	1996
スイス・コンサルティングサービス協力基金	スイス	2.3	1998
デンマーク技術協力支援基金	デンマーク	5.0	2000
貧困削減日本基金	日本	742.0	2000
スペイン技術協力支援基金	スペイン	9.6	2000
気候変動に関するカナダ協力基金	カナダ	3.4	2001
農村地域における再生可能エネルギーおよびエネルギー効率に関するデンマーク協力基金	デンマーク	7.1	2001
情報通信技術日本基金	日本	10.7	2001
メコン河流域圏その他特定諸国におけるプロジェクト組成のための協力基金	フランス	5.1	2004
公共政策トレーニング日本基金	日本	22.0	2004
中国地域協力・貧困削減基金	中国	40.0	2005
eアジア・知識パートナーシップ基金	韓国	72.2	2006
ウォーター・ファイナンシング・パートナーシップ・ファシリティにもとづくオランダ信託基金	オランダ	34.8	2006
クリーン・エネルギー・ファイナンシング・パートナーシップ・ファシリティにもとづくアジア・クリーンエネルギー基金	日本	55.7	2008
地域協力・統合ファイナンシング・パートナーシップ・ファシリティにもとづく投資環境促進基金	日本	31.5	2008
総合災害リスク管理基金	カナダ	9.7	2013
ウォーター・ファイナンシング・パートナーシップ・ファシリティにもとづく衛生金融パートナーシップ信託基金	ビル＆メリンダ・ゲイツ財団	15.0	2013
二国間クレジット制度日本基金	日本	43.8	2014
アジアインフラパートナーシップ信託基金	日本	220.0	2016
合計－単一パートナーの信託基金（運用中）	**25**	**1,609.7**	
複数パートナーの信託基金			
ガバナンス協力基金	カナダ，デンマーク，アイルランド，ノルウェー	7.2	2001
ジェンダー・開発協力基金	オーストラリア，カナダ，デンマーク，アイルランド，ノルウェー	12.0	2003
域内貿易・金融安全保障イニシアティブ協力基金	オーストラリア，日本，米国	3.0	2004
開発成果管理支援協力基金	カナダ，オランダ，ノルウェー	2.9	2004
金融セクター開発パートナーシップ基金	ルクセンブルク	6.4	2006

表A2.19　運用中および運用が終了した信託基金・特別基金一覧（つづき）

（2016年12月31日現在，100万ドル）

運用中の信託基金・特別基金

基金名	パートナー	累計拠出約定額	創設年
ウォーター・ファイナンシング・パートナーシップ・ファシリティにもとづくマルチドナー信託基金	オーストラリア，オーストリア，ノルウェー，スペイン，スイス	52.7	2006
クリーン・エネルギー・ファイナンシング・パートナーシップ・ファシリティにもとづくクリーンエネルギー基金	オーストラリア，ノルウェー，スペイン，スウェーデン，英国	103.0	2007
クリーン・エネルギー・ファイナンシング・パートナーシップ・ファシリティにもとづく炭素回収・貯留基金	オーストラリア，英国	73.5	2009
都市ファイナンシング・パートナーシップ・ファシリティにもとづく都市環境インフラ基金	スウェーデン	21.5	2009
アフガニスタン・インフラ信託基金	北大西洋条約機構（同機構のアフガニスタン国軍（ANA）支援信託基金を通じて），日本，英国，米国	694.0	2010
クリーン・エネルギー・ファイナンシング・パートナーシップ・ファシリティにもとづくアジア民間セクターのためのカナダ気候基金	カナダ	80.7	2013
保健ファイナンシング・パートナーシップ・ファシリティにもとづくマラリアその他の感染症の脅威に対する地域信託基金	オーストラリア，カナダ，英国	29.6	2013
都市ファイナンシング・パートナーシップ・ファシリティにもとづく都市気候変動耐性信託基金	ロックフェラー財団，スイス，英国，米国	150.7	2013
アジア太平洋プロジェクト組成ファシリティ	オーストラリア，カナダ，日本	63.1	2014
太平洋事業投資信託基金	オーストラリア	7.6	2014
台風ヨランダマルチドナー信託基金	フィンランド，英国	8.5	2014
プロジェクト準備促進基金	北欧開発基金	7.8	2016
フューチャー・カーボン・ファンド	ベルギー，ENECO Energy Trade，フィンランド，韓国，POSCO，スウェーデン	115.0	2008
合計－複数パートナーの信託基金（運用中）	**18**	**1,439.2**	
特別基金[a]			
日本特別基金	日本	1,124.7	1988
アジア開発銀行研究所	ADB，オーストラリア，インドネシア，日本，韓国	239.7	1996
地域協力・統合基金	ADB，日本	59.6	2007
金融セクター開発パートナーシップ特別基金	ADB，ルクセンブルク	13.5	2013
合計－特別基金（運用中）	**4**	**1,437.5**	

表A2.19　運用中および運用が終了した信託基金・特別基金一覧（つづき）

（2016年12月31日現在，100万ドル）

運用が終了した信託基金・特別基金

基金名	パートナー	累計拠出約定額	創設年	運用終了年
単一のパートナーとの信託基金				
技術協力グラントファンド（スイス）	スイス	19.4	1980	2001
技術協力グラントファンド（オランダ）	オランダ	1.6	1991	2004
技術協力グラントファンド（スウェーデン）	スウェーデン	1.9	1992	1998
イタリア・コンサルティングサービス協力基金	イタリア	2.7	1999	2011
技術協力グラントファンド（ニュージーランド）	ニュージーランド	0.5	1999	2016
再生可能エネルギーおよびエネルギー効率化促進のためのオランダ協力基金	オランダ	6.0	2000	2011
技術協力グラントファンド（英国）	英国	37.2	2001	2012
オーストラリア-ADB南アジア開発パートナーシップ・ファシリティ	オーストラリア	11.3	2006	2016
合計－単一パートナーの信託基金(運用終了)	**8**	**80.6**		
複数パートナーの信託基金[b]				
水セクター協力基金	オランダ，ノルウェー	21.5	2001	2010
国家貧困削減戦略策定・実行支援協力基金	オランダ	6.0	2001	2009
貧困削減協力基金	英国	55.8	2002	2010
貧困・環境基金	ノルウェー，スウェーデン	8.7	2003	2014
アジア太平洋地域におけるヒト免疫不全ウイルス／後天性免疫不全症候群対策協力基金	スウェーデン	19.2	2005	2015
援助効果向上に関する第4回ハイレベル・フォーラム信託基金	二国間9，多国間3	1.3	2011	2015
アジア太平洋炭素基金	ベルギー，気候セント基金，フィンランド，ルクセンブルク，ポルトガル，スペイン，スウェーデン	152.8	2006	2015
合計－複数パートナーの信託基金(運用終了)	**7**	**265.3**		
特別基金[a]				
アジア津波基金	ADB，オーストラリア，ルクセンブルク	514.8	2005	2011
パキスタン地震基金	ADB，オーストラリア，ベルギー，フィンランド，ノルウェー	141.6	2005	2014
合計－特別基金（運用終了）[c]	**2**	**656.4**		

a　特別基金（日本特別基金を除く）は，通常資本財源からの移転を通じてADBから資金拠出を受けている．アジア開発基金，技術協力特別基金，気候変動基金，およびアジア太平洋災害対応基金を除く．

b　複数の資金拠出パートナーからの拠出を受けるために設立された信託基金を指す．

c　1968年に創設され，1970年代にほぼすべての財源をアジア開発基金に移転する形で廃止された農業特別基金および多目的特別基金を除く．

出所：ADB協調融資業務部および会計局．

表A2.20　各年の新規借り入れ額[a]

（100万ドル）

年	長期	短期[b]	合計	累計
1969	16	−	16	16
1970	22	−	22	38
1971	122	−	122	160
1972	59	−	59	218
1973	31	−	31	249
1974	42	−	42	291
1975	313	−	313	604
1976	529	−	529	1,133
1977	117	−	117	1,250
1978	390	−	390	1,640
1979	348	−	348	1,987
1980	458	−	458	2,445
1981	668	−	668	3,113
1982	882	−	882	3,995
1983	979	−	979	4,975
1984	972	−	972	5,946
1985	792	−	792	6,738
1986	813	−	813	7,551
1987	537	−	537	8,088
1988	435	−	435	8,523
1989	645	−	645	9,167
1990	849	−	849	10,016
1991	1,298	−	1,298	11,314
1992	3,050	−	3,050	14,364
1993	1,720	−	1,720	16,084
1994	1,335	−	1,335	17,419
1995	1,715	−	1,715	19,134
1996	584	−	584	19,717
1997	2,263	3,325	5,588	25,305
1998	7,819	1,798	9,617	34,922
1999	4,816	370	5,186	40,108
2000	1,693	−	1,693	41,801
2001	1,207	400	1,607	43,408
2002	5,945	200	6,145	49,553
2003	4,141	−	4,141	53,694
2004	1,629	−	1,629	55,323
2005	3,966	264	4,230	59,553
2006	5,397	179	5,576	65,129
2007	8,854	−	8,854	73,984
2008	9,372	−	9,372	83,356
2009	10,359	−	10,359	93,714
2010	14,940	−	14,940	108,655
2011	14,009	438	14,446	123,101
2012	13,217	1,850	15,067	138,168
2013	11,975	750	12,725	150,892
2014	14,249	475	14,724	165,616
2015	18,948	1,317	20,265	185,881
2016	20,602	2,330	22,932	208,814
合計	**195,119**	**13,695**	**208,814**	

注：端数処理の結果，合計とは一致しない場合がある．

a　1980年までの借り入れ額は，借り入れを行った年の年末時点においてADBが採用している為替レートにもとづいて示した．1992年までの借り入れ額は，各借り入れの理事会承認日におけるADB使用の為替レートにもとづいて示した．ただし，1990/2000年の7.375%のスイス・フラン建て債券は，1990年10月14日時点のADBの為替レートで示している．以後の借り入れ額は，総裁が借り入れ条件を決定した時点で有効であった為替レートにもとづいて示している．2007年1月1日から，借り入れ額は取引日時点の為替レートで示されている．

b　年末時点のユーロ・コマーシャル・ペーパー残高

出所：ADB財務局．

表A2.21　設立時の組織体制，1966年

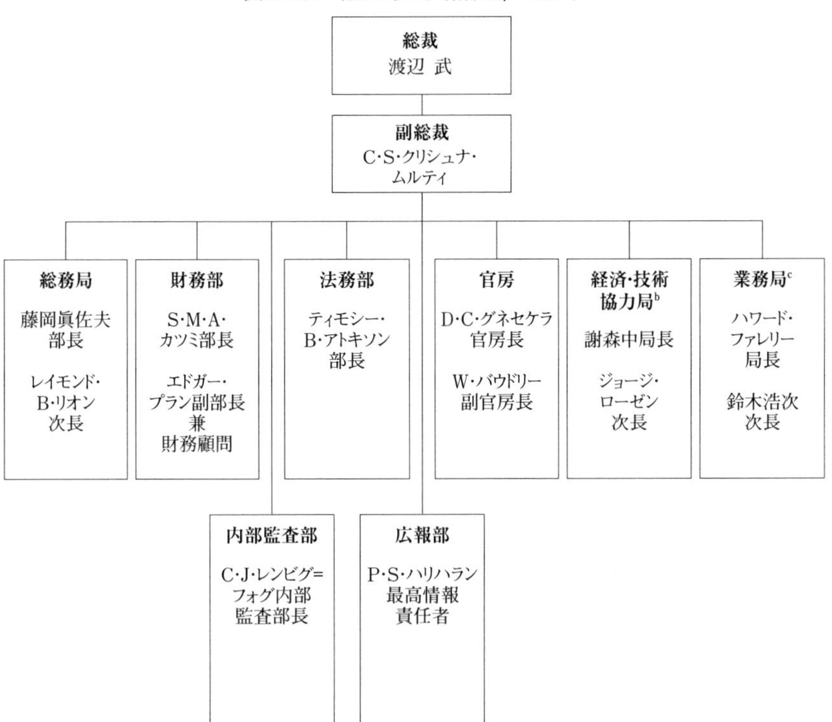

a　渡辺武初代総裁が上記の暫定的な組織体制を定め，ADBの業務開始に備えて1966年11月24日に最初の役員および職員の任命を行った．この組織体制は，1967年末まで存続した．各部局の最初の長は，1966年から1967年にかけてADBに加わった．

b　経済・技術協力（TA）局は，加盟国の開発上の問題についての技術協力や経済研究に関する機能を有しており，経済課とTA課の２つの課があった．1969年，経済・TA局は解体され，経済・TA局のTA課の大部分を吸収して新たにプロジェクト局が置かれた．プロジェクト局は，業務局の主たる職掌の一つであったプロジェクトの技術的評価をも担うことになった．同時に，経済調査の実施を目的として経済部が新たに設けられた．

c　業務局はADBの融資業務に関連した機能を有しており，東・西の両課に加え，プロジェクトの技術的評価と監督を担うプロジェクト課の3つの課があった．1969年，プロジェクト課は新設されたプロジェクト局に吸収され，再編された業務局は経済・TA局のTA課の機能の一部，特に各国との連携に関する機能を担うことになった．

表A2.22 組織図[1]

（2016年12月31日現在）

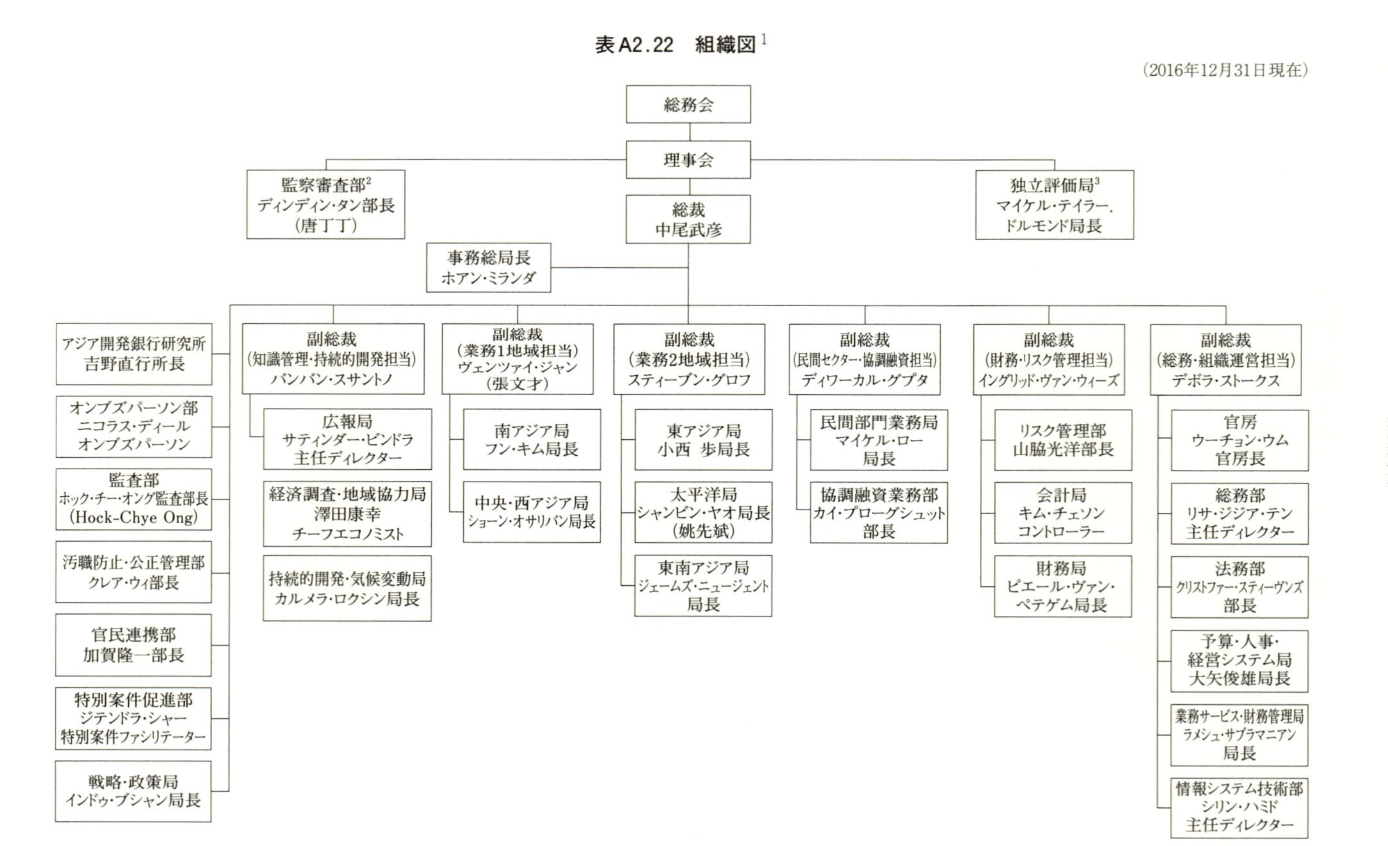

1 経営陣および幹部職員への連絡はhttp://www.adb.org/department-officesを参照．
2 監察審査部は理事会に報告を行う．
3 独立評価局は開発効果委員会を通じて理事会に報告を行う．

表A2.23　ADBのセクターおよびテーマグループ

（2016年12月31日現在）

セクターグループ		
セクター	議長	テクニカルアドバイザー
教育	スンサップ・ラ（SARD人間社会開発課 課長）	ブラジェシュ・パント
エネルギー	アショク・バルガバ（EARDエネルギー課課長）	ヨンピン・ザイ
ファイナンス	ブルーノ・カラスコ（SARD公共部門管理・金融セクター・貿易課 課長）	アンナ・ロッテ・シュー＝ジベル
保健	稲垣彩子（SERD人間社会開発課 課長）	スーマン・クォン
交通	シャオホン・ヤン（CWRD交通通信課 課長）	タイレル・ダンカン
都市	センゲ・ペンジョール（EARD都市社会セクター課 課長）	ビジャイ・パドマナブハン
水	チンフェン・ジャン（EARD環境天然資源農業課 課長）	ギルホン・キム（SDCCシニアディレクター兼セクター別アドバイザリー・サービス・グループ　グループ長）

テーマグループ		
テーマ	テクニカルアドバイザー／議長	副議長[a]
気候変動・災害リスク管理	プリーティ・バンダリ（SDCC気候変動・災害リスク管理課 課長）	エイミー・リャン（SDCC次長兼テーマ別アドバイザリー・サービス・グループ長）
環境	ダニエレ・ポンツィ	ジャンフェン・ジャン（SERD環境天然資源農業課課長）
ジェンダーの平等	田中そのみ	
ガバナンス	ガンビア・バッタ	ケリー・バード（SERD公共部門管理・金融セクター・貿易課 課長）
官民連携	小池武生（官民連携部 課長）[b]	
地域協力・統合	アージュン・ゴスワミ	イン・チャン（EARD公共部門管理，金融，地域協力課 課長）
農村開発および食糧安全保障（農業）	A・K・M・マーフズディン・アーメド（SDCC農業・農村開発・食糧安全保障ユニット アドバイザー）	アクマル・シディク（CWRD環境天然資源農業課 課長）
社会開発	エイミー・リャン（SDCC次長兼テーマ別アドバイザリー・サービス・グループ長）	

CWRD＝中央・西アジア局，EARD＝東アジア局，SARD＝南アジア局，SERD＝東南アジア局，SDCC＝持続的開発・気候変動局

a　テーマグループ委員会はテクニカルアドバイザーが議長を務める．官民連携（PPP）テーマグループを除き，テーマグループ議長が委員会のメンバーから副議長を選出する．

b　PPPテーマグループは，その職責と運営体制を反映した別個の運営指針を採用しており，テクニカルアドバイザーが主導するが，議長と副議長は置かれていない．

出所：ADB持続的開発・気候変動局．

3．ADB：アジア開発基金と通常資本財源の統合の効果とADBの財務諸表

アジア開発基金と通常資本財源の統合

2014年，ADBはその資本財源をより効率的かつ効果的に管理することにより，持続可能な方法でADBの資金提供能力を強化するための提案を発表した．この提案では，アジア開発基金（ADF）の融資業務とADBの通常資本財源（OCR）を統合し，ADFはグラント業務のみを継続することが示された．ADBは，OCR枠を通じて現在ADF支援対象国に提供している融資と同じ条件で引き続き譲許的融資を行い，ADFはグラント支援を継続する．

2015年4月，ADB総務会は，2017年1月1日を発効日として，ADFの融資業務を終了し，ADF融資およびその他資産をOCRへ移転することを承認する決議を採択した（2015年決議）．決議は2016年6月に修正されたが，この決議に従い，ADBは2017年1月1日，総額308億1,200万ドルとなるADFの融資およびその他資産をADFからOCRへと移転した．移転されたADF資産の内訳は，未収利息を含む融資が総額270億8,800万ドル，流動性資産が総額37億2,400万ドルだった．ADFの資金源はドナーによる拠出，OCR純所得からの移転と留保財源によるものであった．

これら資産の移転は，ADFからOCRへの拠出およびADFからOCRへの留保財源の返済として処理された．この結果，OCRに307億4,800万ドルの一時所得が発生し，6,400万ドルの留保財源が返済された．OCRの所得分は，総務会決議第387号の採択に従い，2017年1月1日より通常準備金に振り分けられている．

表A3.1とA3.2に，2017年1月1日時点におけるADF特定資産の移転による効果の概要が示されている．

2017年1月1日時点の移転資産のADFドナーの比例持ち分は，アジア開発基金の規約第V条に従って決定された．その際，業務上の資金コミットメントにすでに充当されている各ドナーの払込済拠出額を考慮し，その額が移転資産の比例持ち分に適用されるとみなした．各ドナーの払込済拠出額は，各ドナーの特別引出権額（SDR）単位の拠出額を2017年1月1日時点のSDRレートにもとづいて米ドルに換算して確定された．これは，ADFが融資業務を終了し，OCRへ資産を移転する2017年1月1日時点の移転資産における資金源の決定に利用された．2015年決議のもと，ADFドナーの比例持ち分は，当該ドナーがADBから脱退しその株式のADBによる買い戻しが発生した際，ならびにADB業務が理論上終了し，その資産を清算する際に考慮される．移転資産の資金源は，付録の表A3.3に示されている．

表A3.1　アジア開発銀行－通常資本財源
ADFからの資産移転の効果を示す財務諸表の概要

（100万ドル）

	2016年12月31日現在における残高	ADFからの2017年1月1日の資産移転	2017年1月1日現在における残高
銀行預金	661	0	661
流動化目的の投資	26,025	3,696	29,721
売戻条件付買入有価証券	102	12	114
融資残高―業務[a]			
ソブリン			
通常	62,413	−	62,413
譲許的	−	27,025	27,025
	62,413	27,025	89,438
ノンソブリン	5,186	−	5,186
	67,599	27,025	94,624
出資―業務	814	−	814
その他債券―業務	150	−	150
未収利息	387	79	466
デリバティブ資産	29,143	−	29,143
その他資産	973	−	973
資産合計	**125,854**	**30,812**	**156,666**
負債合計	**108,640**	−	**108,640**
資本			
資本金			
期限到来済分割拠出金	7,154	−	7,154
差引―ADFへの資本移転および割引	79	(64)	15
	7,075	64	7,139
応募済資本としての非譲渡・無利息の要求払債権	(676)	−	(676)
	6,399	64	6,463
名目調整済受取額	(1,474)	−	(1,474)
通常準備金			
ADFからの資産移転	−	30,748	30,478
利益剰余金	12,211	−	12,211
小計	12,211	30,748	42,959
特別準備金	340	−	340
貸倒引当金	172	−	172
剰余金	1,065	−	1,065
累計再評価調整金	88	−	88
引き当て後の純利益－2016年	(11)	−	(11)
その他損失総累計額	(1,576)	−	(1,576)
資本合計	**17,214**	**30,812**	**48,026**
負債・資本合計	**125,854**	**30,812**	**156,666**

－＝ゼロ，0＝50万ドル未満の額，ADF＝アジア開発基金.

注：2016年12月31日時点におけるADFの未実行融資残高84億4,400万ドルは，2017年１月１日付けで通常資本財源に引き継がれた.

a　未償却の融資組成費用，融資損失および重債務貧困国の債務救済のための貸倒引当金，評価替えを含む.

出所：ADB会計局.

表A3.2 アジア開発銀行－アジア開発基金
OCRへの資産移転の効果を示す財務諸表の概要

（100万ドル）

	2016年12月31日現在における残高	OCRへの2017年1月1日の資産移転	2017年1月1日現在における残高
銀行預金	281	(0)	281
流動化目的の投資	5,726	(3,696)	2,030
売戻条件付買入有価証券	13	(12)	1
融資残高－業務[a]	27,306	(27,306)	－
未収利息	87	(79)	8
その他資産	172		172
資産合計	**33,585**	**(31,093)**	**2,492**
負債合計	**2,637**	－	**2,637**
基金残高			
拠出済額			
拠出金－正味未償還割引	32,667	－	32,667
留保財源	64	(64)	－
OCRおよびTASFからの移転額	1,703	－	1,703
	34,434	(64)	34,370
応募済資本としての非譲渡・非利息の要求払債権	(1,633)	－	(1,633)
累積損失			
業務によるもの	(361)		(361)
OCRへの資産移転によるもの		(31,029)	(31,029)
小計	(361)	(31,029)	(31,390)
その他損失総累計額	(1,492)	－	(1,492)
基金残高合計	**30,948**	**(31,093)**	**(145)**
負債・基金残高合計	**33,585**	**(31,093)**	**2,492**

－＝ゼロ，0＝50万ドル未満の額，OCR＝通常資本財源，TASF＝技術協力特別基金.
a　重債務貧困国の債務救済のための引当金控除後.
出所：ADB会計局

表A3.3　OCRに移転されたADF資産の財源の比例持ち分

ADFの資金源	100万ドル	%[a]	ADFの資金源	100万ドル	%[a]
ドナーからの拠出額					
オーストラリア	$ 2,213	7.18	マレーシア	24	0.08
オーストリア	257	0.83	ナウル	0	0.00
ベルギー	231	0.75	オランダ	716	2.32
ブルネイ	17	0.06	ニュージーランド	157	0.51
カナダ	1,889	6.13	ノルウェー	266	0.86
中国	84	0.27	ポルトガル	79	0.26
デンマーク	242	0.79	シンガポール	18	0.06
フィンランド	180	0.58	スペイン	432	1.40
フランス	1,270	4.12	スウェーデン	436	1.42
ドイツ	1,679	5.45	スイス	359	1.17
香港（Hong Kong, China）	93	0.30	台湾（Taipei,China）	90	0.29
インド	24	0.08	タイ	15	0.05
インドネシア	14	0.05	トルコ	114	0.37
アイルランド	79	0.26	英国	1,440	4.67
イタリア	1,099	3.57	米国	4,060	13.18
日本	11,197	36.34	**小計**	**29,309**	**95.13**
カザフスタン	4	0.01	**OCRの純益の移転額**	1,439	4.67
韓国	484	1.57	**留保財源**[b]	64	0.20
ルクセンブルク	47	0.15	**合計**	**$ 30,812**	**100.00**

ADF＝アジア開発基金，OCR＝通常資本財源．

注：0＝30万ドル，0.00＝0.001%．

a　全払込済拠出額の特別引出権額にもとづいて決定．ただし，未払いの分割払込金，およびアジア開発基金の規約第Ⅴ条に従い，総務会で承認された関連決議に記述された換算率にもとづき2016年12月31日時点で比率に応じて留保された額を除く．

b　アジア開発基金設立合意書の第19条1(i)にもとづく．

出所：ADB財務局．

4．ADB：主な出来事（1950年代から2016年まで）

草創期および第１期，1950年代～1976年	
1950年代後半～1960年代前半	• アジアの開発銀行設立に向けた協議が始まる．
1963	• アジア開発銀行（ADB）設立に関する私案が非公式に作成される． • 国連アジア極東経済委員会（ECAFE）の後援のもと，アジアの経済協力に関する初の閣僚会合がマニラで開かれ，アジアのための地域銀行設立の提案を支持する決議が採択される．
1964	• アジアにおける開発銀行設立案を検討するため，ECAFEに専門家作業グループが設置され，10月に報告書をまとめる．
1965	• 日本（２月）と米国（４月）が相次いでADB創設への支持を表明． • 日本と米国の支持表明を受けて，ECAFE第２回閣僚会合（11～12月，決議第62XXI号）において，ADB設立協定の草案が採択される． • 加盟国によってADBの本部所在地にマニラが選ばれ，22カ国の政府がADBの設立協定に署名（さらに９カ国が，あらかじめ定められていた1966年１月31日の期限までに署名した）．
1966	• 31の創設メンバーにより「アジア開発銀行を設立する協定」が批准され（８月22日），協定が発効． • 11月24～26日，東京でADB総務会の創立総会を開催．渡辺武がADB初代総裁に選出される． • 理事10名（域内７名，域外３名）が任命される． • 第１回理事会の開催（12月17日）．インド出身のC・S・クリシュナ・ムルティが副総裁に任命される． • 1966年12月19日，フィリピンのマカティ市アヤラ通りの仮事務所にて，ADBが正式に業務を開始．
1967	• インドネシアの食用穀物生産を対象とした，初の技術協力（TA）プロジェクトが承認される． • 農業および農村開発におけるADBの業務の指針となる「アジア農業調査」のための地域技術協力を開始． • 域外加盟国としてスイスが加盟． • 主に食糧生産および農村開発に関する12件の融資申請の審査を開始．
1968	• 通常資本財源（OCR）による初の融資を承認．民間企業への転貸を目的とするタイ産業金融公社向け金融セクターローン． • 合計７件のOCR融資が承認される． • 調達やコンサルタントの雇用に関する方針を策定． • 農業特別基金，多目的特別基金，技術協力特別基金（TASF），および必要とみなされる他の基金を対象とする「特別基金規程」を採用． • 第１回年次総会をマニラで開催．

1969	• 香港（Hong Kong, China）が加盟. • 理事会の定員が10名から12名に増加（域内８，域外４）. • インドネシアでの灌漑プロジェクトに対し，初の譲許的条件による融資を承認. • マレーシアの電力供給プロジェクトに対して，初のエネルギーセクター融資を承認. • 開発途上加盟国への融資を目的としたOCR増強のため，ADB初となる6,000万ドイツ・マルク（およそ1,600万ドル）の債券を西ドイツで発行. • インドネシア，ラオス，マレーシア，フィリピン，シンガポール，タイ，およびベトナムにおける交通開発の研究を目的として，東南アジア地域交通調査を実施. • 12名の専門家による東南アジア経済に関する研究を依頼，1970年までに完了．この研究を基に，ラ・ミントによる東南アジアの工業化政策と開発戦略に関する研究がまとめられた（1972年に発表）.
1970	• フィジーおよびフランスが加盟. • インドネシアの肥料工場を対象に，日本，米国，および世界銀行の国際開発協会を資金提供パートナーとする初の協調融資の取り決めを承認. • アジアで初の起債（日本）．日本で初の外国の発行体による円建て債の公募発行であった. • シンガポールの大学拡張プロジェクトを対象として，初の教育セクター融資を承認.
1971	• パプアニューギニアが加盟. • シンガポールで開催された第４回年次総会において，渡辺武が総裁に再選される. • 理事会が最初の一般増資を承認．当初の資本10億ドルからの150％増資が可能となる. • 工業化と地域協力に関する長期的な見通しを検討するため，国連アジア太平洋経済社会委員会と共同で「アジア工業調査」を実施（1973年完了）.
1972	• 井上四郎が第２代総裁に就任. • トンガが加盟. • 理事会が特別基金財源による譲許的条件での融資提供に関する方針を採択．以後譲許的融資が急増する. • 複数の加盟国における為替の変動を受けて，計算単位として金兌換ドルを採用. • 「流動性に関する方針」を承認．３年間の予想融資実行額の３分の２以上の流動性資産を保持できるようになる. • ロハス通りに最初のADB本部が開設. • 「低開発地域におけるADBの業務戦略」の策定を開始（1973年に完了）.
1973	• バングラデシュ，ミャンマー，およびソロモン諸島が加盟.
1974	• ADBに加盟する最貧国に譲許的融資を提供するため，アジア開発基金（ADF）が正式に創設される. • キリバスとツバル（旧ギルバートおよびエリス諸島）が加盟. • 「南太平洋の開発途上加盟国におけるADBの業務に関する研究」を実施.
1975	• 初のADF増資（1976年発効，1978年末までをカバー）に向けた交渉が始まる. • 農業および農村開発分野におけるADBの戦略を再評価するため，「第２回アジア農業調査」を実施（1977年完了）．その成果は1978年に「農村アジア：課題と機会」として発表された（邦訳は「農村アジアへの挑戦―アジア開発銀行特別調査報告書」と題して1980年に出版）.

1975	•ADBによる開発金融機関への融資についての詳細なレビューが実施されるなかで，開発金融機関を通じた工業への融資が始まる． •多国間および二国間の協調融資への関心が高まり，ADBがより大規模なプロジェクトに参加できるようになる．
1976	•吉田太郎一が第3代総裁に就任． •クック諸島が加盟． •第2次一般増資に向けた交渉を開始（1977年発効）． •ADBプロジェクトにおける経済・財務上の評価手法に関するレビューが完了． •ADBの融資および各種手続きに関するレビューが完了． •ADBプロジェクトにおける国内調達手続きを変更．
第2期（1977-1986年）	
1977	•理事会により監査委員会の設置が承認される． •財務方針，融資の実行，その他の融資管理上の事項についての総合的なレビューを実施し，手続きの簡素化を追求するとともに，コンサルタントの雇用と物品・サービスの調達に関する指針の改正版を発表． •ADF融資の基準についてレビューを実施． •保証業務の展開を模索． •技術協力業務のレビューを実施．
1978	•年間融資総額が10億ドルに到達． •モルジブが加盟． •第2次ADF増資に向けた交渉を開始（1979年発効）． •香港（Hong Kong, China）に対し，ADB初の保健セクター向け融資を承認． •優先順位の高いセクターにおける生産投入財の輸入を支援するため，プログラム融資を導入．バングラデシュの低揚程ポンプ整備プログラムに対してプログラム融資を承認． •「南太平洋におけるADBの農業セクター業務に関するレビュー」により，公共セクターのプロジェクトのパッケージに対するマルチプロジェクト融資を導入．初めてのマルチプロジェクト融資を1979年にトンガに供与． •ADFからの譲許的融資の供与基準として，開発途上加盟国・地域を3つのカテゴリー（A，B，C）に区分． •国内調達と現地通貨融資に関するレビューを実施． •アジア太平洋地域の社会経済的発展における林業の役割に関する評価を実施． •鉱業開発プロジェクトに関する業務指針を発表． •財務，総務，その他サービス機能を管掌する副総裁のポストの新設を承認． •ADBの方針の策定やレビュー能力の強化，ならびにADBの活動の新たな方向性とアプローチを特定するため，開発政策部を創設． •経済部から事後評価課を分離し，総裁直属の独立した部局として新たに設置．
1979	•農業・農村開発，漁業セクターにおける業務，業務における環境への配慮，人口関連の活動における役割など，複数の方針や戦略についてレビューを実施．
1980	•各国の優先課題とエネルギー開発における融資や技術協力の計画立案を目的として，「地域エネルギー調査」を開始（1981年終了）． •「融資および技術援助の手続き合理化に関する方針」を発表． •セクター融資を導入し，最初の2件（インドネシアの水道，タイの高速道路セクター）を承認．

1981	• 藤岡眞佐夫が第４代総裁に選出され，11月24日に就任． • バヌアツが加盟． • 業務プログラムに影響を及ぼすすべての方針および手順をレビューし，1987年末までの中期的な業務戦略および指針を策定することを目的として，「アジア開発銀行の業務上の優先課題と計画に関する研究」を実施（1982年完了）．
1982	• ブータンが加盟． • 第３次ADF増資に向けた交渉を開始（1983年発効）． • 第３次一般増資（GCI III）に向けた交渉が始まる（1983年に完了）． • バングラデシュのダッカに初の現地事務所を開設． • 融資実施監理業務の合理化に関する調査を実施．
1983	• GCI IIIを承認． • 理事会により，フィリピン・マンダルヨン市における新本部建設の提案が承認される． • ADBの民間セクタープロジェクトにおける初めての直接出資を韓国の投資会社に対して実施．続いてパキスタンでも直接出資を実施． • 財務上の方針に関する総合的なレビューを実施． • 農業および農村開発におけるADBの役割に関するレビューを実施． • 一部の開発途上加盟国の資本市場に関する調査を実施． • 1980年代の南太平洋の開発途上加盟国におけるADBの役割に関する研究を実施． • ３人目の副総裁を任命．
1984	• バヌアツのポートビラに初の地域事務所を設立． • 理事会に予算委員会を設置．
1985	• 藤岡眞佐夫が全会一致で再任され，２期目の５年間を務めることになる． • 融資や技術協力業務のあらゆる側面において，女性の役割とニーズに特に配慮することを目的として「開発における女性の役割に関する方針」を承認． • 民間セクター業務に対するアプローチを提示するとともに支援と融資の範囲を拡大するため，民間セクター支援に関するレビューを実施．このレビューが翌1986年の民間部門課の設立につながる．
1986	• 中国およびスペインが加盟． • インドが借り入れを開始． • ADFおよびTASFの第４次増資会合を開始（1987年発効）． • 政府保証無しでの民間企業や金融機関への直接融資を開始． • グローバリゼーションと規制緩和の進展への対応として，資金プールにもとづいた変動融資金利制度を導入． • 1986-1990年の期間を対象とする電力セクターにおける投資ニーズに関するレビューを実施． • セーフガードの側面に焦点を当て，環境に関する方針および手続きに関するレビューを実施．

第3期（1987-1996年）	
1987	•日本の元外相，大来佐武郎を座長とする外部パネルを設置し，1990年代におけるADBの役割について詳細な調査・研究を実施（1989年に完了）. •ADBと非政府組織との間での協力に関する枠組みを承認. •プログラム融資に関する方針の改訂版（セクター政策および調整プログラム支援のため）を発表. •太平洋諸国に焦点を当てた，災害・緊急援助に関する方針を採用. •組織体制を再編し，環境室を創設. •ジャカルタにインドネシア現地事務所を開設. •融資手数料と併せて，利益および流動性に関する方針に関するレビューを実施.
1988	•「貧困緩和に関するタスクフォース」を組織し，行動指針の策定と特に貧困にフォーカスしたプロジェクトについての提言を行う.， •初等教育，非定型教育，および環境教育に焦点を当てた教育セクター支援に関する方針を採用. •プロジェクト実施監理の取り組みを強化し，実施機関へのより多くの権限移譲や調達の迅速化，コンサルタントの採用など，革新的で合理的なプロジェクト監理手続きを採用. •債務保証業務に関する新たな方針の枠組みを承認．開発途上加盟国向けの民間金融機関による融資に対する保証が可能となる. •民間セクター業務についての総合的なレビューを実施. •技術協力業務の合理化に関する方針を発表. •日本政府が日本特別基金および日本奨学金プログラムを創設.
1989	•垂水公正が第5代総裁に就任. •開発途上加盟国の経済状況や展望に関する年次のシリーズ「アジア経済見通し」の発刊を開始. •社会インフラ，最貧困層の生活水準，環境保護を新たな優先事項として焦点を当てた「1990年代におけるアジア開発銀行の役割に関するパネル報告」を発表. •新たに設置された民間部門業務局のもとで民間セクターの活動を再編. •自然災害後の開発途上加盟国への迅速な復興支援に関する方針の枠組みを策定. •環境室を課に昇格. •パキスタンへの初等教育（女子）セクター融資を承認．受益者として女性のみを対象とした最初の融資. •パキスタンとネパールに現地事務所を設立.
1990	•マーシャル諸島とミクロネシア連邦が加盟. •戦略的計画立案プロセスと制度的な取り組み状況を検証するため，戦略的計画立案に関するタスクフォースを設立. •環境課が環境部に昇格.
1991	•モンゴル，ナウル，およびトルコが加盟. •戦略的計画立案の整備と調整のため，総裁事務局戦略的計画課が創設される. •民間セクター業務の活動の提言を目的として，ハイレベルタスクフォースが任命される. •フィリピン・マンダルヨン市の新本部に移転. •雇用上の争議の解決のための中立的な外部の公平な不服申し立て制度として，3名の判事からなる裁定委員会を設置. •ADFおよびTASFの第4次増資に向けた交渉を開始.

1992	• 初の中期戦略枠組み（1992-1995年）を承認. • メコン河流域圏経済協力プログラムを創設. • カンボジアでの業務を再開. • 業務における分野横断的な社会的問題を集約するため，社会的側面課を設置. • インド現地事務所を開設. • 初の情報技術戦略を承認.
1993	• 佐藤光夫が第6代総裁に就任. • ツバルが加盟. • 戦略的計画立案プロセスを確立し，国別の対応をより強化することを目的として，中期戦略枠組み（1993-1996年）を策定. • 毎年更新される3年間のワーク・プログラムと予算枠組みを導入. • 各国を対象とした，国別業務戦略に関する調査が実施される. •「ADBの業務における社会的側面の組み込みに関する指針」を発表. • ベトナムへの融資を再開. • 主要な財務方針および通貨管理の慣行に関するレビューを実施. •「人材開発および管理業務に関する研究」が完了.
1994	• カザフスタンとキルギスが加盟. • 第4次一般増資（GCI IV）を承認. • ADBの役割の拡大と業務上のアジェンダを重視した中期戦略枠組み（1994-1997年）を策定. • 人口の増加と経済発展の関係に焦点を当てた人口に関する方針を採用. • 開発における女性の役割に関する政策を改定. •「プロジェクトの質の改善に関するタスクフォース報告」において，(i) プロジェクト形成能力のさらなる強化，(ii) 国別対応の強化，(iii) ADB内の組織の再編，(iv) 開発途上加盟国での能力構築の重視，および(v) 受益者の参加の拡大が提言される. • 国際開発銀行として初めて，「情報の守秘義務と開示政策」において，より開放的でアクセスしやすく，透明性の高い組織の実現に向けた情報開示を支持するという前提を承認. • 各国に対してより適切な形で支援を行うため，地理的（東・西）および機能的（プログラム・プロジェクト）専門性にもとづいて組織体制を再編. • 市場金利にもとづく新しい融資手段を確立.
1995	• ADFの第6次増資に向けた交渉が始まる（1997年発効）. • ウズベキスタンが加盟. • 健全な開発プロジェクトの運営という考え方を導入したガバナンス政策を理事会承認した最初の国際機関となる. • インスペクション機能を創設. • プロジェクトによって影響を受ける人々の権利保護を目的として策定された，非自発的住民移転に関する政策を承認. • 生産と保護を両立させ，参加型アプローチを奨励する，林業支援に関する政策を策定. • インフラと金融セクターへの持続可能な投資に焦点を当てた「民間セクター開発支援戦略」を承認. • エネルギーセクターに関する新たな業務方針を承認. • 農業および天然資源分野の研究業務に関する新たな方針を承認 • 協調融資戦略および保証業務に関するレビューを承認. • 北米に初の代表事務所を設立.

1995	• ウェブサイト（www.adb.org）を開設.
1996	• 佐藤光夫が総裁に再任され，2期目に入る. • プログラム融資方針についてのレビューを実施. その結果，セクター分析がプログラム融資の前提条件となるとともに，貧困，社会，環境，およびプログラムの負の影響の緩和に関する対策が強調された. • 新たな融資方式としてセクター開発プログラム導入. • 人事戦略を改訂. • アジア開発銀行研究所を設立. • 欧州代表事務所および駐日代表事務所を開設. • カンボジアとベトナムに現地事務所を開設.
第4期（1997-2006年）	
1997	• アジア通貨危機後，韓国に対してADBの単一の融資としては最大規模となる40億ドルの緊急融資を承認. • アジア開発銀行研究所が業務を開始. • アジア開発基金（ADF VII）に関する初の正式な中間見直しを実施. • 漁業分野における業務方針を策定. • カザフスタン，ウズベキスタン，スリランカに現地事務所を設立.
1998	• タジキスタンが加盟. • 融資対象国からの卒業に関する正式な方針を採用. • 汚職防止に関する方針を採用. • 非政府組織との協力に関する方針を改定. • 開発における女性の役割に関する政策に代えて，ジェンダーと開発に関する政策を採用し，主要戦略として業務の主流に位置付ける. • 先住民がADBの業務に参画し，公平な便益を受けられるようにすることを目的とする，先住民に関する政策を承認. •「第3回アジア農業調査」を発表. • ADFの融資条件に関するレビューを実施.
1999	• 千野忠男が第7代総裁に就任. • 貧困削減が包括的な目標であることを宣言し，貧困削減戦略を採用. • 第7次ADF増資に向けた交渉を開始（2000年発効）. • アゼルバイジャンが加盟. • 保健セクターにおける業務方針を採用. • 都市セクター戦略を策定. • プログラム融資の方針に関するレビューにより，危機に見舞われたOCR融資対象国への大規模な支援の提供を可能とする特別プログラム融資と，柔軟性を高め，プログラムの実施スケジュールを延長できるクラスターアプローチを導入. • 保証業務に関する方針についてのレビューを実施. • アジア通貨危機支援ファシリティを創設. • 戦略政策部内に地域経済調査室を創設. • 監査部内に汚職防止室を設置. • キルギス現地事務所を開設.
2000	• トルクメニスタンが加盟. • 新たな長期戦略枠組み（2001-2015年）の策定に着手. • マイクロファイナンス開発戦略を承認. •「1995年のエネルギーセクター業務方針に関するレビュー」を完了. • 民間セクター開発戦略を策定.

2000	• グッド・ガバナンス促進を目的とする中期的アジェンダと行動計画を承認. • 現地事務所に関する方針を承認. • ラオス，モンゴル，中国に現地事務所を設立. • フィリピン担当事務所を設立. • 開発効果委員会を設置. • 日本政府とともに貧困削減日本基金を創設. • 戦略政策部が戦略・政策局に昇格.
2001	• 千野忠男が総裁に再任され，新たな5年の任期に入る. • 持続可能な経済成長，インクルーシブな社会開発，およびガバナンスを中核的な支援分野とする長期戦略枠組み（2001-2015年）を発表. • 上記に付随して，業務上の優先課題や開発効果の向上に必要な組織体制上の変更を定めた中期戦略枠組み（2001-2005年）を発表. • 社会福祉戦略を承認. •「水関連の業務方針」を策定. • 民間セクター業務に関する戦略的な方向性についてのレビューを実施. • 情報通信技術に関する戦略的アプローチを策定. • ADFの財源に関して成果にもとづく配分政策を採用. • ロンドン銀行間取引金利にもとづく融資手段を導入. • 業務評価部を局に昇格. • 環境・社会開発部内にNGOセンターを設立.
2002	• ポルトガルと東ティモールが加盟. •「教育セクターにおける業務方針」を改定. •「環境に関する業務方針」を承認. • プログラム立案に加え，経済調査，テーマ別，セクター別業務，ならびにプロジェクトの準備および実施に関して新たな業務プロセスを導入. • アフガニスタン（23年ぶり），および新たに独立した東ティモールにおける業務を再開. • 新たな「流動性に関する方針」を承認. • テーマに沿って，貧困に焦点を当てたマルチドナーによる資金提供協定が成立. • 業務における国別の対応能力をより高めるため，大規模な組織再編を実施．5つの地域局（東・中央アジア，メコン河流域，太平洋，南アジア，および東南アジア）の創設に加え，地域・持続的開発局を設置. • 経済開発リソースセンターを経済調査局に改称し，ADBのナレッジをつかさどる局として総裁の下に置く. • アフガニスタンとパプアニューギニアに現地事務所を設立.
2003	• ルクセンブルクとパラオが加盟. • 貧困削減戦略に関する包括的なレビューに着手. • 新たな「評価に関する方針」を発表．業務評価局は開発効果委員会を通じて理事会の直属となる. • インスペクション（監査）機能についてのレビューを行い，新たに「アカウンタビリティ・メカニズムに関する方針」が採用され，同機能に代えて，監察審査部および特別案件促進部を設立. • マネーロンダリングやテロ資金の供給遮断に対するADBの役割に関する方針を発表. • HIV/AIDSおよび鳥インフルエンザへの対応を目的とした支援を提供. • 業務マニュアルに関する総合的なレビューと改定が完了.

2003	• 財務管理方針に関する総合的なレビューを実施. • 新たな人事戦略とジェンダー行動計画を策定. • 知識管理と持続可能な開発を所掌する4人目の副総裁を任命. • 経営陣の業務の調整促進のため，新たに事務総局長のポストを創設. • アゼルバイジャンとタジキスタンに現地事務所を設立. 東ティモール特別事務所に代えて東ティモール現地事務所を開設. • 第8次ADF増資に向けた交渉が始まる.
2004	• 開発成果の管理をはじめ，組織全体を対象とした19項目の改革を盛り込んだ改革アジェンダを採用. • 貧困削減戦略を強化. •「災害・緊急支援方針」を承認. •「ナレッジ業務運営枠組み」を策定. • 2005-2009年をカバーする情報システム技術戦略（ISTS II）を承認. • 新たな人事戦略を承認. • セクターおよびテーマに関する新たな区分を導入. 新たなテーマとして能力開発が加わる. • クライアント重視の姿勢や対応力，効率性，および融資手段の質に焦点を当て，事業プロセスを合理化. • 初の女性副総裁（ケンペン・フォルセナ）を任命. • タイに現地事務所に設立するとともに，バヌアツの南太平洋地域事務所に代えてフィジーのスバに地域事務所を設立. • 戦略・政策局に成果管理室を設置するとともに，成果ベースの国別戦略およびプログラムを導入. • 香港（Hong Kong, China），インド，マレーシア，およびシンガポールで現地通貨建て債券の発行を開始.
2005	• 黒田東彦が第8代総裁に就任. • アルメニアが加盟. •「援助効果に関するパリ宣言」支持を表明. • アジア津波基金を創設. インド，インドネシア，モルジブ，およびスリランカの被災地域の復興に8億5,000万ドル超の拠出を約束. • 地震で壊滅的被害を受けたパキスタンに対して復興支援を約束し，その第一歩としてパキスタン地震基金を設置. • HIV/AIDSに関する戦略的方向性をまとめたペーパーを承認. • 業務に関する情報を広く一般に公開する新たな「情報公開政策」を採用. • 開発途上加盟国がより柔軟に投資ニーズを満たせるようにすることを目的とした「イノベーションと効率性向上の取り組み」の下，各種の金融手段（マルチトランシェ融資ファシリティなど）を試験的に導入. •「補完的融資に関する方針」についてのレビューを実施. • ADFに関する新たな成果ベースの配分政策が発効. • 一元的なリスク管理体制を採用し，リスク管理ユニットを設置. • 監査部の汚職防止室をインテグリティ課に昇格. • 地域協力・統合の取り組みに戦略的に注力するため，地域経済調査室に代えて地域経済統合部を設置. • オーストラリア，シドニーに太平洋連絡調整事務所を設置.
2006	• 黒田東彦が総裁に再任され，2期目に入る. • ブルネイとアイルランドが加盟.

2006	• 第２次中期戦略（MTS II）を採用. • ADBの長期的目標の改訂，およびADBにおける主要な動向や開発課題に関する助言を目的として，有識者で構成されるパネル（国連貿易開発会議のスパチャイ・パニチャパック事務局長が座長）を設置. •「地域協力・統合戦略」を承認. •「民間セクター開発戦略」についてのレビューを実施. • 水セクターでの投資，制度改革，および能力開発を支援するため，「ウォーター・ファイナンシング・パートナーシップ・ファシリティ」を創設. •「第２次ガバナンス・汚職防止計画」を承認. • 新たな「ファイナンシング・パートナーシップ戦略」を承認. • 理事会が倫理委員会を設置. • 各地域局の管轄する対象国グループを再編. • 100億ドル相当のアジア通貨建て債券プログラムを開始.
第５期（2007-2016年）	
2007	• ジョージアが加盟. • 第40回年次総会の期間中，有識者会議の報告書にもとづき，新たな長期戦略枠組み（LTSF）に関する幅広い協議を実施. • パフォーマンスの弱い国々における開発効果の実現に向けた新たなアプローチを承認.
2008	• 貧困への注力を再確認した，2008-2020年を対象とする新たなLTSF「ストラテジー2020」を理事会が承認. • 機関としての業務成果フレームワークを採用した初の国際開発銀行となる. • 11月に最初の「開発効果報告書」を発表. • ADFの第９次増資交渉を開始（2009年発効）. • 融資対象国からの卒業方針に関するレビューが完了. • 技術協力業務に関するレビューが完了. • 業務評価局を独立評価局に改称．同局の独立性をさらに向上させるため，新たな評価方針を承認. • 現地事務所の業務についてのレビューを実施し，目的と期待の達成状況を評価. • 人事戦略についてのレビューを実施. • 加盟国からの要望の高まりに応えて，2005年から試験的に導入されていた融資手段の一つであるマルチトランシェ融資ファシリティを常設の融資方法とする. • 地域・持続的開発局を再編し，気候変動室を創設するとともに，農業・農村開発・食糧安全保障チームを編成. • アルメニア，ジョージア，トルクメニスタンに現地事務所を設立. • アジアの食糧，一次産品，原油価格に関する危機，および世界金融危機に対して，およそ40億ドルの追加資金の割り当てを行う.
2009	•「ストラテジー2020」の実施に必要な資金の確保に向けた重要な一歩として200%の一般増資を承認．1994年の100%以来となる，過去最大規模の増資となる. • 世界金融危機への対応として，景気循環相殺支援ファシリティを創設するとともに貿易金融プログラムを拡大. • 新たなエネルギーセクター業務方針を承認. • 持続可能な食糧安全保障に関する新たな業務計画，ならびに災害・緊急援助に関する業務方針の実施のための行動計画を承認. • 環境，非自発的住民移転，および先住民に関する３つのセーフガード方針を単一の文書にまとめた「新セーフガード方針改訂版」を承認.

2009	• 組織全体の開発成果管理（MfDR）プロセスの指針として，新たな開発成果管理行動計画を採用. • 業務におけるジェンダーの主流化に関するアプローチを改定. • ノンソブリン業務に関する新たな融資上限管理方針を策定し，ノンソブリン融資の上限を定める. • 理事会に人事委員会を設置. • リスク管理室をリスク管理部に昇格. • 予算・人事・経営システム局内に組織内調整室を設置.
2010	• 民間セクター・協調融資担当副総裁のポストを新設. • 気候変動，持続可能な交通，および教育の各分野の新たな業務計画の策定を完了. • サービスの実施向上と組織内部の効率性の向上のため，国別支援戦略と融資の実行に関して，合理化された新たな事業プロセスを導入. • 補完的融資に関する方針についてのレビューを行い，「追加的融資」に改称. • 職員の採用，維持，育成に関する包括的な計画である「われらのピープルストラテジー（Our People Strategy）」を承認. • アジア太平洋地域での債券保証を目的とする信用保証・投資ファシリティを設立. • 他の国際開発銀行との間で受注資格相互停止の共同措置についての合意を締結. • 初のテーマ型債券（水・クリーンエネルギー）を発行. • 各部局や職員の業務計画を「ストラテジー2020」の優先事項に適合させるため，成果ベースの業務計画を導入.
2011	• 黒田東彦が総裁に再任され，3期目に入る. • 水セクターおよび金融セクターにおける新たな業務計画および行動計画（2011-2020年）の策定を完了. • ADBに関する情報へのアクセスを拡大・迅速化するため，新たな情報公開政策を承認. •「プロジェクト設計ファシリティ」の設立. • 政策ベース融資に関するレビューを実施. • ノンソブリン公共セクター融資を主要業務に組み入れる. • 民間協調融資関連業務を協調融資業務部から民間部門業務局に移管し，民間関連業務を統合.
2012	• 第10次ADF増資交渉を開始（2013年発効）. •「官民連携業務計画（2012-2020年）」,「環境に関する業務の方向性（2013-2020年）」，および「都市関連業務計画（2012-2020年）」の策定を完了. •「ADB成果フレームワーク」に関するレビューが完了. •「アカウンタビリティ・メカニズムに関する方針」に関するレビューを実施し，改定. • 災害対応ファシリティを試験的に導入. • 成果ベース融資を導入. • ミャンマーにおける通常業務を再開（最後の融資プロジェクトの承認は1986年であった）. • 地域・持続的開発局内に知識共有・サービスセンターを設置.
2013	• 中尾武彦が第9代総裁に選出され，4月に就任. •「ストラテジー2020」の中間見直しに着手.

2013	•「ジェンダーの平等と女性のエンパワーメントに関する業務計画（2013-2020年）」,「知識管理の方向性および行動計画（2013-2015年）：ADBにおけるファイナンス++（プラスプラス）」,「社会福祉業務計画（2014-2020年）」,「脆弱な，あるいは紛争による影響を被っている状況にある地域におけるADBの支援効果の強化のための業務計画」，および「第2次ガバナンス・汚職防止行動計画の実施に関するレビュー」の策定を完了. • 成果に関する枠組みの改訂版を承認. • 調達に関するガバナンスのレビューを完了し，10項目の改革計画を実施. • 東ティモールでの現地事務所設立（特別事務所からの昇格後）を承認．ブータン現地事務所を開設. • 財務局，リスク管理部，および会計局を所掌する，副総裁室（財務・リスク管理担当）を設置. • 副総裁室（総務・組織運営担当）を設置.
2014	•「ストラテジー2020」の中間見直しが完了し（4月），「中間見直し行動計画」を策定（7月）. • ADFの融資業務をOCRに統合する提案（「ギャラクシー・プロジェクト」）に関する協議が行われる. • 官民連携の業務に関するアプローチを推進するとともに，「官民連携業務計画（2012-2020年）」実施の取り組みを強化するため，官民連携部を設立. •「総合的な災害リスク管理に関する業務計画（2014-2020年）」を承認. • ミャンマーに現地事務所を開設. • ADB本部の第三アトリウム・ビルが正式にオープンし，本部の規模拡張が実現.
2015	• 67名で構成される総務会が，OCRのバランスシートへのADF融資業務の統合案を全会一致で承認（ADF・OCR統合）．ADBの資金提供能力は1.5倍までと劇的に拡大した（2017年1月発効）. • 持続可能な開発目標，および気候変動に関する新たな協定（COP 21）のもとでの国際的合意の実施に関して，開発途上加盟国による取り組みへの支援を拡大. • アディスアベバで開かれた第3回開発資金国際会議に他の国際開発銀行とともに参加. • 新たな業務戦略である「ストラテジー2030」の策定に向けた協議を開始. • 気候変動関連の年間支援額を2020年までに60億ドルに倍増させると発表．国際開発銀行として初めて，気候変動に関する多額の資金提供の目標を公約. •「緑の気候基金」から認証を受けた最初の国際開発銀行となる. • ADFおよびTASFの第11次増資に向けた交渉を開始（2016年に完了，2017年に発効）. • 農業・天然資源（2015-2020年）および保健（2015-2020年）に関する業務計画を承認. • 地域・持続的開発局を再編し，ADB全体での専門知識の確立と共有のため，セクターおよびテーマグループに常勤の事務局員を置いて強化. • 経済調査・地域協力局（地域経済統合部と経済調査局を統合）を設立.
2016	• 中尾武彦が総裁に再任され，11月24日から新たな5年間の任期に入る. • ADFとOCRとの統合を支援するため，譲許的融資に関する新たな方針を承認するとともに，財務方針，自己資本比率に関する枠組み，および会計上のアプローチに関するレビューを実施. • 汚職防止に関する方針を改定し，税に関する公正性とデューディリジェンス（適切な配慮）を追加.

2016	• クック諸島における初の偶発的災害リスクを対象とした融資，カンボジアでの初めての民間資金による太陽光発電プロジェクト，中国での高齢者ケアプロジェクト向けの成果ベース融資を承認. • トルクメニスタン～アフガニスタン～パキスタン～インド（TAPI）間天然ガス・パイプライン・プロジェクトに関するトランザクション・アドバイザリー業務を成功裏に終了. • 複数のドナー国の支援のもと，アジア太平洋プロジェクト組成ファシリティが正式に業務を開始. • パキスタンとバングラデシュにおける，アジアインフラ投資銀行（AIIB）との最初の2件の協調融資プロジェクトを承認. • 今後10年間で資金提供を5億ドル増加させるため，スウェーデン国際開発協力庁（Sida）との間で革新的な債務保証協定を締結. •60億ドルの民間セクターのインフラプロジェクトへの資金提供のため，国際協力機構（JICA）との間で画期的な協定を締結（アジアインフラパートナーシップ信託基金）. • 地域協力・統合に関する初の業務計画（2016-2020年）を承認. • 混乱や困難な状況，および変化への対応能力の強化を目的とする，組織としての耐性強化に関するペーパーを理事会が承認. • 汚職防止・公正管理部内に「互いを尊重する職場推進室」を設置（2017年に業務開始予定）.

a　年表中に示された現地事務所の設立年は，受け入れ国との事務所設置合意書が締結された年を示す．合意の成立年が不明の場合，理事会に回付・承認された文書にもとづいて設立年を記載した.

出所：ADB Annual Reports; ADB（2016b），ADB Through the Decades, Volumes 1-5; ADB website（www.adb.org）.

参考文献

注：本書の執筆にあたっては，多様かつ膨大な資料を参照した．この一覧には本書の中で引用した資料に加え，直接的には引用していないものの，本書をまとめるうえで重要な資料として参照したアジアの開発関連事項に関する研究も複数収録している．

Abeyratne, S. (2002), *Economic Roots of Political Conflict: The Case of Sri Lanka*. https://taxpolicy.crawford.anu.edu.au/acde/asarc/pdf/papers/2002/WP2002_03.pdf

Adams, C., and L. Song (2012), "Asia's Emerging Financial Safety Net", in R. Pringle and N. Carver, eds., *RBS Reserve Management Trends 2012*, London: Central Banking Publications.

Ahluwalia, M. S. (1990), "Policies for Poverty Alleviation", *Asian Development Review*, 8 (1). pp. 111-132.

Ahluwalia, M. S., L. H. Summers, A. Velasco, N. Birdsall, and S. Morris (2016), *Multilateral Development Banking for This Century's Development Challenges: Five Recommendations to Shareholders of the Old and New Multilateral Development Banks*, Washington, DC: Center for Global Development.

Akamatsu, K. (1962), "A Historical Pattern of Economic Growth in Developing Countries", *Journal of Developing Economies*, 1 (1), pp. 3-25.

Akiyama, T., and T. Nakao (2006), "Japanese ODA – Adapting to the Issues and Challenges of the New Aid Environment", *FASID Discussion Paper on Development Assistance*, No. 8, October.

Amerasinghe, N. (2011), *International Financial Institutions and Development in Asia*, Manila: Asian Institute of Management.

Amerasinghe, N. (2015), *Design, Appraisal, and Management of Sustainable Development Projects*, Manila: Asian Institute of Management.

Asia Society (2005), "Amartya Sen: What China Could Teach India, Then and Now", 17 February. http://asiasociety.org/amartya-sen-what-china-couldteach-india-then-and-now (accessed 22 January 2017).

Asian Development Bank (ADB) (1966), *Agreement Establishing the Asian Development Bank*, Manila.

ADB (1967), *Inaugural Meeting of the Board of Governors, Tokyo, 24-26 November 1966*, Manila.

ADB (1968), *Summary of the Proceedings of the First Annual Meeting of the Board of*

Governors, Manila.

ADB (1969a), *Asian Agricultural Survey*, Tokyo: University of Tokyo Press published for the Asian Development Bank.

ADB (1969b), *The Doors Are Open: Selected Addresses by Takeshi Watanabe*, August, Manila: ADB Office of Information.

ADB (1969c), *Regional Seminar on Agriculture Papers and Proceedings*, Hong Kong, China.

ADB (1970), "Address by President Takeshi Watanabe delivered at the Third Annual Meeting of the ADB Board of Governors in Seoul, 9-11 April", *Summary of the Proceedings of the Third Annual Meeting of the Board of Governors (Seoul, 9-11 April)*, Manila.

ADB (1971a), *Annual Report for 1970*, Manila.

ADB (1971b), *Southeast Asia's Economy in the 1970s*, London: Longman.

ADB (1972a), "Opening Address by President Takeshi Watanabe delivered at the Fifth Annual Meeting of the ADB Board of Governors in Vienna, 20-22 April", also in ADB, *Proceedings of the Fifth Annual Meeting* (1972).

ADB (1972b), *Summary of the Proceedings of the Fifth Annual Meeting of the Board of Governors (Vienna, 20-22 April)*, Manila.

ADB (1975), *Annual Report for 1974*, Manila.

ADB (1976), *Annual Report for 1975*, Manila.

ADB (1977a), "Address by President Taroichi Yoshida delivered at the 10th Annual Meeting of the ADB Board of Governors in Manila, 21-23 April", *Proceedings of the 10th Annual Meeting*.

ADB (1977b), *Asian Agricultural Survey 1976: Rural Asia: Challenge and Opportunity*, Manila.

ADB (1978), *Program Lending*, R10-78, Manila.

ADB (1979a), *Environmental Considerations in Bank Operations*, WP6-79, Manila.

ADB (1979b), *Sector Paper on Agricultural and Rural Development*, Manila.

ADB (1980a), "Address by President Taroichi Yoshida delivered at the 13th Annual Meeting of the ADB Board of Governors, Manila, 30 April-2 May 1980", *Proceedings of the 13th Annual Meeting*, 29.

ADB (1980b), *Sector Lending*, R52-80, Manila.

ADB (1981), *Regional Energy* Survey, Manila.

ADB (1982), "Developing Asia: The Importance of Domestic Policies", *ADB Economic Staff Paper Series*, No. 9, Manila.

ADB (1983a), "Address by President Masao Fujioka delivered at the 16th Annual Meeting of the ADB Board of Governors in Manila, 4-6 May", *Proceedings of 16th Annual Meeting* (1983).

ADB (1983b), *A Review of Lending Foreign Exchange for Local Currency Expenditures on Projects*, R1-83, Manila.

ADB (1983c), *A Review of Program Lending Policies*, R21-83, Manila.

ADB (1983d), *Study of Operational Priorities and Plans of the Asian Development Bank for the 1980s*, Manila.

ADB (1984), *A Review of Sector Lending Operations*, R186-84, Manila.

ADB (1985), *Role of Women in Development*, R56-85, Manila.

ADB (1986a), *Establishment of Bank Resident Offices in DMCs*, R108-86, Manila.

ADB (1986b), *Review of the Bank's Environmental Policies and Procedures*, R120-85, Manila.

ADB (1986c), *Role of Women in Development*, IN.67-86, Manila.

ADB (1989a), *Report of a Panel on the Role of the Asian Development Bank in the 1990s*, Manila.

ADB (1989b), *Recent Policy Reforms in India*, Manila.

ADB (1990), *Asian Development Review*, 8 (1), Manila.

ADB (1991), *ADF VI: Report of Donors*, Manila.

ADB (1992), *The Bank's Medium-Term Strategic Framework*, Manila.

ADB (1993a), *A Graduation Policy for the Bank's DMCs*, Manila.

ADB (1993b), *The Strategic Context of Bank Involvement in the Telecommunications Sector*, Manila.

ADB (1994), *Report of the Task Force on Improving Project Quality*, Manila.

ADB (1995a), *Asian Development Outlook 1995 and 1996*, New York: Oxford University Press.

ADB (1995b), *Bank Policy Initiatives for the Energy Sector*, Manila.

ADB (1995c), *Establishment of an Inspection Function*, Manila.

ADB (1996a), *Asian Development Outlook 1996 and 1997*, New York: Oxford University Press.

ADB (1996b), *Human Resources Strategy Paper*, IN.120-96, Manila.

ADB (1997), *Emerging Asia: Changes and Challenges*, Manila.

ADB (1998a), *ADB Anticorruption Policy*, R89-98, Manila.

ADB (1998b), *The Bank's Policy on Gender and Development*, R74-98, Manila.

ADB (1998c), *Cooperation between the Asian Development Bank and Nongovernment Organizations*, R54-98, Manila.

ADB (1998d), *Country Assistance Program Evaluation in the People's Republic of China*, Manila.

ADB (1998e), *A Graduation Policy for the Bank's DMCs*, R204-98, Manila.

ADB (1998f), *Review of the Loan Terms for the Asian Development Fund*, R205-98, Manila.

ADB (1999a), *Fighting Poverty in Asia and the Pacific: The Poverty Reduction Strategy*, Manila.

ADB (1999b), *A Review of OCR Loan Charges*, R205-99, Manila.

ADB (1999c), *Project Performance Audit Report: Shanghai-Nanpu Bridge Project*, Manila.

ADB (2000a), *ADF VIII Donors' Report: Fighting Poverty in Asia. Seventh Replenishment of the Asian Development Fund (ADF VIII)*, Manila.

ADB (2000b), *Cooperation with Japan: Japan Fund for Poverty Reduction*, Manila.

ADB (2000c), *Energy 2000: Review of the Energy Policy of the Asian Development Bank*, IN.282-00, Manila.

ADB (2000d), "The Poverty Reduction Strategy of the Asian Development Bank", *Asian Development Outlook 2000*, Manila.

ADB (2000e), *Program Performance Audit: Financial Sector Program Loan (India)*, IN.47-00, Manila.

ADB (2000f), *Promoting Good Governance: ADB's Medium-term Agenda and Action Plan*, R229-00, Manila.

ADB (2000g), *Resident Mission Policy*, Manila.

ADB (2000h), *Rural Asia: Beyond the Green Revolution*, Manila.

ADB (2000i), *Special Evaluation Study Interim Assessment of ADB's Lending to Thailand during the Economic Crisis*, Manila.

ADB (2001a), *Moving the Poverty Reduction Agenda Forward in Asia and the Pacific: The Long-Term Strategic Framework of the Asian Development Bank (2001-2015)*, Manila.

ADB (2001b), *Policy on Performance-Based Allocation for Asian Development Fund Resources*, R29-01, Manila.

ADB (2001c), *Reorganization of the Asian Development Bank*, R152-01, Manila.

ADB (2001d), *Review of Asian Development Bank's Financial Loan Products*, Manila.

ADB (2001e), *Special Evaluation Study of the Asian Development Bank's Crisis Management Interventions in Indonesia*, Manila.

ADB (2001f), *Special Evaluation Study on Program Lending*, Manila.

ADB (2003a), *Enhancing the Independence and Effectiveness of the Operations Evaluation Department*, R263-03, Manila.

ADB (2003b), *Implementation of the Reorganization of the Asian Development Bank: A Review of Progress after One Year*, Manila.

ADB (2003c), *Review of the Inspection Function: Establishment of a New ADB Accountability Mechanism*, R79-03, Manila.

ADB (2004a), *Disaster and Emergency Assistance Policy*, R71-04, Manila.

ADB (2004b), *Eighth Replenishment of the Asian Development Fund and Third Regularized Replenishment of the Technical Assistance Special Fund*, R111-04, Manila.

ADB (2004c), *Human Resources Strategy*, Manila.

ADB (2004d), *Review of the Asian Development Bank's Policy on the Performance-Based Allocation of ADF Resources*, R249-04, Manila.

ADB (2004e), *Review of the Asian Development Bank's Poverty Reduction Strategy*, R95-04, Manila.

ADB (2005a), *Country Assistance Program Evaluation for Indonesia*, Manila.

ADB (2005b), *Innovation and Efficiency Initiative*, Manila.

ADB (2005c), *Private Sector Development*, Manila.

ADB (2005d), *Public Communications Policy*, Manila.

ADB (2005e), *Review of the Policy on Supplementary Financing: Addressing Challenges and Broader Needs*, R303-05, Manila.

ADB (2006a), *ADB Perceptions Survey: Multinational Survey of Opinion Leaders 2006*. https://www.adb.org/publications/adb-perceptions-survey-multinational-survey-opinionleaders-2006

ADB (2006b), *ADB's Financing Partnership Strategy*, June.

ADB (2006c), *Enhancing Asian Development Bank Support to Middle-Income Countries and Borrowers from Ordinary Capital Resources*, Manila.

ADB (2006d), *Further Enhancing Country Strategy and Program and Business Processes*, Manila.

ADB (2006e), *An Introduction to Results Management: Principles, Implications, and Applications*, Manila.

ADB (2006f), *Medium-Term Strategy II, 2006-2008*, Manila.

ADB (2006g), *Membership of Brunei Darussalam and Increase in Authorized Capital Stock*, Manila.

ADB (2006h), *Program Performance Evaluation Report: Financial Sector Program (Republic of Korea) and Institutional Strengthening of the Financial Sector (Republic of Korea)*, Manila.

ADB (2006i), *Regional Cooperation and Integration Strategy*, Sec.M30-06, Manila.

ADB (2007a), *Background Paper on ADB's Approach to Climate Change in Asian Development Fund Countries*, Manila.

ADB (2007b), *Country Assistance Program Evaluation for India*, Manila.

ADB (2007c), *Long-Term Strategic Framework: Lessons from Implementation (2001-2006)*, Manila.

ADB (2007d), *Project Performance Evaluation Report on India: Gujarat Public Sector Resource Management Project*, Manila.

ADB (2007e), *Toward a New Asian Development Bank in a New Asia: Report of the Eminent Persons Group to the President of the Asian Development Bank*, Manila.

ADB (2008a), *Emerging Asian Regionalism: A Partnership for Shared Prosperity*, Manila.

ADB (2008b), *Special Report. Food Prices and Inflation in Developing Asia: Is Poverty Reduction Coming to an End?* Manila.

ADB (2008c), *Support for Financial Intermediation in Developing Member Countries*, ADB Evaluation Study, Manila.

ADB (2008d), *Strategy 2020: The Long-Term Strategic Framework of the Asian Development Bank, 2008-2020*, Manila.

ADB (2009a), *ADB's Response to the Global Economic Crisis: An Update*, Manila, August.

ADB (2009b), *Enhancing ADB's Response to the Global Economic Crisis: Establishing the Countercyclical Support Facility*, Manila.

ADB (2009c), *The Fifth General Capital Increase of the Asian Development Bank*, Manila.

ADB (2009d), *Reflections and Beyond*, Manila.

ADB (2010a), "Address by President Haruhiko Kuroda delivered at the 43rd Annual Meeting of the ADB Board of Governors in Tashkent, Uzbekistan", 2 May.

ADB (2010b), *Institutions for Regional Integration: Toward an Asian Economic Community*, Manila.

ADB (2010c), *Key Indicators for Asia and the Pacific. Special Chapter: The Rise of Asia's*

Middle Class, Manila.

ADB (2011a), *2011 Public Communications Policy of the Asian Development Bank: Disclosure and Exchange of Information*, Manila.

ADB (2011b), *Review of ADB's Policy-Based Lending*, Manila.

ADB (2011c), *Special Evaluation Study on Managing for Development Results*, Independent Evaluation Department, Manila.

ADB (2011d), *Updating the Third Gender Action Program (GAP III): GAP III Extension, 2011-2012*, Manila.

ADB (2012a), *Accountability Mechanism Policy 2012*, Manila.

ADB (2012b), *Evaluation Lessons of a Global Financial Crisis for Asia and ADB*, Independent Evaluation, Manila.

ADB (2012c), *Greater Mekong Subregion: Twenty Years of Partnership*, Manila.

ADB (2012d), *Piloting a Disaster Response Facility*, Manila.

ADB (2012e), *Review of the ADB Results Framework*, Manila.

ADB (2013a), "Address by President Takehiko Nakao at the Opening of the 46th Annual Meeting of the Board of Governors in New Delhi, India", 4 May, Manila.

ADB (2013b), *Diversity and Inclusion Framework, 2013-2016*, Manila.

ADB (2013c), *Food Security in Asia and the Pacific*, Manila.

ADB (2013d), *Knowledge Management Directions and Action Plan (2013–2015): Supporting "Finance ++" at the Asian Development Bank*, Manila.

ADB (2013e), *Piloting Results-Based Lending for Programs*, Manila.

ADB (2014a), *ADB's Support for Inclusive Growth*, Thematic Evaluation Study, Manila.

ADB (2014b), *Midterm Review of Strategy 2020: Meeting the Challenges of a Transforming Asia and Pacific*, Manila.

ADB (2014c), *Myanmar: Building the Foundations for Growth. Paper prepared for the ADF XI Midterm Review Meeting*, Manila.

ADB (2014d), *Operational Plan for Integrated Disaster Risk Management, 2014-2020*, Manila.

ADB (2014e), *Summary of Stakeholder Consultations on the Strategy 2020 Midterm Review*, Manila.

ADB (2015a), *2014 Development Effectiveness Review*, Manila.

ADB (2015b), *Asian Development Fund X and XI Operations: Opportunity Amid Growing Challenges*, Manila.

ADB (2015c), *The Strategic Agendas in the Independent Evaluation Department's Review*, Manila.

ADB (2015d), *Thematic Evaluation Study on ADB's Efforts on Regional Cooperation and Integration*, Manila.

ADB (2016a), *Asian Development Bank–Japan Scholarship Program: 2014 Annual Report*, Manila.

ADB (2016b), *ADB Through the Decades, Volumes 1-5*, Manila. https://www.adb. org/publications/series/adb-through-the-decades

ADB (2016c), *Effectiveness of Asian Development Bank Partnerships*, Independent Evaluation Department Thematic Evaluation Study, Manila.

ADB (2016d), *Mapping Fragile and Conflict-Affected Situations in Asia and the Pacific: The ADB Experience*, Manila.

ADB (2016e), *Review of ADB's Lending Instruments for Crisis Response*, R52.16.

ADB (All years), *Annual Report*, Manila.

ADB (All years), *Asian Development Outlook*, Manila.

Asian Development Bank (ADB) and Asian Development Bank Institute (ADBI) (2009), *Infrastructure for a Seamless Asia*, Manila.

ADB and ADBI (2014a), *ASEAN, PRC, and India: The Great Transformation*, Tokyo, Asian Development Bank (ADB) and Korea Capital Market Institute, 2014.

ADB and ADBI (2014b), *Asian Capital Market Development and Integration: Challenges and Opportunities*, New Delhi: Oxford University Press.

Asian Development Bank Institute (ADBI) (2000), *High-Level Dialogue on Development Paradigms*, Proceedings on the 2nd anniversary of the ADB Institute, 10 December 1999, Tokyo.

ADBI (2009), *Recommendations of Policy Responses to the Global Financial and Economic Crisis for East Asian Leaders*, March. http://www.adb.org/documents/recommendations-policy-responses-global-financial-and-economic-crisis-east-asian-leaders

ADBI (2010), *Policy Recommendations to Secure Balanced and Sustainable Growth in Asia*. http://www.adb.org/sites/default/files/institutional-document/159295/adbi-sustainable-growth-asia.pdf

Balisacan, A. M., and H. Hill (2007), *The Dynamics of Regional Development: The Philippines in East Asia, Cheltenham*, UK: ADB Institute and Edward Elgar.

Behrman, G. (2007), *The Most Noble Adventure*, New York: Free Press.

Bernanke, B. (2004), "The Great Moderation", Remarks by Governor Ben S. Bernanke at the meetings of the Eastern Economic Association in Washington, DC, 20 February. https://www.federalreserve.gov/BOARDDOCS/SPEECHES/2004/20040220/ (accessed 15 September 2015).

Birdsall, N., S. Morris, and E. Rueda-Sabater (2014), *Review of "Enhancing ADB's Financial Capacity to Achieve the Long-Term Strategic Vision for the ADF"*, Washington, DC: Center for Global Development. http:// www.cgdev.org/sites/default/files/CGD-Assessment-Birdsall-MorrisRuedaSabater-ADB.pdf

Blanchard, O. J., and J. A. Simon (2001), "The Long and Large Decline in US Output Volatility", *Brookings Papers on Economic Activity*, 1, pp. 135-164.

Blustein, P. (2001), *The Chastening: The Crisis That Rocked the Global Financial System and Humbled the IMF*, Cambridge, MA: The Perseus Books Group.

Booth, A. (2016), *Economic Change in Modern Indonesia: Colonial and Postcolonial Comparisons*, Cambridge, UK: Cambridge University Press.

Borlaug, N. E. (1996), *The Green Revolution: Past Success and Future Challenges*, Convocation address at the 34th Indian Agricultural Research Institute in New Delhi,

India.

Bouvery, P., J. Perumalpillai-Essex, K. Senga, K. Sophestienphong, and J. Sparrow. ADB@50—The Young Professional Program (YPP): The Beginning. Unpublished essay prepared as part of contribution of former ADB staff to the ADB@50 History Book.

Burki, S. J. (1990), "Development Strategies for Poverty Alleviation", *Asian Development Review*, 8 (1), pp. 1-17.

Buu, H. (1972), "Farewell Speech in Honor of President Watanabe", Manila. 23 November.

Byung-il, C., and C. Rhee (2014), *Future of Factory Asia*, Manila: ADB and Seoul: Korea Economic Research Institute.

Cammack, D., D. McLeod, and A. Menocal with K. Christiansen (2006), "Donors and the "Fragile States" Agenda: A Survey of Current Thinking and Practice", Report submitted to the Japan International Cooperation Agency.

Center for Global Prosperity (2013), *The Index of Global Philanthropy and Remittances with a Special Report on Emerging Economies*, Washington, DC: Hudson Institute.

Chalkley, A. (1977), *Asian Development Bank: A Decade of Progress*, Manila: ADB.

Cline, W. R. (1989), "The Baker Plan: Progress, Shortcoming, and Future", *International Economics Department, Policy, Planning, and Research Working Papers*, Washington, DC: World Bank. http://www-wds.worldbank.org/external/default/WDSContentServer/WDSP/IB/1989/08/01/000009265_3960928040356/Rendered/PDF/multi0page.pdf

Commonwealth Secretariat (1980), *The World Economic Crisis: A Commonwealth Perspective*, London.

Culpeper, R. (1997), *Titans or Behemoths? The Multilateral Development Banks, Volume 5*, Ottawa, Canada: The North-South Institute.

Danaher, K. (1994), *50 Years Is Enough: The Case against the World Bank and the International Monetary Fund*, Boston, MA: South End Press.

de Wilde, T., P. Defraigne, and J. C. Defraigne (2012), *China, the European Union and the Restructuring of Global Governance*, Cheltenham, UK: Edward Elgar.

Desai, M. (2003), *India and China: An Essay in Comparative Political Economy*, Paper presented at an International Monetary Fund conference in New Delhi, November.

Djiwandono, J. S. (2000), "Bank Indonesia and the Recent Crisis", *Bulletin of Indonesian Economic Studies*, 36 (1), pp. 47-72.

Djiwandono, J. S. (2005), *Bank Indonesia and the Crisis: An Insider's View*, Singapore: Institute of Southeast Asian Studies.

Du, R. (2006), *The Course of China's Rural Reform*, Washington, DC: International Food Policy Research Institute.

Erquiaga, P. (2016), *A History of Financial Management at the Asian Development Bank: Engineering Financial Innovation and Impact on an Emerging Asia*, Manila: ADB.

Findlay, R. (1984), "Trade and Development: Theory and Asian Experience", *Asian Development Review*, 2 (2), pp. 23-42.

藤岡眞佐夫（1986），『アジア開銀総裁日記：マニラへの里帰り』[ADB President's Diary: Return to Manila]，東京：東洋経済新報社（Translated into English in 2016.）

Fujioka, M. (1989), "Development Strategies for Growth with Equity", Speech at the First Round Table on Development Strategies in Manila, 10 January.

Fukuyama, F. (1992), *The End of History and the Last Man*, New York, NY: Free Press.（渡部昇一訳『歴史の終わり（上）：「歴史の終点」に立つ最後の人間』三笠書房，1992年；新装版，2005年，『歴史の終わり（下）：「歴史の終わり」後の「新しい歴史」の始まり』三笠書房，1992年；新装版，2005年）

Furuoka, F., M. Oishi, and I. Kato (2010), *From Aid Recipient to Aid Donor: Tracing the Historical Transformation of Japan's Foreign Aid Policy*. http://www.japanesestudies.org.uk/articles/2010/FuruokaOishiKato.html

Gang, F., D. H. Perkins, and L. Sabin (1997), "People's Republic of China: Economic Performance and Prospects", *Asian Development Review*, 15 (2), pp. 43-85.

Geyelin, P. (1966), *Lyndon B. Johnson and the World*, New York: Praeger.

Gill, I. (2011), "Bridges Bring Boom", *Impact Stories from the People's Republic of China*, Manila: ADB.

Government of Japan, Ministry of Foreign Affairs (2016), "Overview of Official Development Assistance (ODA) to China", February. http://www.mofa.go.jp/policy/oda/region/e_asia/china/index.html (accessed 12 January 2017).

Government of Sweden, Ministry for Foreign Affairs (1999), *Our Future with Asia: Proposal for a Swedish Asia Policy*, The Asia Strategy Project, Stockholm.

Government of the United Kingdom, Secretary of State for Foreign and Commonwealth Affairs (1974), *Second Nam Ngum Development Fund Agreement, 1974*, Treaty Series, No. 45, London.

Government of the United States (1966), "Special Message to the Congress Recommending Approval of US Participation as a Member Nation in the Asian Development Bank. 28 January", *Public Papers of the Presidents of the United States: Lyndon B. Johnson*, Washington, DC.

Government of the United States, United States Senate, Committee on Foreign Relations (1967), *Asian Development Bank Special Funds Hearing before the Committee on Foreign Relations United States Senate, Ninetieth Congress First Session on S. 2479 to Authorize the Appropriation of $200,000,000 for a United States Contribution to Multilateral Special Funds of the Asian Development Bank*, 3 October, Washington, DC: US Government Printing Office.

Gozum, G. B. (2013), *Cornelio Balmaceda -- Legacy of Honor and Integrity*, Manila: Cornelio Balmaceda Foundation.

Grenville, S. (2004), *The IMF and the Indonesian Crisis*, IEO Background Paper, Washington, DC: International Monetary Fund, Independent Evaluation Office. http://www.ieo-imf.org/ieo/files/completedevaluations/BP043. pdf

Gyohten, T. (2007), "The Future of Asia", in I. Gill, Y. Huang, and H. Kharas, eds., *East Asia Visions: Perspectives on Economic Development*, Washington, DC: World Bank and Singapore: Institute of Policy Studies.

Hamada, M. (2003), "Transformation of the Financial Sector in Indonesia", *Institute of*

Developing Economies Research Paper, No. 6, Tokyo: Institute of Developing Economies.

Hamanaka S. (2009), "Re-considering Asian Financial Regionalism in the 1990s", *ADB Working Paper Series on Regional Economic Integration*, No. 26, Manila: ADB.

Harris, S. (2014), *China's Foreign Policy*, Cambridge, UK: Polity Press.

Higgins, B. (1959), *Economic Development: Principles, Problems, and Policies*, New York, DC: W. W. Norton.

Hofman, B., and J. Wu (2009), "Explaining China's Development and Reforms", *Working Paper No. 50 Commission on Growth and Development*, Washington, DC: World Bank on behalf of the Commission on Growth and Development.

Huang, P. W. (1975), *The Asian Development Bank: Diplomacy and Development in Asia*, New York, NY: Vantage Press.

Huang, Y. (2010), "China Boom: Rural China in the 1980s. Essays: The China Book Project", The Asia Society Center on US-China Relations. http://chinaboom.asiasociety.org/essays/detail/212

Hughes, H. (1971), "The Manufacturing Sector", in ADB, Southeast Asia's Economy in the 1970s.

Hughes, H. (1995), "Why Have East Asian Countries Led Economic Development?" *The Economic Record*, 71 (212), pp. 88-104.

Ichimura, S. (1998), *Political Economy of Japanese and Asian Development*, Tokyo: Springer.

Inoue, S. (1975), "Bangladesh: Statement to Press. Statement on the occasion of his visit to Bangladesh", 6 May.

International Monetary Fund (IMF) (1998), *Indonesia—Memorandum of Economic and Financial Policies*, Jakarta, 15 January. http://www.imf. org/external/np/loi/011598.htm

IMF (2003), *The IMF and Recent Capital Account Crises: Indonesia, Korea, Brazil*, Washington, DC.

IMF (2006), "People in Economics: The Quiet Integrationist", *Finance and Development*, 43 (1).

IMF (2010), *Regional Economic Outlook: Asia and Pacific. Leading the Global Recovery: Rebalancing for the Medium Term*, Washington, DC.

IMF, At a Glance—China and the IMF. https://www.imf.org/external/country/chn/rr/glance.htm (accessed 30 January 2017).

International Rivers, Mekong Watch, Focus on the Global South, CEE Bankwatch, NGO Forum on ADB, and Both ENDS (2015), "Development Banks Urged to Review Support for Mekong Dams, 10 Years after Nam Theun 2", Press release, 1 April. http://www.bothends.org/uploaded_files/inlineitem/2Press_release_-_Dev_Banks_Should_Review_Support_for.pdf

James, W. E., S. Naya, and G. M. Meier (1987), *Asian Development Economic Success and Policy Lessons*, Madison, WI: University of Wisconsin Press.

James, W. E., S. Naya, and G. M. Meier (1988), *Executive Summary: Asian Development:*

Economic Success and Policy Lessons, Madison, WI: University of Wisconsin Press.

Japan External Trade Organization (JETRO), "Japanese Trade and Investment Statistics". https://www.jetro.go.jp/en/reports/statistics

Johnson, L. B. (1965), "Statement by the President Following a Meeting with Eugene Black to Discuss Economic Progress in Southeast Asia", 20 April. Online by G. Peters and J. T. Woolley, *The American Presidency Project*. http://www.presidency.ucsb.edu/ws/?pid=26906

Jolly, R., L. Emmerij, and T. G. Weiss (2005), *The Power of UN Ideas: Lessons from the First 60 Years*, New York, NY: United Nations Intellectual History Project.

Kanbur, R., and A. Sumner (2012), "Poor Countries or Poor People? Development Assistance and the New Geography of Global Poverty", *Journal of International Development*, 24 (6), pp. 686-695.

Kasahara, S. (2004), *The Flying Geese Paradigm: A Critical Study of Its Application to East Asian Regional Development*, Discussion Paper, No. 169, Geneva, Switzerland: United Nations Conference on Trade and Development.

Kawai, M. (2015), "From the Chiang Mai Initiative to an Asian Monetary Fund", *ADBI Working Paper Series*, No. 527, Tokyo: Asian Development Bank Institute.

Kawai, M., P. J. Morgan, and P. B. Rana (2014), *New Global Economic Architecture: The Asian Perspective*, ADBI Series on Asian Economic Integration and Cooperation, Cheltenham, UK: Edward Elgar.

Kenny, C. (2015), "MDGs to SDGs: Have We Lost the Plot? Centre for Global Development Essays", 27 May. http://www.cgdev.org/publication/mdgssdgs-have-we-lost-plot

Kharas, H. (2007), *The New Reality of Aid*, Washington, DC: Wolfensohn Center for Development at Brookings.

Kharas, H. (2010), "The Emerging Middle Class in Developing Countries", *Development Center Working Papers*, No. 295, Paris: OECD Publishing.

Kharas, H. (2016), "What Does Brexit Mean for Poor People?" *Future Development*, 24 June. https://www.brookings.edu/blog/futuredevelopment/2016/06/24/what-does-brexit-mean-for-poor-people/

Kharas, H., and A. Rogerson (2012), *Horizon 2025: Creative Destruction in the Aid Industry*, London: Overseas Development Institute.

Kohli, H. S., A. Sharma, and A. Sood (2011), *Asia 2050: Realizing the Asian Century*, New Delhi: Sage.

Krishnamurti, R. (1977), *ADB: The Seeding Days*, Manila: ADB.

Krueger, A. O. (1995), "East Asian Experience and Endogenous Growth Theory", in T. Ito and A. O. Krueger, eds., *Growth Theories in Light of the East Asian Experience*, Chicago, IL: University of Chicago Press.

Krugman, P. (1994), "The Myth of Asia's Miracle", *Foreign Affairs*, 73 (6), pp.62-78. In Kumar, D., ed., 1984, *The Cambridge History of India 1757–1970*, Cambridge, UK: Cambridge University Press.

Lee, B. S. (1998), *An Asian View of Asia's Crisis*, Remarks of Vice-President Bong Suh Lee at the SIT Investment Associates Annual Client Workshop in California, 14 February.

Lee, H., and C. Rhee (2012), "Lessons of China's Transition to a Market Economy", *ADB Economics Working Paper Series*, No. 298, Manila: ADB.

Lin, J. Y., F. Cai, and Z. Li (1996), "The Lessons of China's Transformation to a Market Economy", *Cato Journal*, 16 (2), pp. 201-231.

Lindblad, J. T. (1997), "Survey of Recent Developments", *Bulletin of Indonesian Economic Studies*, 33 (2), pp. 3-33.

Lipscy, P. Y. (2003), "Japan's Asian Monetary Fund Proposal", *Stanford Journal of East Asian Affairs*, 3 (1), pp. 93-104.

Maddison, A. (2001), *The World Economy: A Millennial Perspective*, Paris: Development Studies Centre, Organisation for Economic Co-operation and Development.（金森久雄監訳，政治経済研究所訳『経済統計で見る世界経済2000年史』柏書房，2004年）

Maddison, A. (2013), The Maddison-Project. http://www.ggdc.net/maddison/maddison-project/home.htm

Manish, G. P. (2011), "Central Economic Planning and India's Economic Performance, 1951-1965", *The Independent Review*, 16 (2), pp. 199-219. http://www.independent.org/pdf/tir/tir_16_02_3_manish.pdf

Meier, G. M. (2005), *Biography of a Subject: An Evolution of Development Economics*, New York, NY: Oxford University Press.

Milanovic, B. (2016), *Global Inequality: A New Approach for the Age of Globalization*, Cambridge, MA: Harvard University Press.（立木勝訳『大不平等 ―― エレファントカーブが予測する未来』みすず書房，2017年）

Mishan, E. (1966), *The Costs of Economic Growth*, London: Staples Press.

Miyazawa, K. (1998), *Towards a New International Financial Architecture*, Speech by Mr. Kiichi Miyazawa, the Minister of Finance, at the Foreign Correspondents' Club of Japan, 25 December. http://www. mof.go.jp/english/international_policy/new_international_financial_ architecture/e1e057.htm (accessed 21 August 2016).

Miyazawa, K. (2000), "Introduction: Postcrisis Development Paradigms", *High-Level Dialogue on Development Paradigms*, Tokyo: ADB Institute.

Morita. N. (2012), "The Greater Mekong Subregion: My Memories and Expectations", in *Greater Mekong Subregion: Twenty Years of Partnership*, Manila: ADB.

Myint, H. (1971), "Part One. Overall Report by Hla Myint", *Southeast Asia's Economy in the 1970s*.

Myint, H. (1972), *Southeast Asia's Economy in the 1970s*, London: Longman.

Myrdal, G. (1968), *Asian Drama: An Inquiry into the Poverty of Nations*, New York, NY: Pantheon.（板垣与一監訳，小浪充・木村修三訳『アジアのドラマ：諸国民の貧困の一研究』上・下，東洋経済新報社，1974年〔縮刷版〕）

Myrdal, G. (1970), "The "Soft State" in Undeveloped Countries", in P. Streeten, ed., *Unfashionable Economics: Essays in Honour of Lord Balogh*, London: Weidenfeld and Nicolson.

Nakao, T. (2015), "Eight Conditions for Economic Development", *Nikkei Asian Review*, 5

February. http://asia.nikkei.com/Viewpoints-archive/Perspectives/Eight-key-conditions-for-economic-development

Nakao, T. (2016), "Vision Statement for the New Term", 1 July. Manila. https://www.adb.org/sites/default/files/related/44029/Re-election-Vision-Statement-by-Takehiko-Nakao.pdf (accessed 30 August 2016).

Nakao, T. (2017), "ADB's New Strategy in Asia: Helping Build Quality Infrastructure at Scale", Manila. https://www.adb.org/news/op-ed/adbs-new-strategyasia-helping-build-quality-infrastructure-scale

The Nation (2015), "Ten Years after Nam Theun 2, Development Banks Back in Spotlight", 8 April. http://www.nationmultimedia.com/opinion/Ten-years-after-NAM-THEUN-2-development-banks-back-30257606.html

Naya, S. (1983), "Asian and Pacific Developing Countries: Performance and Issues", *Asian Development Review*, 1 (1), pp. 1-40.

Naya, S., and W. James (1982), "Developing Asia: The Importance of Domestic Policies", *ADB Economic Staff Paper*, No. 9, Manila: ADB.

Nekkers, J. A., and P. A. Malcontent, eds. (2000), *Fifty Years of Dutch Development Cooperation: 1949-1999*, The Hague: Sdu Publishers.

Organisation for Economic Co-operation and Development (OECD) (1991), *Development Co-operation*, Annual report of the Development Assistance Committee, Paris.

OECD (2009), *Managing for Development Results*, Policy Brief, Paris. http://www.oecd.org/regional/searf2009/42577005.pdf

OECD (2011), *The OECD at 50: Development Cooperation Past, Present, and Future*, in *Development Co-operation Report 2011: 50th Anniversary Edition*, Paris. http://dx.doi.org/10.1787/dcr-2011-7-en

Orr, R.M. (1990), *The Emergence of Japan's Foreign Aid Power*, New York, NY: Columbia University Press.

Oshima, H. T. (1990), "Employment Generation: The Long-Term Solution to Poverty", *Asian Development Review*, 8 (1), pp. 44-70.

Oshima, H. T. (1993), *Strategic Processes in Monsoon Asia's Economic Development*, Baltimore: Johns Hopkins University Press.

Panagariya, A. (2001), "India's Economic Reforms: What Has Been Accomplished? What Remains to Be Done?" *ADB Economics and Research Department Policy Brief*, No. 2, Manila: ADB.

Pangestu, M., and M. Habir (2002), "The Boom, Bust, and Restructuring of Indonesian Banks", *IMF Working Paper*, WP/02/66, Washington, DC: International Monetary Fund. https://www.imf.org/external/pubs/ft/wp/2002/wp0266.pdf (accessed 31 July 2016).

Payne, J. (2009), "JP on Presidents Sato and Chino", *ADB Reflections and Beyond*.

Piketty, T. (2014), *Capital in the Twenty First Century*, Translated by Arthur Goldhammer, Cambridge, MA: The Belknap Press of Harvard University Press.（山形浩生・守岡桜・森本正史訳『21世紀の資本』みすず書房，2014年）

Prasad, E., R. Rajan, and A. Subramanian (2007), "The Paradox of Capital", *Finance and*

Development, 44 (1).

Project Syndicate (2016), Globalization RIP? https://www.project-syndicate.org/onpoint/globalization-rip-2016-08

Purdue, B. (2009), "BP on President Sato", in *ADB Reflections and Beyond*.

Rodrik, D. (1999), "The New Global Economy and Developing Countries: Making Openness Work", *Policy Essay*, No. 24, Washington, DC: Overseas Development Council.

Rodrik, D. (2008), "The New Development Economics: We Shall Experiment, but How Shall We Learn?" *Faculty Research Working Paper Series*, HKS Working Paper, No. RWP08-055, Cambridge, MA: John F. Kennedy School of Government, Harvard University.

Rogers, J. (1985), "The Problem Is, They Don't Understand Business", *Asian Finance*, 15 April.

Roy, B. (1985), "The Struggle of Mr. Fujioka", *Asian Finance*, 15 April.

Sakakibara, E. (1999), *Reform of the International Financial System*, Speech by Dr. Eisuke Sakakibara at the Manila Framework Meeting in Melbourne, 26 March.

Sato, M. (1995), "Keynote Address by Mitsuo Sato, President, Asian Development Bank, to Seventh Annual PACAP Finance Conference", Capital Market Development in Asia and the Initiatives of the Asian Development Bank, 7 July. Manila.

Sato, M. (1998a), "The Asian Development Bank View", *Asian Affairs*, 1 (4).

Sato, M. (1998b), "The Workers of Asia Need Social Security Systems", *International Herald Tribune*, 16 March.

Sato, M. (1999), "Capital Flow Reversal, Not Cronyism, Caused Asian Financial Crisis", *The Korea Herald*, 27 October.

Schenk, C. (2002), *Hong Kong as an International Financial Centre: Emergence and Development, 1945-1965*, London and New York: Routledge.

Schulz, G. (1993), *Farewell Address*, Remarks delivered by Vice-President Günther Schulz on the occasion of the staff's farewell ceremony for President Kimimasa Tarumizu, 23 November.

Sherk, D.R. (2008), "Multilateralism and United States Foreign Economic Policy", *Kansas Journal of Law and Public Policy*, XVII (2), pp. 273-284.

Sicat, G. P. (2014), *Cesar Virata: Life and Times: Through Four Decades of Philippine Economic History*, Diliman, Quezon City: The University of the Philippines Press.

Singh, M. (1970), "Regional Development Banks", *International Conciliation*, 576, January.

Sivasubramonian, S. (2001), "Twentieth Century Economic Performance of India", in Maddison, *The World Economy*.

Soesastro, H., and M. C. Basri (1998), "Survey of Recent Developments", *Bulletin of Indonesian Economic Studies*, 33 (2), pp. 3-54.

Stiglitz, J. (2002), *Globalization and Its Discontents*, New York and London: W. W. Norton. (鈴木主税訳『世界を不幸にしたグローバリズムの正体』徳間書店, 2002年)

Stiglitz, J. (2016), Globalization and Its New Discontents, Project Syndicate. https://www.project-syndicate.org/commentary/globalization-newdiscontents-by-joseph-e--stiglitz-2016-08

Sullivan, P. H. (1999), Remarks by Peter H. Sullivan Vice-President, Asian Development Bank at the Bank's Official Farewell to President Mitsuo Sato, Auditorium, Bank Headquarters, 14 January.

Sumulong, L., and F. Zhai. (2008), "Asian Workers on the Move", *Asian Development Outlook 2008*, Manila: ADB.

Sussangkarn, C. (2010), "The Chiang Mai Initiative Multilateralization: Origin, Development, and Outlook", *ADBI Working Paper Series*, No. 230, Tokyo: Asian Development Bank Institute.

Swedish Ministry for Foreign Affairs (1999), *Our Future with Asia*.

Tarumizu, K. (1989), Speech to Staff by President Kimimasa Tarumizu on the Occasion of the Bank's Annual Celebration and Presentation of Service Awards, Manila, 19 December.

Tsusaka, A. (1984), "South Pacific Developing Countries: Development Issues and Challenges", *Asian Development Review*, 2 (1), pp. 65-81.

United Nations (1958), *Economic Survey of Asia and the Far East*, Bangkok. www.unescap.org/publications/survey/surveys/survey1957-1.pdf

United Nations (1963), *Economic Survey of Asia and the Far East*, Bangkok. http://www.unescap.org/publications/survey/surveys/survey1964-1.pdf (accessed 26 May 2016).

United Nations (1971), *General Assembly Session 26 Resolution 2758. Restoration of the Lawful Rights of the People's Republic of China in the United Nations A/RES/2758 (XXVI)*, 25 October. http://www.un.org/ga/search/view_ doc.asp?symbol=A/RES/2758(XXVI) (accessed 30 January 2017).

United Nations (1978), *Economic and Social Security of Asia and Pacific*.

United Nations (1980), *Economic and Social Survey of Asia and the Pacific 1979*, Bangkok.

United Nations (1998), Kyoto Protocol. http://unfccc.int/kyoto_protocol/items/2830.php (2016年11月13日にアクセス)

United Nations Economic and Social Commission for Asia and the Pacific (1978), *Economic and Social Survey of Asia and the Pacific 1977*, Bangkok.

United Nations Economic and Social Commission for Asia and the Pacific (2014), *Asia and the Pacific: A Story of Transformation and Resurgence*, Bangkok.

Vientiane Times, 2000, 7 (36), 9-11 May.

Vikraman, S. (2016), "25 Years On, Manmohan Singh Has a Regret: In Crisis, We Act. When It's Over, Back to Status Quo", *India Express*, 6 July.

Villafuerte, J., and J. T. Yap (2015), "Managing Capital Flows in Asia: An Overview of Key Issues", *ADB Economics Working Paper Series*, No. 464, Manila.

Wanandi, J. (2012), *Shades of Grey: A Political Memoir of Modern Indonesia*, Singapore: Equinox.

Wang, H. S. (2007), *ABA Journal*, XXII (2), pp. 1-14.

Watanabe, T. (1966), "Pattern for Prosperity", in ADB, *Inaugural Meeting of Board of Governors*.

Watanabe, T. (1977, reprinted 2010), *Towards a New Asia*, Manila: ADB.

Wihtol, R. (1988), *The Asian Development Bank and Rural Development: Policy and Practice*, Hampshire, UK: Macmillan Press.

Wilson, D. (1987), *A Bank for Half the World: The Story of the Asian Development Bank, 1966-1986*, Manila: ADB.

World Bank (1993), *The East Asian Miracle: Economic Growth and Public Policy*, New York, NY: Oxford University Press.（白鳥正喜監訳，海外経済協力基金開発問題研究会訳『東アジアの奇跡：経済成長と政府の役割』東洋経済新報社，1994年）

World Bank (1996), *Serving a Changing World: Report of the Task Force on Multilateral Development Banks*, Washington, DC: Development Committee, Task Force on Multilateral Development Banks.

World Bank (1998), *Assessing Aid: What Works, What Doesn't, and Why*, New York, NY: Oxford University Press.（小浜裕久・冨田陽子訳『有効な援助－ファンジビリティと援助政策』東洋経済新報社，2000年）

World Bank (2001), *World Development Report 2000/2001: Attacking Poverty*, New York, NY: Oxford University Press.（西川潤監訳，五十嵐友子訳『世界開発報告2000/2001：貧困との闘い』シュプリンガー・フェアラーク東京，2002年）

World Bank (2007), *Aid Architecture: An Overview of the Main Trends in Official Development Assistance Flows*, Washington, DC: International Development Association.

World Bank (2008), *The Growth Report: Strategies for Sustained Growth and Inclusive Development*, Washington, DC: Commission on Growth and Development. https://openknowledge.worldbank.org/handle/10986/6507

Yasutomo, D. T. (1983), *Japan and the Asian Development Bank*, New York, NY: Praeger.

Yoshida, T. (1977), Address at the 10th ADB Annual Meeting of the Board of Governors, Manila, 21-23 April.

Yoshida, T. (1978), *ADB at the Sub-Regional Seminar on the Second Asian Agricultural Survey*, Speech delivered at the Sub-Regional Seminar on the Second Asian Agricultural Survey in Manila/Los Baños, 9-13 January.

Yoshida, T. (1980), Address by President Taroichi Yoshida delivered at the 13th Annual Meeting of the ADB Board of Governors. Manila. 30 April-2 May 1980. Also in ADB, *Proceedings of the 13th Annual Meeting*, 29.

Yoshitomi, M., and ADBI Staff (2003), *Post-crisis Development Paradigms in Asia*, Tokyo: Asian Development Bank Institute.

索　引

カ 行

サ　行

タ 行

ナ 行

ハ 行

マ　行

ヤ　行

ラ 行

ワ 行

監訳者紹介
浅沼　信爾（あさぬま　しんじ）
1961年　一橋大学経済学部卒業
（株）東京銀行，世界銀行エコノミスト，クーンローブ投資銀行極東代表事務所代表，世界銀行計画・予算局長，同アジア第１局局長，S. G. ウォーバーグ（現UBS銀行）取締役兼ウォーバーグ証券東京支店長，千葉工業大学教授，一橋大学教授を経て，
現　　在　一橋大学国際・公共政策大学院（アジア公共政策プログラム）客員教授.
著　　書　『国際開発援助』東洋経済新報社，1974年；*Yen for Development*, Council on Foreign Relations Press, 1991（共著）（ed. By Shafiqul Islam）；*Widjojo Nitisastro's 70 Years: Theory, Policy and Practices (Essays on the Economic Development of Indonesia, 1966-1990)*（共著）（eds. Moh. Arsjad Anwar, Aris Ananta and Ari Kuncoro, "External Debt Management: Indonesia's Experience in 1975-1985", (Chapter 5), 1998, Kompas, Jakarta；『近代経済成長を求めて―開発経済学への招待』勁草書房，2007年（小浜裕久氏と共著）；『途上国の旅：開発政策のナラティブ』勁草書房，2013年（小浜裕久氏と共著）；『ODAの終焉：機能主義的開発援助の勧め』勁草書房，2017年（小浜裕久氏と共著）など.

小浜　裕久（こはま　ひろひさ）
1974年　慶應義塾大学大学院経済学研究科修士課程修了
現　　在　静岡県立大学名誉教授
著　　書　*Lectures on Developing Economies -Japan's Experience and its Relevance*, Tokyo: University of Tokyo Press, 1989 (with Kazushi Ohkawa)；『日本の国際貢献』勁草書房，2005年；*Industrial Development in Postwar Japan*, London: Routledge, 2007；『近代経済成長を求めて―開発経済学への招待』勁草書房，2007年（浅沼信爾氏と共著）；『ODAの経済学（第３版）』日本評論社，2013年；『途上国の旅：開発政策のナラティブ』勁草書房，2013年（浅沼信爾氏と共著）；『ODAの終焉：機能主義的開発援助の勧め』勁草書房，2017年（浅沼信爾氏と共著）；『「未解」のアフリカ：欺瞞のヨーロッパ史観』勁草書房，2018年（石川薫氏と共著）など.
訳　　書　『エコノミスト 南の貧困と闘う』東洋経済新報社，2003年（共訳）；『傲慢な援助』東洋経済新報社，2009年（共訳）；『援助じゃアフリカは発展しない』東洋経済新報社，2010年（監訳）など.

アジアはいかに発展したか
アジア開発銀行がともに歩んだ50年

2018年11月５日　第１版第１刷発行

著　者　ピーター・マッコーリー
監訳者　浅沼信爾（あさぬま しんじ）
　　　　小浜裕久（こはま ひろひさ）
訳　者　アジア開発銀行
発行者　井村寿人

発行所　株式会社　勁草書房（けいそう）

112-0005 東京都文京区水道2-1-1　振替 00150-2-175253
（編集）電話 03-3815-5277／FAX 03-3814-6968
（営業）電話 03-3814-6861／FAX 03-3814-6854
堀内印刷所・松岳社

ISBN978-4-326-50451-0　Printed in Japan

http://www.keisoshobo.co.jp